北京大学震旦古代文明研究中心学术丛书编辑委员会

北京大学震旦古代文明研究中心学术丛书之二十二

新石器时代澧阳平原与汉东地区的文化和社会

郭伟民　著

文物出版社

北京·2010

封面设计：张希广

责任印制：陈　杰

责任编辑：黄　曲

图书在版编目（CIP）数据

新石器时代澧阳平原与汉东地区的文化和社会 / 郭伟民著. —
北京：文物出版社，2010.7

（北京大学震旦古代文明研究中心学术丛书）

ISBN 978-7-5010-2990-7

Ⅰ. ①新…　Ⅱ. ①郭…　Ⅲ. ①新石器时代文化 – 研究 – 湖
南省②新石器时代文化 – 研究 – 湖北省　Ⅳ. ① K871.13

中国版本图书馆 CIP 数据核字（2010）第 120242 号

新石器时代澧阳平原与汉东地区的文化和社会

郭伟民　著

＊

文 物 出 版 社 出 版 发 行

（北京市东直门内北小街 2 号楼）

http://www.wenwu.com

E–mail: web@wenwu.com

北京君升印刷有限公司印刷

新 华 书 店 经 销

787 × 1092　1/16　印张：22.5

2010 年 7 月第 1 版　2010 年 7 月第 1 次印刷

ISBN 978-7-5010-2990-7　定价：128.00 元

Aurora Centre for the Study of Ancient Civilizations, Peking University
Publication Series, No.22

Culture and Society on Liyang Plain and Handong Area during the Neolithic Period

Guo Weimin

Cultural Relics Press
Beijing · 2010

序

《新石器时代澧阳平原与汉东地区的文化和社会》即将付梓之际，作者郭伟民嘱我写一篇书序。郭伟民的这本学术著作大约写作于2007年至2008年间，这是他在北大博士课程学习的最后两年。写作过程中，他有时会就一些问题和我做些讨论。但通常是他说的多，我听的多。原因很简单，郭伟民长期在当地从事田野考古工作，资料远比我熟悉，认识自然也深刻。不过，因为有了这么一个过程，他提出要我为本书写序时，我就不好推脱了。

从整个新石器文化格局的角度看，澧阳平原和汉东地区同属长江中游的文化体系。长江中游文化是参与大约从公元前4000年开始加速发展的中国文明形成进程，并发挥重大作用和产生深远影响的主要文化区之一。但是，要搞清楚长江中游文化为什么能够如此程度地参与了中国文明形成进程和作出如此重大贡献的问题，就需要进一步追问这个地区内的文化及其背后的社会是怎样发展起来的。而这个问题的解决，离不开材料的支持。澧阳平原作为湖南省新石器时代考古的重点地区，当地的工作已经持续了几十年。汉东地区也一直是湖北省新石器时代考古的重点地区，哪怕是配合三峡水库建设的考古任务再繁重，这里的工作也是尽最大可能地坚持进行着的。因此，无论是对学术问题的逻辑思考，还是对资料丰度的现实评估，结果都收束到澧阳平原与汉东地区这样一个范围。

考古学物质文化面貌的分析梳理之于了解历史的作用大约主要有三：第一，为所有历史问题的考察提供年代框架；第二，为发现和把握社会结构提供线索；第三，为理解社会演进过程提供宏观的文化背景。考古学是通过实物遗存来复原历史的。因此，这三个作用就决定了文化面貌的分析是考古学研究的起点或是最基础的领域。如果这个领域的研究成果积累得足够多，则可以借鉴并比较快速地进展到其他领域，反之，就必须老老实实从这个起点开始。而随着考古工作逐年开展，新资料不断被发现，我们却发现长江中游地区新石器文化的分期和各区域之间文化关系的问题非但没有解决，反而越发复杂起来了。当然，这种复杂性主要体现在更细节的层次。例如在十多年前，学术界讨论的热点是大溪文化的总体分期及其与屈家岭文化的关系等，现在困扰学者的则是不同地区大溪文化分期的不同步性及其原因等问题。因此，本书首先用较大篇幅对这两个地区的文化面貌进行分析，就是十分必要的了。

综合现有资料，在大约距今 14000 年前后，澧阳平原开始了新石器文化进程。在新近发现的华垱、八十垱遗址下层等遗存中，石器可见继承当地旧石器晚期小石片石器传统特点，也出现了陶器等新的文化因素，但若全面把握这个阶段的文化面貌，还需要再做工作。此后的文化过程就比较清楚和连续了，从早到晚依次为彭头山文化、皂市下层文化、汤家岗文化、大溪文化、油子岭文化、屈家岭文化和石家河文化。其中，如皂市下层、大溪等文化内还可以进一步分期。我曾经观摩过这些资料，感觉上这个序列已经没有明显缺环，相应的碳十四年代数据也是紧密衔接成串的。汉东地区相当于彭头山至皂市下层阶段的遗存发现尚少。但此后自边畈文化开始，经大溪、油子岭、屈家岭至石家河诸阶段的文化过程也很清楚。

虽然长江中游地区在史前中国文化的大格局中自成体系，但作者通过深入细致的比较分析，揭示出的这个大区内的文化发展运动过程却是异常复杂。澧阳平原的文化内容上曾经以本地因素的承传演进为主流，但其间也发生过几次与其他地区文化的明显交流互动。主要分布在洞庭湖以南的高庙文化参与了皂市下层向汤家岗文化的转变。大溪文化与外界交流的程度明显加大，在其第二期时，有明确的来自仰韶文化庙底沟期的影响，第三期中又可见来自东方的薛家岗乃至崧泽文化的因素。根本上改变了澧阳平原当地文化发展方向的事件发生在当地的大溪文化四期，按照作者的说法，是由汉东地区的油子岭文化完成了对澧阳平原的文化整合，从此以后，澧阳平原与汉东地区的文化同步发展，从而奠定了整个长江中游地区文化共同体的基本格局。汉东地区的文化过程和澧阳平原的情况相比有很大不同。作者推测这里发现的所谓土城下层遗存，其渊源应当是城背溪文化，而城背溪文化又是从彭头山文化发展而来。当然，目前这个时期的资料太少，这个有关传播路线的推断还需要进一步证明，但若说汉东地区这个阶段的文化是长江中游文化系统中的一部分当是没有问题的。对于此后边畈文化的出现，作者则认为与本地的彭头山文化的大传统无涉，应当看成主要是汉水中游地区文化南下的结果。本源属长江中游本土文化系统的大溪文化的出现，再次颠覆了当地的文化传统。鉴于汉东地区大溪文化的地方特点，作者参考了相关研究者的看法，将这个地区的大溪文化称为大溪文化油子岭类型，其年代大致相当于大溪文化的前半段或第一、二期。在整个长江中游地区里，油子岭类型是个快速发展并开始对周围地区产生深刻影响的地区类型，其本身也因快速发展和积累导致了在相当大溪文化后半段时形成了新的整体风格，鉴于此，一些研究者干脆将这个阶段命名为油子岭文化。油子岭文化的进一步发展，最终在文化面貌上整合了整个长江中游地区。

长期以来，探讨史前社会进程的研究主要是在一种可以称之为一般进化论的思想指导下进行的，其要义是将各地史前社会的发展都看作一个从简单走向复杂的普遍过程，不同阶段有其共有的特征。关于这些特征，过去曾经以母系社会和父系社会等社会发展史的概念为标记。塞韦斯的酋邦理论影响后来居上后，聚落等级数量的多少就成为一些学者判断社会发展程度的标准了。例如聚落分为三级，社会尚处在酋邦阶段；如果可以划分出四级，则社会就进入了国家阶段了，等等。虽然酋邦理论较晚产生，但和摩尔根理论的思路如出一辙。受到中国文化多元一体现象的启发，部分中国学者提出在这种多元文化现象背后各地方社会的发展未必都出于相同的主要原因和遵循相同的演进方式，从而提出针对每个区域进行个案研究的思路。近些年来，这个研究思路似乎得到比较普遍的认同，但成果却不多见。主要原因是当考古学进入社会复原领域的时候，却蓦然发现已有的主要为了解决年代学和文化面貌等问题积累起来的资料很难支持这种研究，不得已，只能停留在一般过程这种较宏观的层次上讨论问题，而难进一步开展微观层次上的比较分析。

比较起来，澧阳平原史前社会的考古资料是目前积累较多的地区。20 世纪 80 年代，八十垱遗址的发掘已经反映出当地的考古学家在田野考古工作中对这个问题的关注。城头山遗址的发掘更是把目的直接指向了揭露这个聚落的结构。此后在鸡叫城等遗址上开展的工作继续了城头山工作思想。与此同时，为了获得复原社会生活其他方面情况的植物、动物等所谓自然遗存取样和科技分析工作也开展起来，且越来越呈现出规模化、系统化趋势。汉东地区的态度鲜明的聚落考古大约是由 20 世纪 80 年代后期石家河遗址群的工作带动起来的，后来工作的步伐虽然有些停滞，但就资料而言，这个地区的还算丰富。这样，就为本书进行两个地区社会发展过程的比较研究提供了很好的资料基础。也正因为如此，详细探讨长江中游这样一个参与了中国文明形成总进程的大区域内部的比较具体的社会进程的学术理念，才可以得到实现。

考古学对古代社会的复原，特别是对史前社会的复原，主要方法是聚落考古。所谓聚落，在考古学的角度大致可以和遗址等量齐观，遗址又大致可以看作一个社群或社区这种社会单位的遗留。所谓聚落考古，就是把一个遗址作为一个整体，从设计田野考古工作计划开始，需要在整个工作中始终贯彻整体把握遗址的思想，以便进而讨论这个社群或社区各方面内容。也即聚落考古研究大体上分成两个步骤，首先是对遗址结构的把握和描述，然后是对这个结构中各种关系的求证与说明。如果再将一个地区不同时段上的这些情况串联起来，就可以获得有关这个地区社会长程进程的认识。作者在继澧阳平原和汉东地区文化面貌的分析比较之后，进而探讨其背后的社会发展变化问题的研究思路，也正大略如此。

对遗址结构的把握和描述，又可以分成宏观和微观两个层次。宏观层次指的是聚落之间乃至聚落群之间的结构关系，微观层次指的是聚落内部结构。基于丰富和翔实的田野考古资料，作者总结出澧阳平原聚落演变过程大体可分三个阶段：第一阶段，大溪文化之前，澧阳平原典型的聚落为环壕聚落，内部无分化，其分布松散，看不出中心，彼此间也无明显差别。作者称这种形态为散居型分布，应当是自旧石器过渡为新石器以来漫长过程中，当地文化基本独自发展中衍生出的人群的经济活动内容与环境特点长时间里磨合适应的自然结果。第二阶段，进入大溪文化之后，聚落数量增加，呈沿河流的带状分布。我想，这很可能是因为大溪文化农业技术进一步发展，农业在人们的经济生活中地位越发突出，所以对聚落环境的选择也就带有了更多的一致特点。大溪文化时期聚落数量明显增加，意味着澧阳平原的人口总规模扩大，社会关系也就随之复杂起来。沿河流分布的聚落可以划分为两到三个聚落带，各有一两处规模较大、地位突出的中心聚落，位于澹水流域的城头山聚落甚至还修建了环壕和城墙。与此同时，聚落内部也开始出现分化。通过墓葬的研究可知，大溪文化继承汤家岗文化的埋葬习俗，一个聚落的死者分区埋葬，这应当与其生前所属血缘继嗣组织有关。如此进一步意味着聚落生活的基本单位是这些继嗣群。而对墓区之间各种现象的进一步比较发现，这些群体之间已经出现了财富占有、权利掌控等方面的分化。但现在尚不清楚的是，大溪文化阶段，澧阳平原与外界的交往明显多起来了，但这些文化往来的背后，有无社会政治经验的交流。第三阶段，自屈家岭文化开始，澧阳平原的社会复杂化进入一个新阶段。至石家河文化时期，澧阳平原的聚落数量持续增加，聚落面积普遍增大，空间分布已经突破了原有的自然环境的约束。屈家岭文化的聚落分布大致为东西两群，城头山和鸡叫城分别是各群中最大，也是城、壕俱备的中心聚落。聚落内部结构更加复杂，社会分层现象明确。石家河文化是屈家岭文化的继续发展。这个时期，聚落分布已经遍布整个澧阳平原，但城头山城址衰落，而鸡叫城附近遗址密集，后者俨然成为整个澧阳平原唯一的中心地区，作者将这种现象称之为聚落集群。鸡叫城取代城头山是从屈家岭文化一期偏晚阶段就开始了，可以聚落上修建城垣和宽大环壕等一系列大型工程为这一过程开始的标志。最近还在鸡叫城外围发现了一套多重环壕和放射性沟渠组成的网络系统，既有防御功能，也有抵御水患的作用，也许还兼有规划、管理农田的作用。鸡叫城在整个澧阳平原地位的突出，以及通过开展大型工程所体现的对大面积人力资源的掌控等现象表明，整个澧阳平原已经出现了强有力的政治一体化。更大范围的玉器等贵族资源的交换流通网络、宗教或意识形态意味的人工制品在各地的交流互见，则进一步表明澧阳平原的政治体与外界联系密切起来。当然，与聚落的集群化同步，聚落间等级分化和内部社会成员地位分化也持续发展扩大着。

　　由于澧阳平原是相对封闭的环境，这里的社会演进在相当长时间里是比较独立进行的，在这个过程中虽然不能说没有受到外界的影响，但从各方面看，这种影响的程度不大。这就为我们提供了一个地方社会"自主地"复杂化进程的实例。在这个实例中，我们看到一定规模的继嗣群是社会最为基层的单位。从八十垱、彭头山等聚落内房子和小片墓葬间隔分布的状况看，这种继嗣群是由若干核心家庭结成的扩大家庭，而若干这种扩大家庭结成了聚落。在彭头山文化中，扩大家庭的经济独立性还不高，八十垱聚落内发现独处的仓储区，最有可能是整个村落的共有财产。就算每个仓储有其具体的所有者，但它们被集中安排在聚落内一个区域里，怎么说也意味了"私有"的观念尚不突出且没有被坚决捍卫。但从大溪文化开始，墓区之间的差别表明在扩大家庭的层次上社会产生分化，聚落内也再不见公共仓储区这类设施了。扩大家庭层次上的分化在以后的时间里持续发展，分化程度越来越烈，但没有证据表明在这种扩大家庭内部也发生分化并因此产生分裂。因此，这是一个十分稳定的社会层次。也因此可以推测出，社会复杂化的各种经济内容、政治秩序等，都是在这个社会层级之间以及以上的层级之间展开的。

汉东地区的资料和澧阳平原相比，在系统性和全面性上差很多，例如基本缺失油子岭文化阶段之前的聚落资料，以致无法讨论当地社会长程的过程。但汉东地区的范围大于澧阳平原，所处环境的开放性也远高于澧阳平原，文化环境复杂多变。这个地区内的文化传统经过了几次外来冲击和重构，表明其社会的自主性发展未必总是主旋律，而是可能多次在外来因素的影响下出现变奏、改调的情况。根据现有的资料，作者认为汉东地区自油子岭文化出现以后，当地才逐渐形成了比较稳定的文化传统。经过一段不太长时间的积累，大约在屈家岭文化确立的前后，当地社会的复杂化呈现出快速发展的趋势，其标志是石家河超大型城址的建设。此后汉东地区的社会进程大约可分成两个阶段。在屈家岭文化时期，汉东地区的聚落可以明显分为三到四个聚落群，一群之内一般会有一座大型中心聚落。这种聚落如屈家岭遗址等，规模明显大于澧阳平原的城头山和鸡叫城。此后，石家河聚落群显然主导了汉东地区的社会发展。至迟在刚进入石家河文化时期，围绕石家河城址迅速聚集起众多聚落，形成一个超大型的聚落群，而原来的几个聚落群较为平均分布的聚落人文景观此时已经不复存在了。仅从这种空间格局，也能认定已经出现了一个统合掌控能力覆盖整个汉东地区的社会中心。

进一步对比分析汉东地区与澧阳平原的情况发现，汉东地区的社会基层与澧阳平原者很相似，也是以扩大家庭为最基础单位的，这在屈家岭、肖家屋脊等遗址的墓地上都可得到证明。这些墓地内都可见到和澧阳平原所见相似的分组的现象，当与生前所属血缘单位有关。作者认为邓家湾墓地是按照等级而非血缘关系安排布局的。这一点其实可以商榷。因为前面我们谈到社会成员的分化正是在扩大家庭这一社会基础单位之间产生的。而邓家湾墓地位于社会发展程度最高和最复杂的石家河城内，不同墓组间呈现的财富差异未必就是血缘关系被彻底破坏的表现，反之很可能反映的是石家河城内社会基层单位之间更为剧烈的分化程度。再综合石家河城址大型宫殿区、专门的宗教活动区和大量宗教礼仪专用陶器的生产等现象，以及石家河超大规模的城垣工程等现象看，汉东地区社会复杂化的程度明显高于澧阳平原。后者的范围里出现了大量来自汉东地区的文化因素。在文化关系上，汉东地区也是强势。并且恰好在这个时期，澧阳平原的聚落群从两个变为一个，整合出以鸡叫城为中心的区域社会。这个演进结果也许是澧阳平原社会复杂化自主进程的必然，却也很难否认在这个过程中完全没有掺杂进来自北方的压力动因。作者据此认为，此时以石家河城为中心的汉东地区实际已经混一或掌控了包括澧阳平原在内的整个长江中游地区，后者也首次作为一个整体，开始参与史前中国文明的总进程。我以为，这是很有道理的。

进一步的问题还有两个。一是长江中游地区是以何种方式、在哪些层次、多大程度上参与了史前中国文明化总进程的？二是在长江中游内部，汉东地区何以能够后来居上，快速发展，终于主导了长江中游的社会动向？如果考虑到长江中游自屈家岭文化以来的文明化进程是在和长江下游、黄河中下游社会的广泛纠缠互动中发展的情况，则这两个问题实际互为里表，无非侧重不同。因此，作者推测，汉东地区的快速发展，应当和它的地理环境有关。汉东地区位于长江中游的北缘，面积大，又是一个开放的地理空间。位置偏离文化区的地理中心，意味传统力量相对薄弱和发展演进中易于生变；开放意味着外来致变的原因多；空间大，意味着可以整合和积蓄更多的力量，在区域对比中占据优势。种种因素反而导致了偏居一侧的汉东地区最终成为长江中游文化和社会的中心这一历史后果。这，也是很有道理的。但是，说到这一层，还只是指出了地理环境和历史结果之间存在某种关联性。而真正令人感兴趣的是这种关联性的具体内容。对于深入、认真地复原重建社会历史还时日不长的中国考古学而言，要解答这个问题，显然还有很多的工作要做，很长的路要走。这是本书提出来的，既是留给学术界，也是留给作者自己的任务了。

赵　辉

2010 年 6 月

目　　录

插图目录

表格目录

图表目录

第一章　绪　言

第一节　研究背景

一　地理区位

澧阳平原与汉东地区位于长江中游（图一）。本书所指的长江中游，与惯常的地理概念不尽一致：教科书中的长江中游，一般指长江河段从湖北宜昌南津关至江西湖口，包括湖南、湖北、江西及河南长江流域所覆盖的范围，大约 67.9 万平方千米的地域面积。本书所指的长江中游实为考古学文化区系实际覆盖的范围。这个范围包括湖南湘、资、沅、澧四水流域和洞庭湖地区；湖北（包括重庆一部分）三峡、江汉平原、汉水中游、桐柏山—大别山南麓、幕阜山北麓地区；河南南阳盆地。这些地区在史前文化进程中分别扮演着不尽相同又彼此关联的角色，其核心是洞庭—江汉平原。至于在地理上属长江中游的江西地区，它在相当长的一段时间内与洞庭—江汉平原在史前文化谱系和传承上有较大区别，故不在本文视野之内。

澧阳平原地处武陵山脉东缘，洞庭湖的西北岸，行政区域涉及澧县大部和临澧县一部分，也包括石门县和津市市的少部分地区。地理坐标在北纬 29°37′–29°47′、东经 111°27′–111°55′之间。澧阳平原原是一个拗陷盆地，西、南、北隆起，并向东南倾斜，受内外营力的共同作用而形成后来的平原景观，可以分为两个亚区，即澧阳江河冲积平原和红湖滨湖冲积平原。前者地处中西部，由江河平原和红土低岗组成，属喜马期洞庭湖断陷盆地边缘，海拔高度 34–52 米，相对高差 20 米以下，地面坡度小于 3°。北依涔水，南靠澧水，地势由西北向东南微倾斜于澧水河道，地表开阔平坦。地表组成物质为澧、澹、涔三水及其支流的河流冲积物，地下水位较低。后者位于平原的东部，地势低平，海拔为 32–35 米，境内河网湖泊密布，地面微向湖心倾斜，地下水位高。地表物质为滨湖冲积物、湖积物等①。

---

① 澧县地方志编纂办公室：《澧县志》，社会科学文献出版社，1993 年，第 45–100 页。

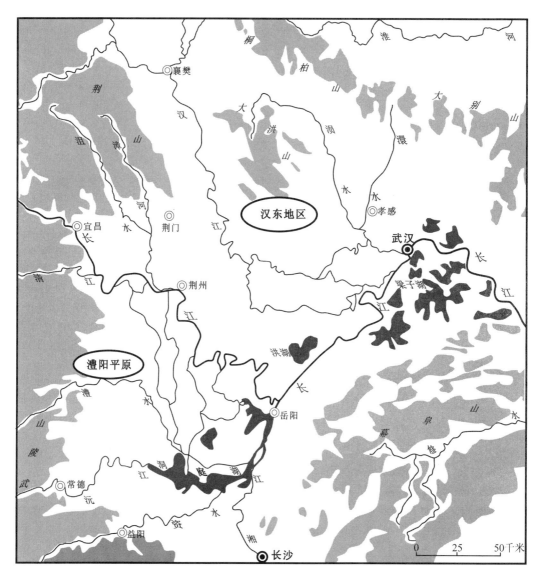

图一　澧阳平原与汉东地区地理区位示意图

(根据中国地图出版社，2004 年，中华人民共和国地形图改绘)

　　所谓汉东地区，是一个约定俗成的地理指称。张绪球定义的汉东地区是指在襄樊至潜江之间，汉水呈南北向流淌，汉东地区即汉水这个河段以东至涢水以西的中间地带①。孟华平定义汉东地区为汉水东侧大洪山周围地区，主要包括江汉平原北部及涢、

---

　　①　张绪球:《汉江东部地区新石器时代文化初论》,《考古与文物》1987 年第 4 期,第 56－65 页。

溾水流域①。何介钧所指的汉东，实际指鄂中，包括京山、钟祥、天门和应城、孝感及随州，往东直至武汉②。他们的说法表面上有些不同，实际没有太大出入。

在本书中，汉东地区作为一个专指的考古学地理概念，是指呈南北流向的汉水东岸至溾水西岸之间的地区。大洪山南麓的京山县、天门市相关行政区划是汉东地区的核心。其地理坐标在北纬30°42′–30°59′、东经112°40′–113°19′之间③。这样一个区域的地貌环境由南到北可以分为三个类型：南端是河湖平原，属堆积地形，地势平坦开阔，全部由第四系组成，自西向东微递降，海拔高度30–34米，坡度1°–2°，微向河流倾斜；河湖平原的北部为岗状平原，属剥蚀—堆积垅岗地形，地表垅岗相间，波状起伏，海拔高度一般35–60米，由北向南倾斜；岗状平原之北，属于大洪山脉的山前剥蚀低丘，河流从山间发育，切割成低丘岗地，河流所流经的附近形成较开阔的堆积阶地，海拔高度为40–100米，相对高差小于20米。

二　田野考古与学术研究述评

长江中游新石器时代考古工作始于20世纪50年代④。1955年2月开始的湖北京山屈家岭的发掘，是本地区最早进行的新石器时代遗址考古发掘。1956年屈家岭遗址第二次发掘，成果以专刊形式出版，在报告中正式提出了屈家岭文化的命名⑤。1958年发掘湖北均县朱家台、乱石滩、观音坪以及郧县的大寺、青龙泉等遗址，在这些遗址上发现了仰韶、屈家岭、龙山三种文化的地层叠压关系，"弄清了它们在这一地区相对年代的序列"⑥。1959年两次发掘大溪遗址，发掘者认为，该遗存是在当地发展起来的，但在某些方面又受到了其他文化的影响，与北方龙山文化有一定的联系，与江汉地区的屈家岭文化也有区别，可能比屈家岭文化略晚一些⑦。在此基础上，学术界于20世纪60

① 孟华平：《长江中游史前结构》，长江文艺出版社，1997年，第28页。
② 何介钧：《长江中游新石器时代文化》，湖北教育出版社，2004年，第16页。
③ 确切地说，专指汉水支流天门河流域所覆盖的地区。
④ 长江中游新石器时代文化发现的历史可以追溯到1925–1926年美国人纳尔逊在长江沿岸今重庆万县—湖北宜都之间的调查。参见林向《大溪文化与巫山大溪遗址》，《中国考古学会第二次年会论文集》，文物出版社，1982年，第124–132页。另外，李文杰对此也有详细交代，参见《大溪文化的类型和分期》，《考古学报》1986年第2期，第131–151页。
⑤ 中国科学院考古研究所：《京山屈家岭》，科学出版社，1965年。实际上，屈家岭文化首次见于出版物是夏鼐的一个讲话，发表于1960年，见夏鼐《长江流域考古问题》，《考古》1960年第2期，第1–3页。
⑥ 长办文物考古队直属工作队：《一九五八至一九六一年湖北郧县和均县发掘简报》，《考古》1961年第10期，第519–530页。
⑦ 四川长江流域文物保护委员会文物考古队：《四川巫山大溪新石器时代遗址发掘记略》，《文物》1961年第11期，第15–21页。

年代正式提出大溪文化的命名①，但在有关大溪文化的性质、分布范围以及它与其他文化的关系等问题上，还没有取得一致意见。

20 世纪 70 年代通过湖北宜昌红花套②、监利柳关和福田③、松滋桂花树④、江陵毛家山⑤、枝江关庙山遗址⑥；湖南梦溪三元宫⑦、澧县丁家岗⑧、安乡汤家岗⑨遗址的发掘和四川巫山大溪遗址第三次发掘⑩，正式确立了大溪文化—屈家岭文化—湖北龙山文化是长江中游前后相继的三支考古学文化。

20 世纪 80 年代长江中游的考古工作有许多精彩之笔。配合三峡水电站建设，在三

---

① 石兴邦：《有关马家窑文化的一些问题》，《考古》1962 年第 6 期，第 318 – 328 页。
② A. 纪南城文物考古发掘队：《江陵毛家山发掘记》，《考古》1977 年第 3 期，第 158 – 165 页；B. 周凤琴：《从红花套遗址的发掘探讨该区新构造运动特征及古地理环境》，《葛洲坝工程文物考古成果汇编》，武汉大学出版社，1990 年，第 388 – 394 页；C. 李文杰：《大溪文化的类型和分期》，《考古学报》1986 年第 2 期，第 131 – 151 页。
③ 荆州地区博物馆：《湖北监利县柳关和福田新石器时代遗址试掘简报》，《江汉考古》1984 年第 2 期，第 1 – 6 页。
④ 湖北省荆州地区博物馆：《湖北松滋县桂花树新石器时代遗址》，《考古》1976 年第 3 期，第 187 – 196 页。
⑤ 纪南城文物考古发掘队：《江陵毛家山发掘记》，《考古》1977 年第 3 期，第 158 – 165 页。
⑥ 中国社会科学院考古研究所湖北工作队：《湖北枝江县关庙山新石器时代遗址发掘简报》，《考古》1981 年第 4 期，第 289 – 297 页。
⑦ 湖南省博物馆：《梦溪三元宫遗址》，《考古学报》1979 年第 4 期，第 461 – 488 页。
⑧ 湖南省博物馆：《澧县东田丁家岗新石器时代遗址》，《湖南考古辑刊》第 1 集，岳麓书社，1982 年，第 2 – 18 页。
⑨ 湖南省博物馆：《湖南安乡县汤家岗新石器时代遗址》，《考古》1982 年第 4 期，第 341 – 354 页。
⑩ 四川省博物馆：《巫山大溪遗址第三次发掘》，《考古学报》1981 年第 4 期，第 461 – 490 页。

峡库区开展的重要考古工作有宜昌中堡岛①、杨家湾②、三斗坪③、白庙④、伍相庙⑤、秭归朝天嘴⑥、柳林溪⑦等遗址的发掘。在江汉平原汉水以西地区，20 世纪 80 年代进行过考古发掘的除关庙山和红花套以外，主要还有宜都石板巷子⑧、城背溪⑨、江陵荆南寺⑩、当阳冯山、杨木岗⑪等遗址。在汉水以东，则发掘了钟祥六合⑫、边畈⑬、京

① 中堡岛遗址有过三次大规模考古发掘，第一次为 1979 年宜昌地区博物馆与四川大学历史系联合发掘；第二次为 1985 – 1986 年国家文物局联合发掘队；第三次为 1993 年国家文物局田野领队班考古发掘及宜昌地区博物馆的发掘。前两次发掘已出版报告，见湖北省宜昌地区博物馆、四川大学历史系：《宜昌中堡岛新石器时代遗址》，《考古学报》1987 年第 1 期，第 45 – 99 页；国家文物局三峡考古队：《朝天嘴与中堡岛》，文物出版社，2001 年。

② 杨家湾遗址也有过数次大规模考古发掘，但主要材料没有发表。有关报道见宜昌地区博物馆：《宜昌杨家湾新石器时代遗址》，《江汉考古》1984 年第 4 期，第 27 – 37 页。

③ 湖北省文物考古研究所：《1985 – 1986 年三峡坝区三斗坪遗址的发掘》，《江汉考古》1999 年第 2 期，第 1 – 20 页。

④ 湖北省文物考古研究所：《1985 – 1986 年宜昌白庙遗址发掘简报》，《江汉考古》1996 年第 3 期，第 1 – 12、54 页。

⑤ 湖北省博物馆江陵考古工作站：《宜昌伍相庙新石器时代遗址发掘简报》，《江汉考古》1988 年第 1 期，第 9 – 14 页。

⑥ 国家文物局三峡考古队：《湖北秭归朝天嘴遗址发掘简报》，《文物》1989 年第 2 期，第 41 – 51 页；正式报告见国家文物局三峡考古队：《朝天嘴与中堡岛》，文物出版社，2001 年。

⑦ 湖北省博物馆江陵考古工作站：《一九八一年湖北省秭归县柳林溪遗址的发掘》，《考古与文物》1986 年第 6 期，第 1 – 15 页；湖北省文物考古研究所：《1982 年秭归县柳林溪遗址发掘的新石器早期遗存》，《江汉考古》1994 年第 1 期，第 1 – 12 页。

⑧ 宜都市考古发掘队：《湖北宜都石板巷子新石器时代遗址》，《考古》1985 年第 11 期，第 961 – 976 页。

⑨ 1983 – 1984 年，在宜都发掘了 12 处遗址。除城背溪遗址外，还有金山子、栗树窝、花堤庙、孙家河、枝城北、青龙山以及石板巷子、茶店子、鸡脑河、王家渡、蒋家桥。参见湖北省文物考古研究所：《宜都城背溪》，文物出版社，2001 年。

⑩ 荆州地区博物馆：《湖北江陵荆南寺遗址第一、二次发掘简报》，《考古》1989 年第 8 期，第 679 – 692 页。

⑪ 湖北省博物馆、武汉大学历史系考古专业：《当阳冯山、杨木岗遗址试掘》，《江汉考古》1983 年第 1 期，第 43 – 49 页。

⑫ 荆州地区博物馆、钟祥县博物馆：《钟祥六合遗址》，《江汉考古》1987 年第 2 期，第 1 – 31 页。

⑬ 张绪球：《汉江东部地区新石器时代文化初论》，《考古与文物》1987 年第 4 期，第 56 – 65 页。

山油子岭遗址①，以及屈家岭遗址的第三次发掘②。在天门石家河地区，发掘了邓家湾③、谭家岭④、肖家屋脊遗址⑤。与此同时，石家河考古队还开展了针对石家河遗址群的系统调查⑥。

长江以南的洞庭湖地区，也有许多重要考古发现。湖北公安王家岗遗址的发掘，从 1979 年 10 月至 1980 年 3 月，连续三次进行⑦；湖南地区则发掘了安乡划城岗⑧、华容车辖山⑨、刘卜台⑩、石门皂市⑪、临澧胡家屋场⑫、澧县宋家台⑬、彭头山⑭等遗址。

这些集中在洞庭—江汉平原以及三峡地区的田野工作，对于深化长江中游新石器时代考古学文化的研究产生了重大影响。

另外，在洞庭—江汉平原周边所开展的考古工作，也极大地丰富了长江中游的考古学材料。汉水中游地区的田野考古，自 20 世纪 50 年代就已经开始，河南省文化局文物

①　湖北省荆州地区博物馆：《湖北京山油子岭新石器时代遗址的试掘》，《考古》1994 年第 10 期，第 865－876 页。

②　屈家岭考古发掘队：《屈家岭遗址第三次发掘》，《考古学报》1992 年第 1 期，第 63－95 页。

③　石家河考古队：《邓家湾》，文物出版社，2003 年。

④　石河考古队：《湖北省石河遗址群 1987 年发掘简报》，《文物》1990 年第 8 期，第 1－16 页。

⑤　石家河考古队：《肖家屋脊》，文物出版社，1999 年。

⑥　石家河考古队：《石家河遗址群调查报告》，《南方民族考古》第五集，四川科学技术出版社，1993 年，第 213－294 页。

⑦　湖北省荆州地区博物馆：《湖北王家岗新石器时代遗址》，《考古学报》1984 年第 2 期，第 193－220 页。

⑧　湖南省博物馆：《安乡划城岗新石器时代遗址》，《考古学报》1983 年第 4 期，第 427－470 页。

⑨　湖南省岳阳地区文物工作队：《华容车辖山新石器时代遗址第一次发掘简报》，《湖南考古辑刊》第 3 集，第 1－26 页。

⑩　湖南省文物考古研究所等：《华容县刘卜台新石器时代遗址发掘简报》，《湖南考古辑刊》第 5 集，第 13－28 页。

⑪　湖南省博物馆：《湖南石门皂市下层新石器遗存》，《考古》1986 年第 1 期，第 1－11 页。

⑫　湖南省文物考古研究所：《湖南临澧县胡家屋场新石器时代遗址》，《考古学报》1993 年第 2 期，第 171－206 页。

⑬　湖南省文物考古研究所：《湖南澧县宋家台新石器时代遗址》，《湖南考古辑刊》第 7 集，岳麓书社，1999 年，第 51－106 页。

⑭　湖南省文物考古研究所等：《湖南澧县彭头山新石器时代早期遗址发掘简报》，《文物》1990 年第 8 期，第 17－32 页。

工作队在 1958 年先后发掘了镇坪赵湾①、唐河茅草寺②、寨茨岗③、南召二郎岗遗址④。1959 年发掘淅川下集遗址⑤。1965 – 1966 年发掘黄楝树遗址⑥。1971 – 1972 年发掘下王岗遗址⑦。1980 年发掘方城大张庄遗址⑧。另外中国社会科学院考古所长江工作队和长办文物队在 20 世纪 50 年代对郧县、郧西、均县等地进行了发掘，包括均县朱家台⑨、乱石滩⑩、观音坪以及郧县大寺、青龙泉等遗址⑪。武汉大学在 1984 年对宜城曹家楼遗址进行了发掘⑫。

鄂东及鄂东南地区主要发掘的遗址有麻城栗山岗⑬、黄冈螺蛳山⑭、黄梅陆墩⑮、

① 河南省文化局文物工作队：《河南镇平赵湾新石器时代遗址的发掘》，《考古》1962 年第 1 期，第 23 – 27 页。
② 河南省文化局文物工作队：《河南唐河茅草寺新石器时代遗址》，《考古》1965 年第 1 期，第 1 – 3 页。
③ 河南省文化局文物工作队：《河南唐河寨茨岗新石器时代遗址》，《考古》1963 年第 12 期，第 641 – 645 页。
④ 河南省文化局文物工作队：《河南南召二郎岗新石器时代遗址的发掘》，《文物》1959 年第 7 期，第 55 – 59 页。
⑤ 原长办考古队河南分队：《淅川下集新石器时代遗址发掘报告》，《中原文物》1989 年第 1 期，第 1 – 8 页。
⑥ 长江流域规划办公室考古队河南分队：《河南淅川黄楝树遗址发掘报告》，《华夏考古》1990 年第 3 期，第 1 – 69 页。
⑦ 河南省文物研究所、长江流域规划办公室考古队河南分队：《淅川下王岗》，文物出版社，1989 年。
⑧ 南阳地区文物队、方城县文化局：《河南方城县大张庄新石器时代遗址》，《考古》1983 年第 5 期，第 398 – 403 页。
⑨ 中国社会科学院考古所长江工作队：《湖北均县朱家台遗址》，《考古学报》1989 年第 1 期，第 25 – 56 页。
⑩ 中国社会科学院考古研究所长江工作队：《湖北均县乱石滩遗址发掘报告》，《考古》1986 年第 7 期，第 586 – 596 页。
⑪ 中国社会科学院考古研究所：《青龙泉与大寺》，科学出版社，1991 年。
⑫ 武汉大学等：《湖北宜城曹家楼新石器时代遗址》，《考古学报》1988 年第 1 期，第 51 – 73 页。
⑬ 武汉大学历史系考古教研室等：《湖北麻城栗山岗新石器时代遗址》，《考古学报》1990 年第 4 期，第 439 – 473 页。
⑭ 湖北省黄冈地区博物馆：《湖北黄冈螺蛳山遗址墓葬》，《考古学报》1987 年第 3 期，第 339 – 357 页。
⑮ 中国社会科学院考古研究所湖北工作队：《湖北黄梅陆墩新石器时代墓葬》，《考古》1991 年第 6 期，第 481 – 495 页。

塞墩遗址①。鄂北随枣走廊地区则有庙台子与西花园遗址②的发掘。

湖南洞庭湖地区的外围,湘、资、沅、澧四水的中上游地区的考古工作有湘乡岱子坪③、长沙大塘④、腰塘⑤、株洲磨山⑥、益阳蔡家园⑦、石湖、新兴⑧、靖州斗篷坡⑨、怀化高坎垅⑩等遗址的发掘。

20世纪80年代及其以前考古工作的主要任务是建立和完善长江中游新石器时代文化谱系。通过这些田野工作,洞庭—江汉平原为主体的长江中游确立了彭头山文化—皂市下层文化(城背溪文化)—大溪文化—屈家岭文化—石家河文化的谱系,从而使得整个地区自6000BC以来的文化进程有了一条清晰的发展脉络。这是在苏秉琦区系类型学说指导下取得的重大成绩,也是对中国新石器时代区系类型学说的重要贡献。这一时期的学术研究,同样以谱系为重点,在文化的类型与分期、墓葬分期、文化性质的探讨、文化关系等方面着墨较多。但其他领域的研究还很少,比如石器制造⑪、制陶工

① 任式楠、陈超:《黄梅县塞墩新石器时代遗址》,《中国考古学年鉴》1987年第195-196页,1988年第197页,1989年第196-197页,文物出版社,1988-1990年。

② 武汉大学历史系考古教研室:《西花园与庙台子》,武汉大学出版社,1993年。

③ 湖南省博物馆:《湘乡岱子坪新石器时代遗址》,《湖南考古辑刊》第2集,岳麓书社,1984年,第1-19页。

④ 黄纲正:《长沙县大塘新石器时代遗址》,《中国考古学年鉴·1986》,文物出版社,1988年,第171页。

⑤ 何强:《长沙县腰塘新石器时代遗址》,《中国考古学年鉴·1989》,文物出版社,1990年,第206-207页。

⑥ 湖南省文物考古研究所:《株洲县磨山新石器时代遗址试掘报告》,《湖南考古辑刊》第6集,岳麓书社,1994年,第44-63页。

⑦ 潘茂辉:《益阳新石器时代遗址考古发现与初步研究》,《湖南考古辑刊》第7集,岳麓书社,1999年,第171-197页。

⑧ 益阳地区博物馆盛定国:《益阳县石湖、新兴古遗址的调查试掘》,《湖南考古辑刊》第3集,岳麓书社,1986年,第19-26页。

⑨ 贺刚:《靖州斗篷坡新石器时代至商代遗址》,《中国考古学年鉴·1991》,文物出版社,1992年,第253页。

⑩ 湖南省文物考古研究所等:《怀化高坎垅新石器时代遗址》,《考古学报》1992年第3期,第301-328页。

⑪ 卢德佩:《谈中堡岛大溪文化遗址石器的特点及工艺》,《湖北省考古学会论文集》(一),武汉大学学报,1987年,第21-25页。

艺①、陶器纹饰②、地质地貌与古环境③等方面的研究还仅为开始。

进入 20 世纪 90 年代以后，长江中游的考古学呈现出若干新特点。事实上，这些新特点的出现还要略早一些，从 1987 年至 1991 年，石家河聚落群大规模田野发掘工作先后进行了八次，发掘遗址有邓家湾、谭家岭、肖家屋脊和土城等处。发现了从大溪文化到石家河文化的各类遗物遗迹，特别是大面积揭露了居住区和墓地、祭祀场所，发现面积达 120 万平方米的新石器时代的城址，并对城墙进行了解剖等等。与此同时，还对石家河古城址周边聚落进行了详细的考古调查④。石家河聚落群的考古工作不仅为汉东地区考古学文化编年提供了更为详细的标尺，同时也是一次聚落考古理论与方法应用于田野考古实践的重要尝试，标志了这个地区考古学从谱系研究向聚落或社会研究的转变。

20 世纪 90 年代以来考古工作的新特点主要有下列数项。

第一，新旧石器过渡及稻作农业的起源与发展研究。一般来说，新旧石器的过渡与采集狩猎经济向农业经济过渡有一定的关联性。在长江中游地区，目前对于新旧石器过渡时期遗存的了解还不是很清晰。但是，已有证据表明，旧石器时代末期至彭头山文化之间，洞庭湖及其周边地区确实存在丰富的文化遗存⑤。

第二，人地关系研究与古史重建。洞庭—江汉平原河网密布、湖沼众多的自然景观在很大程度上决定着人们的栖居模式和行为。低平的河流阶地既是理想的生活空间，又是较为脆弱的生态区域。稻作农业是与水息息相关的一种经济形态，洞庭—江汉平原稻作聚落的产生、发展与这里的自然环境关系密切。这样的自然环境进而决定了人类的某些行为，如聚落位置的选择、栖居的方式、建筑物的式样、文化的交流与社群的互动、社会演进模式与特点等等。这些都理应成为考古学研究的重要内容，进入 20 世纪 90 年代，这样的研究取向越来越受到重视。这些研究，已经逐渐成为一种自觉的学术追求，

① 李文杰：《试谈快轮所制陶器的识别——从大溪文化晚期轮制陶器谈起》，《文物》1988 年第 10 期，第 92 - 94 页；李文杰、黄素英：《大溪文化的制陶工艺》，《中国原始文化论集·纪念尹达八十诞辰》，文物出版社，1989 年，第 400 - 427 页。又见《中国古代制陶工艺研究》，科学出版社，1996 年，第 126 - 149 页。

② 郭凡：《略谈大溪文化陶纹的图案设计与艺术技法》，《江汉考古》1990 年第 3 期，第 50 - 56 页；高中晓：《大溪文化陶器纹饰浅析》，《湖南考古辑刊》第 3 集，岳麓书社，1986 年，第 184 - 199 页。

③ 周凤琴：《从红花套遗址的发掘探讨该区新构造运动特征及古地理环境》，《葛洲坝工程文物考古成果汇编》，武汉大学出版社，1990 年，第 388 - 394 页。

④ 石家河考古队：《石家河遗址群调查报告》，《南方民族考古》第五集，四川科学技术出版社，1993 年，第 213 - 294 页。

⑤ 裴安平：《湘西北澧阳平原新旧石器过渡时期遗存与相关问题》，《文物》2000 年第 4 期，第 24 - 34 页。

标志着考古学的研究不再受考古学文化的局限，而是从新的视野和方法上来重建人类的历史。

第三，新石器时代城址的发现与社会复杂化研究。石家河城址发现和确认后不久，1991 年，湖南试掘澧县城头山城址①。以后陆续调查和试掘的城址有江陵阴湘城②、荆门马家垸③、石首走马岭④、公安鸡鸣城⑤、应城门板湾⑥、陶家湖⑦、澧县鸡叫城⑧、天门龙嘴⑨、笑城⑩等。这其中，城头山的考古是石家河城址之外工作时间最长、规模最大、最为详细的一处⑪。包括城头山、石家河在内的这些城址，其年代范围涵盖了从大溪文化早期到石家河文化晚期的近 2000 余年，经历了一个地区文化长程演进的一系列重大变迁。通过对这些由史前城址串联而成的历史轨迹的探索和追寻，可以为重建长江中游史前社会进程提供重要的考古学证据。目前该区域史前社会复杂化和文明起源研究方兴未艾。

第四，在以上诸项工作大力开展的同时，为填补文化空白，建立区域文化谱系的工作并没有停止。在长江三峡，新的考古发现确立了柳林溪文化⑫；在沅水中上游，通过一系列遗址的发掘，建立了以高庙文化为代表的沅水中上游地区新石器文化序列⑬；在

---

① 湖南省文物考古研究所等：《澧县城头山屈家岭文化城址调查与试掘》，《文物》1993 年第 12 期，第 19 - 30 页。

② 荆州博物馆等：《湖北荆州市阴湘城遗址东城墙发掘简报》，《考古》1997 年第 5 期，第 1 - 24 页。

③ 湖北省荆门市博物馆：《荆门马家垸屈家岭文化城址调查》，《文物》1997 年第 7 期，第 49 - 53 页。

④ 荆州市博物馆等：《湖北石首市走马岭新石器时代遗址发掘简报》，《考古》1998 年第 4 期，第 16 - 38 页。

⑤ 荆州博物馆：《湖北公安鸡鸣城遗址的调查》，《文物》1998 年第 6 期，第 25 - 29 页。

⑥ 陈树祥等：《应城门板湾遗址发掘获重大成果》，《中国文物报》1999 年 4 月 4 日。

⑦ 李桃元等：《湖北应城陶家湖古城址调查》，《文物》2001 年第 4 期，第 71 - 76 页。

⑧ 湖南省文物考古研究所：《澧县鸡叫城古城址试掘简报》，《文物》2002 年第 5 期，第 58 - 68 页。

⑨ 张成明：《2005 年度南方地区考古新发现·天门市龙嘴遗址》，《南方文物》2006 年第 3 期，第 46 页。

⑩ 黄文新：《湖北天门笑城城址发现新石器至明代文化遗存》，《中国文物报》2006 年 9 月 8 日。

⑪ 湖南省文物考古研究所：《澧县城头山》，文物出版社，2007 年。

⑫ 国务院三峡建设委员会办公室、国家文物局：《秭归柳林溪》，科学出版社，2003 年。

⑬ 贺刚：《高庙遗址的发掘与相关问题的初步研究》，《湖南省博物馆馆刊》第二期，岳麓书社，2005 年，第 113 - 124 页。

湘江流域，则建立了由黄家园类型到磨山晚期·舵上坪类型的文化序列①。这都是进入20世纪90年代以后取得的成果。

上述工作，无论是田野发掘还是学术研究，澧阳平原与汉东地区都占有非常重要的位置。这两个地区的考古工作已经揭示出的新石器时代历史发展的基本过程，也即整个长江中游核心地区的动态，反映了长江中游史前社会进程的基本面貌。

概而言之，从彭头山文化到大溪文化前期，澧阳平原的文化发展走在了前面，同期的鄂西、峡江和汉东地区，距今6000年以前社会发展水平明显没有达到澧阳平原的程度。自大溪文化中期，亦即大约从相当于鄂西地区关庙山大溪文化二期开始，澧阳平原的发展势头减弱，而汉东地区开始快速发展。正是这个时期，汉东地区率先生产出薄胎彩陶，与此相关的还有一系列颇具特征性的人工制品。这些人工制品迅速成为汉东地区特有的品牌，开始向周围输送，表明在区域间的互动上，汉东地区的主导力正在持续上升。到了大溪文化四期阶段，长江中游已经普遍被源于汉东地区的黑陶遗存所占据，多项证据均显示此时长江中游的重心已经完全转移至此。从此，汉东地区所处的中心和主导地位不再改变，直到石家河文化，这里一直是长江中游的文化核心。

从社会重建的角度出发，澧阳平原与汉东地区见证了长江中游史前社会发展的全过程，也分别在不同的历史阶段和推动社会向前发展的过程中起了重要作用。

这正是本书选题的目的所在。

第二节　研究目的

长江中游在中国文明化进程中占有非常重要的地位，它"通过自己的道路迈进了早期文明的门槛"②，因而，长江中游地区是构建中国史前社会由多元一体到多元一统的文明化进程的重要组成部分。

在中国文明化进程中，各个地区的社会演进模式并不完全一致，其文明化进程的方式与结果也不尽相同。长江中游到底以何种方式参与了中国文明化的进程，它对中国文明起源研究具有何种理论指导意义？学术界并没有就此进行过认真研究。

理论来源于实践，构建中国文明起源理论，需要依赖大量的考古实践，只有综合全国各地的实际情况，方能提出关于中国文明起源理论的证据支持。仔细梳理长江中游的

---

① 郭伟民：《湘江流域新石器文化序列及相关问题》，《华夏考古》1999年第3期，第59－72页。

② 严文明：《长江流域在中国文明起源中的地位和作用》，《农业发生与文明起源》，科学出版社，2000年，第90－98页。

考古材料，进而分析该地区史前文化和社会进程的基本脉络，必然对于构建中国文明起源理论具有重要的现实意义。

诚然，长江中游也是由多个区域所组成，在这些区域中，史前文化的发展并不同步，聚落演进模式多有差异，它们在参与长江中游史前社会一体化进程中所扮演的角色也各不相同。对这些区域的考古材料作深度剖析，进而重建区域的文化与社会演进过程，将是构建长江中游史前社会进程模式的前提和保障。在目前情况下，从积累资料最为丰富且又最具典型特征的区域——澧阳平原与汉东地区——入手，通过重点分析达到重建区域社会进程的目的，只有在这样的基础上，讨论所谓文明化进程才真正具有意义。

就目前状况来看，长江中游的田野考古积累了大量的材料，相关学术研究也取得了重要成绩。但是，仍有很大的不足。由于中国传统考古学以建立文化谱系为目的，搭建考古学文化框架体系一直被视为本学科的工作重点，导致田野工作和研究取向的单一化，在这样的目的之下，考古学文化的器物本位研究成为学术重心。这种以历史文化时空体系为旨趣的学术活动必然造成对于其他研究的忽视：一方面是器物的形态研究日趋精细化，比如文化的分类、文化的起源、文化间的关系、器物的演变与比较等成为学术研究的终极目标；另一方面是对考古学文化的认知歧见增多①。正因为考古学文化只是一种整理考古材料的分类手段，不能解决深层次的问题，所以，在遇到新的问题时，以器物排队为主导的考古学文化认知体系出现了麻烦，比如在长江中游，为什么新石器的发生、成一定规模的农业、环壕聚落等会首先出现在澧阳平原而不是汉东地区？又比如，长江中游史前文化如何进化和为什么会进化？为什么在屈家岭文化时期突然出现大量城壕聚落？这与什么样的社会发展阶段相适应？手工业的专门化在哪个层次上被组织起来？手工业的专门化与复杂社会谁为因果？等等。显然，以搭建历史文化框架为使命的传统考古学是无法回答这些问题的。

从学术史的角度来看，从谱系研究转向社会研究是考古学发展的必然趋势。聚落考古即是"在社会关系的框架内来做考古资料的研究"② 或"以聚落为基本单位来研究

---

① 由于考古学文化主要是对某一类物质遗存普遍特征的描述，随着考古发掘资料的剧增，人们无法再以某种普遍特征去衡量资料的差异性，这种差异性既表现于同一考古学文化的不同发展阶段，也表现于同一时间维度上的不同空间。故而，对于考古学文化的认知出现了重大偏差。原来的"大溪文化"被分解出"关庙山一期文化"、"楠木园文化"、"朱家台一期文化"、"汤家岗文化"、"前屈家岭文化"等多支考古学文化。这种局面的出现涉及考古学文化本身的一系列问题。

② 张光直：《考古学专题六讲》，文物出版社，1986年，第86页。

社会形态的变化"①。因此，在考古学文化进程研究提供了明确的时空框架前提下，聚落考古成为了解社会形态及其发展变化的关键。

重建澧阳平原与汉东地区史前社会进程，是本次研究需要解决的终极问题。唯其如此，才能从区域的角度了解不同区域空间在文化与聚落方面的适应模式和演进结果，以及不同地理区域在参与地区社会进程中的地位和作用，最终为长江中游文明化进程提供跨区域的研究范式。

事实上，上述问题的解决，是以其他一系列问题的解决为前提的。例如：澧阳平原与汉东地区新石器文化谱系的重建，文化、聚落与环境的关系，经济技术、人群组织、意识形态在社会变革中所处的地位和作用，等等。另外，既然要涉及长江中游，相关区域的研究与综合同样不可避免。

第三节　理论与方法的适用

本研究既然以重建澧阳平原与汉东地区史前社会进程为目的，毋庸置疑，聚落考古几乎是唯一的理论诉求。不过，聚落考古，既是理论又是方法，它综合了地理学、考古学、社会学多种学科体系的诸多相关学说。在大多数情况下，考古学家宁愿将其视为一种处理考古材料的方法。

时间与空间、微观与宏观相结合，始终是学术研究的基本方法。在时间上，本书利用考古学文化谱系所提供的编年，从尽可能详细的时间序列中循序渐进，深入研究区域的聚落形态及其演进过程；在空间上，将从聚落的基本单元入手，由微观到宏观展开研究。

由于澧阳平原与汉东地区在地理上具备了平原地区的基本地貌特征，不存在地理和资源上的重大偏差，聚落的产生和发展也有悠长的历史，历时和共时的聚落分布各有特征，并且在规模等级上也有明显的差异。因而，空间分析方法②显然是一种可以利用的手段。

大致而言，空间分析可以从以下三个层次展开：

微观层次：微观层次是指在遗迹内部的空间分析。在这个层次上，个人和社会空

---

① 严文明：《聚落考古与史前社会研究》，《文物》1997 年第 6 期，第 21 页。
② 简而言之，所谓空间分析就是进行聚落材料空间分布的研究。聚落材料可以覆盖从遗址之间或者人工制品之间的形态（遗址间的分析）到单个遗址的形态（遗址内部分析）所涉及的各个层面，因而既是微观的又是宏观的。比如遗址系统分析、区域分析、领地分析、位置分析、遗址域分析、密度研究、遗址内部和遗迹内部分析甚至地层堆积分析，都有运用空间分析方法的必要。

间、个体和文化要素的表现主要是经济上的生存模式和社会层面上的家庭结构，涉及人工制品、遗迹和相关物质资源的空间关系。

在遗迹内的分析对象涉及非随意的或日常放置的人工制品、安置物资的位置和活动场地等。一处遗迹是人类活动的最小单位。当然，遗迹可以涵盖的内容有多种，如自然的避身处、房间、住宅、墓葬、仓储和祀殿、壕沟、城墙、道路、水井等等，建筑之内还有不可移动的遗迹比如灶、炕、厕、圈、火塘等。在遗迹内部的分析中，要关注器物之间的关系；要关注器物与遗迹之间的关系，即什么样的器物与遗迹相关联。比如，房子内各种遗物与遗迹的位置当是在空间布局上不同部位功能差异的反映。严文明对姜寨和半坡房屋内的空间布局和各种遗迹遗物的空间关系的分析，堪称聚落形态微观层次方面的研究经典[①]。

澧阳平原和汉东地区发现的遗迹能够为这种微观研究提供详细材料，特别是几处重要聚落关于建筑以及相关遗迹的材料，都有详尽介绍。八十垱、城头山、邓家湾、肖家屋脊等聚落的资料还可以作深度分析。由彭头山文化到石家河文化，社会结构的变化可以从这些微观分析中进行归纳和提炼。显然，这是一项极为重要的基础工作。

半微观层次：半微观层次是指遗址内部的空间分析。遗址内部分析（Intrasite Analysis）主要作为一种针对遗址内活动情况探讨的方法，在 20 世纪 70 年代被提出来[②]。它的前提是，有某种形态或行为的人类活动，必定会留下某种模式的人工制品的状态分布。比如，建筑物的位置在一个聚落遗址里会有某种规划而非随意的安排，人工制品、物资的放置空间、建筑物以及活动场所均会显示出人群之间社会和文化的关系，等等。

一处遗址就是一个相关的空间场地，在这个场地里人类活动所遗留的各种信息是有关联的。遗址可能是居家的聚落、仪式中心、墓地、手工业场所或暂时的营地。在这样的空间里，反映社会与文化方面的信息会得到更多，并要超过经济方面。通过遗址内部分析，可以考察这种空间分布的背后反映了什么样的社会文化信息，以及这种空间形态是否与聚落单位的社会政治和经济结构相关联。

宏观层次：指遗址之间的空间分析（Intersite Analysis），这样的分析既注重地理和生态学的因素，也注重社会组织等级和文化形态。遗址在空间的存在涉及遗址上的人在距离和时间上的能量消耗问题，最小的消耗和最高的回报是人类的基本考量。建筑物的位置、资源的取得、产品的分布均依赖于遗址的分布以及它在整个景观中的位置。

人类在空间的栖居受自然地貌的影响非常明显，平缓的河流台地和陡峭的山地当存

---

① 严文明：《仰韶文化研究》，文物出版社，1989 年，第 166 – 241 页。

② 雷德·费林：《遗址内空间形态及其在聚落——生存系统分析中的作用》，《当代国外考古学理论与方法》，三秦出版社，1991 年，第 344 – 362 页。

在不同的居住方式和聚落分布模式。地域空间的同一密度、均质的资源和人口的均匀分布事实上是不存在的，在空间分析上如果不考虑这些因素，就会影响最后得出的结果。因为有了这些因素，聚落分布就会出现不同的特点。根泰和阿梅蒙（Kintigh and Ammerman）针对各种分布，归纳出聚集成群的（clustered）、均衡的（uniform）、线状的（linear）和无序的（random）四种模式，这种被称为"启发式"的聚落考古空间分析方法①，是对早已存在的所谓"中心位置理论"的重大贡献。

在宏观层次的研究中，确定聚落的规模等级，以及确定聚落群和中心聚落是分析问题的关键。对于"中心"聚落的确认，目前通常的方法是根据田野调查的结果，依遗址的大小来加以判断。但是，遗址大小并非确定中心的必要条件。确定什么是中心聚落的标志才是最重要的，伦福儒说最好的办法是试图找到被调查的社会是如何看待自己及其领土的，但是他也认为这是一件不可能做到的事情②。概而言之，确定聚落的等级，第一，要看聚落的大小，聚落的规模或者等级一般是与其人口规模相对应的，大型聚落或者中心聚落，人口数量多，必然存在较为复杂的社群关系，因而社会复杂化程度较高。第二，要从聚落内部和外部寻找证据，比如是否存在以其为中心的聚落群、聚落内部是否有特殊遗迹或者遗物，等等。第三，要确定聚落等级的评判标准，比如政治、经济或者文化中心的评价体系不一样，因而具有不同的标准，这三个方面并不一定相重合，哪个方面更加重要，必须视具体情形而定。

在下面的研究中，本书将尽量根据上述方法来组织和分析材料，并力求使得这三个层面的分析相互关联起来。

---

① Kintigh and Ammerman (1982). Heuristic Approaches to Spatial Analysis in Archaeology, *American Antiquity* 47, pp. 31–63.

② 科林·伦福儒、保罗·巴恩：《考古学理论方法与实践》，文物出版社，2004 年，第 204 页。

第二章 澧阳平原与汉东地区史前文化进程

本章将从文化变化的角度来讨论澧阳平原与汉东地区的文化进程，讨论文化进程不仅仅要了解文化发生了哪些变化，变化背后的原因更加值得关注。

第一节 考古学文化序列与年代学框架

一 澧阳平原考古学文化序列与年代

目前已经得到的澧阳平原新石器文化序列如下：

过渡时期前彭头山文化遗存—彭头山文化—皂市下层文化—汤家岗文化—大溪文化—屈家岭文化—石家河文化。

（1）过渡时期文化遗存

碳十四年代测定表明，彭头山文化的最早年代不晚于 7000BC，不会逾越 8000BC。从其年代和文化特征来看，它处在中国新石器时代的中期阶段①，前面还应当有更早的来源。

晚更新世末次冰期最盛期，占据澧阳平原的是十里岗文化②，其年代约在 16000BC − 14000BC 之间③，是澧阳平原旧石器时代最晚阶段的文化。

目前尚不十分明了十里岗文化以后到彭头山文化的六七千年间的情况，暂且将其划

---

① 严文明：《略论中国文明的起源》，《文物》1992 年第 1 期，第 41 页。
② 封剑平：《湖南澧县十里岗旧石器时代晚期地点》，《中石器文化及有关问题研讨会论文集》，广东人民出版社，1999 年，第 284 − 295 页。
③ 北京大学考古文博学院考古实验室所测十里岗遗址碳十四数据 95.4% 置信度的取值范围为 15950BC − 15100BC。另外，加拿大多伦多大学加速器质谱碳十四测年数据为距今 18000 − 16000 年。见裴安平：《湘西北澧阳平原新旧石器过渡时期遗存与相关问题》，《文物》2000 年第 4 期，第 24 − 34 页。

为过渡时期①。这个时期的遗存主要包括八十垱下层、双林、新民、新坪、皇山、竹马等地点②。此外，最近临澧华垱遗址和澧县宋家岗遗址都在早于彭头山文化地层中出土了陶片，进一步丰富了探讨过渡时期文化遗存的线索。

北京大学实验室最近对相关地点进行了加速器质谱（AMS）碳十四测年，数据如下表③（表一）。

表一　　　　　　　　　　　澧阳平原过渡时期遗存碳十四测年记录表

样品	单位	碳十四年代（BP）	树轮校正后年代（BC）	
			1σ（68.2%）	2σ（95.4%）
土样	新坪③	11215±50	11240BC（68.2%）11120BC	11280BC（95.4%）11030BC
土样	竹马③	10425±45	10620BC（10.2%）10506BC 10450BC（58.0%）10210BC	10700BC（95.4%）10150BC
土样	双林⑥	10375±65	10440BC（68.2%）10160BC	10700BC（95.4%）10050BC
土样	八十垱⑤	9595±55	9150BC（9.9%）9110BC 9090BC（9.4%）9040BC 9030BC（48.8%）8830BC	9220BC（95.4%）8790BC
土样	新民③	9130±45	8430BC（8.3%）8400BC 8390BC（5.0%）8370BC 8350BC（54.9%）8270BC	8470BC（95.4%）8250BC
土样	皇山③	8105+45	7145BC（68.2%）7045BC	7300BC（5.5%）7220BC 7200BC（87.9%）7020BC

以上数据的树轮校正曲线图如下图表一：

① 袁家荣最初将澧水流域由旧石器文化向新石器文化的过渡定为11000BC－7000BC之间，后来，又将华南地区过渡时期的年代确定在13000BC－8000BC之间，澧阳平原自然也在华南的范畴之内。见袁家荣：《略谈湖南旧石器文化的几个问题》，《中国考古学会第七次年会论文集》，文物出版社，1989年，第1－12页；《华南旧石器文化向新石器文化过渡时期的界定》，《中石器文化有关问题研讨会论文集》，广东人民出版社，1999年，第87－90页；《湖南旧石器考古回顾》，《跋涉续集》，文物出版社，2006年，第27－38页。
② 湖南省文物考古研究所调查资料。
③ 本表所用碳十四数据的半衰期为5568年，BP为距1950年的年代，树轮校正曲线为intcal04（1），所用程序为Oxcal v3.10（2）。下文所有以5730年为半衰期的数据均已换算成5568年。

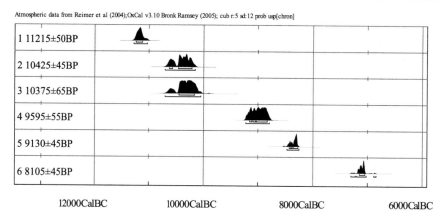

Atmospheric data from Reimer et al (2004);OxCal v3.10 Bronk Ramsey (2005); cub r:5 sd:12 prob usp[chron]

1 11215±50BP	
2 10425±45BP	
3 10375±65BP	
4 9595±55BP	
5 9130±45BP	
6 8105±45BP	

12000CalBC　　　　10000CalBC　　　　8000CalBC　　　　6000CalBC

图表一　澧阳平原过渡时期遗存碳十四年代曲线

（2）彭头山文化

目前已获得彭头山文化的测年数据中，常规法所测数据 12 个，加速器质谱（AMS）14 个。常规法数据见下表（表二）。

表二　　　　　　　　　彭头山文化碳十四常规测年记录表

Lab 编号	样品	单位	碳十四年代（BP）	树轮校正后年代（BC）	
				1σ（68.2%）	2σ（95.4%）
BK87002	陶片	采集	8834±120	8210BC（27.2%）8030BC 8020BC（39.5%）7780BC 7770BC（1.50%）7750BC	8250BC（95.4%）7600BC
BK89021	带泥炭	F5D2	8133±115	7340BC（62.9%）7020BC 6940BC（1.50%）6910BC 6880BC（3.80%）6840BC	7500BC（95.4%）6700BC
BK89018	竹炭（少量木炭）	T14⑥	7707±170	6800BC（0.90%）67900BC 6780BC（67.3%）6380BC	7050BC（95.4%）6200BC
BK89020	带泥炭	H1	7707±100	6640BC（68.20%）6460BC	7900BC（95.4%）6350BC
BK89019	带泥炭	F1D6	7537±110	6480BC（68.20%）6250BC	6650BC（95.4%）6100BC
BK87050	木炭	T11④	7954±120	7040BC（68.2%）6690BC	7200BC（95.4%）6500BC
BK89022	带泥炭	F2	7891±90	7030BC（10.7%）6960BC 6950BC（1.90%）6930BC 6920BC（6.90%）6880BC 6840BC（48.8%）6640BC	7100BC（95.4%）6500BC

续表二

Lab 编号	样品	单位	碳十四年代（BP）	树轮校正后年代（BC）	
				1σ（68.2%）	2σ（95.4%）
BK89016	木炭（少量竹炭）	T14②	7580±100	6570BC（4.70%）6540BC 6530BC（59.8%）6360BC 6290BC（3.70%）6270BC	6610BC（95.4%）6230BC
BK89017	带泥炭	T13③	7512±90	6460BC（47.3%）6340BC 6320BC（20.9%）6250BC	6570BC（95.4%）6210BC
BK94112	木炭	八 H5	7314±80	6240BC（68.2%）6070BC	6370BC（95.4%）6020BC
BK96010	木炭	八 T43（16）	7241±100	6220BC（68.2%）6020BC	6370BC（92.7%）6970BC 6960BC（2.7%）5910BC
BK94110	木炭	八 G3	6969±70	5980BC（6.7%）5950BC 5910BC（61.5%）5770BC	5990BC（95.4%）5720BC

注：八 – 八十垱遗址；未注明者均为彭头山遗址。

常规测年数据的树轮校正曲线见图表二：

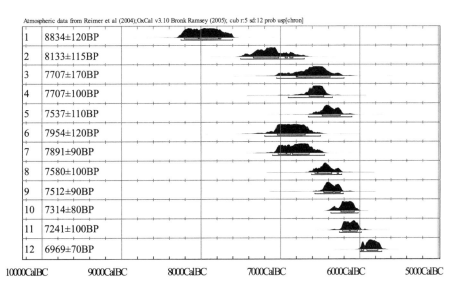

图表二　彭头山文化碳十四常规测年曲线

14 个加速器质谱（AMS）测年数据如下（表三）。

表三　　　　　　　　　**彭头山文化碳十四 AMS 测年记录表**

Lab 编号	样品	单位	碳十四年代（BP）	树轮校正后年代（BC）	
				1σ（68.2%）	2σ（95.4%）
OxA2210	炭化稻草壳	H2 陶片Ⅱ	7542±90	6470BC（52.9%）6340BC 6320BC（15.3%）6260BC	6590BC（95.4%）6220BC
OxA2214	炭化稻草壳	T14③陶片Ⅲ	7033±140	6020BC（68.2%）5750BC	6250BC（95.4%）5650BC
OxA1274	脂类物质	发掘陶片Ⅰ	6843±100	5840BC（68.2%）5640BC	5930BC（90.4%）5610BC 5590BC（2.2%）5560BC
OxA1275	胡敏酸（素）	发掘陶片Ⅰ	7692±80	7040BC（68.2%）6770BC	7060BC（95.4%）6650BC
OxA1277	富里酸	发掘陶片Ⅰ	6064±110	5210BC（7.8%）5160BC 5120BC（1.5%）5100BC 5080BC（58.9%）4830BC	5300BC（95.4%）4700BC
OxA2211	腐殖酸（混合）	H2 陶片Ⅱ	7294±90	6240BC（68.2%）6050BC	6370BC（95.4%）6000BC
OxA2215	腐殖酸（混合）	T14③陶片Ⅲ	7382±80	6380BC（60.6%）6200BC 6140BC（7.6%）6110BC	6420BC（95.4%）6070BC
OxA1280	基质炭（粗）	发掘陶片Ⅰ	9491±180	9150BC（68.2%）8600BC	9300BC（95.4%）8300BC
OxA1281	基质炭（中）	发掘陶片Ⅰ	7653±90	6590BC（68.2%）6430BC	6680BC（95.4%）6350BC
OxA1282	基质炭（细）	发掘陶片Ⅰ	8201±90	7330BC（68.2%）7070BC	7490BC（95.4%）7030BC
OxA2213	基质炭（粗）	H2 陶片Ⅱ	8943±80	8260BC（25.8%）8160BC 8130BC（42.4%）7960BC	8290BC（95.4%）7820BC
OxA2212	基质炭	发掘陶片Ⅱ	8294±80	748BC（55.5%）7290BC 7280BC（3.6%）7250BC 7230BC（9.0%）7190BC	7530BC（93.5%）7130BC 7110BC（1.9%）7080BC
OxA2217	基质炭	T14③陶片Ⅲ	8235±80	7450BC（2.2%）7410BC 5360BC（62.6%）7130BC 7100BC（3.4%）7080BC	7480BC（95.4%）7070BC
OxA2216	基质炭	T14③陶片Ⅲ	8041±80	7090BC（68.2%）6810BC	7300BC（95.4%）6650BC

加速器质谱（AMS）树轮校正曲线见图表三。

这批数据有若干问题需要讨论。

第一，常规法数据中最早的标本 BK87002 为 8834±120BP，校正后已过万年。检测标本为陶片中的有机碳，其来源无法确认，该数据只具参考价值。

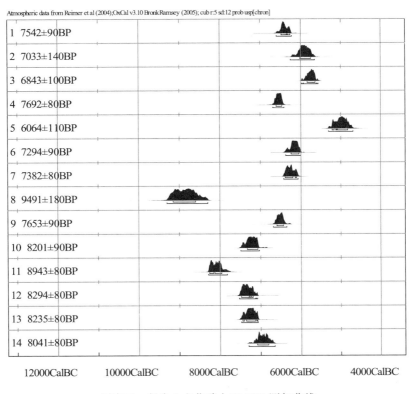

Atmospheric data from Reimer et al (2004);OxCal v3.10 Bronk Ramsey (2005); cub r:5 sd:12 prob usp[chron]

1	7542±90BP	
2	7033±140BP	
3	6843±100BP	
4	7692±80BP	
5	6064±110BP	
6	7294±90BP	
7	7382±80BP	
8	9491±180BP	
9	7653±90BP	
10	8201±90BP	
11	8943±80BP	
12	8294±80BP	
13	8235±80BP	
14	8041±80BP	

12000CalBC　　　10000CalBC　　　8000CalBC　　　6000CalBC　　　4000CalBC

图表三　彭头山文化碳十四 AMS 测年曲线

第二，常规法数据的部分标本年代与层位或文化分期不相符，标本 BK87050、BK89022 的层位晚于 BK89021、BK89018、BK89020，但年代却早。BK89022 标本出自 F2，但确切采集位置不明，不能肯定这个数据究竟指代的是 F2 建造、使用还是废弃后的时间。同样情况也见于 BK89019 和 BK87050 标本。BK89019 采自开口于第 5 层下的 F1D6，BK87050 标本取自第 4 层，但两者测年结果反置。

第三，AMS 测年的多个数据超过了 7000BC，逼近万年大关。但这个表的数据与常规法相比较，问题更多。这批标本多取自陶片，一般而言，陶片中碳的成分来源较杂：既有制陶时掺和进去的有机碳，比如植物、蚌、螺壳之类；也有本身存在于陶土中的碳酸盐；还有可能吸附或者渗透于陶片的有机碳。如何分辨这些碳的来源，是一件颇为费力的工作。这批测年样品中，OxA2210 来自陶片中的稻草壳，OxA2214 则是来自地层的稻草壳，这两件样品均为一年生草本植物，与陶片的年代最接近。标本中有七份样品均为"基质炭"，它的来源与成分并无明确交代，有可能是掺和或者渗透的有机碳，也可能是陶土中的无机碳。查阅这批数据，OxA1280、OxA2213 两份样品的年代均大大超前，与地层序列明显相悖，可以剔除。另外，OxA2211、OxA2215 两份样品的成分为腐殖酸，来源不明。黏土中存在有机质降解以后所产生的腐殖酸，泥炭里也含有腐殖酸，如果用这种成分样品来测年，则显然存在误差。

总之，彭头山遗址的这 14 个 AMS 测年数据中，比较可靠的是利用炭化稻草壳所得出的结果，其他数据只能存疑。

综合上述常规法和 AMS 测年较为可靠的数据来看，彭头山文化的上限不晚于 7200BC，考虑样品所在层位并非最早单位，上限当比这更早，但这需要测年数据的支持。下限基本可以定在 5800BC 左右。

（3）皂市下层文化

在八十垱、坟山堡、黄家园、涂家台等遗址均发现了彭头山文化向皂市下层文化过渡的证据。

目前所得有关年代数据中，八十垱遗址 A 区 T5 第 8 层的一件木炭样本碳十四年代为 6780±70BP，树轮校正后为 5840BC（95.4%）5550BC。但该地层为一种略微偏红的黄土堆积，纯净，基本没有包含物，一定说它是皂市下层文化的，证据不充分。其他数据中一个出自皂市遗址[1]，余均取自胡家屋场遗址[2]，分常规和加速器质谱两种。

常规数据 4 个（表四）。

表四 　　　　　　　　**皂市下层文化碳十四常规测年记录表**

Lab 编号	样品	单位	碳十四年代（BP）	树轮校正后年代（BC）	
				1σ（68.2%）	2σ（95.4%）
BK87046	木炭	胡 T2④	7000±110	5990BC（68.2%）5780BC	6070BC（95.4%）5670BC
BK87045	木炭	胡 T102⑦	6980±140	5990BC（68.2%）5730BC	6250BC（95.4%）5600BC
BK87047	木炭	胡 T102⑤	6757±100	5740BC（68.2%）5560BC	5850BC（95.4%）5480BC
BK82081	木炭	皂 T43⑤	6718±200	5840BC（68.2%）5470BC	6050BC（95.4%）5250BC

注：胡—胡家屋场遗址；皂—皂市遗址

树轮校正曲线图见图表四。

---

① 北京大学考古系碳十四实验室：《碳十四年代测定报告（六）》，《文物》1984 年第 4 期，第 96 页。

② 北京大学考古系碳十四实验室：《碳十四年代测定报告（九）》，《文物》1994 年第 4 期，第 94 页。

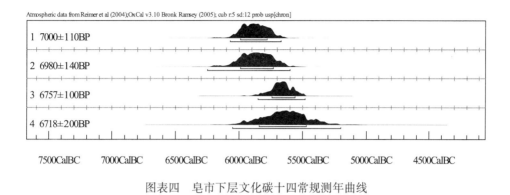

Atmospheric data from Reimer et al (2004);OxCal v3.10 Bronk Ramsey (2005); cub r:5 sd:12 prob usp[chron]

1　7000±110BP

2　6980±140BP

3　6757±100BP

4　6718±200BP

7500CalBC　7000CalBC　6500CalBC　6000CalBC　5500CalBC　5000CalBC　4500CalBC

图表四　皂市下层文化碳十四常规测年曲线

加速器质谱测年数据 10 个①，但真正可用的只有其中 6 个（表五）。

表五　　　　　　　　　　皂市下层文化碳十四 AMS 测年记录表

Lab 编号	样品	单位	碳十四年代（BP）	树轮校正后年代（BC）	
				1σ（68.2%）	2σ（95.4%）
OxA2731	陶片中炭化稻谷壳稻草	T102②:33	6578±90	5620BC（68.2%）5470BC	5670BC（95.4%）5360BC
OxA2223	腐殖酸	T3⑤:14	6519±80	5560BC（44.6%）5460BC 5450BC（23.6%）5370BC	5620BC（95.4%）5330B
OxA2219	腐殖酸	T3④:55	6500±80	5530BC（68.2%）5370BC	5620BC（5.2%）5580BC 5570BC（90.2%）5310BC
OxA2733	陶片中炭化稻谷壳稻草	?	6350±170	5490BC（56.4%）5400BC 5170BC（11.8%）5070BC	5650BC（95.4%）4850BC
OxA2222	陶片中炭化稻谷壳稻草	T3⑤:14	6310±100	5470BC（11.2%）5400BC 5390BC（57.0%）5200BC	5480BC（95.4%）5030BC
OxA2218	陶片中炭化稻谷壳稻草	T3④:55	6208±90	5300BC（13.8%）5240BC 5230BC（54.4%）5050BC	5370BC（95.4%）4930BC

以上 6 个样品均采自胡家屋场遗址。

树轮校正曲线图见图表五。

从以上数据看，最早一批数据已基本与彭头山文化最晚数据重叠。但从文化的传承来看，皂市下层文化的上限也就是彭头山文化的下限，测年数据有一定的重合应属正常。因此可以将 5800BC 作为皂市下层文化的上限，其下限则以最小值的许可范围，当为 5100BC－5000BC。

①　陈铁梅等：《彭头山等遗址陶片和我国最早水稻遗存的加速器质谱14C 测年》，《文物》1994年第 3 期，第 93 页。

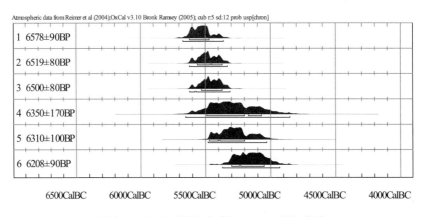

Atmospheric data from Reimer et al (2004);OxCal v3.10 Bronk Ramsey (2005); cub r:5 sd:12 prob usp[chron]

| | 6500CalBC | 6000CalBC | 5500CalBC | 5000CalBC | 4500CalBC | 4000CalBC |

1 6578±90BP
2 6519±80BP
3 6500±80BP
4 6350±170BP
5 6310±100BP
6 6208±90BP

图表五　皂市下层文化碳十四 AMS 测年曲线

（4）汤家岗文化

目前汤家岗文化的测年数据还很少。1996 年在城头山东区发掘出了水稻田，下层水稻田为汤家岗文化时期所开辟。香港大学在该层采集两个光释光测年土样，所测年代均为 6629 ± 896BP①。南县新湖遗址汤家岗文化晚期地层也有一个测年数据，即 BK87043，87NXT1⑦炭末，碳十四测年数据为 5413 ± 80BP②，树轮校正数据的年代为 4350BC（51.2%）4220BC。

关于汤家岗文化的年代，还有一些旁证材料。

①沅水中上游地区的高庙文化的年代与洞庭湖区皂市下层文化基本相当，松溪口文化早期特征与汤家岗文化类似。松溪口遗址有一个测年标本，实验室编号 BK94113，采自松溪口遗址 T2⑦层木炭，碳十四测年数据为 6015 ± 70BP③，树轮校正后为 5080BC（93.3%）4720BC。

②与汤家岗文化大致相当的在汉东地区为边畈文化。边畈遗址测了两个数据，属于边畈文化的一个数据为 T30⑧所取标本，碳十四测年数据为 5820 ± 80BP④，树轮校正后为 4780BC（68.2%）4580BC、4850BC（95.4%）4460BC。

---

① 湖南省文物考古研究所：《澧县城头山古城址 1997 - 1998 年度发掘简报》，《文物》1999 年第 6 期，第 4 - 17 页。该数据没有说明是否经过树轮校正。

② 北京大学考古系碳十四实验室：《碳十四年代测定报告（九）》，《文物》1994 年第 4 期，第 95 页。

③ 湖南省文物考古研究所：《湖南辰溪县松溪口贝丘遗址发掘简报》，《文物》2001 年第 6 期，第 4 - 16 页。

④ 北京大学考古系碳十四实验室：《碳十四年代测定报告（九）》，《文物》1994 年第 4 期，第 93 页。

以上四例数据，也可帮助了解汤家岗文化年代的取值范围。

（5）大溪文化

在澧阳平原，大溪文化由汤家岗文化发展而来。在峡江地区，大溪文化则继承了柳林溪文化的诸多因素。大溪文化在两地发展同步，分期相互对应①。

在澧阳平原及洞庭湖区，大溪文化目前的测年数据主要集中在城头山遗址，分别由日本名古屋大学测试了 13 个（KIT）②，香港大学 2 个（Beta）③，中国地质科学院 2 个（CC）④（表六）。

表六　　　　　　　　　　　　城头山遗址大溪文化碳十四测年记录表

Lab 编号	样品	单位	碳十四数据	校正数据⑤
Beta – 118920	含炭泥	城东稻田		4320（95%）4055BC
Beta – 118921	含炭泥	城东稻田		4230（95%）3985BC
CC – 3260	不明	西南城墙 I 上部	5730±100BP	4790BC（95.4%）4360BC
CC – 3261	不明	西南城墙 I 下部	5920±110BP	5100BC（95.4%）4500BC
KIT – 3053	稻田土	城东稻田上层		3708 – 3517BC
KIT – 3044	木	T6404（11）		3803 – 3519BC
KIT – 3051	炭片	T6455（11）		3757 – 3724BC
KIT – 3049	木	T6405（18）		4332 – 4046BC
KIT – 3050	木	T6355（21）		4333 – 4042BC
KIT – 3046	木	T6355（22）		4365 – 4220BC
KIT – 3052	木	T6355（22）		4463 – 4217BC
KIT – 3054	木	T6355（22）		4358 – 4224BC
KIT – 3042	木	T6404（23）		4325 – 4048BC
KIT – 3043	木	T6404（23）		4325 – 4044BC
KIT – 3047	木	T6355（23）		4465 – 4318BC
KIT – 3048	木	T6355（23）下		4363 – 4231BC
KIT – 3041	木	T6344（24）		4340 – 4248BC

① 本书峡江地区大溪文化分期采用李文杰所建立的"关庙山类型分期"标准，见李文杰：《大溪文化的类型和分期》，《考古学报》1986 年第 2 期，第 131 – 151 页；澧阳平原大溪文化分期依据《城头山》报告的分期标准。

② 中村俊夫：《用最新的加速器质量分析装置精确测量碳十四年代》，《澧县城头山——中日合作澧阳平原环境考古与有关综合研究》，文物出版社，2007 年，第 181 – 186 页。

③ 湖南省文物考古研究所：《澧县城头山》，文物出版社，2007 年，第 165 页。

④ 湖南省文物考古研究所：《澧县城头山》，文物出版社，2007 年，第 87 页。

⑤ 本表除中国地质科学院两数据外，其余原始数据均只提供了"校正数据"，所用校正软件及半衰期不详。

　　以上的数据，均是大溪文化一期的标本所测，其结果基本都在4300BC左右，由此可将澧阳平原大溪文化的起始年代定在4300BC。

　　在峡江和汉东地区，大溪文化的测年数据有13个，分别取自关庙山和红花套两个遗址①，见表七：

表七　　　　　　　　　关庙山与红花套遗址大溪文化碳十四测年记录表

Lab 编号	样品	单位	碳十四年代（BP）	树轮校正后年代（BC）	
				1σ（68.2%）	2σ（95.4%）
ZK994	木炭	关 T58⑦F34	4980±110	3940BC（18.9%）3860BC 3810BC（49.3%）3650BC	4050BC（95.4%）3500BC
ZK831	木炭	关 T36⑦H13	4880±80	3780BC（59.8%）3630BC 3580BC（8.4%）3530BC	3950BC（93.0%）3500BC 3450BC（2.4%）3350BC
ZK683	木炭	关 T1④	7345±130	6360BC（16.5%）6280BC 6270BC（51.7%）6060BC	6450BC（95.4%）5990BC
ZK687	陶片含炭	红 T111⑥ H506-50	5605±120	4590BC（68.2%）4330BC	4800BC（95.4%）4150BC
ZK892	木炭	关 T51⑤BF21	5145±250	4250BC（68.2%）3650BC	4500BC（95.4%）3300BC
ZK992	木炭	关 T69⑥	5048±250	4250BC（68.2%）3500BC	4500BC（95.4%）3100BC
ZK686	陶片含炭	红 T110⑤F301	4625±300	3700BC（68.2%）2900BC	4100BC（95.4%）2400B
ZK684	木炭	关 T6④	4610±90	365BC（1.1%）3600BC 3550BC（49.0%）3300BC 3250BC（18.1%）3100BC	3650BC（95.4%）3000BC
ZK352	木炭和泥	红 T110⑤F301	4230±115	3010BC（1.9%）2990BC 2930BC（66.3%）2620BC	3350BC（1.3%）3200BC 3150BC（94.1%）2450BC
ZK685	木炭	关 T9③	4890±70	3770BC（68.2%）3630BC	3930BC（3.7%0）3870BC 3810BC（91.7%）3520BC
ZK891	炭化木柱	关 T51④BF22	4770±110	3650BC（47.8%）3490BC 3460BC（20.4%）3370BC	3800BC（94.6%）3300BC 3250BC（1.4%）3100BC
ZK832	木炭	关 T51③	4620±110	3650BC（68.2%）3100BC	3650BC（95.4%）3000BC
ZK991	木炭	关 T76③	4543±80	3370BC（27.8%）3260BC 3250BC（40.6%）3090BC	3550BC（95.4%）2900BC

　　注：关－关庙山遗址；红－红花套遗址

---

　　① 李文杰：《大溪文化的类型和分期》，《考古学报》1986 年第 2 期，第 131－151 页。

上述数据树轮校正曲线图如图表六。

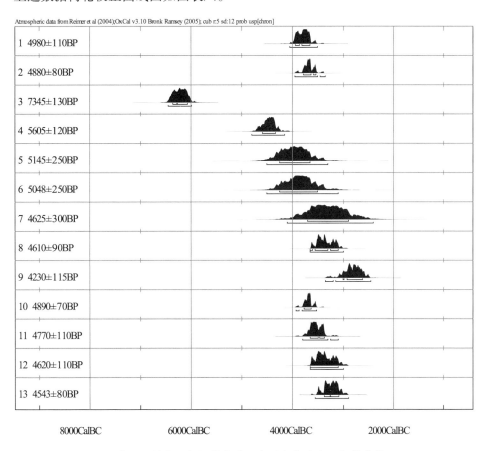

图表六　关庙山与红花套遗址大溪文化碳十四年代曲线

　　按照李文杰的分期，关庙山遗址大溪文化遗存分为四期①。属于第一期的两个数据（ZK994、ZK831）样品均取自可能打破第 7 层的遗迹单位，其年代并不一定与第 7 层完全一致。属于第二期的数据有 7 个（ZK683、ZK687、ZK892、ZK992、ZK686、ZK684、ZK352），前四个数据的值均超过了第一期。其中有一个数据（ZK683）未经校正的年代还达到了 7345 ± 130BP，明显与实际不符，可以排除。另外三个超过第一期的数据较为可信。这样一来，第一期的两个数据并不能代表第一期的真正年代，换言之，第一期的实际年代要与第二期的 ZK687、ZK892、ZK992 三个数据的年代至少相当，或略微靠前。综合上述数据得出的结果是：关庙山遗存的第一期年代上限可以大致定在 4300BC 左右，这与澧阳平原大溪文化的上限是一致的。

————————————

　　①　李文杰：《大溪文化的类型和分期》，《考古学报》1986 年第 2 期，第 131 – 151 页。

　　既然大溪文化的上限为4300BC左右。那么,汤家岗文化的年代范围也就出来了。

　　至于大溪文化的下限,澧阳平原还没有相应的测年数据。关庙山遗址大溪文化第四期遗存有两个测年数据,ZK991与ZK832,都是取自该遗址第3层的木炭,校正年代分别为3370BC(27.6%)3260BC – 3550BC(95.4%)2900BC与3650BC(68.2%)3100BC – 3650BC(95.4%)3000BC,这两个数据值拟取3500BC较为合适。

　　在陶器的序列上与此年代大致相当的有屈家岭遗址第三次发掘的一批墓葬,有一个测年数据①;相当于这个时期的石首走马岭遗址也有一个数据②(表八)。

表八　　　　　　　　　　　屈家岭与走马岭遗址碳十四测年记录表

Lab 编号	样品	单位	碳十四年代(BP)	树轮校正后年代(BC)	
				1σ(68.2%)	2σ(95.4%)
ZK2397	木炭	屈 M2	4830±140	3770BC(58.5%)3490BC 3440BC(9.7%)3370BC	4000BC(95.4%)3300BC
BK92067	棺木	走 M26	4806±80	3700BC(2.0%)3680BC 3670BC(64.8%)3510BC 3400BC(3.3%)3380BC	3760BC(95.4%)3370BC

　　这两个样品的校正曲线如下(图表七):

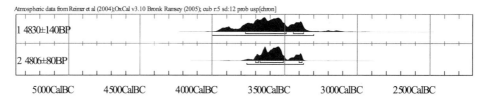

图表七　屈家岭与走马岭遗址碳十四年代曲线

　　这两个标本的测年数值略早于关庙山遗址大溪四期的测年。屈家岭的标本为采自墓葬底部的木炭,可能是葬具;走马岭标本为墓葬棺木,因此所得年代早于墓葬所在文化阶段是可以理解的,实际年代应该略晚一些,大致可以定在3500BC左右。

　　澧阳平原大溪文化第四期的典型遗存有城头山的一批墓葬。在洞庭湖区,还有划城岗遗址、车轱山遗址、王家岗遗址的一批墓葬,但都没有测年数据。

---

① 屈家岭考古发掘队:《屈家岭遗址第三次发掘》,《考古学报》1992年第1期,第94页。
② 北京大学考古系碳十四年代实验室:《碳十四年代测定报告(一〇)》,《文物》1996年第6期,第93页。

在文化性质上，大溪文化第四期已经具备油子岭文化的典型特征。上述大溪文化第四期的测年数据3500BC，实际上应该是峡江地区与澧阳平原大溪文化的下限。

（6）屈家岭文化—石家河文化

澧阳平原大溪文化第四期的文化特征与峡江、汉东地区有很强的相似性，器物形态上已经有明显的趋同化，暗示长江中游地区文化的同一性和文化的整合力得到加强。到了屈家岭文化以后，澧阳平原的文化面貌已经与汉东地区一致。因此，对于澧阳平原屈家岭—石家河文化阶段的绝对年代，放在下节一并讨论。

二 汉东地区考古学文化序列与年代

汉东地区屈家岭文化以前的情况比较复杂，其谱系问题至今仍是一个重要学术课题。

汉东地区已知最早考古学遗存出现在石家河土城遗址下层。据称，其年代和性质都相当于城背溪文化晚段[1]，城背溪文化与皂市下层文化年代相当。照此标准，土城遗址下层遗存的年代当不会晚于5000BC。

在此遗存之后，汉东地区的考古学文化序列如下：

边畈文化—大溪文化—油子岭文化—屈家岭文化—石家河文化。

（1）边畈文化

边畈遗址测试了两个样品[2]（表九）。

表九　　　　　　　　　　边畈遗址碳十四测年记录表

Lab 编号	样品	单位	碳十四年代（BP）	树轮校正后年代（BC）	
				1σ（68.2%）	2σ（95.4%）
BK87013	木炭	T30⑧	5820±80	4780BC（68.2%）4580BC	4850BC（95.4%）4460BC
BK87010	木炭	T47②A	5175±80	4220BC（1.7%）4210BC 4160BC（3.2%）4130BC 4060BC（46.6%）3930BC 3880BC（16.6%）3800BC	4240BC（5.4%）4190BC 4180BC（90.7%）3780BC

上述数据树轮校正曲线见图表八。

---

① 何介钧：《长江中游新石器时代文化》，湖北教育出版社，2004年，第330–331页。
② 北京大学考古系碳十四实验室：《碳十四测定报告（九）》，《文物》1994年第4期，第93页。

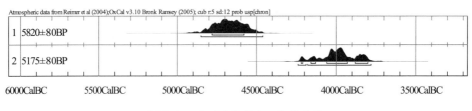

图表八　边畈遗址碳十四年代曲线

　　第一个数据的年代基本在 4700BC 左右，进入了汤家岗文化的年代；第二个数据在 4000BC 左右，相当于大溪文化第一期的年代范围。

（2）大溪文化油子岭类型与油子岭文化

　　目前学术界对这一时期的文化性质有较多的争论①，这是一个复杂的阶段。大致而言，这里曾经先后存在过两种陶系：红陶系与黑陶系。红陶系存在的时间段落大致与峡江地区大溪文化关庙山类型二、三期相当；黑陶系存在的时间大致与大溪文化关庙山类型四期相当，其下限或许还要后延一些。

　　红陶系可以分为前后两段，前段在文化性质上属于大溪文化的一个区域类型——油子岭类型，红陶系后段与黑陶系一起构成了一支独立的文化——油子岭文化。在时间的对应上，大溪文化油子岭类型的存在年代大致相当于关庙山类型二期。油子岭文化的存在时间大致相当于关庙山类型三、四期，其下限还要略晚于关庙山类型四期。

　　汉东地区大溪文化油子岭类型没有测年数据。油子岭文化有两个数据，均来自屈家岭遗址的第三次发掘②（表一〇）。

表一〇　　　　　　　　　　　　油子岭文化碳十四测年记录表

Lab 编号	样品	单位	碳十四年代（BP）	树轮校正后年代（BC）	
				1σ（68.2%）	2σ（95.4%）
ZK2398	木炭	屈 T5⑤表面	4951 ± 160	3960BC（65.9%）3630BC 3560BC（2.3%）3530BC	4250BC（95.4%）3350BC
ZK2397	木炭	屈 89M2 底	4830 ± 140	3770BC（58.5%）3490BC 3440BC（9.7%）3370BC	4000BC（94.4%）3300BC

---

①　一种观点认为大溪文化时期在澧阳平原、峡江地区、汉东地区均为大溪文化分布区，以张绪球为代表；另一种观点认为大溪文化只局限于峡江地区，汉东地区这个时期的文化为油子岭文化，洞庭湖地区为汤家岗文化，以孟华平为代表。见张绪球：《长江中游新石器时代文化概论》，湖北科学技术出版社，1992 年。孟华平：《长江中游史前文化结构》，长江文艺出版社，1997 年。

②　屈家岭考古发掘队：《屈家岭遗址第三次发掘》，《考古学报》1992 年第 1 期，第 94 页。

这两个样品的测年数据校正曲线见图表九。

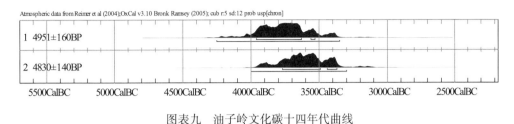

Atmospheric data from Reimer et al (2004);OxCal v3.10 Bronk Ramsey (2005); cub r:5 sd:12 prob usp[chron]

1 4951±160BP	
2 4830±140BP	

5500CalBC　　5000CalBC　　4500CalBC　　4000CalBC　　3500CalBC　　3000CalBC　　2500CalBC

图表九　油子岭文化碳十四年代曲线

上述数据能够认可的年代为 3700BC，虽然从与样品共存的文化性质来看还不是油子岭文化的最早遗存，但测年样品似乎要早于与其共存的陶器，这恰好可以视为油子岭文化最早的年代数据，准此，油子岭文化的上限即为 3700BC。

（3）屈家岭文化

屈家岭文化的测年数据如表一一。

表一一　　　　　　　　　　　屈家岭文化碳十四测年记录表

Lab 编号	样品	单位	碳十四年代（BP）	树轮校正后年代（BC）	
				1σ（68.2%）	2σ（95.4%）
BK87091	木炭	邓 T21④	5039±80	3950BC（68.1%）3760BC	3980BC（95.4%）3650BC
BK87092	木炭	邓 H9①	4811±80	3700BC（65.7%）3510BC 3400BC（2.5%）3380BC	3770BC（79.4%）3490BC 3470BC（16.0%）3370BC
BK90141	木炭	肖 H430②	4379±75	3270BC（1.9%）3250BC 3100BC（66.3%）2900BC	3340BC（22.2%）3150BC 3140BC（73.2%）2880BC
ZK430	木炭	青 F1D2	4369±200	3400BC（68.2%）2700BC	3700BC（95.4%）2400BC
ZK429	木炭	青 T13⑥③	4213±150	3010BC（3.9%）2970BC 2960BC（64.3%）2570BC	3350BC（95.4%）2450BC

① 邓家湾两个数据见北京大学考古学碳十四实验室：《碳十四年代测定报告（九）》，《文物》1994 年第 4 期，第 93 页。

② 北京大学考古学碳十四实验室：《碳十四年代测定报告（一○）》，《文物》1996 年第 6 期，第 92 页。

③ 中国社会科学院考古研究所：《中国考古学中碳十四年代数据集 1965 - 1981》，文物出版社，1983 年，第 89 页。

续表一一

Lab 编号	样品	单位	碳十四年代（BP）	树轮校正后年代（BC）	
				1σ（68.2%）	2σ（95.4%）
ZK91	木炭	黄 F11 第二层①	4097±95	2870BC（15.0%）2800BC 2760BC（48.4%）2560BC 2520BC（4.8%）2490BC	2910BC（95.4%）2450BC
ZK125	朽木	屈晚二文化层	4073±160	2890BC（68.2%）2460BC	3100BC（95.4%）2100BC
ZK124	木炭	屈晚一文化层②	4024±100	2860BC（8.0%）2810BC 3750BC（3.7%）2720BC 2700BC（56.4%）2450BC	2900BC（95.4%）2250BC

注：邓－邓家湾遗址；肖－肖家屋脊遗址；青－青龙泉遗址；黄－黄楝树遗址；屈－屈家岭遗址

　　下面是这批数据的树轮校正曲线图（图表一○）：

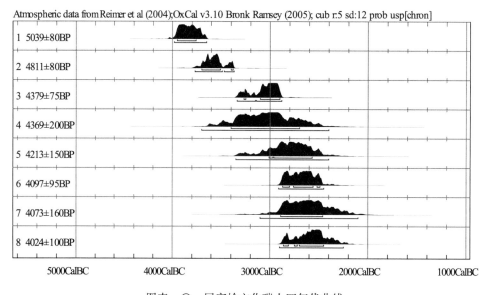

图表一○　屈家岭文化碳十四年代曲线

　　上述测年数据中，BK87092 取自邓家湾 H9，该灰坑位于 T21 内，开口于 4 层下，但测年数值与出自 T21④层的 BK87091 颠倒，且这两个数据皆在 3600BC－4000BC 内，

---

① 中国社会科学院考古研究所：《中国考古学中碳十四年代数据集 1965－1981》，文物出版社，1983 年，第 72 页。
② 中国社会科学院考古研究所：《中国考古学中碳十四年代数据集 1965－1981》，文物出版社，1983 年，第 92 页。

与实际情况有出入，可以排除。另外6个数据可以确定为屈家岭文化的年代。据此可以推定屈家岭文化的上限在3200BC左右，下限为2500BC左右。

屈家岭文化的上限亦即油子岭文化的下限。

（4）石家河文化

石家河文化来源于屈家岭文化，学术界对此没有异议。从肖家屋脊遗址的情况看，石家河文化的早晚期之间存在差异①。本章暂忽略这个问题，统称为石家河文化。

石家河文化的测年有如下数据（表一二）。

表一二　　　　　　　　　　　石家河文化碳十四测年记录表

Lab 编号	样品	单位	碳十四年代（BP）	树轮校正后年代（BC）	
				1σ（68.2%）	2σ（95.4%）
BK89045	木炭	肖 H42②	4427±80	3330BC（18.8%）3230BC 3170BC（1.6%）3160BC 3120BC（47.7%）2920BC	3340BC（95.4%）2910BC
BK90142	木炭	肖 H434③	4282±100	3090BC（3.7%）3060BC 3030BC（44.7%）2840BC 2820BC（13.8%）2740BC 2730BC（5.9%）2670BC	3350BC（95.4%）2550BC
BK89037	木炭	肖 H42	4132±100	2880BC（68.2%）2580BC	2920BC（13.8%）2460BC
BK89038	草木灰	肖 H98④	4015±70	2840BC（3.7%）2810BC 2670BC（64.9%）2460BC	2900BC（95.4%）2300BC
ZK551	木炭	七 F8 南墙下	4466±180	3370BC（68.2%）2910BC	3650BC（95.4%）2650BC
ZK549	木炭	七 IT7A③	4262±200	3350BC（3.8%）3200BC 3150BC（64.4%）2500BC	3500BC（95.4%）2200BC
ZK552	木炭	七 F8 北部台下	4252±120	3020BC（35.3%）2830BC 2820BC（30.8%）2660BC 2650BC（2.1%）2630BC	3350BC（95.4%）2450BC

① 石家河考古队：《肖家屋脊》，文物出版社，1999年，第338-348页。
② 北京大学考古系碳十四实验室：《碳十四年代测定报告（九）》，《文物》1994年第4期，第90页。
③ 北京大学考古系碳十四实验室：《碳十四年代测定报告（一〇）》，《文物》1996年第6期，第92页。
④ 以上两组数据见北京大学考古系碳十四实验室：《碳十四年代测定报告（九）》，《文物》1994年第4期，第90页。

续表一二

Lab 编号	样品	单位	碳十四年代（BP）	树轮校正后年代（BC）	
				1σ（68.2%）	2σ（95.4%）
ZK550	木炭	七 IT7B④①	4010±90	2840BC（4.1%）2810BC 2680BC（57.7%）2430BC 2420BC（2.3%）2400BC 2380BC（4.2%）2340BC	2900BC（95.4%）2250BC
BK84070	木炭	鸡 H2	3893±120	2570BC（5.9%）2520BC 2500BC（62.3%）2190BC	2900BC（1.6%）2800BC 2750BC（93.8%）2000BC
BK84072	木炭	鸡 H1	3777±120	2440BC（1.5%）2420BC 2410BC（3.5%）2370BC 2350BC（63.2%）2030BC	2600BC（95.4%）1850BC
BK87071	木炭	茶 H21	3845±140	2480BC（63.6%）2120BC 2090BC（4.6%）2040BC	2700BC（95.4%）1850BC
BK84066	木炭	茶 T1⑤	3748±85	2290BC（68.2%）2030BC	2500BC（95.4%）1900BC
BK84052	木炭	石 T11③	3660±85	2190BC（2.1%）2180BC 2150BC（66.1%）1920BC	2300BC（95.4%）1750BC
BK84069	木炭	茶 H18②	3718±130	2300BC（68.2%）1920BC	2500BC（95.4%）1750BC

注：肖－肖家屋脊遗址；七－七里河遗址；鸡－鸡脑河遗址；石－石板巷子遗址；茶－茶店子遗址

　　以上样品的树轮校正数据曲线见图表一一。

　　从数据分析来看，石家河文化最早的一批数据已经落在了屈家岭文化的范围内，显然有误。肖家屋脊的一批数据，如 H42 与 H434 在遗址中所处的层位和所出器物都表明晚于屈家岭文化，年代不可能早于屈家岭文化。H42 的另外一个数据和 H98 的数据基本代表了石家河文化早期的真实年代。两个文化的分界在 2500BC 前后。石家河文化晚期的一批遗存以石板巷子、茶店子遗址为代表，其年代大体在 1900BC 左右，或者略晚一些。

<hr>

① 以上四组数据见中国社会科学院考古研究所：《中国考古学中碳十四年代数据集 1965－1981》，文物出版社，1983 年，第 89 页。

② 以上六组数据见《宜都城背溪》，文物出版社，2001 年；孟华平：《长江中游史前文化结构》，长江文艺出版社，1997 年，第 80 页。

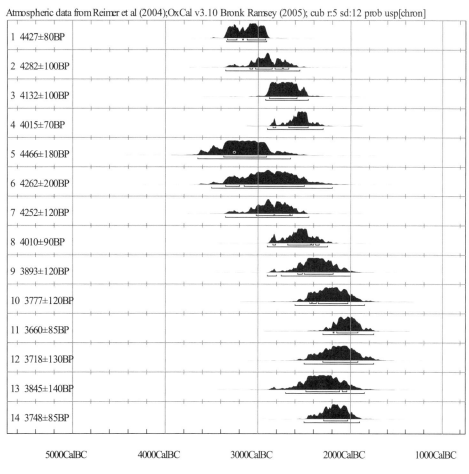

Atmospheric data from Reimer et al (2004);OxCal v3.10 Bronk Ramsey (2005); cub r.5 sd:12 prob usp[chron]

1　4427±80BP
2　4282±100BP
3　4132±100BP
4　4015±70BP
5　4466±180BP
6　4262±200BP
7　4252±120BP
8　4010±90BP
9　3893±120BP
10　3777±120BP
11　3660±85BP
12　3718±130BP
13　3845±140BP
14　3748±85BP

5000CalBC　　4000CalBC　　3000CalBC　　2000CalBC　　1000CalBC

图表一一　石家河文化碳十四年代曲线

三　澧阳平原与汉东地区考古学文化年代讨论

通过前面的工作，已经建立了澧阳平原和汉东地区考古学文化的绝对年代框架。兹汇总如下：

在这个时间框架的最前面，是过渡时期的一系列遗存，这些遗存与旧石器时代晚期的十里岗文化有很密切的关系，同时，又能够与彭头山文化早期遗存在地层和文化特征上衔接起来。其上限在14000BC，下限也即彭头山文化的上限。

已有的测年数据表明，彭头山文化的上限不晚于7200BC。但囿于资料，目前尚不能在文化面貌上确定彭头山文化与过渡期的确切分界，故暂且将彭头山文化的上限设定在8000BC－7000BC间。彭头山文化的下限，从常规法测年数据来看，在5900BC－5800BC左右，加速器质谱的数据大部分也落在5900BC左右，保守估计彭头山文化的下限在 5800BC。这样，彭头山文化的年代跨度大致为 8000BC – 5800BC。

皂市下层文化与彭头山文化关系密切，它保持了彭头山文化的传统风格，其发展与过渡的线索都比较明显。测年数据给出的皂市下层文化的年代为 5800BC – 5000BC。

汤家岗文化的测年数据还很少，但是大溪文化第一期的测年数据很多，这些数据均落在 4300BC 左右，这些数据基本可视为大溪文化的上限，同时也即汤家岗文化的下限。再根据皂市下层文化下限，界定出汤家岗文化年代跨度为 5000BC – 4300BC。如此一来，关于汤家岗文化上限年代与以往认识就有了一定出入①。

汉东地区与汤家岗文化处于同一时间阶段的边畈文化仅有两个数据，年代在 4800BC – 4200BC 之间。

大溪文化在澧阳平原和峡江地区的发展轨迹一致，峡江地区以关庙山遗址的分期为标尺；在澧阳平原，有城头山遗址大溪文化遗存的详细分期，其上限均在 4300BC。下限则因为文化的区域差异，在不同地区延续的时间不尽一致：在汉东地区，大溪文化油子岭类型的下限为 3700BC；在澧阳平原和峡江地区，大溪文化的下限为 3500BC。油子岭文化最先出现于汉东地区，这个时间为 3700BC，油子岭文化出现以后，澧阳平原与峡江地区仍延续着大溪文化，直到 3500BC 才被油子岭文化所取代。此后，再延续了约 300 年，在 3200BC 左右由屈家岭文化取代。

屈家岭文化的上限为 3200BC，下限为 2500BC。屈家岭文化与石家河文化关系密切，石家河文化的上限为 2500BC，下限为 1900BC，其后续部分或许还延续得更晚。

澧阳平原和汉东地区的考古学文化序列和年代关系见图表一二。

最后需要说明的是，由于所有数据样品的采集均非依系列样品采集法而获得，这些数据或许只能提供一个大致的年代框架。在已测样品中，能够提供较为精

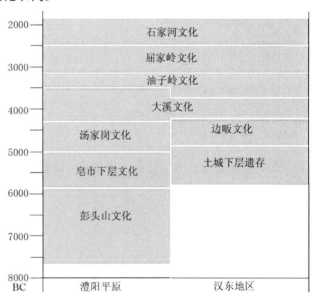

图表一二　澧阳平原与汉东地区文化序列与年代

---

① 何介钧认为汤家岗文化上限不早于 4800BC。见何介钧：《长江中游新石器时代文化》，湖北教育出版社，2004 年，第 109 页。

确年代数据的一年生草本植物标本很少，大量的标本均为木炭，而木炭的测年存在较大误差。澧阳平原过渡时期测年标本均为土样，误差会更大。所以，这样的年代框架只能是比较粗阔的。

第二节　澧阳平原史前文化进程

澧阳平原新石器时代文化的渊源，单就石器技术而言，必须从旧石器时代晚期谈起。

一　旧石器时代晚期文化

概而言之，澧阳平原旧石器文化整体上表现为砾石石器工业传统的"澧水类群"①。目前发现的"澧水类群"遗址达 100 多处②。这些遗存年代跨度较大，石器特征为：早、中期以大型石器为主，有砍砸器、多种型式的大尖状器、似手斧石器、石球、石锤等；晚期石器明显小型化，在石器形态方面，石片石器大量增加，并出现了长三角石片，刮削器成为主流，有少量的尖状器。

一般说来，大型砾石石器流行的环境是在热带、亚热带植被繁盛的森林区，大型的砍砸器和尖状器主要用于劈砍和挖掘③。细小石器则是适应温带的森林草原或主要是草原环境，它所代表的经济类型比大型石器类型更加复杂，应该多与加工动物肉类的活动有关。细小石器除了切割兽肉，也可用来采集植物类的食物或承担其他类型的工作④。

石器的小型化是澧阳平原旧石器晚期的一个重要特征。有学者分析其原因，认为旧石器晚期，由于最后冰期的影响，华南地区气候趋于干凉，温带草原—森林环境有所扩大，使大部分地区旧石器相应地普遍出现小型化趋势⑤。

澧阳平原旧石器时代文化谱系为：虎爪山文化—鸡公垱文化—乌鸦山文化—十里岗

---

① 袁家荣：《略谈湖南旧石器文化的几个问题》，《中国考古学会第七次年会论文集》，文物出版社，1989 年，第 1 - 12 页。

② 袁家荣在 1995 年对"澧水类群"旧石器遗址的统计为 75 处，见袁家荣：《湖南旧石器文化的区域类型及其地位》，《长江中游史前文化暨第二届亚洲文明学术讨论会论文集》，岳麓书社，1996 年，第 20 - 47 页。十年之后他公布了一个新的数据为 100 多处，见袁家荣：《湖南旧石器考古回顾》，《跋涉续集》，文物出版社，2006 年，第 27 - 38 页。

③ 王幼平：《环境因素与华南旧石器文化传统的形成》，《长江中游史前文化暨第二届亚洲文明学术讨论会论文集》，岳麓书社，1996 年，第 55 - 62 页。

④ Clark, J. D. and C. V. Haynes, 1970, An Elephant Butchery Site at Mwanganda's Village, Karonga, Malawi and its relevance for Palaeolithic archaeology, *Word Archaeology* I：390 - 411.

⑤ 袁家荣：《湖南旧石器考古回顾》，《跋涉续集》，文物出版社，2006 年，第 27 - 38 页。

文化。属于晚期的为乌鸦山文化与十里岗文化。

（1）乌鸦山文化

乌鸦山文化在石器技术上承袭了鸡公垱文化砾石石器工业传统，并出现以石片石器为特征的小型化石器工业特征，反映了石片石器工业与砾石石器工业结合演化的特点。

该文化的石器原料以硅质岩为主，砂岩次之，还有燧石、石英、石英岩等。石器组合有砍砸器、似手斧石器、大尖状器、刮削器、尖状器、石锤等砾石石器，砾石石器比之前的鸡公垱文化要小，数量也很少，所占比例不超过30%。小型石器中石片石器占绝大多数，主要为各种形式的刮削器和尖状器，所占比例达70%，原料均取自硅质岩砾石，制作方法以锤击法为主，单面打击多于两面打击，同时还存在错向加工手法①。另外，这批小型石器的型式不稳定，性状多变，少第二步加工（图二）。

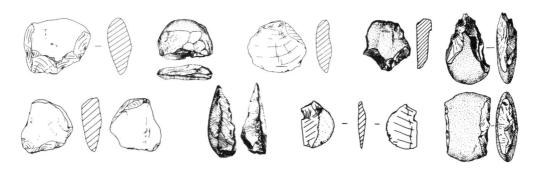

图二　乌鸦山文化石器

（2）十里岗文化

十里岗文化由乌鸦山文化发展而来，典型遗址为十里岗遗址。该遗址出土石器岩性以黑色燧石为主，有少量的石英砂岩、脉石英、硅质岩。主要有石核、石片、砍砸器、刮削器、尖状器等，基本上采用直接锤击法加工，第二步加工较少，单面加工为主，少量两面加工。这批石制品总的特点是以细小石器为主，保留的砾石石器已经小型化；砍砸器个体变小，数量也少（图三）。

十里岗文化保留了本地旧石器文化的许多传统风格，比如都是砾石石器传统，细小石器与乌鸦山文化小型石器有很多类似之处，反映了两者的承袭关系。但是，十里岗文化与乌鸦山文化也有明显区别。相关情况可从下表对比中看出（表一三）。

---

① 封剑平：《澧县乌鸦山旧石器遗址调查报告》，《湖南考古辑刊》第7集，岳麓书社，1999年，第10页。另见袁家荣：《湖南旧石器考古回顾》，《跋涉续集》，文物出版社，2006年，第27－38页。

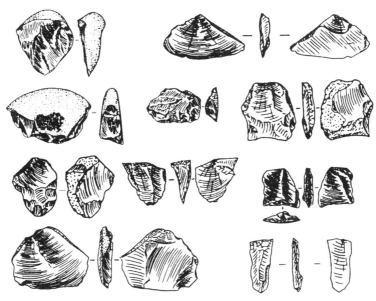

图三　十里岗遗址出土石器

表一三　　　　　　　乌鸦山文化与十里岗文化石器特征比较表

文化\特征	岩性	石器组合	加工方法	平均重量
乌鸦山文化	硅质岩为主，砂岩次之，还有燧石、石英、石英岩	砍砸器、似手斧石器、大尖状器、刮削器、尖状器	锤击法为主，单面打击多于两面打击，存在错向加工手法	252.32 克
十里岗文化	黑色燧石为主，次为石英砂岩，还有脉石英、硅质岩、砂岩	刮削器占绝对多数，另有砍砸器、尖状器	基本为锤击法，有单面也有双面加工，有第二步加工。出现精致的细小石器，可能已采用压制加工方法	32.04 克

　　十里岗文化还有一处洞穴遗址——燕儿洞①。该遗址于 1992、2005 年两次发掘，出土了石制品、骨制品、古人类化石和大量哺乳动物化石。石器分为两类：第一类为较大型的石器，器类有砍砸器、刮削器、石锤，岩性为砂岩和石英岩；第二类为细小石器，全部为刮削器，岩性为黑色燧石。石制品的制作技术为直接锤击法，以单面打击为主，少第二步打击，在石器的刃缘上可见使用疤痕（图四）。

---

①　湖南省文物考古研究所等：《石门县燕儿洞遗址试掘》，《湖南考古辑刊》第 6 集，岳麓书社，1994 年，第 1 - 7 页。

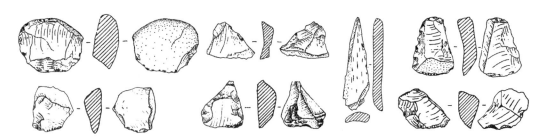

图四　燕儿洞遗址出土石器

二　新旧石器过渡时期文化

澧阳平原过渡时期的年代，其上限不会逾越十里岗文化，下限要早于彭头山文化。年代范围大致为14000BC – 8000BC[①]。

目前，属于这个时期的文化遗存有八十垱下层、双林、竹马、新民、新坪等遗址。

竹马遗址发现了34件石制品。这批石制品原料有石英砂岩、燧石等。种类有石核、石片、刮削器、尖状器、石锤、断块和碎屑，石器个体较小[②]。

八十垱遗址下层遗存以八十垱遗址发掘点的CI区和彭头山文化的堆积层之下第8、9、10层出土石器为代表。与"澧水类群"旧石器晚期遗存比较，八十垱下层遗存石器具有如下特点：

第一，八十垱下层的石料全部选自河床的砾石，这一点与乌鸦山和十里岗文化一致。但在岩性方面有较大差异，以白色脉石英和石英为主，其次为紫红色石英砂岩，有少量红色砂岩、黑色硅质岩和燧石。不同于十里岗文化以黑色燧石为主和乌鸦山文化以硅质岩为主的石器群。

第二，在制作技术方面，三类文化遗存均以锤击法为主，多单面打击而少双面打击。从某些石制品刃部小而浅的疤痕来看，十里岗文化可能出现了压制加工技术。八十垱下层遗存则可能新出现了锐棱砸击法。但总的看来，三种文化遗存在制作技术方面基本一致。

第三，石制品形态均为小型或细小石器，或以小型石器为主。八十垱下层石器组合以石片刮削器为主，其次为尖状器，砍砸器很少（图五）。十里岗文化同样以刮削器为主，也有尖状器和砍砸器。乌鸦山文化的石器有大型和小型之分，所占比例为30%与70%。小型石器为各种形式的刮削器和尖状器，大型石器为砍砸器、似手斧石器、大尖

---

① 袁家荣根据最新田野发现与研究，将这一时期修订为13000BC – 10000BC，见袁家荣：《洞庭湖西部平原旧石器文化向新石器文化过渡的研究》，《考古学研究》（七），科学出版社，2008年，第325页。

② 储友信：《旧石器时代旷野居址初探》，《江汉考古》1998年第1期，第48 – 52页。

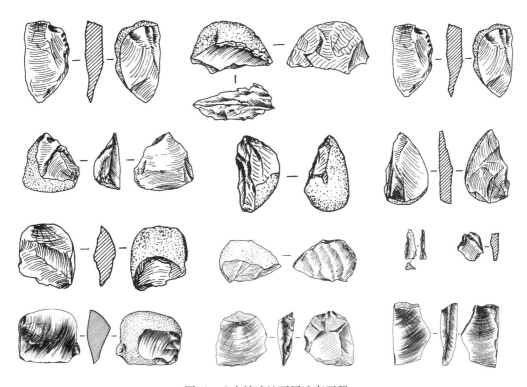

图五 八十垱遗址下层遗存石器

状器、刮削器、尖状器、石锤等。从乌鸦山文化到八十垱下层，石器小型化趋势不断加强。这种风格还一直延续到了新石器时代中期。

八十垱下层遗存碳十四测年数据表明，其绝对年代下限应不晚于9000BC。

三 彭头山文化

（1）文化特征

目前可以明确属于彭头山文化遗存并经科学发掘的是彭头山遗址①、八十垱遗址②，另外有经过调查并采集有陶器的金鸡岗遗址③。至于其他同类遗址，囿于田野工作，还不宜作为典型遗存加以讨论。

---

① 湖南省文物考古研究所等：《湖南澧县彭头山新石器时代早期遗址发掘简报》，《文物》1990年第8期，第17－29页；湖南省文物考古研究所：《彭头山与八十垱》，科学出版社，2006年。

② 湖南省文物考古研究所：《湖南澧县梦溪八十垱新石器时代早期遗址发掘简报》，《文物》1996年第12期，第26－39页；湖南省文物考古研究所《彭头山与八十垱》，科学出版社，2006年。

③ 湖南省文物普查办公室、湖南省博物馆：《湖南临澧县早期新石器文化遗存调查报告》，《考古》1986年第5期，第385－393页。

彭头山遗址出土的陶器，主要有深腹罐、双耳高领罐、盘、钵、釜、支座、碗、碟、盆、三足罐等。八十垱遗址的陶器有小口深腹罐、大口深腹罐、筒形罐、卵圆腹罐、高领罐、高领双耳罐、深腹钵、浅腹钵、盘、支座、三足器等。

两个遗址的器物大同小异，圜底、平底、带足的器类均有。各类罐的形态略有差异，八十垱的束颈罐少见于彭头山，八十垱的高领双耳罐多见牛鼻形耳。彭头山的罐、盘比例大，而钵、支座比例小；八十垱则反之。两处的陶器纹饰均是附着在特定的器形上，有固定的配伍关系，如指甲纹、划纹、戳印纹、镂孔、绳纹多施于罐（釜）、钵、支座，剔刺纹、红衣多施于盆，红衣多施于双耳罐。从陶器形态和种类已经多样化这一事实来看，陶器的功能特征已经出现。某些陶罐、深腹钵器底的烟炱痕迹表明这类器具是作为炊煮器来使用的。

关于遗址与文化的分期，何介钧将彭头山遗址分为四期、八十垱遗址分为两期，文化分四期[①]；裴安平分彭头山遗址为二期、八十垱遗址为三期，文化分三期[②]。两人的分期内容其实大同小异。整体来看，早期以彭头山遗址南区一批陶器为代表，晚期以八十垱遗址 A 区一批陶器为代表（图六）。

彭头山文化晚期，陶器群出现了若干新因素，包括罐的束颈作风、牛鼻形器耳等，罐的整体形态也由高相对变矮，通体绳纹变成沿、颈部位素面等等。八十垱遗址最晚的单位有 A 区第 9 层以及 F1、F2、F4、H1、H4、M1、M2、M3 等。这些单位出土陶器以夹炭掺稻陶为主，器表颜色以褐色为主，也有一定数量的黑褐、灰褐色。器表装饰与彭头山文化前期风格大体一致，以各类绳纹为主，但比例已明显下降。其中，拍印粗绳纹已不见，滚压粗绳纹近于消失，滚压绳纹也数量锐减，细化为划压网状绳纹，并成为主要纹饰。其他纹饰中，以捺压纹较多，次为戳印、刻划和镂孔等。器表一般饰鲜艳红衣。陶器主要是罐、双耳罐、盆、钵、盘、支座。与前期相比，双耳罐的特征有了明显变化，出现了类似壶形的大喇叭口、深垂腹、腹部桥形双耳较小、大圜底的双耳罐，双耳大多置于颈部；盆、钵类多以斜直腹、平底为特征；流行马鞍式支座。

（2）文化来源

彭头山文化的源头问题一直困扰着学术界。2007 年冬季，华垱遗址和宋家岗遗址的发现，为探讨这个问题提供了新线索。

---

① 何介钧：《长江中游新石器时代文化》，湖北教育出版社，2004 年，第 79 - 91 页。
② 裴安平：《湘北洞庭湖地区新石器文化序列的再研究》，《中国考古学的跨世纪反思》，商务印书馆（香港），1999 年，第 113 - 154 页。

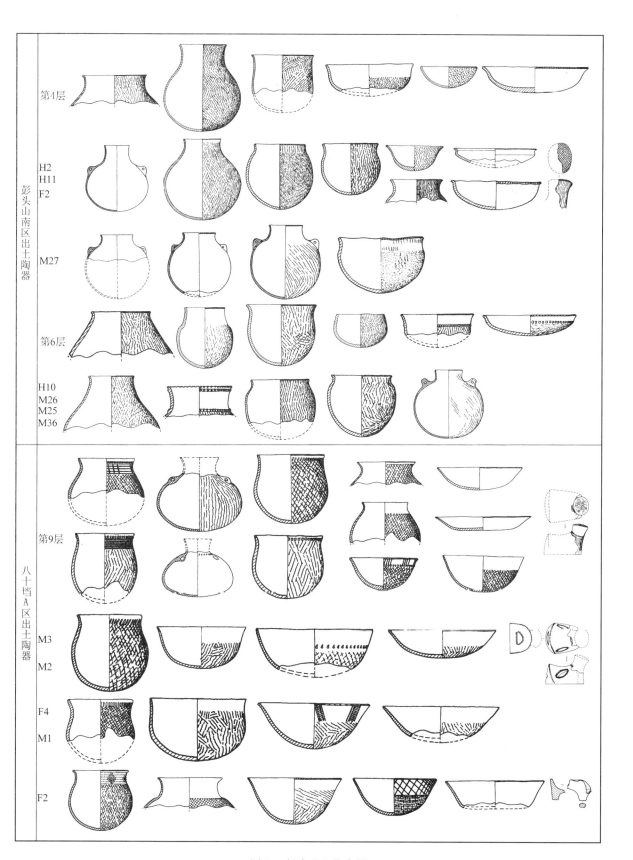

图六 彭头山文化陶器

华垱遗址在澧阳平原靠近西部山前的岗地上，遗址剖面由上至下，有黄褐色土—黑褐色土—黄色略红网纹土—网纹红土形成的四大堆积序列。陶片发现于黄色略红的网纹化土中，这样的堆积地层，从澧阳平原的地层序列来看，其年代应在全新世早期或更新世末期，比彭头山文化地层要早。陶片夹砂，器表暗红，胎体深褐色，火候较低，表面十分粗糙，饰有绳纹。与陶片共存的细小石器，明显具有过渡时期石器特征。

宋家岗遗址位于澧阳平原东北部，西距鸡叫城东护城河仅 200 米。2007 年试掘了一条探沟，在彭头山文化堆积之下是黄色沙土层，含铁锰结核，可分为两层。上层为浅黄色土，出土有陶片和细小燧石器，陶片形态与质地均类似于华垱遗址。陶片（BA07176A）测年为 9445 ± 50BP，树轮校正年代为 8790BC（68.2%）8630BC - 9150BC（6.3%）9000BC/8850BC（89.1%）8550BC。下层土质黄色略深，含少量铁锰结核，没发现陶片，但有细小燧石器出土。不过，由于试掘面积太小，陶片很少，还无法对这批陶片的性质作出准确判断。

华垱和宋家岗遗址所发现的文化遗存，都要早于彭头山文化，这为寻找彭头山文化的来源，提供了重要线索。

或许这样的视野还可以更大一些，彭头山文化的陶器源头是否可能在澧阳平原之外，也是一个需要思考的问题。南岭地区以及赣东北新石器早期遗存的陶器传统对澧阳平原陶器的发生是否有直接或者间接的作用，仍然需要花时间去寻找证据。张弛曾经指出这些遗存与彭头山文化的关系，并认为彭头山文化的来源要追溯到仙人洞文化遗存①。这一观点有其合理性，论年代，这些遗存早于彭头山文化；论文化特征，它们之间确有某些共同的因素。但就目前情况而言，首先需要解决华垱一类遗存与彭头山文化的关系。

石器方面，彭头山文化的石器特征与过渡时期文化遗存有着明显的联系。彭头山文化的石制品，仍然以打制石器占绝大多数，彭头山遗址共出石器 1108 件，只有 87 件为磨制，占不到 8%。八十垱遗址共出石器 2237 件，只有 198 件为磨制，占不到 9%。说明打制石器仍是彭头山文化石器的主体。这批石器都以细小石器为主要特征，其形态风格、石器组合、打制技术和岩性都与澧阳平原过渡时期的细小石器颇为相似。这包括：1）石器原料选自河床砾石，岩性以砂岩和燧石为主。2）以锤击法为主，采取单面打击，部分为双面打击。有第二步加工痕迹，锐棱砸击法已普遍使用。3）石器组合以刮削器、砍砸器为主，也有尖状器、雕刻器和石锤等。4）细小石器为绝大多数，很少有大型的砍砸器和尖状器（图七）。

① 张弛：《简论南中国地区的新石器时代早期文化》，《中国考古学跨世纪的回顾与前瞻》，科学出版社，2000 年，第 190 - 198 页。

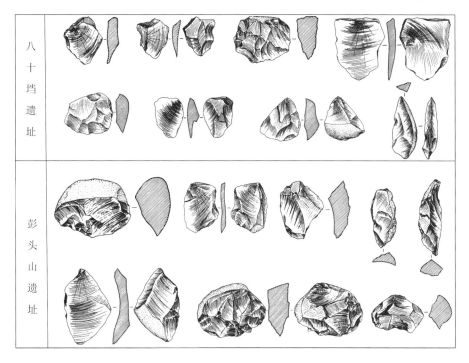

图七 彭头山文化石器

这些石器特征反映出彭头山文化对本地旧石器时代晚期以来特别是过渡时期石器工业传统的继承。当然，可能也有外来因素的渗入，比如锐棱砸击法最先出现于贵州猫猫洞，湖南最早出现这种工业的地区是在沅水中游①，然后才是澧阳平原。即便如此，外来因素的介入并没有改变澧阳平原自旧石器晚期以来的文化传统，细小石器技术风格才是这个传统坚固的核心因素。

四 皂市下层文化

（1）彭头山文化向皂市下层文化过渡

皂市下层文化命名的提出先于彭头山文化。后通过八十垱以及洞庭湖区坟山堡遗址②的发掘，发现了皂市下层文化早期遗存，其文化面貌与彭头山文化有着显而易见的关系。

---

① 袁家荣：《湖南旧石器文化的区域类型及其地位》，《长江中游史前文化暨第二届亚洲文明学术讨论会论文集》，岳麓书社，1996 年，第 20－47 页。
② 岳阳市文物工作队：《钱粮湖坟山堡新石器时代遗址试掘报告》，《湖南考古辑刊》第 6 集，岳麓书社，1994 年，第 17－33 页。

　　八十垱遗址 CI 区③B 层出土了一批桥状器耳、矮圈足、罐类残件，报告仅发表了 3 件。包括宽沿内凹束颈的口沿、双耳近口沿的罐和圈足器各 1 件。器物形态与八十垱前期各类陶器有很大区别。

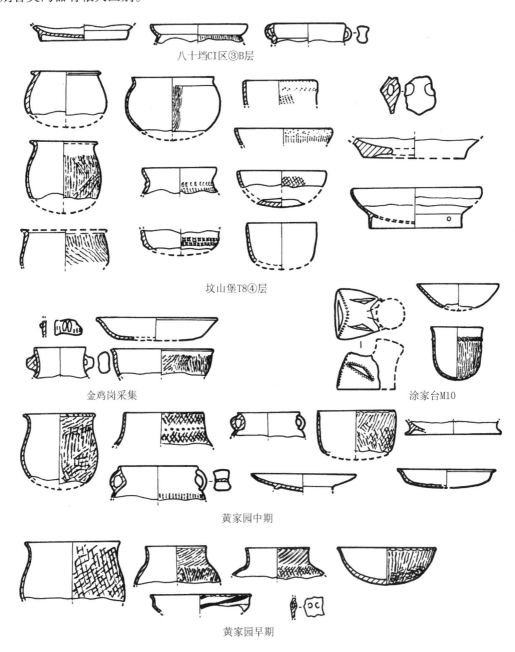

八十垱CI区③B层

坟山堡T8④层

金鸡岗采集　　　　　　　　　　　　　　　涂家台M10

黄家园中期

黄家园早期

图八　彭头山—皂市下层文化过渡时期相关遗存陶器

在金鸡岗①、坟山堡②、黄家园③、涂家台④等以皂市下层文化为主体堆积的遗址中，也发现若干与彭头山文化最晚时期风格相似的陶器形态（图八）。其中，以黄家园早期陶器与彭头山晚期陶器的形态最为接近，尤其罐、钵的形态及装饰手法与彭头山文化如出一辙。由此可以判断黄家园遗址第 7 层和打破第 7 层的 H10 所出遗物属于彭头山文化。覆盖在第 7 层之上的单位（黄家园中期）出土的器物特征出现了明显变化：如出现了圈足器，牛鼻形器耳消失，代之宽条环状器耳。器耳的变化或许是本地双耳罐传统风格的自身发展，圈足器却断然不是本地的风格。此外，新出少量宽凹沿釜，这是构成此后文化（皂市下层文化）的重要器形。而此时的筒形罐、直腹钵等也与彭头山文化有较大的区别。这些皆表明以圜底器和支座为组合的彭头山器物系统的重大转型。

黄家园遗址位于汨罗江入湘江的洞庭湖东岸，涂家台和坟山堡遗址均在洞庭湖北岸，都在澧阳平原以东的区域，并与澧阳平原有一定的距离。这表明在彭头山文化晚期的边缘地带，文化的变化表现得更为突出，同时也意味着新因素可能来自东方。从这个意义上说，彭头山文化的晚期，已经与外界发生了文化交流，或许正是这样的机制导致了文化的变化。

（2）文化特征

胡家屋场遗址北部发掘区出土的陶器代表了皂市下层文化的典型特征。这批陶器以夹炭陶占绝对主导地位，夹砂夹炭陶次之，夹砂陶较少，泥质陶最少。堆积年代越早，夹炭陶比例越大，夹砂夹炭陶与夹砂陶往后有递增的趋势。早期地层中，陶胎呈黑色，较晚的地层中陶胎较细腻纯净，多呈灰褐色或深灰色，这种变化反映的一方面是制作的精细化，另一方面则可能是烧窑技术的改进。除极少量的粗泥红陶、黑陶外，陶器的器表均有一层极细薄的红皮（红衣），这是自彭头山文化以来的一个重要特征，其成分和工艺技术还不甚明了，功能也不清楚⑤。陶器的成形方法仍为泥片贴筑，有些陶片断面

---

① 湖南省文物普查办公室、湖南省博物馆：《湖南临澧县早期新石器文化遗存调查报告》，《考古》1986 年第 5 期，第 385 – 393 页。

② 岳阳市文物工作队：《钱粮湖坟山堡新石器时代遗址试掘报告》，《湖南考古辑刊》第 6 集，岳麓书社，1994 年，第 17 – 33 页。

③ 郭胜斌、罗仁林：《附山园—黄家园遗址的考古发现与初步认识》，《长江中游史前文化暨第二届亚洲文明学术讨论会论文集》，岳麓书社，1996 年，第 167 – 176 页。

④ 湖南省文物考古研究所发掘资料。

⑤ 云南佤族在烧制陶器时，曾利用一种叫做“斯然”的胶状物，涂抹在刚从炭火里烧成的陶器口沿和器表上，有时也在器物的内壁涂抹，这种胶状物很快就被吸附在胎体上，起防止器物渗透的功用。见李仰松：《云南省西盟佤族制陶概况》，《考古通讯》1958 年第 2 期，第 36 页。

可见 2 至 3 层泥片相贴。在装饰手法上，有刻划纹、绳纹、镂刻纹、戳印纹、压印纹、堆纹及组合纹饰等。镂刻分为镂空和浅刻两种，多见于圈足盘和器耳，支座上也有镂刻。圈足盘还有刻划纹和戳印纹。绳纹多施于罐类器的器身部位，较细密，在领下和肩部则多为压印纹或刻划的竖、斜条纹。这些装饰以复合纹饰较多，在一件器物上往往可见多种纹饰的组合，显示了人们对于器物装饰的重视程度。

　　整体上说，胡家屋场北区堆积的陶器可以分为前后三段：第 5 层为第一段，第 4、3 层为第二段，第 2 层及 F1 为第三段。第一段，陶器陶质疏松、粗糙，红陶皮易脱落，器物有圈足盘、亚腰鼓腹双耳罐、高领罐、双耳釜、折沿罐、卷沿罐、盘口罐、平底弧壁折沿盆等。圈足盘的镂刻很少穿透器壁，多绳纹和刻划纹的组合，绳纹粗乱，划纹粗长。第二段，陶器中夹炭黑胎红皮陶仍占多数，夹砂夹炭陶和夹砂陶略有增加。新出现了镂空的高圈足盘，圈足和盘结合处已经靠近盘沿，同时新出现了筒形釜。盆、钵等结构简单的器物增多，素面陶比例增加，有了少量的鲜红色陶皮。第三段，夹砂夹炭和夹砂陶增加，但仍未成为主流。盆、钵数量大增，器壁转折明显。圈足盘出现大面积镂空，亚腰鼓腹双耳罐的肩部突出，盘口罐的盘口变浅，台面变窄。在纹饰上，图案多为细密，粗乱绳纹已基本消失，划纹变浅，器表多刻划凹弦纹分割成横条带状。

　　胡家屋场遗址北区皂市下层文化陶器群的演变情况见图九。

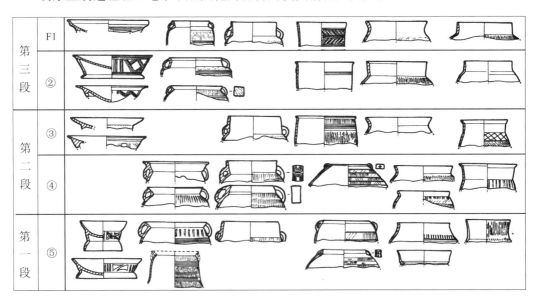

图九　皂市下层文化陶器（胡家屋场遗址北区出土）

　　这批器物，与彭头山文化既有联系，又有区别。若干器物显然脱胎于彭头山文化，如高领双耳罐、部分高领罐和弧腹盆等。双耳罐虽然承袭了彭头山文化的风格，但彭头山文化晚期均为牛鼻形耳，安置部位一律在肩部或者肩部略上的位置，而胡家屋场所出亚腰形双耳罐的器耳绝大部分安置在颈部，或者与口平齐。镂空和镂刻的圈足盘在彭头山文化中找不到任何渊源。胡家屋场出土的折沿罐、敛口罐、筒形罐、折壁盆、折腹钵、各种形态的器盖在彭头山文化里都没有同类，这是与彭头山文化最大的差异之所在。这些联系与区别也正好符合从旧文化脱胎出来的新文化的一些基本特点。

五　汤家岗文化

　　汤家岗文化的遗存，主要见于城头山①、丁家岗②、划城岗③、刘卜台④、新湖⑤、汤家岗⑥等遗址。

　　汤家岗文化陶器均为手制成形，有的在器表进行过打磨处理，少数还涂黑褐色陶衣。陶系方面，城头山遗址第六区 5 个堆积单位的陶片统计显示夹砂褐陶占 32.8%、夹砂红陶占 22.2%；夹炭褐陶占 8.5%、夹炭红陶占 6.2%；泥质酱黑陶占 11.7%、黑陶占 6%、红陶占 6.2%、橙黄陶 4.1%、白陶占 2%；夹炭灰褐陶占 1.3%（图表一三）。

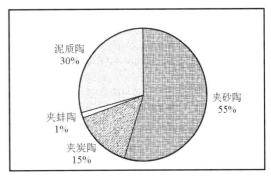

图表一三　城头山遗址汤家岗文化地层陶片统计

　　划城岗遗址没有相关的陶片统计数据，但报告报道夹砂陶占 90% 以上，多呈红褐色和黑褐色，白陶均夹有细小石英砂末，也有少量彩陶，白陶和彩陶占 5%。

　　汤家岗文化陶器的纹饰复杂繁缛，以印纹和戳印篦点纹最多，还有附加堆纹、锯齿纹、瓦棱纹、痂瘢纹、指甲纹、弦纹、刻划纹等。多数是复合性装饰，而且均经过了数

①　湖南省文物考古研究所：《澧县城头山》，文物出版社，2007 年。

②　湖南省博物馆：《澧县东田丁家岗新石器时代遗址》，《湖南考古辑刊》第 1 集，岳麓书社，1982 年，第 2－18 页。

③　湖南省文物考古研究所：《湖南安乡划城岗遗址第二次发掘报告》，《考古学报》2005 年第 1 期，第 55－108 页。

④　湖南省文物考古研究所等：《华容县刘卜台新石器时代遗址发掘简报》，《湖南考古辑刊》第 5 集，《求索》增刊，1990 年，第 13－28 页。

⑤　潘茂辉：《益阳新石器时代遗址考古发掘与初步研究》，《湖南考古辑刊》第 7 集，岳麓书社，1999 年，第 178－179 页。

⑥　湖南省博物馆：《湖南安乡县汤家岗新石器时代遗址》，《考古》1982 年第 4 期，第 341－354 页。

道工序。比如戳印篦点纹，先在器表涂抹陶衣，然后压印出轮廓，再实施刻划和戳印。在施主纹时还对器表的空间进行周密划分，在纹饰结构上讲究对称和分区，在每个分区内戳印细密的篦点纹、指甲纹等，再由这些纹饰构成复杂的类似浮雕性质的几何形图案。印纹也有多种形式，既有戳印，也有拍印、压印和模印等等（图一〇）。

图一〇　划城岗遗址汤家岗文化陶器纹饰

器形以釜、圈足盘为大宗，次为碗、钵，有少量的支座、器盖、双耳罐（图一一）。

汤家岗文化继承皂市下层文化而来，但出现一些醒目的变化，如泥质酱褐色胎黑皮陶和细砂白陶是其最具特征的部分，圈足盘和圈足碗器壁上的复杂印纹装饰也独具风格。筒形釜和凹沿釜虽然还继承皂市下层文化以器物上腹部为装饰重点的传统，但无论数量、种类，还是纹饰组合的密集程度上，都大不如前。皂市下层文化最流行的侈口圈足盘、大双耳罐、高领罐、支座，无论器形还是装饰风格，都很少见或不见于汤家岗文

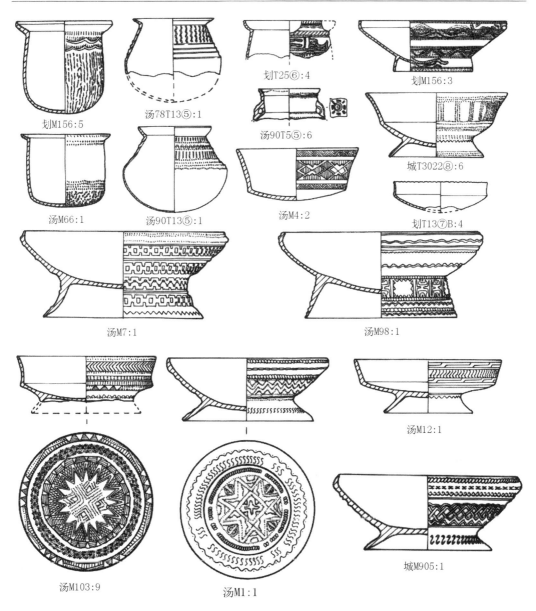

划T25⑥:4

划M156:3

汤90T5⑤:6

划M156:5

汤78T13⑤:1

城T3022⑧:6

汤M66:1

汤90T13⑤:1

汤M4:2

划T13⑦B:4

汤M7:1

汤M98:1

汤M12:1

汤M103:9

汤M1:1

城M905:1

图一一　汤家岗文化陶器

（划－划城岗遗址；汤－汤家岗遗址；城－城头山遗址）

化。反之，汤家岗文化最具特征性的器物——印纹圈足盘和箆点纹碗均不见于皂市下层文化。

　　汤家岗文化种种新气象，也许不完全是在本地文化基础上的自行演变发展，其中如最具魅力的印纹白陶盘，就可能是来自其他地区的影响。

地处沅水中上游的高庙遗址发现了据称年代不晚于5800BC的白陶罐残片，而洞庭湖地区最早的白陶见于1990年岳阳坟山堡遗址发掘探方的第3B层，年代约5700BC。贺刚认为，白陶在整个高庙文化中较之于年代与之相当的洞庭湖区皂市下层文化要更为发达①。

高庙文化以洪江高庙遗址为代表，主要资料见于高庙下层②、征溪口下层③、松溪口下层④、台坎大地遗址⑤，以及天柱县坡脚遗址⑥。

高庙下层出土的陶器，以夹砂褐红色与灰褐色陶为主，占第三位的是细砂白陶。器形以圜底、圈足器为主，以圜底釜、罐和圈足盘最具特色。无论是圜底器还是圈足器，都以复杂繁缛的纹饰著称，印纹白陶圈足盘尤具特色。釜、罐、钵的腹部无一例外地装饰绳纹，且多为细绳纹或中绳纹。戳印纹与篦点纹交互辉映，凤鸟、兽面图案独步天下。此外，还有垂帘纹、带状纹、波浪纹、八角星纹等，有的还在器物的圈足底部施加彩绘（图一二）。

高庙文化的白陶除盘外，还有较多篦形器及盘口高领罐。高庙、松溪口等遗址出土的各种类型白陶、红褐陶盘，大多以敛口、弧壁为特征，器形与汤家岗文化同类器差别甚微。装饰工艺的印捺、模印、篦点也与汤家岗文化一致。从这点来看，汤家岗文化显然受到高庙文化的影响。

六　大溪文化

（1）汤家岗文化向大溪文化过渡

大溪文化最初是以巫山大溪遗址所发现的一批材料来命名的，后来，随着考古发掘工作的开展，湖南、湖北大部分地区陆续发现同类遗存，才认识到巫山遗址墓葬中所发现的只是大溪文化中期晚段和晚期的遗存，大量早、中期的材料是在三峡以外的两湖地区发现的。

---

① 贺刚：《湖南洪江高庙遗址考古发掘获重大发现》，《中国文物报》2006年1月6日。但关于高庙白陶和坟山堡白陶的绝对年代问题，还需要更多的证据支持。
② 湖南省文物考古研究所：《湖南黔阳高庙遗址发掘简报》，《文物》2000年第4期，第4-23页。
③ 湖南省文物考古研究所：《湖南辰溪县征溪口贝丘遗址发掘简报》，《文物》2001年第6期，第17-27页。
④ 湖南省文物考古研究所：《湖南辰溪县松溪口贝丘遗址发掘简报》，《文物》2001年第6期，第4-16页。
⑤ 吴顺东：《湖南辰溪大洑潭电站淹没区考古取得重要收获》，《中国文物报》2006年9月1日。
⑥ 贵州省文物考古研究所发掘资料。

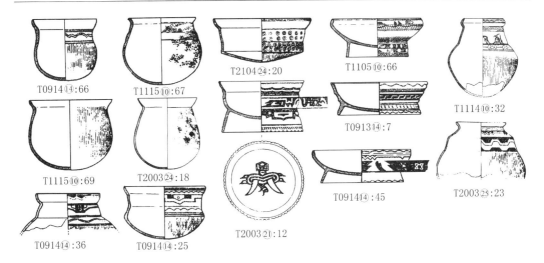

T0914⑭:66 T1115⑩:67 T2104㉔:20 T1105⑩:66
T1115⑩:69 T2003㉔:18 T091③⑭:7 T1114⑩:32
T0914⑭:36 T0914⑭:25 T2003㉑:12 T0914⑭:45 T2003㉕:23

图一二 高庙文化陶器（高庙遗址出土）

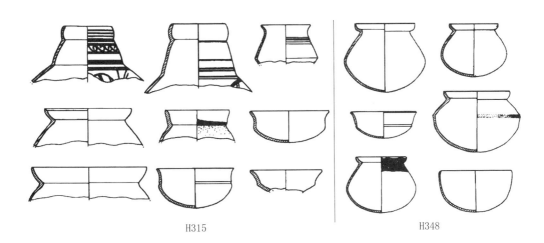

H315 H348

图一三 城头山遗址大溪文化一期灰坑出土陶器

　　在澧阳平原，从汤家岗文化到大溪文化，并没有文化发展进程上的缺环。汤家岗文化流行的各类釜、罐、碗、圈足盘、折腹钵等，在大溪文化早期同样存在。在陶质、陶色及装饰手法上，大溪文化早期也基本维持了汤家岗文化的整体特征，如印纹、篦点风格以及夹炭、夹砂和泥质酱黑陶比例很大等。在城头山遗址，汤家岗文化遗存分布在东部的第六区，所出遗物以圜底的釜、罐、钵为主，次为圈足的碗、盘。这批器物的风格在城头山大溪文化一期继续得到发展，如 H315 和 H348 出土的陶器就明显具有汤家岗文化的风格（图一三）。

　　划城岗第二次发掘的大溪一段的单位有Ⅰ区 T26⑦A、T27⑦A，Ⅱ区⑥A，Ⅲ区④

B，M144、M147、M148，F12 等。这些单位出土的陶器有夹砂红褐陶凹沿鼓腹鼎、宽凹沿垂腹圜底釜、白陶盘、白陶器耳（白陶双耳罐）、碗、彩陶罐等，都保留了汤家岗文化特有的风格，显示出两者的紧密联系（图一四）。

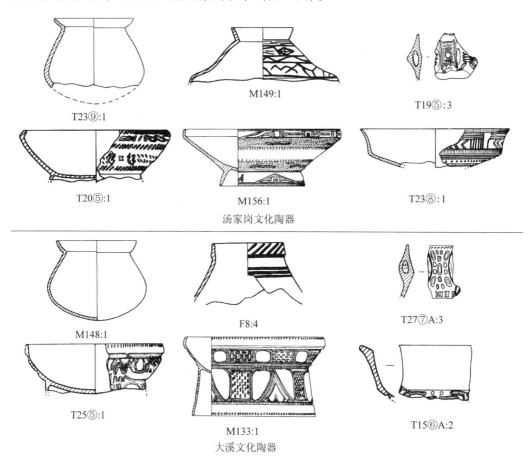

T23⑨:1

M149:1

T19⑤:3

T20⑤:1

M156:1

T23⑧:1

汤家岗文化陶器

M148:1

F8:4

T27⑦A:3

T25⑤:1

M133:1

T15⑥A:2

大溪文化陶器

图一四　划城岗遗址陶器所见汤家岗文化与大溪文化联系

（2）大溪文化分期

目前关于大溪文化的分期，仍然是建立在关庙山遗址的分期基础之上①。关庙山遗址有过数次大规模发掘，但仅发表了两个简报②，无法对该遗址的原始材料进行系统检索。所幸的是，后来新发掘了一系列遗址，这些遗址依靠自身的材料可以建立比较完整

---

① 李文杰：《大溪文化的类型和分期》，《考古学报》1986 年第 2 期，第 131 – 151 页。

② 中国社会科学院考古研究所湖北工作队：《湖北枝江关庙山新石器时代遗址发掘简报》，《考古》1981 年第 4 期，第 289 – 297 页；《湖北枝江关庙山遗址第二次发掘》，《考古》1983 年第 1 期，第 17 – 29 页。

的大溪文化的编年，来验证和补充关庙山的分期。

澧阳平原依靠城头山遗址发掘所建立起来的大溪文化分期，完整反映了澧阳平原大溪文化的实际进程，这个分期也完全与关庙山一至四期相吻合，并更为丰富充实，下文重点介绍之。

A. 大溪文化一期

城头山大溪文化一期陶器以夹砂陶为主，次为泥质、粗泥和夹炭陶，也有极少数的夹蚌陶。在泥质陶中，酱黑陶的比例较大，其次为红陶和黑陶，有少量的橙黄陶和白陶，其他质地陶器以红陶为主，次为褐陶。褐陶和酱黑陶多素面，红陶则大多数有深红色陶衣，有的还在红衣上彩绘。彩绘有黑彩和深红两种，多施于罐的口沿和颈、肩部位。纹饰有绳纹、瓦棱纹、篦点纹、刻划纹、戳印纹、压印纹、锯齿纹、附加堆纹、镂孔等，但并不普遍，仅见于少部分器物。在器物形态上，釜为宽内折沿，沿面均内凹，大多数釜的最大腹径偏下，呈垂腹。罐以曲沿为主要特征，流行彩陶曲沿罐。钵则多以折腹圜底出现，器座和支座的数量很少。墓葬与灰坑及其他堆积中出土的陶器形态没有差别，可见，是用日常生活器皿来随葬的（图一五）。

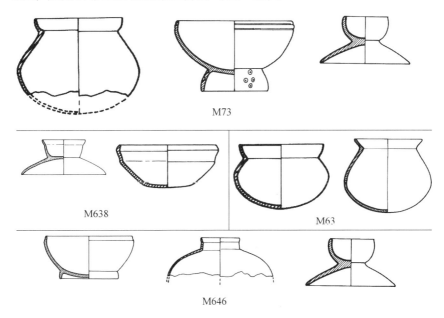

M73

M638

M63

M646

图一五　大溪文化一期陶器（城头山遗址墓葬出土）

B. 大溪文化二期

大溪文化二期是对一期文化的继承和发展。与大溪文化一期墓葬相比，无论是随葬品组合与器物形态都发生了明显的变化：釜显然已经退出主流，罐也很少见于墓葬，取

而代之的是大量的盛器——盘、豆，还有可能是水器（酒器）的杯。墓葬出现了许多
早先没有的新因素，比如 M678 的小鼎，M679、M680 的彩陶杯和单耳杯。M739 还出土
了彩陶杯，形态非常特殊，断然不是本地所拥有的传统风格。灰坑出土的器物略有差
异，有豆、盘、碗、罐、盆、钵，此外还有陶球以及可辨器形的釜、鼎、锅、缸、瓮、
器盖等。陶盆上的彩绘为弧连三角（花瓣形）黑彩，并以一窄条黑彩镶边，这种彩绘
风格并不是本地所具有。

　　从整体上来看，大溪文化二期陶器以夹砂红陶和红褐陶为主，其次为粗泥红陶和红
褐陶，再次为泥质红陶，有少数夹炭红陶、红褐陶、夹蚌褐陶，泥质陶中酱黑陶比例很
小，新出现了橘红陶。纹饰以弦纹、戳印纹为主，新出现了按窝纹，一期占主导地位的
绳纹、瓦棱纹、刻划纹等数量大减，篦点纹和锯齿纹更少，有少量彩陶。器物除继续流
行圜底器外，圈足器数量大增，此外，还有一定数量的平底器和三足器。釜、罐、碗、
钵、盘、豆、盆、器盖、杯、鼎、缸、瓮、器座、锅等形成最具特色的陶器群，与大溪
文化一期相比，器物出现多样性。这些多样性的器物是为适应多样性的生活而出现的，
反映了人们日常生活的复杂化和精细化倾向（图一六）。

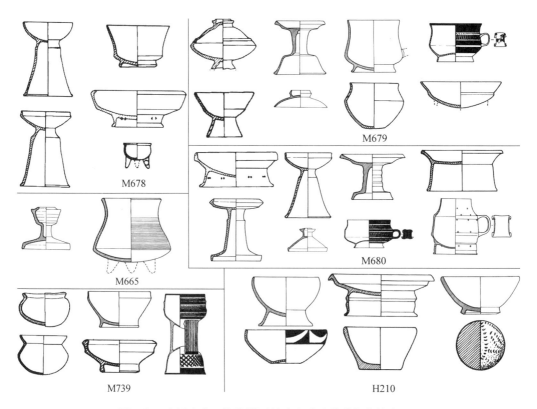

M678

M679

M680

M665

M739

H210

图一六　大溪文化二期陶器（城头山遗址墓葬与灰坑出土）

C. 大溪文化三期

　　城头山大溪文化三期的材料主要出自灰坑，如 H276、H33、H416、H419、H420、H421、H426 等，墓葬资料较少。从器物群的基本特征来看，大溪二期流行一时的薄胎彩陶以及单耳杯等特征性器物没有继续发扬光大，仅以孑遗形式留存，大溪二期流行的彩陶盆也在该期消失。这几种器物可能非本地固有，它们突然出现于二期，又很快消失于三期，暗示在二期的某个阶段，本地确实受到了外来文化的冲击，出现了部分非传统的因素，而到三期，本地传统则又恢复。不过，经过二期外来影响的冲击之后，三期的陶质有了显著变化，即泥质陶占了主导地位，达到44.9%，粗泥陶居其次，夹砂陶比例大大减少，完全改变了一、二期陶器质地的比例结构。在泥质陶中，除红陶仍为主流外，黑陶和灰陶的比例上升，白陶消失，粗泥陶中已不见褐陶。器表仍以素面为绝大多数，流行鲜红衣，占12.7%。纹饰有绳纹、弦纹、压印、附加堆纹、镂孔等，但数量均少，彩陶比例大大减少（图一七）。

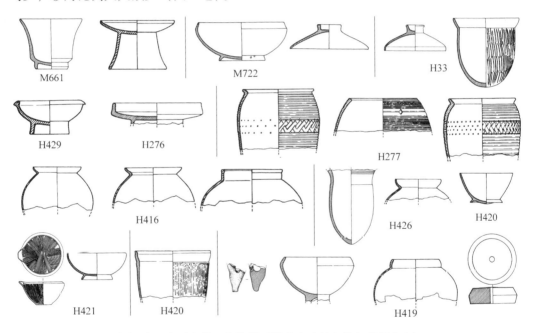

图一七　大溪文化三期陶器（城头山遗址灰坑与墓葬出土）

七　油子岭文化（大溪文化四期、屈家岭文化一期）

（1）大溪文化四期特征分析

　　该期之所以与前三期分开讨论，乃是基于其文化面貌的特殊性。在澧阳平原大溪文化发展中，这是一个非常特殊的阶段，是文化传统的重要转型期。

　　前文已述，在大溪文化一至三期演进中，曾有过一些变革。大溪文化二期出现了许多新的因素，但这些新因素来得突然，消失得也快，它们并没有融为传统文化的一部分，大溪文化三期在某种程度上是传统的回归。概而言之，大溪文化一至三期，文化的发展虽然有新因素的渗入，但大溪文化的整体风格并没有发生大的变化，文化的体系和框架也没有发生质的改变。

到了大溪文化四期，这种状况发生了明显变化，具体表现为：第一，聚落结构发生重大改变，在城头山遗址，原来的活动中心东部地区被放弃，聚落重心移到了西部和西北部；墓地也转移到了聚落的北部，并且开始出现刻意营建墓地的行为。第二，墓葬器物群发生重大变化，原来以红陶釜、圈足盘为主要特点的陶器风格基本消失，新出现了一批细泥黑陶鼎、壶、曲腹杯、簋、瓶、豆、碗为组合的器形，这些器物的形态与本地大溪文化一至三期有重大差别。

城头山遗址发现大溪文化四期灰坑18个、墓葬122座。灰坑的包含物有釜、鼎、甑、锅、碗、钵等，连同第四区2000年发掘的第4层出土一批器物，它们无论在组合还是具体形态上，已经有了很大的变化（图一八）。

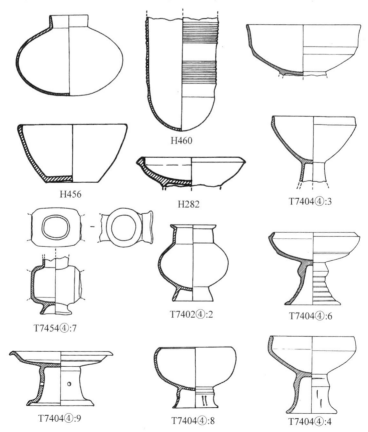

图一八　大溪文化四期陶器（城头山遗址地层与灰坑出土）

　　与此同时，墓葬中随葬陶器与前期相比，差别更大。

　　在城头山聚落，大溪文化四期与屈家岭文化共用一处墓地。墓地中最早的墓葬属大溪文化四期前段，随葬器物以泥质灰陶和泥质黑陶为主，器物基本组合为鼎、壶、豆，器物形态与组合均不同于大溪文化三期（图一九）。泥质灰陶鼎、高圈足鼓腹喇叭口壶（尊形壶）、高圈足敛口深腹豆、筒形瓶等均不是本地大溪文化一至三期所固有，但是，这些器物的同类形态在澧阳平原之外似乎都有线索可寻。有理由相信，城头山聚落北部墓地的出现，与外来文化的进入有重大关联。

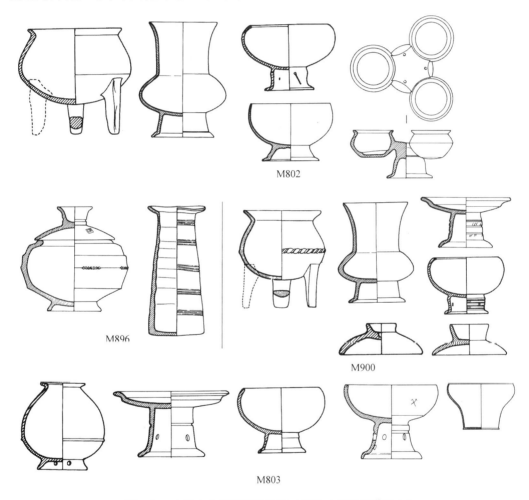

M802

M896

M900

M803

图一九　大溪文化四期前段陶器（城头山遗址墓葬出土）

　　目前所发现的大溪文化四期的墓葬，主要分布在墓地的西部，年代越早，位置越靠西。这批墓葬的开口层位不一，且有着明显的叠压打破关系，说明墓地有过长时间的经营。年代最早的一批墓葬约20座左右，随葬鼎、尊形壶和高圈足敛口深腹豆等。随后，是一批以鼎、豆、壶、瓶为主的墓葬，共计 97 座，其分布范围已较前段有了较大扩充，虽然主体部位仍然分布在墓地西部，但朝东发展的趋势已经非常明显。器物组合虽然没有改变，但形态已有一些变化，比如红陶基本消失，细泥黑陶磨光度增加，器形整体趋小，出现细颈壶、束颈瓶、簋等，可以归入大溪文化四期后段，典型墓例有 M810、M846、M869、M894 等（图二〇）。

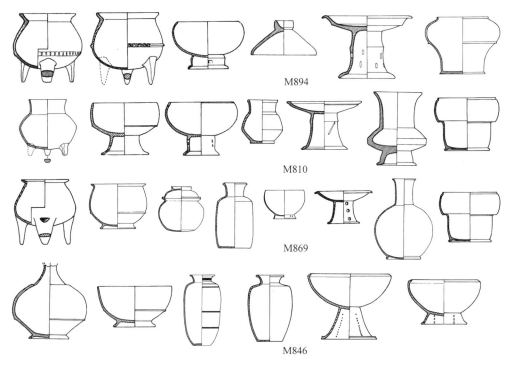

图二〇　大溪文化四期后段陶器（城头山遗址墓葬出土）

可以看到，大溪文化第四期无论是地层、灰坑还是墓葬出土的陶器，都出现了较大变化。陶质、陶色方面，已不见夹蚌陶，夹砂陶比例明显下降，少见夹炭和粗泥陶，泥质陶占主导地位，比例超过 60%。泥质陶中，以黑、红、灰陶为主，仅有少量的橙黄和橘红陶。在制作上，一改过去的手制或手制轮修为快轮制陶，并且出现了磨光、灌浆和打磨等新型工艺。烧制技术也有重大进展，大量的细泥黑陶是渗碳的结果，反映出陶器制造水平有了很大的提高①。器物形态已如前述，与前三期有了很大的不同，前三期流行的各种型式的釜已基本消失，大量流行于前三期的圈足盘、碗也基本消失。新出现

① 李文杰：《大溪文化的制陶工艺》，《中国古代制陶工艺研究》，科学出版社，1996 年，第126－149 页。

各种形式的小鼎、豆、瓶、壶、簋、曲腹杯、小罐、甑等，这些器形的出现，与大溪文化的一贯作风形成了鲜明的反差，呈现出结构性变化。

　　这种变化的动因从城头山聚落本身是无法寻找的。其一，大溪文化四期的出现具有突然性，几乎所有新出现的特征在本地找不到源头。其二，与器物风格的重大变化相对应，聚落结构也发生了重大改变。以上两点表明，欲探究大溪文化四期出现的背景和动因，以及大溪文化四期是否还属于大溪文化性质，必须跳出城头山聚落本身，到澧阳平原乃至范围更大的两湖地区去寻找。这个问题留待后文再作讨论。

　　（2）屈家岭文化一期的文化性质
　　大溪文化与屈家岭文化的关系，一直是学术界激烈争论的问题。现在，就城头山墓地的情况，进一步考察这个问题。
　　城头山四区屈家岭文化一期墓葬共68座，其中土坑墓41座。这批墓葬的位置靠近大溪文化四期墓葬，分布较之大溪文化四期墓葬的位置明显东移。但是，墓葬的空间扩展方向仍遵循大溪文化四期以来所表现的趋势，与大溪文化四期的墓葬之间没有空白地带，也没有特别的重叠，表明墓地一直在连续使用。墓葬的随葬品组合及其形态与大溪文化四期后段并无明显差异，同样为鼎、豆、壶、簋、瓶、曲腹杯等。两者之间的主要区别只是器物的细部有些微变化，比如鼎、簋的折沿略宽，瓶由圆肩变为折肩，曲腹杯由敛口向侈口发展，等等。（图二一）

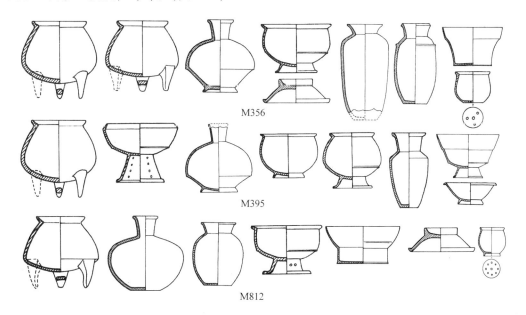

M356

M395

M812

图二一　屈家岭文化一期陶器（城头山遗址墓葬出土）

仔细考察这批墓葬及其器物形态以后，可以发现，大溪文化四期与屈家岭文化一期之间，没有发生明显的文化变化，它们之间有着紧密的联系是不争的事实。将这两段人为地分属不同性质的文化，是不能让人赞同的。考古学文化命名的首要原则是一群器物反复地共存，大溪文化四期与屈家岭文化一期墓葬，就是这种一群器物反复共存的典型案例，相同的情况还见于划城岗、王家岗、车轱山、三元宫、宋家台等遗址。因此，笔者认为将它们视为一支独立考古学文化的理由是充分的。这支考古学文化在澧阳平原的出现，是汉东地区油子岭文化扩张的结果。关于这一点，下文还要详细讨论。

八　屈家岭文化（屈家岭文化二、三期）

屈家岭文化二、三期遗存，才是真正的屈家岭文化。

以城头山为例，与一期相比，屈家岭文化二期墓葬随葬品的组合与形态，均发生了变化：鼎更加趋于小型化，瓶身变细长，一期流行的上垂腹下收腹壶亦变细收腹，簋的口沿变成宽折沿内凹，并向双腹发展。曲腹杯消失，双腹豆、高圈足壶、盂形器、盆、高捉手器盖等是本期新出现的器形。整体来看，屈家岭文化二期与一期相比，器物群确有较大变化。不过，它仍然继承了前者的许多因素（图二二）。

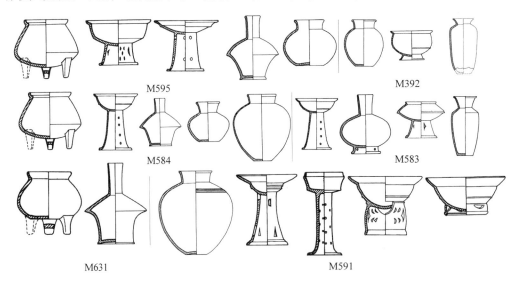

图二二　屈家岭文化二期陶器（城头山遗址墓葬出土）

屈家岭文化三期墓葬随葬陶器的主要器物种类与二期并无太大变化，主要有鼎、豆、壶、罐、盆、杯等。二期常见的瓶消失，出现各种形态的双腹豆，壶的形态也呈现多样化。新出现了长颈圈足壶、长颈平底壶、高柄杯等（图二三）。

城头山屈家岭文化二、三期的器物风格，已经与前期有了明显的差异，而与江汉平

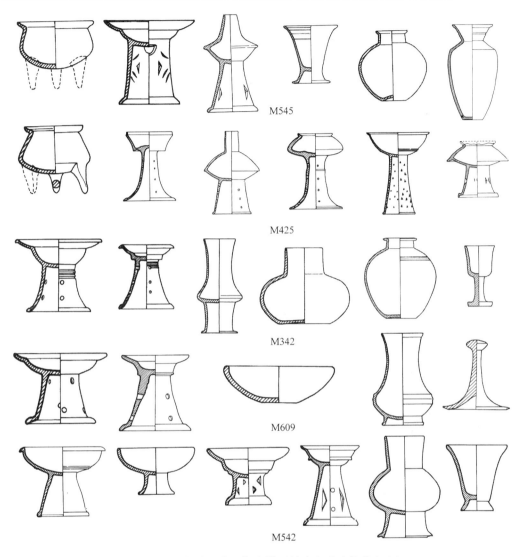

图二三　屈家岭文化三期陶器（城头山遗址墓葬出土）

原屈家岭文化一致，可以归入屈家岭文化的范畴。

　　综上基于城头山资料的分析，本文将澧阳平原这个阶段的文化划分做如下调整：城头山大溪文化四期、屈家岭文化一期为油子岭文化，分别为油子岭文化的一、二期；屈家岭文化二期、三期为屈家岭文化，分别为屈家岭文化新概念的一、二期。

九　石家河文化

（1）石家河文化特征
石家河文化由屈家岭文化发展而来，它们之间有清晰的发展演变轨迹。在澧阳平原，经过正式发掘的遗址有城头山、宋家台和孙家岗，另外，澧水南岸的山前丘岗太山庙也可以纳入到这个区域之中。

出自太山庙遗址一条沟状遗迹的一批陶器反映了石家河文化的早期特征①。这批陶器以泥质陶为主，占64%，另外30%为夹砂陶，有少量粗泥陶。陶色不纯，常见黑褐、红褐。器表一般为素面，纹饰以篮纹居多，次为附加堆纹，有少量方格纹、凹弦纹、网状划纹、刻槽等。主要器类有鼎、釜、豆、高领罐、圈足碗、钵、甗、杯、缸、甑、器盖、壶、器座、盆、盘、漏斗、臼等。这些器物可以分为A、B两组。A组明显可以看出与屈家岭文化具有承袭关系，如觚形杯，与城头山屈家岭文化陶杯形态极为相似；各种形态的高柄杯、钵、碗，都可以在屈家岭文化中找到原型；双腹豆也与屈家岭文化如出一辙。B组则是新出现的器类，包括宽扁足鼎以及鼎足上装饰齿状堆纹、按窝、刻槽、花边的特点，甗，镂空附加堆纹器座，篮纹和附加堆纹的釜、缸、罐等，均不见于屈家岭文化。在这批出土物中，A组所占的比例要明显高于B组，意味着本地屈家岭文化传统因素占主导地位，B组不是本地传统，应为外来因素（图二四）。

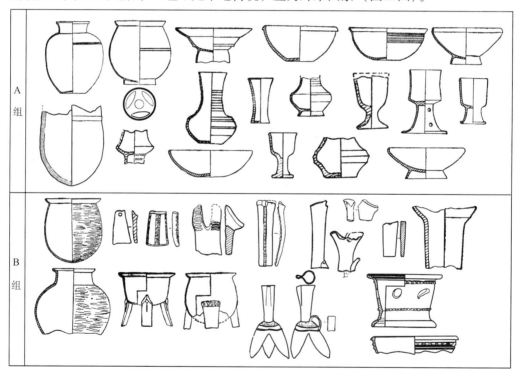

图二四　石家河文化早期陶器（太山庙遗址 G1 出土）

---

① 湖南省文物考古研究所等：《湖南临澧太山庙遗址发掘》，《考古》1989 年第 10 期，第 876－884 页。

由屈家岭文化过渡到石家河文化，在鸡叫城遗址的表现也基本一致。这里石家河文化早期的遗物带有较多的屈家岭文化风格，新出现篮纹釜、罐、鬶和装饰的宽扁足鼎等，但数量不多。它们的出现，标志了石家河文化的到来。

因之，石家河早期文化在澧阳平原的出现，是部分外来文化的进入，导致了本土传统发生变化的结果，但主体是渐变的。

（2）石家河文化晚期的急剧衰弱与消亡

澧阳平原针对新石器的田野考古工作很多，但单独进行的石家河文化遗存的发掘始终很少，仅散见于城头山、宋家台、孙家岗等遗址。孙家岗遗址以罐类最多，次为盆、钵、盘、壶等。此外，城头山遗址出土的瓮、高领罐、圈足盘、高圈足豆、缸以及陶塑动物，也具备石家河文化晚期典型特征。但是该时期的堆积在城头山聚落很单薄，器物群的整体特征并不明显（图二五）。

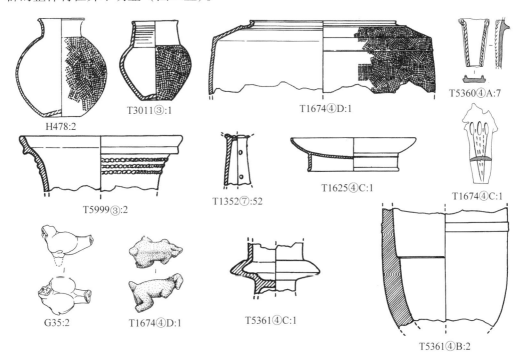

图二五　石家河文化晚期陶器（城头山遗址出土）

这些迹象表明，进入石家河文化晚期阶段，澧阳平原的文化进入了一个急剧衰退的过程。澧阳平原作为一个曾经的区域性文化共同体，此时已经融入以汉东地区为中心的长江中游文化大系，成为这个大系进程的边缘部分。因此，澧阳平原石家河文化的变化在很大程度上受到了汉东地区文化进程的左右，在自身传统削弱的同时，这里的变化也不足以对整个长江中游的文化进程产生多么大的影响了。

不仅如此，澧阳平原相当于中原二里头文化时期的文化面貌也很不清楚。也许，这个地区文化的衰退持续了更长时间。

通过上述分析，现将澧阳平原史前考古学文化进程作如下简短概括：

澧阳平原新石器文化的发生，可以追溯到过渡时期的相关遗存中去，华垱等地点已经有了一些线索。彭头山文化的延续时间长，陶器演变极为缓慢，它的晚期出现了新的因素，这种新的因素可能为外来。圈足器及其相关因素的出现，是彭头山文化向皂市下层文化过渡的标志。皂市下层文化在许多方面都继承了彭头山文化的因素，但在发展过程中形成了自身特有的风格。与此同时，彭头山文化的继任者并不单纯是皂市下层文化，彭头山文化的一支北进到长江沿岸，发展出城背溪文化，另外一支可能深入到沅水中上游地区，并与当地原有文化结合，形成高庙文化。在皂市下层文化晚期，这三支文化有了较为密切的互动，从而在洞庭湖地区形成汤家岗文化。汤家岗文化以印纹白陶闻名，一度形成强势文化向外传播。汤家岗文化的后继者是大溪文化，大溪文化时期在澧阳平原曾经出现过多次文化的重组，外来因素也多次进入，表明澧阳平原与外界的互动明显增强，这种互动的最终结果是更大区域的联合和重组。到了大溪文化四期，由汉东油子岭文化完成了区域间的文化整合，澧阳平原史前文化的发展进程因此与汉东地区以及整个长江中游核心文化区的发展同步，从而奠定了整个长江中游地区文化共同体的基本格局。澧阳平原遂出现了油子岭文化—屈家岭文化—石家河文化连续稳定的发展态势。

第三节　汉东地区史前文化进程

一　土城下层遗存—边畈文化

（1）土城下层遗存出现的背景

汉东地区新石器文化早期阶段的情况并不清楚，这里还没有发现相当于彭头山文化时期的遗存，与皂市下层文化时期相当的材料也极少。这种情况的出现，可能有两方面的原因：第一，田野考古工作开展较少，尤其是针对这个时期的专题性田野调查工作没有开展。第二，汉东地区该时期尚未被开发。

20世纪80年代后期，在对天门石家河土城遗址的试掘中，于该遗址西周—石家河文化堆积层之下发现一批陶片，陶片以夹砂夹炭红褐陶为主，器表装饰绳纹，可辨器形者有双耳罐、钵、支座、圈足器、锥状足等，其他陶片则过于细碎，难辨器形①。

准确判断这批陶片的年代及文化属性还有一定的困难，但从其主体风格来看，这类遗存与城背溪文化有相似的特征。汉东地区这类遗存的出现，可能是江汉平原西南部城背溪文化跨越汉水，向汉东地区扩散的结果。

在江汉平原的西南边缘地区，是城背溪文化的分布范围。沿长江一线的宜都、枝江、宜昌等地均发现了这个时期的遗址。毋庸置疑，城背溪文化的源头是彭头山文化，从地理位置和陶器风格来看，不存在城背溪文化独立起源的可能性。城背溪遗址位于长江南岸，同样处在武陵山东北缘一侧的山前阶地，从澧阳平原到这里，相距不到70千米，两地没有任何难以逾越的地理屏障。在文化特征上，城背溪遗址南区下层的年代位列城背溪文化最早阶段，其出土的陶釜、双耳罐、圈足盘接近彭头山文化向皂市下层文化的过渡形态，与金鸡岗、坟山堡早期、黄家园一类遗存类似。由此推断，城背溪文化年代的上限大致在彭头山文化晚期后段，这个时期正是彭头山文化解体，新文化因素出现的时候，器耳接近口沿的双耳罐形态和圈足盘的出现，以及明显的束颈釜的出现都是这个时期的鲜明特征。在由彭头山文化向皂市下层文化过渡的过程中，澧阳平原文化开始大规模地扩散，向东到了洞庭湖东部湘江下游，向北则到了长江一线。目前还无法判断土城下层遗存是否与这次扩散有关，但是，它的出现告诉人们，土城下层遗存的出现，也可从源头上归根于彭头山文化晚期文化扩散所导致的结果。

（2）边畈文化

A. 文化特征

汉东地区继土城下层遗存之后，是边畈文化，该文化以边畈遗址为代表。

边畈遗址于1984－1986年进行了两次发掘，总发掘面积为1100平方米。由于资料还未发表，无法对该文化进行详细讨论，相关介绍仅见于张绪球的文章中②。据称，边畈遗址发掘出土的遗物可以分为四期，第一、二期为边畈文化，该文化陶器以粗泥陶为主，夹炭陶占有很大比例，火候不高。陶色以红陶为主，大部分涂红衣，有少量黑陶。笔者曾仔细观摩过这批陶器，发现部分陶片的断面能够观察到较粗的土粒，这是陶泥未经仔细淘洗所形成的，同时，在拌泥过程中还加进了少量蚌壳一类的物质。夹炭陶的出现可能与烧成火候有关，大多数陶片的胎心均呈黑色，从而形成表里两面红、胎心黑的

---

① 湖北省文物考古研究所发掘资料。

② 边畈遗址的资料见张绪球：《汉江东部地区新石器时代文化初论》，《考古与文物》1987年第4期，第56－65页；《长江中游新石器时代文化概论》，湖北科学技术出版社，1992年，第164－166页。

"夹心饼"。纹饰主要有绳纹、按窝、镂孔、弦纹等。主要器形有釜形鼎、釜、钵、盆等，其次为豆、碗、器座。鼎是该文化中数量最多、也最具特色的器物，形态主要为釜形鼎，鼎身多装饰细绳纹，有的在坯胎装饰绳纹之后，又在涂抹陶衣时将部分绳纹抹平，使得有的绳纹若隐若现。具体形态一、二期略有变化：一期陶鼎多为小口，沿面接近直立，下腹直径较大，形似垂腹，鼎足绝大部分为细圆锥形和细扁锥形；二期鼎身腹部最大径略微上移，垂腹不如一期明显，鼎足多为舌形，足根部多装饰有1－3个按窝。但由于材料未发表，这两期的陶器还暂不能分开（图二六）。

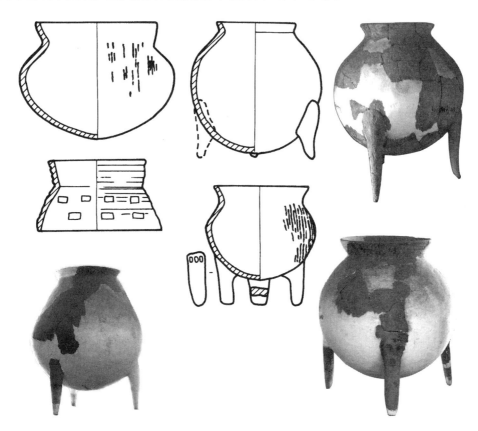

图二六　边畈文化陶器（边畈遗址出土）

　　第三期与第一、二期联系紧密，但出现了若干新因素，器形种类明显增多，鼎依然是主要器类，其他器类则有敛口圜底盆、卷沿盆、扁腹圈足罐、豆、圜底碟、喇叭形器座、碗等，这批器物与汉水西部大溪文化因素较为相似。

　　B. 文化由来

　　边畈文化以鼎为主要特征，迥异于长江中游文化传统，其源头应该在长江中游传统文化区域之外。环顾周边，与边畈文化所处地域最为接近的汉水中游南阳盆地和丹江下游，有着较为古老的文化传统，并以鼎为主要特色。在方城大张庄①、邓州八里岗②、淅川下王岗③等遗址，均发现了以红陶鼎为主体器形的史前文化遗存。樊力对此进行了详细研究④，按照他的排序，这三处遗存以大张庄的年代最早，大张庄早期的一组遗存属于裴李岗文化系统，二组遗存明显源于一组，下王岗一期和八里岗一期则明显继承了大张庄二组的风格，年代要早于江汉地区的大溪文化（图二七）。从这个意义上说，裴李岗文化对这个区域的文化传统产生了重大影响。另外，在文化的发展过程中，来自关中地区的仰韶文化也对该地区产生了重要影响⑤。

　　汉东地区与南阳盆地和丹江下游在地理位置上接近，边畈遗址位于江汉平原的西北部，与丹江下游和南阳盆地的距离仅百十千米。从文化特征上，边畈文化属于以鼎为主体特征的陶器系统，与南阳盆地和丹江下游地区的早期文化特征一致，陶鼎的形态和风格也基本相同。由此可以判断，边畈文化与八里岗早期和下王岗一期文化遗存有密切的联系，它极有可能是汉水中游文化南下的结果，与中原地区有重要关联。边畈文化看不出长江中游文化传统的影响，它的年代范围明显要早于长江中游的大溪文化遗存，在与边畈文化大约同一时间段内，澧阳平原为汤家岗文化，峡江地区为柳林溪文化。汤家岗文化与边畈文化是性质完全不同的两支新石器时代文化；柳林溪文化显示与汤家岗文化存在一定的联系，但具有自身鲜明的特征⑥。汤家岗文化源自皂市下层文化，柳林溪文化的来源则比较复杂，这里暂不做详细讨论。无论汤家岗文化还是柳林溪文化，均与边畈文化有较大的差异。

　　限于考古工作的开展程度，边畈文化的地域分布情况并不清楚。张绪球在讨论边畈文化时，将黄陂程家墩、河李湾、涂家山、城隍庵，云梦胡家岗，钟祥肖家店等遗存均纳入边畈文化范畴⑦。但仔细审察这些地点出土的遗物，发现它们与边畈文化在时代上

①　南阳地区文物队等：《河南方城县大张庄新石器时代遗址》，《考古》1983 年第 5 期，第 398 – 403 页。

②　北京大学考古学系等：《邓州八里岗史前遗址的调查与试掘》，《华夏考古》1994 年第 2 期，第 1 – 5 页；《河南邓州市八里岗遗址 1992 年的发掘与收获》，《考古》1997 年第 12 期，第 1 – 7 页。

③　河南省文物研究所等：《淅川下王岗》，文物出版社，1989 年。

④　樊力：《豫西南地区新石器文化的发展序列及其与邻近地区的关系》，《考古学报》2000 年第 2 期，第 147 – 181 页。

⑤　樊力对比了下王岗遗址出土的大头细颈壶、弦纹鼓腹罐和大寺遗址出土的小口尖底瓶形态，认为这是关中地区新石器文化半坡早期遗存向丹江下游地区横向渗透和传播的结果。半坡早期遗存年代为 4900BC – 4000BC。

⑥　国务院三峡工程建设委员会办公室、国家文物局：《秭归柳林溪》，科学出版社，2003 年。

⑦　张绪球：《长江中游新石器时代文化概论》，湖北科学技术出版社，1992 年，第 164 页。

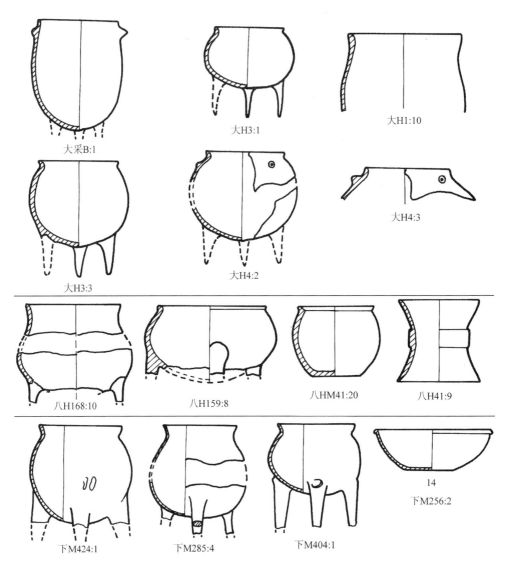

图二七　汉水中游豫西南三处遗址出土陶器

（大－大张庄遗址，八－八里岗遗址，下－下王岗遗址）

存在一定的差异。① 作为边畈文化最典型的垂腹鼎和器表细绳纹局部抹平的特点均不见
于上述遗存。以程家墩遗址为代表的一类遗存，在年代上要晚于以边畈遗址一、二期为
主体内容的边畈文化，只能与边畈遗址第三期遗存相当。

① 黄锂：《湖北武汉地区发现的红陶系史前文化遗存》，《考古》1996 年第 12 期，第 25 - 31
　　页；黄陂县文化馆：《黄陂境内的新石器时代文化遗存》，《江汉考古》1987 年第 2 期，第
　　37 - 54 页。

二 以红陶系为主的遗存性质讨论

（1）材料分析

边畈文化以后，汉东地区流行以红陶系为主的遗存。出土红陶系遗存的主要遗址有六合、谭家岭、屈家岭、龙嘴、油子岭等。如同"彩陶文化"一样，所谓"以红陶系为主的遗存"并不是严格的考古学文化概念。这一称谓的最早使用者为张绪球，他在一篇讨论汉东地区新石器时代文化的文章中，将这批"红陶系遗存"划分出三种文化和类型：边畈文化、大溪文化边畈类型、大溪文化油子岭类型①。当时的情况是：边畈、油子岭、谭家岭、屈家岭的材料均没有发表，人们无法针对他的观点开展讨论。二十年后，新的材料并没有增加多少，边畈、谭家岭、龙嘴等关键性遗址的详细材料均没有面世，油子岭和屈家岭遗址的材料虽已发表，但非常单薄，无法依靠这两处遗址建立汉东地区边畈文化以后一个较长时间段落内的考古学文化谱系及其年代序列。即使这样，仍然必须对这批材料保持足够的重视。

A. 油子岭遗址"第一期文化遗存"

该遗址第一期文化遗存实际上是目前遗址保存的主体堆积。从 T1 地层堆积来看，第 2 层至第 5 层全部为第一期文化遗存，这四层堆积的厚度累加竟然达到 2.4 米，各层之间还有一批遗迹。这批遗存有重新认识的必要。

油子岭遗址一共发掘 4 个探方，最早地层单位是各探方的第 5 层（包括 T2 第 6 层）。T1 第 5B 层出土的夹炭红陶折腹釜形鼎、橙黄陶罐（瓮）口沿、泥质红陶高圈足敞口盘、泥质黑陶圈足状捉手器盖等，不见于其他文化，缺乏类比性。第 5A 层出土的器座和高领罐，是关庙山类型二期的典型因素。T2 第 5 层出土的彩陶杯、彩陶碗、器座同样见于关庙山类型第二期。T4 第 5 层出土的碗也是关庙山类型二期的主要形态。所以，油子岭遗址 T1、T2、T4 第 5 层所出遗物的年代相当于峡江地区大溪文化关庙山类型二期。T2 第 6 层出土两件陶器中类似子母口的黑陶豆，在形态上接近关庙山类型二期的外红内黑陶簋。T3 第 5 层的亚腰形器座，具有关庙山类型三期的特征。T3 第 4 层出土的彩陶碗，其菱形斜格彩陶纹饰，与年代上属于关庙山类型三期的关庙山 F22：38、毛家山 H2：29、阴湘城 H23：1 所出彩陶碗形态一致。T1 第 4A 层出土的陶球，在造型上与毛家山 H2：12 风格类似。T1 第 4B 层所出的器盖，也与大溪 M115：17 有异曲同工之妙。各探方的 2-3 层与第 4 层所出器物形态没有明显的变化，可以视为同一时期（图二八）。

---

① 张绪球：《汉江东部地区新石器时代文化初论》，《考古与文物》1987 年第 4 期，第 56-65 页。

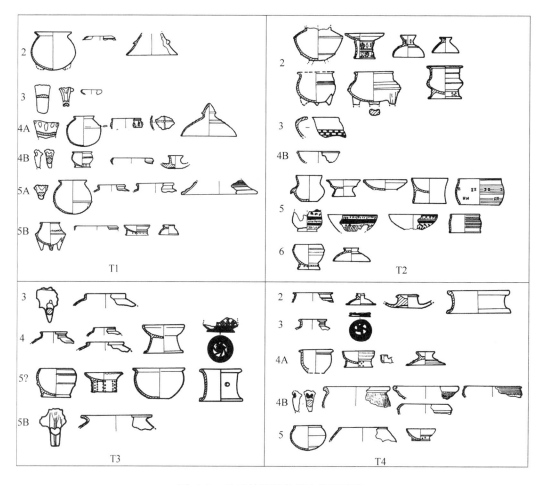

图二八　油子岭遗址各探方陶器排序

如此，可将油子岭遗址"第一期文化遗存"分为两组：

第一组　各探方的第 5、6 层（T3 第 5 层除外），年代相当于关庙山类型二期。

第二组　各探方的第 2－4 层（包括 T3 第 5 层），年代相当于关庙山类型三期。

B. 六合一期

在发掘报告中，六合一期被称为"以红陶为主的较早遗存"①。所有器物均不完整，从保留的形态特征来看，没有发现与关庙山类型二期类似的特征，几乎所有特征都与关庙山三期相似（图二九）。

---

①　荆州地区博物馆等：《钟祥六合遗址》，《江汉考古》1987 年第 3 期，第 1－31 页。

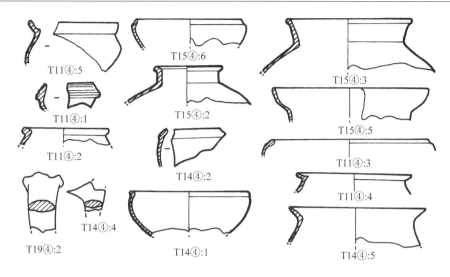

图二九 六合一期遗存陶器

C. 屈家岭遗址第三次发掘的第一期遗存

屈家岭遗址第三次发掘共开探方 5 个，"第一期遗存"为红陶系[1]，分属于各探方的第 4、5 层。开口于 T1 第 5 层下的 H4 出土 1 件夹炭红陶盆是该遗址年代最早的遗物，这种器物在中堡岛和关庙山遗址均有发现，是关庙山类型二期的典型器物，T4 第 5 层下的 H2 出土器物也有同样的年代特征。T2 第 5 层出土的 1 件薄胎橙黄彩陶壶，在整体风格上也接近关庙山二期的特征。从 T5 第 5 层所出敛口豆和簋的特征看，已经具有毛家山 H2 的风格，所以第 5 层的年代应该在关庙山二期晚或者三期早段。各探方第 4 层与第 5 层的出土物，在风格上比较接近，大致属于同一时期（图三〇）。

D. 龙嘴墓葬

龙嘴遗址发现于 1983 年，1987 年进行过小面积发掘，发表的遗物见于张绪球著作及相关简报[2]，2005 年进行了第二次发掘，发现一批墓葬[3]。两次发掘的相关出土器物见图三一。从器物形态来看，1987 年发掘的 M2 所出 3 件器物与关庙山类型二期特征相似，M8

① 屈家岭考古发掘队：《屈家岭遗址第三次发掘》，《考古学报》1992 年第 1 期，第 63 - 95 页。

② 张绪球：《长江中游新石器时代文化概论》，湖北科学技术出版社，1992 年；天门县博物馆：《天门县龙嘴遗址调查》，《江汉考古》1984 年第 2 期，第 20 - 22 页；天门县博物馆：《天门县新石器时代遗址调查》，《江汉考古》1987 年第 4 期，第 32 - 36 页。

③ 湖北省文物考古研究所：《湖北省天门市龙嘴遗址 2005 年发掘简报》，《江汉考古》2008 年第 4 期，第 3 - 13 页。

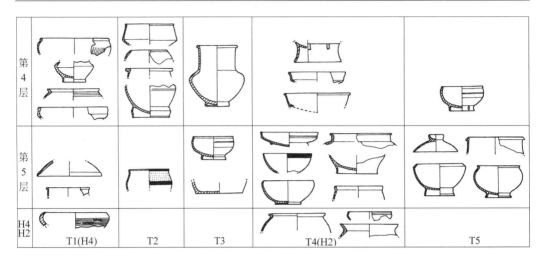

图三〇　屈家岭遗址一期遗存陶器

所出的 1 件附杯圈足盘，在相当于关庙山三期的油子岭 T4 第 4A 层也有出土①。2005 年发掘的 M1 随葬品中出土的附杯圈足盘也有同样的形态，且与高圈足敛口豆共存，这种高圈足敛口豆在 1987 年发掘的 M7、M4 中亦有发现，说明它们的年代基本一致。从目前的观察来看，龙嘴墓葬随葬品的形态大致相当于关庙山二期和三期两个阶段（图三一）。

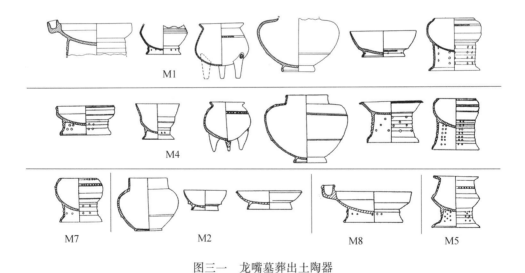

图三一　龙嘴墓葬出土陶器

---

① 目前这类器物除在油子岭、龙嘴遗址发现外，还见于雕龙碑遗址，但其演变序列并不清楚。况且油子岭遗址这一残件的出土单位在地层上的准确性还仅仅是孤证。

E. 谭家岭一、二期遗存

谭家岭遗址的资料尚未系统发表①，从已经刊布的材料来看，属于第一期的单位包括 M13、M17、M75 三座墓葬和 T1106 第 6 层的 1 件彩陶碗。M13 的随葬器物与龙嘴 M4 具有一定的渊源关系，但整体形态略早。T1106⑥:95 为彩陶碗，碗的形态及装饰风格都与大溪文化关庙山类型二期相似，将这批遗物的时代定为关庙山二期是合适的。谭家岭二期遗存有四座墓葬和四个地层单位的材料。M7 出土彩陶碗上的菱形格子纹，是关庙山三期的典型装饰。M14、M15 曲腹杯的形态，也具有关庙山三期的典型特征。所以，谭家岭遗址第二期的年代应与关庙山三期相当（图三二）。

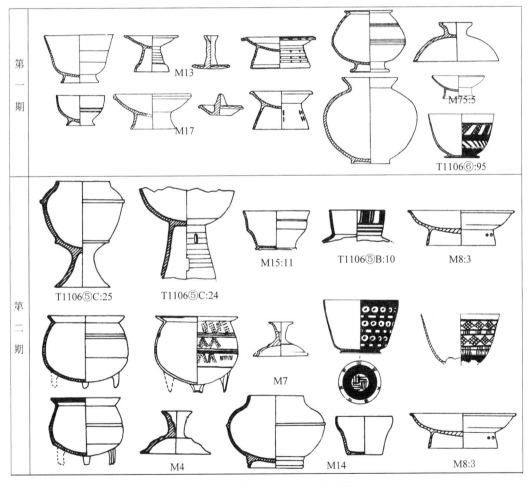

图三二　谭家岭遗址一、二期陶器

---

① 主要见于张绪球：《长江中游新石器时代文化概论》，湖北科学技术出版社，1992 年。另见石河考古队：《湖北省石河遗址群 1987 年发掘简报》，《文物》1990 年第 8 期，第 8 – 12 页。

（2）文化性质

综上所述，汉东地区"以红陶系为主的遗存"，在年代上与峡江地区关庙山二、三期相当。依据关庙山的分期，可将其分为两个发展阶段：

第一阶段　包括谭家岭一期、油子岭一期第一组、龙嘴第一组、屈家岭一期，在年代上相当于大溪文化关庙山类型二期。

第二阶段　包括谭家岭二期、油子岭一期第二组、龙嘴第二组、六合一期，在年代上相当于大溪文化关庙山类型三期。

第一阶段的陶系在不同遗址的情况有一定的差异。谭家岭一期大部分为粗泥红陶，也有一定数量的夹炭红陶，多涂深红色陶衣。其他陶系的情况及比例不清楚。油子岭第一组发表了 T1 第 5 层的陶系统计结果，其中泥质红陶占 54%、夹砂红陶占 18%、夹炭红陶占 6%、泥质黑陶占 15%、夹砂黑陶占 2%、泥质灰陶占 3%、夹砂灰陶占 2%。红陶、黑陶和灰陶陶色统计所占比例如图表一四左所示。屈家岭一期发表了 T1 – T3 的陶片统计表，其中泥质红陶占 5.7%、夹炭红陶占 44.2%、夹砂红陶占 2.1%、泥质黑陶占 19.5%、泥质灰陶占 26.2%，另有极少量的泥质橙黄陶和夹炭褐陶。红陶、黑陶、灰陶所占比例如图表一四右。

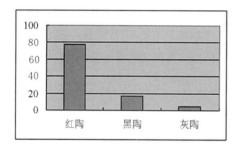 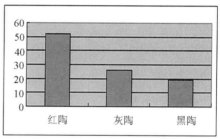

图表一四　油子岭第一组 T1⑤（左）与屈家岭一期 T1 – T3（右）陶色统计

在纹饰上，主要有戳印纹、镂孔、凸棱纹、附加堆纹、拍印纹等，流行薄胎彩陶，彩陶纹饰以多组宽带之间着斜线和点纹。主要器物类形有鼎、碗、圈足盘、罐、簋、敛口豆、盆、彩陶碗、彩陶杯等。这些遗物无论从陶系纹饰还是器物形态，绝大部分与峡江地区大溪文化关庙山类型风格相似。但是，也有一些器物具有明显的地方特点，如折腹鼎、带錾罐等。仔细对比汉东地区红陶系遗存第一阶段与关庙山类型二期的器物群，发现它们之间共同因素是主要的，不同因素是次要的。在所有陶器中，相同或共同的因素远远多于不同因素（图三三）。

在图三三中，侈口坦底高圈足豆、敛口大盆、侈口束颈圜底釜、彩陶碗、彩陶杯、圈足罐、腰鼓形器座、草帽形器座、折沿敛口豆等均是两者共有的，而且是器物群中占

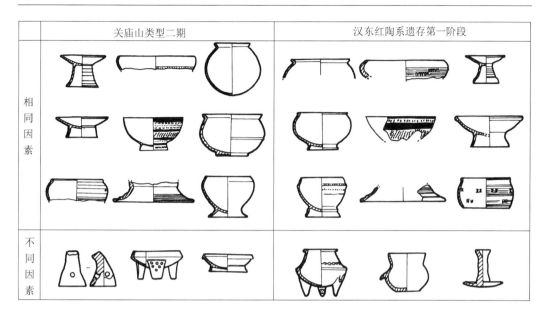

图三三　关庙山类型二期与汉东红陶系遗存第一阶段陶器比较图

重要地位的器类。关庙山类型中的猪嘴形支座、折沿盆形宽扁足鼎、内折沿垂唇圈足盘不见于汉东，但除后者是关庙山类型的重要器物外，前两类器物也只是这个类型中偶见因素。汉东地区的折腹鼎是汉东红陶系遗存中的重要器物，但带鋬罐是偶见器物。这些特征表明，关庙山类型二期与汉东地区红陶系遗存第一阶段拥有相似或相同的器物群，同时也拥有最具自身特点的个别器物。正因为具有这种特征，它们可以视为大的文化系统中的两个类型。由此，可将汉东地区红陶系遗存第一阶段视为大溪文化油子岭类型。

第二阶段的陶系仍然以红陶为主，在谭家岭二期中，泥质红陶占大多数，但黑、灰陶比例有所上升（图表一五）。属于该时期的六合一期，红陶占70% - 80%，其次为黑陶，灰陶最少。在纹饰方面，以镂孔、弦纹、链条纹、附加堆纹等为主。与第一阶段相比，纹饰有了变化：镂孔数量明显上升，弦纹

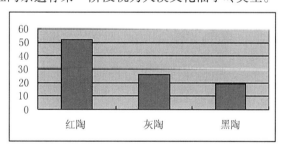

图表一五　谭家岭二期陶色统计

增多。器形方面，第一阶段的某些器类继续流行，如圈足罐、敞口圈足盘等，但具体形态出现了变化。此外，出现了一批新器形，新出现的高圈足敛口豆成为这个时期的主要器类，这种器物可能由前一阶段的内折沿敛口豆演变而来。新出现的器物还包括折腹高圈足簋形器、高领圈足罐、带杯圈足盘、高圈足镂孔豆、凸钉纹器盖等，它们很快成为

这个时期器物群中的主体。这些特征与第一阶段相比较，只是较少地继承了原来的因素，更多的是新出现的因素；这些特征与同一时期的峡江地区关庙山类型三期相比，在文化面貌上有很大的差异（图三四）。

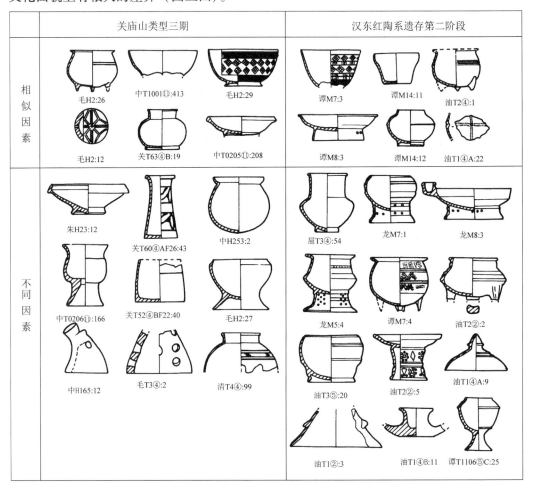

图三四　关庙山类型三期与汉东红陶系遗存第二阶段陶器比较图

（毛－毛家山，中－中堡岛，关－关庙山，清－清水滩，谭－谭家岭，油－油子岭，龙－龙嘴，屈－屈家岭，以下各图同）

比较汉东红陶系遗存第二阶段与关庙山三期常见的主要器物类型，在27类器物中，相似的仅有6类，占总数的22.2%；不同的为21类，占77.8%。而且，相似的因素在各自器物群里并不显重要，不同的因素却在各自器物群里占主导地位。比如侈口束颈圆底釜、折沿敛口豆，是关庙山类型的主导性器物，汉东红陶系遗存第一阶段还偶见这种器物，但到了第二阶段完全绝迹；关庙山类型三期中最具特点的敛口内折沿圈足盘、筒形瓶、彩陶高领罐，不见于汉东红陶系遗存第二阶段；汉东红陶系第二阶段中最具特点的折腹高圈足簋形器、高领圈足罐、带杯圈足盘、高圈足镂孔豆、凸钉纹器盖等完全不见于关庙山类型。这些特点使得汉东红陶系遗存第二阶段与第一阶段之间存在差距，与峡江地区大溪文化关庙山类型三期的差距更大，在文化属性上完全可以分属于不同的考古学文化。准此，有必要将该遗存单独命名为一支新的考古学文化，鉴于汉东地区红陶系遗存第二阶段以油子岭遗址所出器物最具特点，可以命名为"油子岭文化"。

上述汉东地区相当于大溪文化时期的红陶系遗存所进行的分析结果是：

汉东红陶系遗存第一阶段命名为"大溪文化油子岭类型"，在年代上相当于关庙山类型二期。

汉东红陶系遗存第二阶段命名为"油子岭文化"，在年代上相当于关庙山类型三期。

三 以黑陶系为主的遗存性质讨论

（1）材料分析

汉东地区红陶系遗存的后续是黑陶系遗存，最先提出"黑陶系遗存"的是张绪球[①]，他罗列了相关遗存并进行过深入分析。后来，随着汉东地区考古资料陆续发表，对这批遗存的认识也有了变化。本文将不对相关观点一一述评，考察这批遗存的立足点还是具体考古材料。

汉东地区包含有黑陶系遗存的主要遗址有：屈家岭遗址第二次发掘的早期遗存及第三次发掘的第二、三期遗存、谭家岭遗址第三期遗存、油子岭遗址第二期遗存、六合遗址乙类遗存。

A. 屈家岭遗址的黑陶遗存

屈家岭遗址在1956年第二次发掘时发现了一批打破生土的灰坑，共24座[②]。灰坑陶系统计结果为泥质（细泥）黑陶占61.32%、泥质灰陶19.87%，另有少量的红陶、黄陶、粗黑陶、粗灰陶、粗褐陶和夹砂红陶。这批陶器以素面居多，部分饰弦纹、镂孔，细泥黑陶表面多有磨光。主要器形有鼎、曲腹杯、簋、罐、豆、盆、器盖等。1989年第三次发掘的5个探方的第2、3层（第二期遗存）以及打破这两个层位的13座墓葬（第三期遗存）同样属于黑陶系遗存。

第二期遗存 据屈家岭遗址第三次发掘T1—T3第二期遗存陶片统计结果显示，泥

---

① 张绪球：《江汉地区以黑陶为主的原始文化遗存》，《湖北省考古学会论文选集》（一），《武汉大学学报》1987年，第26—33页。

② 中国科学院考古研究所：《京山屈家岭》，科学出版社，1965年。

质黑陶为 35.9%、泥质灰陶 26.2%、夹炭红陶为 24.5%、泥质红陶 5.5%，其他则有泥质橙黄陶、泥质灰白陶、彩陶、夹砂褐陶、夹砂灰陶等，所占比例均不超过 3%。陶器纹饰主要为凹弦纹，其次有按窝和凸棱纹，另有少量镂孔、附加堆纹、压印纹、戳印纹及薄胎彩陶。陶器制作均为手制。主要器形有鼎、甑、碗、彩陶碗、篦形器、盘、盆、罐、高领罐、壶、器盖、球等。鼎的形态与本遗址下层红陶系相比，除继续流行锥状根部按窝足外，还出现了薄胎小型鼎，鼎足则多为鸭嘴状或凿状，同时还新出现一种侧缘翻卷的包边小鼎足。碗均为敛口圈足，以细泥黑陶为绝对多数，同时也出现了灰陶碗。彩陶碗 8 件皆薄胎橙黄陶，多在口内、外和腹部各绘一周黑彩宽带纹，口下与腹两宽带纹间绘黑彩卵点纹。另外，倒置蘑菇状器盖、篦点纹"米"字形陶球也是本期的主要器物。这组器物群的年代大致相当于关庙山类型三期晚段。彩陶碗的彩绘特征具有关庙山类型三期特点，倒置蘑菇状器盖与本区域红陶系遗存第二阶段的油子岭遗址 T1 第 4B 层出土的器盖极为相似，其时代应该相距不远。油子岭 T1 第 3 层也出土了一种凹槽鼎足，相信是屈家岭遗址二期遗存侧缘翻卷的包边小鼎足的早期形态。关庙山类型第三期出土的 1 件翻沿敛口瓮，与屈家岭遗址 T1 第 2 层所出的瓮属于同样的器形（图三五）。

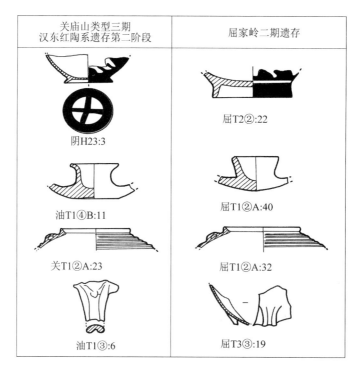

图三五　屈家岭遗址二期与相关遗存陶器比较图

（阴－阴湘城）

综合以上因素判断，屈家岭二期遗存的年代，相当于大溪文化关庙山类型三期晚段。

第三期遗存　第三期遗存主要是 13 座墓葬。墓葬所出随葬品皆为泥质陶，其中黑陶占 87.4%、灰陶占 12.1%、红陶占 0.5%。该期的陶器制作，出现了轮制，许多器物的内壁都留有螺旋式拉坯指印，这是快轮制陶的直接证据。[①] 有的鼎底部可见抹印指纹及安装三足时留下的三等分刻划线。纹饰有凹弦纹、镂孔、戳印纹、凸棱纹，以及由并列凸棱纹所组成的瓦棱纹等，弦纹一般饰于器物的颈部、腹部和沿面，镂孔和戳印纹多饰于圈足，不见彩陶。主要器类有鼎、簋、豆、曲腹杯、壶、罐、器盖等（图三六）。

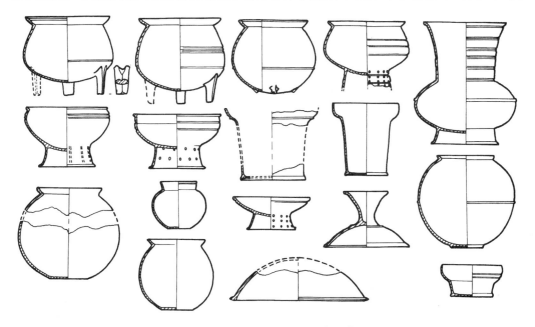

图三八　屈家岭遗址三期墓葬出土陶器

这是风格统一、组合固定的一批陶器，出于墓葬，应是专门的随葬明器。这 13 座墓葬所出的器物是否能够正确反映一个时代陶器群的整体特征，还是一个问题。从器物群来看，与屈家岭遗址第二期遗存尚有一定的差距。但是，其具体器物形态方面，则与第二期遗存有紧密的联系。大量流行的釜形小鼎，鼎足为凿形、鸭嘴形或包边，是第二期特征的延续。第二期不见簋的线图，但从描述的情况看，所谓的"似矮圈足豆"的特点正是第三期簋形器的风格，这种风格从第一期开始就已经出现，虽然第二期遗存太少而

① 李文杰：《屈家岭遗址第三次发掘遗存的制陶工艺和年代问题》，《中国历史博物馆馆刊》 1994 年第 1 期，第 16－23 页。

无法建立其演变的脉络，但第三期的篮形器是本地特征的延续则是可以成立的。仔细观察第三期所出篮形器，其形态明显具有豆的特征，定名为豆似乎更为合理，这样，也正好与第二期的"似矮圈足豆"相对应。曲腹杯的形态在该遗址前期遗存中不见，但属于汉东地区红陶系遗存中的常见之物。在关庙山类型三、四期中，曲腹杯极为常见，曲腹杯最早见于关庙山类型二期，典型标本有关庙山 T75⑤A：175 和中堡岛 T0404⑬：825 等，它们是长江中游地区曲腹杯的源头。壶是新出现的因素，这种尊形壶最早见于关庙山类型二期，中堡岛所出土 A 型壶应该是这类尊形壶的最早形态，至于两者之间是否存在关联则是需要讨论的问题。圈足罐既是汉东红陶系遗存的传统也是峡江关庙山类型的传统，属于长江中游传统文化共性的因素。

　　从相关因素判断，屈家岭遗址第三期遗存的年代与关庙山类型四期相当。

　　B. 谭家岭遗址三期遗存

　　该遗址三期遗存典型单位包括一批地层和灰坑，又分为前后两段。较早阶段以泥质黑陶为主，灰陶为次，也有一定数量的红陶。由于相关的详细资料没有发表，无法对这两个阶段的具体情况作进一步讨论。从整体上看，谭家岭三期陶器的纹饰以弦纹为主，其次为镂孔，还有少量链条形附加堆纹，彩陶减少。常见器形有直领折肩圈足壶、深腹盆、盆形甑、薄胎彩陶碗、内折沿豆、折沿圈足罐、扁鼓腹罐形小鼎以及圆锥形、圆塔形和三足形捉手器盖等。在器物形态上，基本承袭了谭家岭二期遗存的特点，如罐形小鼎、彩陶壶、彩陶碗等；新出现了各式器盖和深腹彩陶盆、彩陶壶等（图三七）。

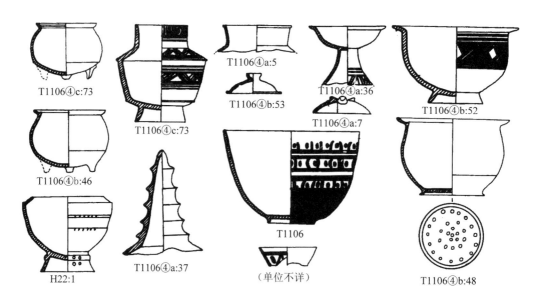

图三七　谭家岭遗址三期遗存陶器

C. 油子岭遗址第二期遗存

该期遗存为 7 座墓葬，出土随葬器物 24 件。陶系以泥质黑陶为主，有少量灰陶。纹饰有弦纹和镂孔，弦纹饰于器腹，镂孔饰于圈足上，以长圆形居多。器形有鼎、豆、罐、器盖等（图三八）。

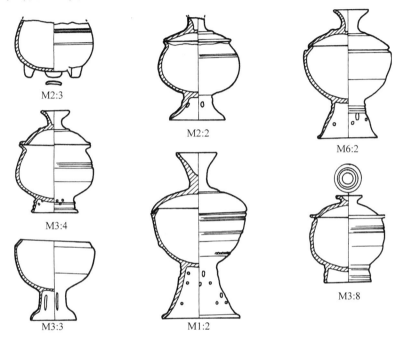

M2:3　　M2:2　　M6:2

M3:4　　M1:2　　M3:8

M3:3

图三八　油子岭遗址二期遗存陶器

D. 六合遗址乙类遗存

报告中将这类遗存定性为"屈家岭文化早期遗存"，包括 11 座墓葬和部分灰坑、地层。墓葬和地层出土陶器均以泥质黑陶为主，但地层稍晚阶段灰陶比例有所上升，黑陶比例有所下降。墓葬中没有红陶、地层中却有少量红陶。纹饰主要有弦纹、镂孔和戳印纹。主要器形有鼎、豆、壶、曲腹杯、罐、器盖等（图三九、四〇）。

（2）文化性质

以上诸遗存，只有屈家岭遗址有明确层位，屈家岭遗址第三期遗存与第二期遗存在地层和器物形态上先后关系明显。1956 年第二次发掘的早期灰坑所出遗物的形态与第二期遗存一致。在年代上，屈家岭第二期遗存相当于大溪文化关庙山类型三期晚段，屈家岭第三期遗存相当于关庙山类型四期。

六合遗址乙类遗存与屈家岭遗址第三期遗存年代与性质一致，这从墓葬上即可反映

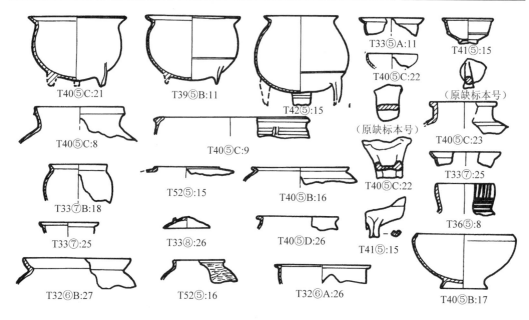

图三九　六合遗址乙类遗存灰坑、地层出土陶器

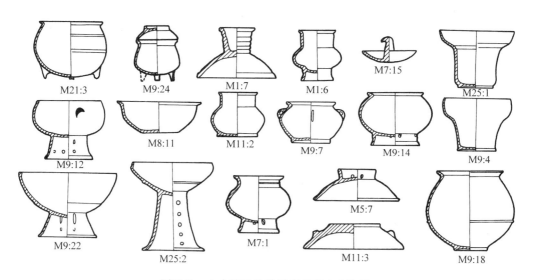

图四〇　六合遗址乙类遗存墓葬出土陶器

出来：第一，随葬品的组合相同，都为鼎、豆、簋、壶、曲腹杯、罐、器盖；第二，器物造型风格一致，两处遗存鼎的形态均以罐形小鼎为主，流行簋形器和圈足罐；两处遗存均有尊形壶；曲腹杯的形态也完全一致。

　　六合遗址乙类遗存地层所出遗物与墓葬相比，有一些差别，鼎口沿出现了仰折沿形态，这是一个值得关注的现象，仰折沿器物应该是屈家岭文化最为典型的双腹器物的源头。由于地层出土的器物群整体特性并不明显，也无法求证其与墓葬的层位关系，这里暂且采纳原报告的分期，将墓葬与地层出土遗物统归入乙类遗存，但地层出土物可能在时间上要晚一些。

油子岭遗址第二期遗存仅有部分墓葬器物线图发表，陶鼎的形态属于弦纹罐形小鼎，与六合遗址乙类遗存和屈家岭第三期遗存墓葬所出鼎的形态一致。豆和篦形器也具有相同的形态。其年代与文化性质也应该一致。

谭家岭遗址第三期遗存的情况较为特殊一些。该遗存出土物有彩陶壶，在六合遗址乙类遗存的地层里也出有同样的器形。所出甑的口沿为仰折沿，盆、碗口沿也有类似仰折沿的特征。该期遗存还出土了1件三足形捉手器盖和1件彩陶斜腹杯，这是屈家岭文化的典型特征。1956年发掘的屈家岭遗址早期地层出土了类似谭家岭遗址第三期的塔形捉手器盖，两者年代应为同时。谭家岭遗址第三期与六合遗址乙类遗存地层所处遗物都具有某些新的特点，这些新特点反映出其年代可能要较以屈家岭遗址第三期遗存为代表的诸墓葬的年代略晚，但又没有出现典型屈家岭文化的器物组合，暂将其归入汉东黑陶系遗存。

通过上述各个遗址的考察，可以将汉东黑陶系遗存分为三组。

第一组　以屈家岭遗址第二期遗存为代表，年代与关庙山类型三期晚段相当。

第二组　以屈家岭遗址第三期遗存、六合遗址乙类遗存墓葬、油子岭遗址第二期遗存为代表，年代与关庙山类型四期相当。

第三组　以谭家岭遗址第三期、六合遗址乙类遗存地层为代表，年代略晚于关庙山类型四期。

长期以来，学术界对这批遗存的性质有不同的认识，反映了汉东黑陶系遗存的复杂性和人们认识的主观偏差。汉东地区黑陶系遗存的性质应该从整体上去把握。

关于黑陶系遗存与本地红陶系遗存的关系问题。前述汉东红陶系遗存可分为前后两个阶段，第一阶段属于大溪文化油子岭类型，年代相当于大溪文化关庙山类型二期；第二阶段为油子岭文化，年代相当于大溪文化关庙山类型三期早段。考察黑陶系遗存自然是要考察其与油子岭文化的关系。在陶系上，红陶系遗存第二阶段的油子岭文化以红陶为主，其次为黑陶；到了黑陶系遗存以后，以黑陶为主，其次为灰陶，红陶退居第三的位置，说明两者陶系有明显差异。在器形上，黑陶系与油子岭文化存在极为密切的关系，油子岭遗址第二期是这种关系的直接证据，如陶鼎根部按窝的锥足、侧缘翻卷包边足、凹扁足、彩陶碗、高领罐、束颈罐、敛口盆、豆、倒置蘑菇状器盖等均与油子岭一期第二组一脉相承。类似的联系还可从谭家岭遗址第二期和第三期遗存上得到反映（图四一）。油子岭文化的典型器物高圈足敛口豆、折腹鼎在屈家岭第三期和油子岭遗址第二期中均有遗留因素。油子岭文化的折腹篦形器似乎不见于黑陶遗存，但正好说明

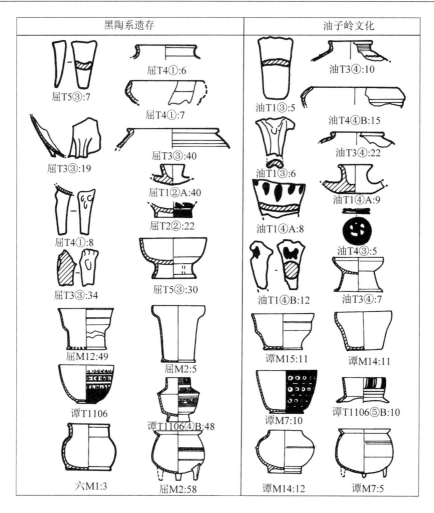

图四一　油子岭文化与黑陶系遗存陶器比较图

了文化内部不同时期的文化特征。这些证据说明，黑陶系遗存和油子岭文化之间存在紧密联系，这种联系应该是一个文化系统内部之间联系的反映。据此，汉东地区的黑陶系遗存可以归入油子岭文化。

这样，油子岭文化作为一支考古学文化得以成立。根据目前的情况，适宜将其分为二期。

第一期　以红陶系遗存的谭家岭遗址第二期、油子岭遗址第一期二组、龙嘴第二组、六合一期和黑陶系遗存第一组的屈家岭遗址第二期遗存为代表。又可以按陶系分为前后两段，在年代上分别相当于大溪文化关庙山类型三期前、后段。

第二期　以黑陶系屈家岭遗址第三期遗存、六合遗址乙类遗存墓葬、油子岭遗址第二期遗存为代表的二组和以谭家岭遗址第三期、六合遗址乙类遗存地层为代表的三组，也可以分为前后两段，在年代上相当于关庙山类型四期，后段的下限可能要略晚于关庙山类型四期。

四　屈家岭文化

（1）油子岭文化向屈家岭文化过渡

在油子岭文化二期后段陶器群中，出现了一些新因素，如塔形和三足形捉手器盖、宽仰折沿器、彩陶杯等，这些新因素后来成为屈家岭文化的主体。

在石家河聚落群谭家岭、邓家湾遗址以及六合遗址中，能够找到从油子岭文化向屈家岭文化过渡的证据。石家河遗址群 1987 年发掘所报道的"第 3 期文化陶器"，即本文所指称的谭家岭第三期遗存，一共发表了 14 件器物，除 1 件敛口豆（H22∶1）的形态不见于屈家岭文化外，其余均可以在屈家岭文化中找到相似的风格。六合遗址的宽内凹仰折沿鼎的作风，同样为屈家岭文化双腹器所接受，屈家岭文化具有双腹特征的陶器，如豆、碗、鼎等口沿部分的造型都是这种风格的反映。六合遗址还发现了一种钩形捉手器盖，也是后来屈家岭文化一种颇具特征的器物。从这个意义上说，屈家岭文化的器物形态大多来源于油子岭文化，它是油子岭文化发展到一定阶段的产物（图四二）。

从陶系纹饰来看，油子岭文化以泥质黑陶为主，次为灰陶，泥质红陶为第三位。屈家岭文化则以泥质灰陶为主，邓家湾遗址屈家岭文化遗存的陶系统计结果以泥质灰陶为主，次为红陶，泥质黑陶为第三位。邓家湾 H11 的统计显示，泥质灰陶占 44%，泥质红陶占 25%，泥质黄陶占 21%，泥质黑陶仅占 4%。报告还公布了 H90、H88、H9、H109 等单位的统计结果。把这些单位的统计结果累加取平均数（仅 H109 为屈家岭文化二期，其他单位均为一期），则所得的结果为泥质灰陶占 34.5%，泥质红陶占 22.5%，泥质黑陶为 19.3%（图表一六）。其他则有泥质黄陶、夹砂红陶和夹砂褐陶、灰陶等若干，不占主要地位。这个统计结果具有普遍意义。在纹饰上，谭家岭遗址的情况显示，油子岭文化纹饰主要为弦纹，其次为镂孔，还有少量的链条形附加堆纹，屈家岭文化同样以弦纹、镂孔为主，两者都流行彩陶。

六合遗址的情况略有差异。该遗址油子岭文化以泥质黑陶为主，次为泥质灰陶，纹饰以镂孔、弦纹、戳印纹为主，有少量彩陶；屈家岭文化泥质灰陶占 51%，泥质黑陶占 37%，泥质红陶占 9%，另有少量的泥质黄陶，纹饰主要有弦纹、镂孔，也有少量彩陶。

这样的分析结果更显示出油子岭文化和屈家岭文化在陶系、纹饰上的紧密联系，这种联系既有变化也有继承。无论变化与继承，屈家岭文化源自油子岭文化却是不争的事实。

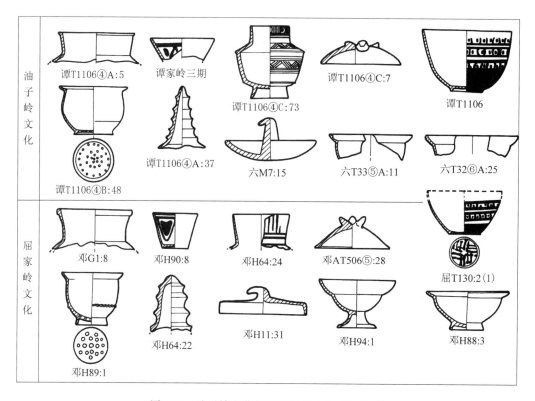

图四二　油子岭文化与屈家岭文化陶器比较图

（2）屈家岭文化特征分析

前文已述屈家岭文化源自油子岭文化，屈家岭文化出现的时间在整个长江中游地区较为一致。汉东地区油子岭文化二期后段的年代大致略晚于关庙山类型四期。峡江地区目前缺少这个时期的材料。在澧阳

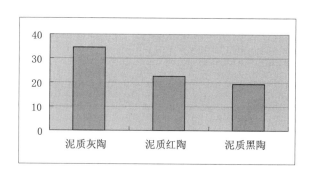

图表一六　屈家岭文化陶质陶色综合统计

平原，相当于汉东油子岭文化二期后段的典型遗存被《城头山》考古报告命名为"屈家岭文化一期"，相当于汉东地区屈家岭文化的遗存则被命名为"屈家岭文化二、三期"。前文已有详述。

目前，汉东地区屈家岭文化资料主要见于邓家湾①、肖家屋脊②、罗家柏岭③等遗址，其中以邓家湾和肖家屋脊的资料最为丰富。此外，其他几处已经发表资料的有六合④、屈家岭⑤、油子岭⑥等遗址。

在邓家湾遗址，遗迹和地层堆积单位中出土的屈家岭文化陶器标本一共1261件，其中陶容器1105件，另有生产工具和其他器类。陶容器中以泥质陶为主，夹砂陶其次，有少量夹炭陶。泥质陶中还掺少量细砂，陶色如前所述，泥质灰、红、黑陶位列三甲，另有少量黄陶和褐陶。器物成形以轮制为主，少量小型陶器为手制。在装饰上，流行弦纹、镂孔、附加堆纹，此外还有篮纹以及少量的戳印纹、划纹、网格纹等，流行彩陶，彩陶图案以条带纹和网格纹为主，少量弧线纹、圈点纹和菱形纹。陶纺轮彩陶图案造型丰富，有太极、条带、圆点、涡纹等。器物造型盛行折腹和折沿作风，平底器少，多凹底和圜底器，同时也流行圈足、三足器。主要器类有鼎、器盖、釜、罐、壶、杯、碗、豆、盆、钵、甑、瓮、缸、器座等（图四三）。另外，筒形器作为一种特殊用途的器形，是石家河聚落群最具特色的器形之一（图四四）。

屈家岭遗址出土的遗物与邓家湾比较，主要器物形态一致。但屈家岭遗址出土的聚于下腹部的高扁足盆形鼎，却不见于邓家湾；屈家岭遗址还出土1件四耳形陶器，也不见于邓家湾；屈家岭遗址还出土了彩陶器盖。这数件器物当然不能成为屈家岭遗址的主体器物，可能是不同聚落内部的特殊产品，不能构成一种文化的主流。屈家岭遗址的高扁足盆形鼎还见于六合遗址，这种鼎的造型受到了中原文化的影响，青龙泉遗址的证据表明这种因素孕育于仰韶文化（图四五）。

五　石家河文化

（1）邓家湾遗址石家河文化特征

A. 石家河文化一期

石家河文化源自屈家岭文化，有着屈家岭—石家河文化连续堆积的遗存可以提供相关证据，这种连续堆积的遗存在石家河聚落群普遍存在。

---

① 石家河考古队：《邓家湾》，文物出版社，2003年。
② 石家河考古队：《肖家屋脊》，文物出版社，1999年。
③ 湖北省文物考古研究所等：《湖北石家河罗家柏岭新石器时代遗址》，《考古学报》1994年第2期，第191–229页。
④ 荆州地区博物馆等：《钟祥六合遗址》，《江汉考古》1987年第2期，第1–31页。
⑤ 中国科学院考古研究所：《京山屈家岭》，科学出版社，1965年。
⑥ 湖北省荆州地区博物馆：《湖北京山油子岭新石器时代遗址的试掘》，《考古》1994年第10期，第865–867页。

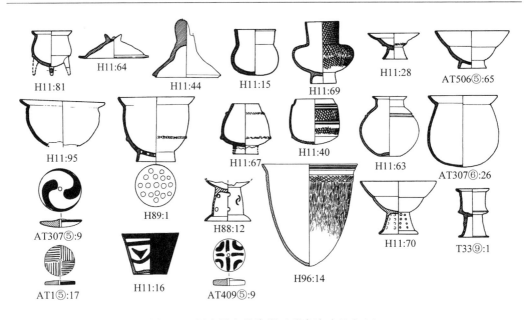

H11:81　H11:64　H11:44　H11:15　H11:69　H11:28　AT506⑤:65

H11:95　H11:67　H11:40　H11:63　AT307⑥:26

AT307⑤:9　H89:1　H88:12　H11:70　T33⑨:1

AT1⑤:17　H11:16　AT409⑤:9　H96:14

图四三　屈家岭文化陶器（邓家湾遗址出土）

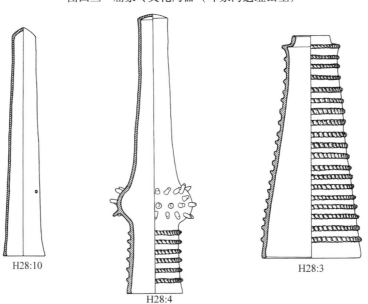

H28:10　H28:4　H28:3

图四四　邓家湾遗址出土筒形器

　　《邓家湾》考古报告将该遗址石家河文化遗存分为三期，属于第一期的遗迹单位 H40 出土了碗、盘、豆、罐、鼎、壶形器、杯、纺轮、器盖等器物①。这批器物整体承

———————————

　　①　石家河考古队：《邓家湾》，文物出版社，2003 年，第 147 页。

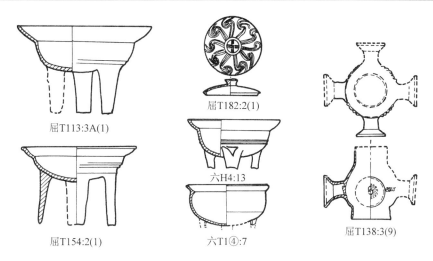

屈T113:3A(1)

屈T182:2(1)

屈T154:2(1)

六H4:13

六T1④:7

屈T138:3(9)

图四五　屈家岭、六合遗址出土陶器

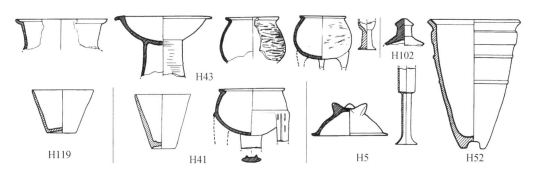

H43

H102

H119

H41

H5

H52

图四六　石家河文化一期陶器（邓家湾遗址出土）

袭了屈家岭文化的风格。另外，其他相关堆积也出土了这方面的证据：H5 出土的三角状捉手器盖是屈家岭文化的典型特征，H41、H119 出土的斜腹杯和 H43 出土的高领罐同样为屈家岭文化的典型器物，H41 出土的宽扁足带戳印纹的鼎、H43 出土的高足杯也见于屈家岭文化中（图四六）。这个阶段的 48 座土坑墓所随葬的器物与屈家岭文化墓葬陶器更加相似，器物组合均为鼎、罐、杯、壶形器、碗、器盖，几乎所有石家河文化一期墓葬出土的陶器均可在屈家岭文化二期墓葬中找到相同或相似的器形。若以其中两座墓葬来作比较，只能看出形态方面的细微变化（图四七）。这样的事实说明，石家河文化是由屈家岭文化直接发展而来。

B. 石家河文化二期

邓家湾遗址"石家河文化二期陶器"形态已经发生了很大的变化，前期保留下来的器形主要是高领罐和三角状捉手器盖。新出现的器形占较大比重，比如 H54 出土的

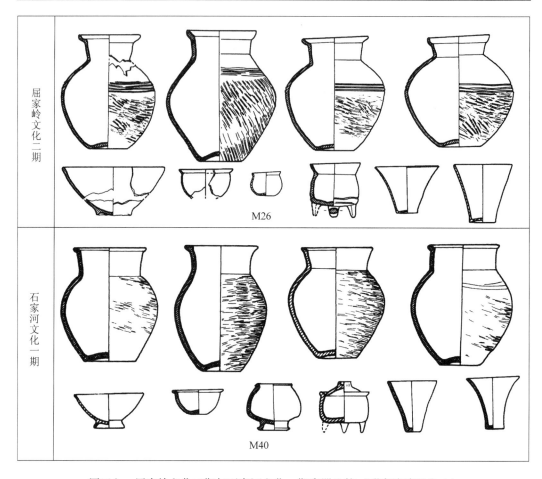

图四七　屈家岭文化二期与石家河文化一期陶器比较（邓家湾遗址出土）

长颈壶、H30 出土的折腹直口壶形器、H69 和 H107 等出土的方格纹瓮、H69 和 H21 出土的鬶，均是新出现的器形。另外，原来存在于前期的器物在形态上也发生了较大的变化，比如鼎，由原来的罐形鼎变成了盆形鼎，鼎足的宽扁状和戳印的特点更加放大，原来大量存在的斜腹杯变成了厚胎杯（图四八）。与此相关的是，新出现的一些重要遗物往往与特殊遗迹相关联，比如大量的陶缸相套形成的陶缸遗迹，大量的陶塑动物，均是具有特殊意义的遗迹与遗物，这在前期也是不见的，它们的功能在下文还将详细地分析（图四九）。

　　从器物形态上看，石家河文化一期遗存与屈家岭文化二期之间的关系似乎更为亲密，石家河文化一期遗存保留有大量的屈家岭文化二期的特征。石家河文化二期遗存在继承一期风格的前提下有了重大变化。一期遗存或许只是代表了从屈家岭文化向石家河文化的过渡阶段，石家河文化的真正确立是在石家河文化二期。

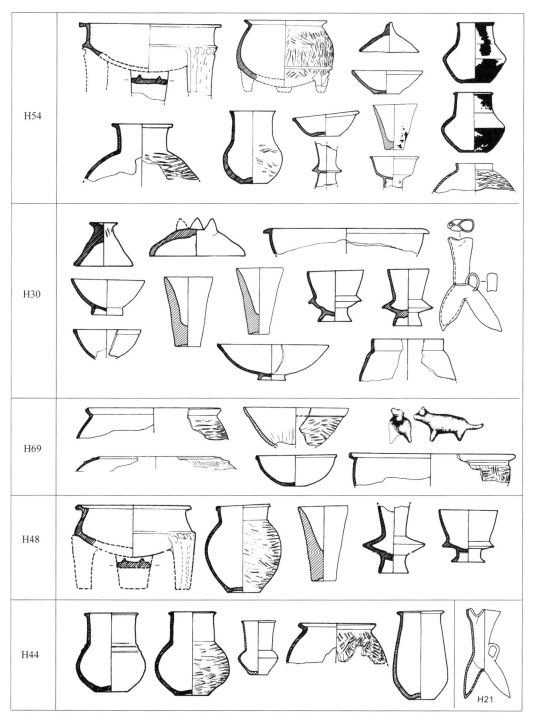

图四八　石家河文化二期陶器（邓家湾遗址出土）

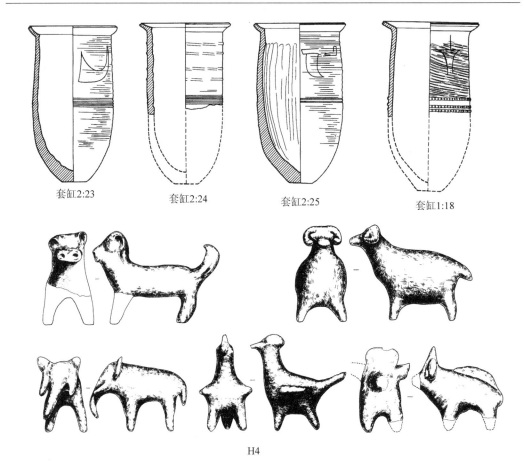

套缸2:23　　　　套缸2:24　　　　套缸2:25　　　　套缸1:18

H4

图四九　石家河文化二期陶套缸与陶塑动物（邓家湾遗址出土）

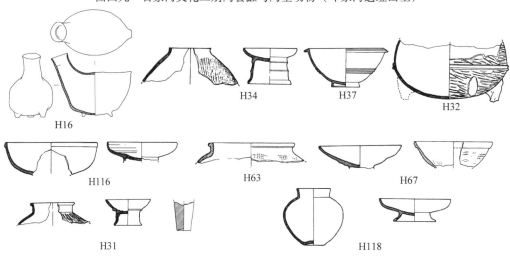

H16　　　　H34　　　　H37　　　　H32

H116　　　　H63　　　　H67

H31　　　　H118

图五〇　石家河文化三期陶器（邓家湾遗址出土）

C. 石家河文化三期

邓家湾遗址这一时期出土的陶器较少，很难全面掌握该期文化特征。从发表的器物来看，与前期相比，器物整体形态并无明显变化，二期流行的厚胎红陶杯继续成为该期的主要器形，新增加的器形则是敞口坦底高圈足盘。这一期与前期似乎应该是紧密相联，而缺少明显的时代标志性器物将两者分开。实际上，二、三期大体可以归并（图五〇）。

（2）肖家屋脊遗址石家河文化特征

肖家屋脊遗址石家河文化的分期，本文采用原报告的结论，仍将其分为早、晚两期。早期与邓家湾遗址石家河文化二、三期年代一致。

A. 石家河文化早期遗存

早期遗存陶器最多的堆积单位是位于东北部的 H371，出土器物在 40 件以上，以斜腹杯为主。从形态来看，与邓家湾遗址石家河文化二、三期完全一致。该时期的套缸与灰坑中出土的陶缸形态相同，并与邓家湾遗址石家河文化二期、三期[1]同类器形没有差别，意味着它们处在同一时间阶段（图五一）。

B. 石家河文化晚期遗存

石家河文化晚期，确切地说是以肖家屋脊遗址石家河文化晚期为代表的一类遗存的文化性质问题，是考察汉东乃至长江中游地区史前文化进程的关键所在。

在肖家屋脊遗址，石家河文化早期陶器种类有罐、瓮、缸、臼、尊、壶、小壶、壶形器、瓶、盆、簋、甑、擂钵、碗、钵、碟、豆、盘、杯、鼎、鬶、盉、斝、器座、器盖共 25 类。石家河文化晚期陶器种类有罐、瓮、缸、臼、盆、甑、擂钵、豆、盘、杯、鼎、鬶、盉、器座、器盖共 15 类。从器物群的种类来看，似乎是没有多大变化，但是同样种类的器物，却有着形态上的差异。只有从具体形态入手，方能进行比较。

以下是根据发掘报告将这些器物进行归类的统计表（表一四）。

表内统计的器形计 45 种，其中相似的器形 17 种，占总数的 38%，不同的器形 28 种（早期有近 20 种器形在晚期消失，晚期新出现 8 种器形），占总数的 62%。在相似的 17 种器形里，有的完全是早期风格的继续，有的则发生了局部变异，仅是相似而已。无论是由早期演变而来的，还是新出现的器形，早、晚之间的差异至少已达 62%。

从器物种类及其形态来看，高领罐是屈家岭文化以来的主要器形，屈家岭文化晚期和石家河文化早期的高领罐形态基本一致，但是到了石家河文化晚期则突然消失。石家河文化晚期出现的广肩罐在本地并没有源头，完全是新出的器形。长颈罐和长颈壶是石

---

[1]　前文已经指出，邓家湾遗址石家河文化二、三期实际上是可以合并的。

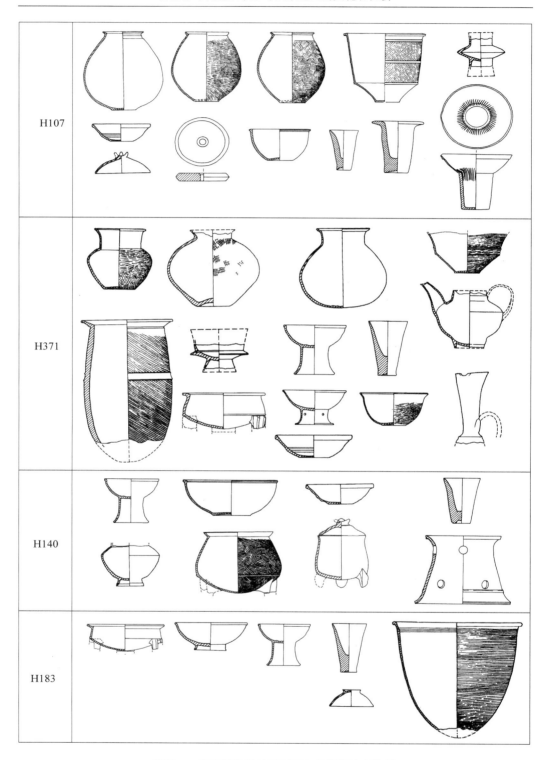

图五一　肖家屋脊遗址石家河文化早期遗存陶器

表一四			肖家屋脊遗址石家河文化早晚期陶器对比表		
器物 ＼ 文化	石家河文化早期	石家河文化晚期	器物 ＼ 文化	石家河文化早期	石家河文化晚期
高领罐	√	×	碗	√	×
大口罐	√	√	钵	√	√
中口罐	√	√	矮圈足豆	√	√
小口罐	√	×	高圈足豆	×	√
长颈罐	√	×	高座豆	√	×
三足罐	√	√	折腹圈足盘	√	×
广肩罐	×	√	浅腹圈足盘	×	√
扁腹罐	×	√	斜腹杯	√	√
凸底罐	×	√	高圈足杯	√	×
瓮	√	√	三足杯	√	√
敞口折腹缸	√	×	单耳杯	√	√
敞口斜腹缸	√	×	釜形鼎	√	×
侈口束颈深腹缸	√	×	盆形鼎	√	×
尖底臼	√	×	罐形小鼎	√	√
平底臼	×	√	长颈鬶	√	×
尊	√	×	短颈鬶	√	√
壶	√	×	盉	√	√
瓶	√	×	斝	√	×
卷沿盆	√	×	器座	√	√
屈腹盆	×	√	器盖 A 型	√	√
簋	√	×	器盖 D 型	√	√
甑	√	√	器盖尖帽形	×	√
擂钵	√	√			

家河文化早期特有的器形，此外还有折腹圈足壶，这批器物完全不见于晚期。高柄杯和高圈足杯是早期的流行器物，有多种形态，并且与屈家岭文化有明显的承继关系，这些杯不见于晚期。不见于晚期的还有在早期大量流行的各种陶缸，如敞口折腹缸、斜腹缸等；侈口束颈深腹缸是早期大量存在的器形，其构成的堆积状态和腹部上的刻划符号，成为石家河文化早期的标志性器物，也同样在晚期销声匿迹。石家河文化早期有大量盆形鼎和釜形鼎，晚期鼎基本走向了衰弱，不仅数量大减，形态也发生重大变异：盆形和釜形鼎近于消失，新出现的完全是异形鼎，且数量少。

早期流行的大约有近 20 余种器形不见于晚期，与此同时，晚期新出现的一批因素又完全不见于早期。广肩罐作为新出现的因素，成为晚期的主要器形。扁腹罐和凸底罐、浅腹圈足盘、屈腹盆、敞口斜腹甗、尖帽形器盖也是这个时期特有的器形，其种类繁多而又形态各异。晚期豆的种类很多，多数为浅盘细高柄，与早期的深腹矮柄以及台座式豆的形态大异。

当然，一批早期流行的器物同样在晚期继续流行，但多有变化：早期大量流行的中口罐、斜腹杯晚期继续流行，但数量大减；早期流行的三角状捉手器盖，到晚期演变成三足杯；早期流行的筒形擂钵，晚期多以盆形擂钵出现；鬶、盉是早晚均有的器物，但两个时期的同类器物形态差异很大；早晚均有器座，早期多饰圆形、三角形镂孔而晚期多素面（图五二）。

肖家屋脊遗址石家河文化早期出土了不少彩陶纺轮，这种风格显然秉承了屈家岭文化，晚期的纺轮则一律素面。陶塑动物制品是石家河文化早期的重要遗物，晚期虽然也同样出土，但造型趋于简化，数量也大大缩减。

将早、晚期陶器的特有器物和两者共同具有的相似器物制成一张图，就发现这种对比非常明显（图五三）。

从前图可以看出，肖家屋脊遗址石家河文化晚期陶器形态已经清楚显示其与早期存在重大差异。晚期遗存与早期遗存的差异还在一系列其他迹象中反映出来，比如肖家屋脊遗址石家河文化晚期没有发现土坑墓，这与早期存在大量土坑墓的事实存在鲜明对比。晚期全为瓮棺，瓮棺出土器物主要是玉器，玉器是晚期新出现的人工制品，本地前期新石器文化传统中，无论是油子岭文化还是屈家岭文化，均罕见玉制品。肖家屋脊遗址石家河文化晚期瓮棺中所出玉器的形态及其组合在本地查无源头。这是石家河文化晚期与早期最大的区别所在，这说明两者所拥有的丧葬制度有着本质的不同。

综上所述，肖家屋脊遗址石家河文化早晚期之间，存有很大的差异，它们的差异已经不能是一个文化的两个前后相继的阶段所能概括的，而应该看成两个前后不同时期的考古学文化。我们暂称之为肖家屋脊晚期遗存。

有学者将这肖家屋脊晚期遗存命名为"肖家屋脊文化"[1]，或者"后石家河文化"[2]，本文暂且不讨论文化命名问题。作为一个考古学文化，应该有典型遗存、有明确的分布范围并且存在一定的时间，这些条件是否存在，也暂时不做讨论。但是，肖家屋脊遗址作为石家河聚落群中重要的聚落，其文化面貌与性质已经发生重大变化却是不

---

①　何驽：《试论肖家屋脊文化及其相关问题》，《三代考古》（二），科学出版社，2006 年，第 98－145 页。

②　孟华平：《长江中游史前文化结构》，长江文艺出版社，1997 年；王劲：《后石家河文化定名的思考》，《江汉考古》2007 年第 1 期，第 60－71 页。

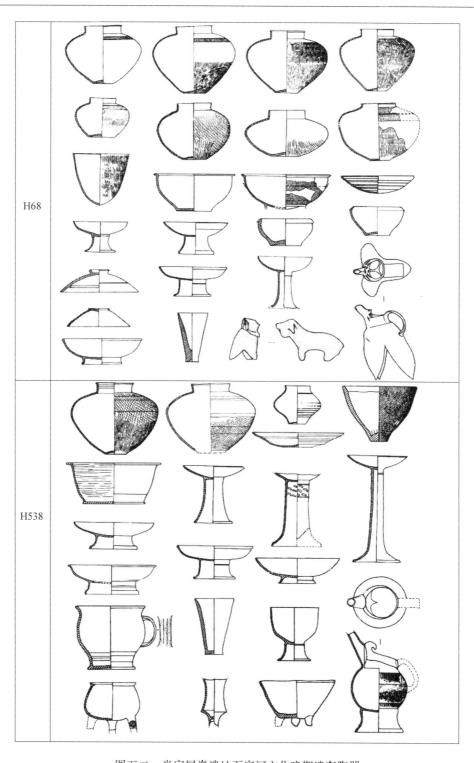

图五二　肖家屋脊遗址石家河文化晚期遗存陶器

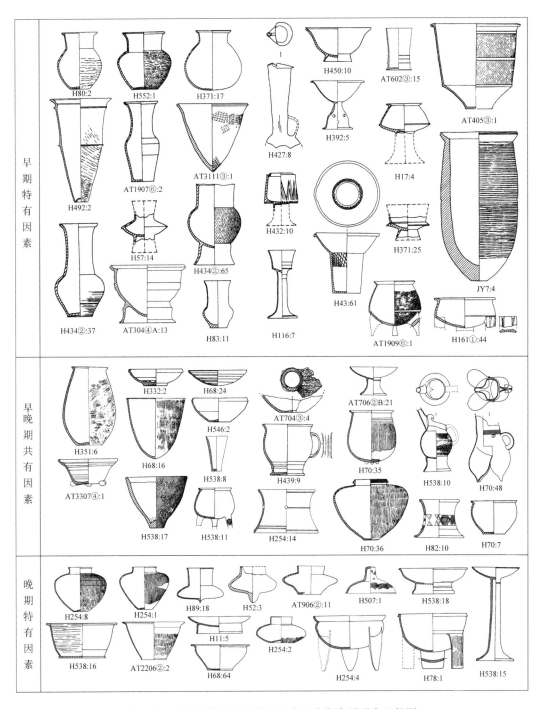

图五三　肖家屋脊遗址石家河文化早晚期陶器形态比较图

争的事实，它所发生的文化变迁，实际上也反映了整个聚落群所发生的文化变迁。

这种变迁，需要从一个更大的时空背景中去加以考察。它是在以中原为中心的历史趋势的形成过程中出现的，因而受到了中原文化的强烈辐射。这个问题，后文还要详谈。

通过上述分析，将汉东地区史前文化进程简要概括如下：

汉东地区新石器时代文化前期阶段线索不清，土城下层遗存或许与城背溪文化向汉东地区扩散有关，但这支文化并没有在汉东地区形成规模。后继的边畈文化乃是中原文化通过南阳盆地南下而出现的一支考古学文化，与洞庭—江汉地区文化传统无涉。在相当于大溪文化二期阶段，汉水西部大溪文化进入汉东地区，导致边畈文化解体，汉东由此而出现大溪文化的一支地方类型——大溪文化油子岭类型。这支文化在汉东的存续时间并不长，受多种因素的影响①，汉东地区裂变出油子岭文化，该文化迅速壮大，具有强势作用，向外扩散，并成功影响了长江中游史前文化进程，汉东地区文化领先的局面也由此而奠定，从油子岭文化到石家河文化，汉东地区文化持续高涨，以石家河为中心的长江中游历史文化趋势形成。石家河文化晚期，受到中原文化的影响，汉东地区文化发展格局被打破，文化的发展出现断裂，进而从根本上改变了整个长江中游史前文化进程。

---

① 在油子岭文化的产生和发展过程中，长江下游的影响不容小视。详见何介钧：《长江中游原始文化再论》，《长江中游史前文化暨第二届亚洲文明学术讨论会论文集》，岳麓书社，1996年，第 203 – 204 页。

第三章　澧阳平原与汉东地区史前聚落演进

本章将在考古学文化谱系的框架内讨论澧阳平原与汉东地区史前聚落的演变过程，这显然涉及聚落形态与考古学文化之间的对应关系、聚落共时性等问题，另外，环境、经济技术、意识形态等也与此密切相关。本章的分析将力争在一个可以整合上述因素的层面上展开。

第一节　澧阳平原史前聚落演进

一　旧石器时代晚期与过渡时期聚落特征

（1）旧石器时代晚期

乌鸦山文化的遗存主要发现于澧水支流道河两岸，二级阶地至四级阶地上均有分布。除了乌鸦山，还有朱家山、陈家山嘴、金鸭、虎山、划山等地点，澧水左岸的澧阳平原很少发现。这个时期的聚落材料十分缺乏，尚无从讨论。

十里岗文化的十里岗遗址位于澧水二级阶地，地理坐标为北纬 29°41′48.7″、东经 110°47′03.4″，海拔高程 36－40 米，属典型平原岗地型遗址，地层堆积可分 7 层①，文化遗存主要埋藏在一种"黑褐色土"层中。日本学者成濑敏郎推测"黑褐色土"的成因，认为随着末次冰期的气候变得温暖湿润，在更新世晚期的黄土上聚积了自然或人为烧荒形成的腐殖，并由此生成黑土，因为黄土中富含的钙起到了固定腐殖、生成黑土的作用②。遗址出土石器的细小化和精细化特点，表明石器制作技术的提高，另一方面也反映了其所对应的经济形态发生了变化。在十里岗出土的石制品中，还发现了大量的废料，这种废料的形成可能是人工打下的半成品；也可能是石器加工时崩下的废料；还有

① 封剑平：《湖南澧县十里岗旧石器时代晚期地点》，《中石器文化及有关问题研讨会论文集》，广东人民出版社，1999 年，第 284－295 页。

② 成濑敏郎：《澧阳平原的黄土与地形》，《澧县城头山——中日合作澧阳平原环境考古与有关综合研究》，文物出版社，2007 年，第 32－39 页。

可能是在使用过程中留下的废品。这表明遗址上人类活动的多样性。此外，十里岗遗址还发现了建筑遗迹[1]，暗示定居已经出现。

十里岗文化还有一处洞穴遗址——燕儿洞[2]。该洞穴发育在澧水支流溇水左岸石灰岩山体，由大致发育在同一层高、相距 7 米的两个小洞穴组成。这个时期人类对于居址的选择，既有露天旷野，也有洞穴。

（2）新旧石器过渡时期

A. 环境背景

澧阳平原过渡时期的年代为 14000BC – 8000BC，正是末次冰期的冰后期，气温升高、大地回暖是这 6000 年里气候变化的总趋势[3]，从而导致澧阳平原的环境发生了重要变化。这个时期的遗存数量多有发现，也说明澧阳平原的气候环境和地貌特征比较适合人类生存。

这是一个多丘岗的平原地貌，长期以来，平原中部拗陷，北、西、南三面隆升，从隆起地带发育的河流，切割出山间的谷岗和平原上的丘岗，河流后来又受内外营力的作用发生摆动，发育成澧阳平原上众多的大小水系。末次冰期以后，大地回暖，海平面迅速抬升，造成河流出口水面的顶托，导致河流不畅，形成迂回，进而沉积出开阔低平的陆地。此外，雨水的增多，也导致了切割的增多，澧水支流——溇水和澹水本身也开始接纳各方来水，导致澧阳平原逐渐形成澧水大幅度南摆，澧水北岸阶地开阔。又加上平原西北侧的隆升，形成西北高、东南低，溇水、澹水及众多支流由西北流向东南，最后汇入澧水，从而在这个区域发育成以澹水在南、溇水居北，各占半壁江山，拥有自己发达水网系统的平原景观。

澧阳平原上的丘岗，就是被这大大小小的河流所切割和环绕，但是这些河流并未构成人际交流的障碍，影响人们的活动，反而在这样的景观之下，丘岗成为人们居住的理想场所。

B. 聚落分析

过渡时期的遗址有八十垱（下层）[4]、双林、竹马、新民、新坪等。

---

[1]　湖南省文物考古研究所发掘资料。

[2]　湖南省文物考古研究所等：《石门县燕儿洞遗址试掘》，《湖南考古辑刊》第 6 集，岳麓书社，1994 年，第 1 – 7 页。

[3]　安田喜宪：《东亚稻作半月弧与西亚麦作半月弧》，《稻作、陶器和都市的起源》，文物出版社，2000 年，第 17 – 29 页；袁家荣：《华南旧石器文化向新石器文化过渡时期的界定》，《中石器文化及有关问题研讨会论文集》，广东人民出版社，1999 年，第 86 – 93 页。

[4]　湖南省文物考古研究所：《彭头山与八十垱》，科学出版社，2006 年。

八十垱遗址下层遗存主要发现在 CI 区第 9 层地面上，分布面积不是很大①，石器及石制品等的散布分若干群（图五四）：

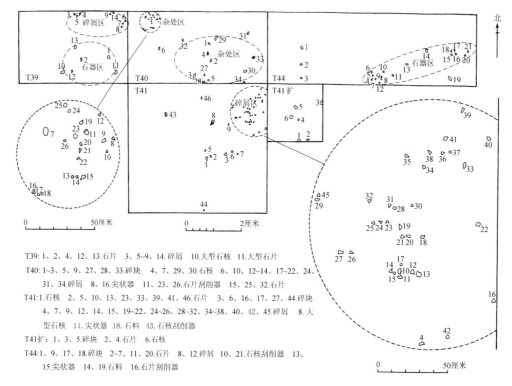

图五四　八十垱遗址 CI 区第 9 层石制品分布图

（根据湖南所，2006 年，图一八六改绘）

T39 东北部：1 件石片旁有 2 件碎屑，岩性均为脉石英。在其东侧，有 5 件碎屑。

T39 南部：有编号为 1、2、10、11、12、13 的 6 件石制品，其中 10 号为大型石核，紫红色石英砂岩，11 号为大型石片，也为紫红色石英砂岩。其余均为石片，2 号岩性不详，1 号为脉石英，12、13 号为石英岩。这些岩性不同的石制品相对集中在一起，又无石屑、碎块等共出，故应看成是一处专门放置石器的地点。

T40 西北角：在不到 4 平方米的范围内发现了 20 件石制品。其中石片 2 件、尖状器 2 件、刮削器 3 件、石核 1 件，其余全为碎屑。碎屑与成形石器交错分布，每一件成

---

① 从发掘情况看，主要发现于 T39、T40、T41、T44、T45 等 5 个探方。T25 未发掘部分应该有此堆积。CI 区的 T27、T29 两个探方的堆积较为平缓，估计也有。T26、T28、T42 三个探方已经出现坡积，似乎已到了堆积的边沿。那么，这种堆积大约覆盖了 8 个探方的面积。其他发掘点的情况不明。

形石器的周围都有数件碎块。

T41 东北角：几乎全为碎屑和碎块。

T44 东南部：以成形石器为主，较少的碎屑。

据此，八十垱下层第 9 层石制品的埋藏有三种不同的分布方式：石器与碎屑、碎块杂处；石器单独分布；碎屑单独分布。这种埋藏特点显示这里应该是一处石器制造场。石制品的这种分布状况同时也说明，石器制造过程中人的复杂行为。

值得注意的是，这个时期的遗址中出现了一定程度的定居化生活。位于澧阳平原西部山前岗地上的竹马遗址，发现了高台建筑。在人工堆筑的土台上清理了一座面积达 24 平方米的椭圆形建筑，建筑物外的地面上还发现一批石器[1]。

定居生活是人类发展历史上的一个重大进步。Wilson 对比了游动的捕猎采集的"开放"社会与定居社会，发现后者有更加复杂的行为。定居的前提是拥有充足可靠的食物来源以确保团体不再迁徙，并通过内容丰富和灵活机动的食物选择来维持这种定居[2]。

这显然为澧阳平原旧石器文化向新石器文化的过渡和稻作农业的起源奠定了基础。

二　彭头山文化时期

彭头山文化聚落以发掘较为充分的彭头山与八十垱遗址为代表。

（1）彭头山与八十垱遗址的聚落形态

A. 彭头山遗址

彭头山遗址位于澧阳平原中部略微靠西南的丘岗之上。这是一处略呈梨形的岗地，东西长 190、南北宽 160 米，岗地面积约 3 万平方米，彭头山文化遗存基本覆盖了整个岗地。

遗址中心位置地理坐标为北纬 29°41′04.5″，东经 111°40′26.7″，海拔高程 45 米。岗地与周围农田的相对高度约为 8 米。一条古河道从西北流入，由北向南，流经岗地西南后折向东，并在岗地南边再折向南，流入澹水。岗地东边，有一条窄小水道，从东北边缘绕向南，与岗地东南一片水域相连。IKONOS 卫星图像显示，以岗地为中心，南北向直径约 700 米，东西向直径约 500 米的一大片区域，为柠檬状平面的切割谷（古河道）或壕沟所包围，这些切割谷或壕沟的形状或呈闭合曲线、或呈直线、或呈直角拐弯等，有日本学者认为极有可能是经过人为开挖或修整的[3]。

---

① 储友信：《湖南发现旧石器时代末高台建筑》，《中国文物报》1997 年 4 月 6 日。

② Wilson. P. J. , 1988. *The Domestication of the Human Species.* New Haven, Connecticut：Yale University Press.

③ 高桥学、河角龙典：《长江中游澧阳平原的微地形环境与土地开发》，《澧县城头山——中日合作澧阳平原环境考古与有关综合研究》，文物出版社，2007 年，第 18－31 页。

　　彭头山遗址的发掘分三片区域：南区、北区和西北区（图五五）。南区发掘面积最大，堆积也最为丰富。这里第 7 层是一个包含较少文化遗物的早期堆积，曾作为地面使用。从地层关系来看，直接打破和叠压其上的有 F3、F4、F5、H10、M25、M26、M28、M36、M37、M38、M40、M41、M42 等，这些遗迹大致处在相同的时间单位。遗迹的空间布局大体可以分为南、北两组，南组包括 F4、F5 以及 M36、M37、M38、M40、M41、M42 和 H10，北组包括 F3 以及 M25、M26、M28（图五六）。

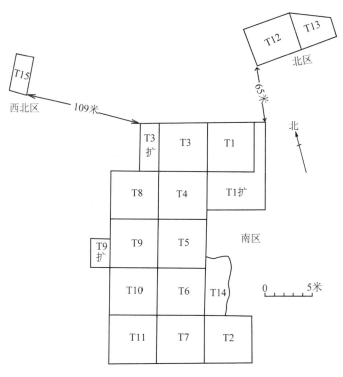

图五五　彭头山遗址发掘探方分布图

（根据湖南所，2006 年，图五）

　　南组 F5 只发掘了东边一部分，向西还延伸多长不明确。F5 是一座地面式建筑，发现柱洞 5 个，北边三个呈直线排列，柱洞之间距离为 0.5 米左右，柱洞直径约在 0.5 - 0.6 米。这应该是柱坑，柱子的埋设方式是先挖出一坑，然后再将柱子埋进去，将坑填实，这种情况在新石器较早时代的遗存中普遍存在[1]。南边两个柱洞与北边三柱洞保持平行，两组柱洞组成的房屋东西残长 3.2、南北宽约 2.6 米。从形状上判断，应该为南北向。由于居住面情况不清楚，在 F5 的室内也未见有灶坑之类的生活遗迹，仅陶片若

---

　　① 笔者在参观浙江上山遗址时，也见到了这种坑状遗迹，并且还有在坑中再挖小坑的现象。

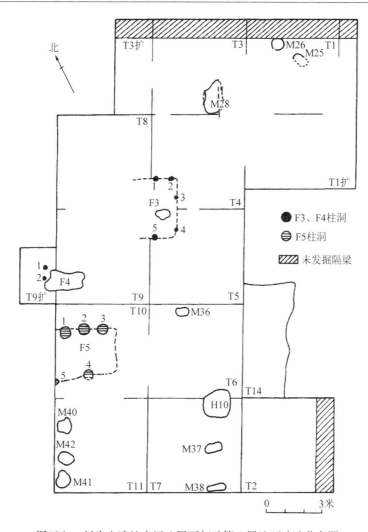

图五六　彭头山遗址南区 6 层下打破第 7 层地面遗迹分布图

干和 5 件砾石。

　　F5 的北侧 2 米之外，为 F4，同样是一座地面式建筑。居住面为薄层掺少量红烧土颗粒的黄沙土，较硬。未见其他迹象，仅发现两个柱洞，柱洞偏小，直径不到 0.2 米，内填灰褐色黏土，夹少量木炭及陶片。显然，这两座地面建筑在体量上是有差别的。

　　在这两座房子的南边及东边，有 1 个灰坑和 6 座墓葬。它们大体成为两排，东边一排包括 M36、H10、M37、M38，为南北排列；西边一排为 M40、M42、M41，同样为南北排列，并与东排平行。东边的 H10 平面近四边形，在登记表中标示"疑为墓葬"，从其所处位置及形状，可以判断为墓葬。

　　东排墓葬最北边的 M36，平面呈长方形，墓边微曲，四角圆转。填土为灰褐色黏土，局部可见骨渣，推测为一次葬①，随葬有一件陶双耳罐。

该墓南边，依次排列 H10、M37 和 M38。H10 出土了牛白齿和碎骨若干，还有陶罐、器耳和支座残块等。M37 不见陶器随葬，而是随葬了石串珠 5 枚，发现椎骨和盆骨、股骨的残块。M38 仅见陶片和砾石。这一组墓葬中，M37 的随葬品有些特殊，随葬石串珠，是性别的差异还是其他原因，不好妄断。以上墓葬，除 H10 没有葬式记录，其他三座墓均为一次葬。

西排墓葬的坑长均在 1 米以下，墓坑极不规则，推测全为二次葬。最北边的 M40，随葬有陶罐、石棒饰及陶片若干；M41 有陶钵、盆和石棒饰；M42 则仅见陶片。

东西两排墓葬均南北成排，且平行排列。但它们的差异也是明显的：东排墓葬全为一次葬，坑壁较规整，西排墓葬全为二次葬，坑壁不规整；西排墓有两座随葬了石棒饰，东排则有一座墓有石串珠。石棒饰是用黑色油页岩为原料，硬度较低，为细条状，通体磨光，有的在一端还有钻孔，个别饰刻划符号。这类棒饰在墓葬和地层中均见，应该是一种装饰品。而石串珠出土很少，见于地层者仅 1 件，其余 5 件均为 M37 出土，为黑色，两端面呈多边形，整器近圆柱体，两端对钻成孔，也是装饰品，但从数量看，显得更加珍贵（图五七）。

北组遗迹中，F3 单独占据了一片空间，周围却无其他相关迹象。根据保留的柱洞推测，F3 平面为长方形，居住面局部可见薄层黄色黏土，并掺少量粗砂。5 个柱洞的直径为 0.15 - 0.35 米不等，门道不明，室内遗留有 3 件砾石。室内还发现一灶坑，灶的平面呈椭圆形，灶壁部位多红烧土颗粒和黏土。室内发现的陶片不多，灶周围也没发现其他遗留。

在 F3 东北，有三座墓葬，M25、M26、M28。三墓的位置排列没有规律，M25 的墓坑平面为长方形，被晚期柱洞打破，随葬 1 件陶罐；M26 墓坑平面呈椭圆形，随葬陶釜 1 件和陶片若干；M28 墓坑平面不规则，随葬有陶罐 2 件、陶钵 1 件、陶盘残片若干。这三座墓均为二次葬，它们之间无法关联，似乎与 F3 也没有关系。

彭头山南部发掘区这批遗迹有着明显的空间分割，说明它们的存在不会间隔很长的时间，甚至可能还曾经共存过。房屋为地面式建筑，木柱支撑着室内空间，室内铺设细碎红烧土，这种地面处理技术影响了以后几千年，成为澧阳平原史前建筑传统。F3 的室内还发现了灶，是居家生活的必要设施。对于死者的处理，有一次葬也有二次葬，随葬品即为日常生活用品。一些墓组似乎还讲究一定的排葬秩序，但尚不知道这些葬俗的确切意义。

这批遗迹后来被第 6 层所覆盖。第 6 层为深褐色土，土质较为松软，含较多的红烧

---

① 该墓口长 0.72 米，应该使用了特殊的葬式。

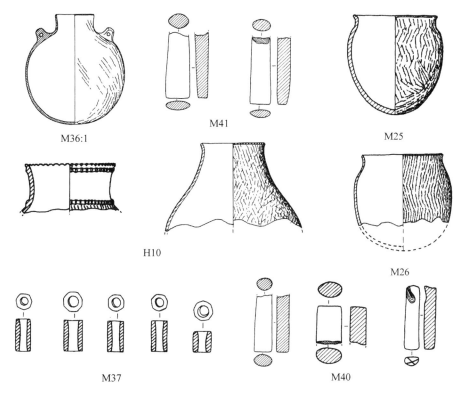

M36:1　　　　M41　　　　　　　　M25

H10　　　　　　　　　M26

M37　　　　　　　　M40

图五七　彭头山遗址南区最早一批堆积单位出土遗物

土颗粒，并且出土了大量陶片，可能是一种废弃堆积。开口第5层下并打破第6层，大致同一时期的建筑有 F1、F2，墓葬有 M30、M31、M32、M33、M34、M35，灰坑有 H1、H2、H9、H11。与下层相比，遗迹的空间分布有一定变化，分南、中、北三区（图五八）。

北区主体为 F1，系一座体量较大的地面式建筑，保留有柱洞和一部分居住面。串连各部位残迹看，平面长方形，东西长6.35、南北宽5.75米。F1 西侧不远处是一小型半地穴式建筑 F2，其平面呈不规则椭圆形，长径1.72、短径1.4、残深0.2米，坑内填灰褐色黏土，夹有木炭，形成较硬的居住面。室内还发现一残灶坑，灶坑上还搁置了1件完整的陶钵，盆底有较厚的灰烬层。室内的居住面上还发现有釜、盆、钵、器足、支座等陶器以及燧石刮削器、燧石雕刻器和燧石石核等遗物。F1 废弃之后，有两个大型灰坑打破它，内出遗物颇丰。无论房子还是灰坑，都是与日常生活相关的遗存，尽管它们的年代有早晚，但这个地点在此时段内的性质未变。

南区仅有两个灰坑：H9、H11，均为大型坑。其中 H9 坑口平面形状亦不规则，东西长3.5、南北宽2.9米，弧壁，锅底状，底部不平整。出土器物较丰富，且成层叠

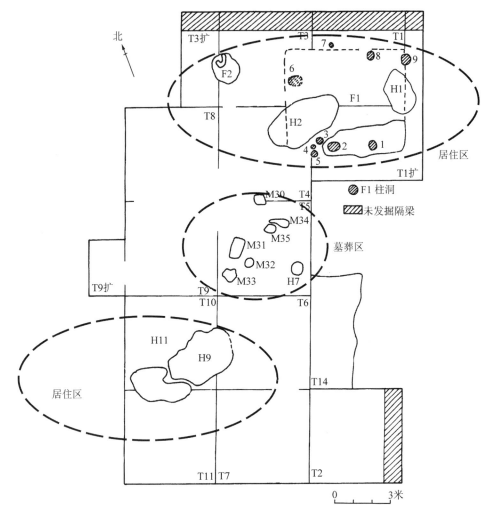

图五八　彭头山遗址南区第 5 层下遗迹分布图

（根据湖南所，2006 年，图一一改绘）

压。主要有陶双耳罐、器耳、罐、钵、盘以及数量众多的支座残块，此外还有石片、砾石及石棒饰等近 40 余件。H11 平面形状亦不规则，坑口东西最长 3.3、南北最宽 1.8 米，弧壁，底不平。同样出土了丰富的遗物，有陶盆、器耳、盘、支座以及石杵、砾石砍砸器、砾石石核、燧石尖状器、燧石宽石片、燧石碎片、砾石等共计超过 20 件。这两个灰坑同样是和日常生活有关的设施。

　　中区为一片墓地，M30、M31、M32、M33、M34、M35 等 6 座墓葬基本呈东北—西南向分布，另有 H7，从形态和位置来看，也可能是一座墓葬。M30、M31、M35 大致为方形墓圹，此外还有平面近圆形、不规则形的墓。除了 M31 可能为一次葬外，其余均为二次葬。随葬品多寡不一。这批墓葬集中在一个相对独立的位置，离开了居住区，显然是一种特意的安排。

在整个发掘区内，南北两侧为居住生活区，中间为墓地。北区 F1、F2 大小悬殊，建筑技术不同，前者为地面建筑，后者系半地穴式建筑，因此，两者可能是一个居住单位（家庭？）使用功能上互补的生活设施，而不宜看作两个不同的居住单位。南区虽然没有发现房子，但因发掘面积所限，附近很可能也是有房子的。如此，这里揭露的或许是两个家庭的情况，位于中间墓地的死者，也就极可能与这两个家庭有着直接的关系。

再以后，这个局部被第 5 层所覆盖，以上的聚落格局发生变化。第 5 层上开口的仅有 3 座墓葬，位置分散，由于保存太差，它们是否确为墓葬尚有疑问。第 5 层之上覆盖的第 4 层为一种褐色土，土质松软，局部较紧，有较多包含物。第 4 层上开口的遗迹有房子 F6 和四个灰坑，皆位于发掘区的西南角。这个阶段，聚落北部（北区）成为聚落的主要活动区域，集中了一批灰坑和墓葬。

归纳以上彭头山遗址南部发掘区所见聚落内容，在时间上可以分为三个相对稳定的阶段，分别是生土面和第 7 层层面为活动地面的阶段、第 6 层层面作为活动面的阶段以及第 4 层层面阶段。前两个阶段，遗迹丰富，第三阶段的遗迹现象少，与之相同层位的北部发掘区则发现大量遗迹现象。此至少表明在整个聚落上，人们频繁活动的区域发生了转移。第一、二阶段，房子、灰坑和墓葬的空间分布位置不同，表明其间人们的活动也是发生过一些变化的。尽管如此，贯穿于两个乃至三个阶段的一些重要现象还是值得注意。即一个空间上可以界定出来的居住生活区的面积一般不大，通常仅有一两座房子和几个灰坑。墓地规模亦小，且位于居住区附近。此或许和聚落内社会组织的结构有关。

B. 八十垱遗址

八十垱遗址位于澧阳平原东北部，西南距彭头山 18 千米。遗址地处涔水北岸一级阶地，往北 3 千米即为平原北部隆起的丘陵地带；往东不远即是湖泊沿泽。一条切割北部丘陵的古河道从西北方向流来，至八十垱遗址西北角后折向南，并贴着遗址的西边流过，在西南部拐向东南入涔水支流——夹河。遗址为一低平岗地，与农田的相对高差不到 2 米。从整体上看，八十垱遗址平面形状近似于南北向不规则四边形，南北长 270、东西宽 180 米，面积约 4.8 万平方米，中心点地理坐标为北纬 29°41′35″，东经 111°50′36″，海拔高程 34 米。从几个发掘区情况看，遗址的原始地表比周围高，西部有河道，属于古河流的一级阶地，地势由西向东倾斜，与现今的走势一致。

八十垱的发掘分为东（A）区、中（B）区、西北（C）区及南、西南、北部数个区域（图五九）。

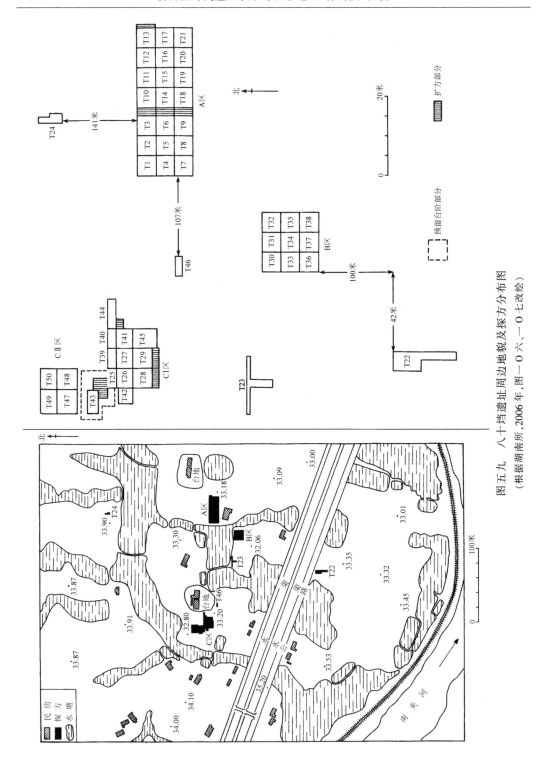

图五九 八十垱遗址周边地貌及探方分布图
（根据湖南所，2006年，图一○六，一○七改绘）

在八十垱的各发掘区中，A 区的堆积序列最为完整。该发掘区位于遗址东部，于生土之上，广泛分布一层含少量石制品的黄褐色黏土，即第 13 层。从以上的第 12 层堆积开始，聚落上人的活动进入了活跃期。第 12 层层面上发现一条南北向壕沟（G10），挖出的土堆在壕沟的内侧也即沟的西侧，沿壕沟形成一道宽约 5 米的土墙（Q1I②）。G10 后经清淤，也许伴随有拓宽壕沟的作业，形成 G7。G7 口宽 4.7、底宽 2、深 1.3 米。开挖出来的沟土同样堆在壕沟的内侧，加宽加高墙体，即形成 Q1I①。堆积分析表明，G7 使用过程中也曾多次清淤维护，土墙也因之愈加高宽。G7 淤平废弃之后，整个地面覆盖了第 9 层。在 G7 东侧 3 米处，再开挖 G8。与 G7 相比，G8 更深更宽，但勘探发现，G8 南北延伸至发掘区外不久就消失了。与此同时，G8 内侧也没有发现堆土筑墙的迹象。因此，这次重建很可能是一项没有完成的工程（图六〇）。

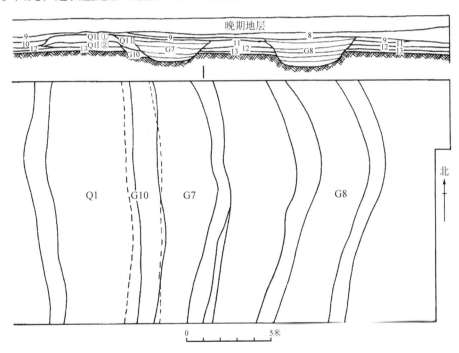

图六〇　八十垱遗址 A 区墙垣 Q1 与壕沟 G7、G8 平、剖面图

（根据湖南所，2006 年，图一三五改绘）

在南距 A 区 100、西 42 米的 T22 内，也发现有墙（Q2）、壕（G9）。壕沟的清淤方式和土墙加筑情形与 A 区所见一致。地层和出土遗物对比分析，G9 的使用年代对应 G10、G7。这个地点，没有找到可与 G8 对应的迹象（图六一）。

联系两个地点发掘情况可知，这是一个将整个八十垱聚落环绕起来的工程，通常考古学上将这种聚落形式称为环壕聚落。环境调查已知遗址西面有一条古河道，因此，这

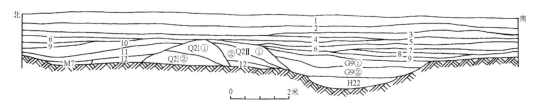

图六一　八十垱遗址 T22 东壁剖面图

(根据湖南所, 2006 年, 图一二 O)

道人工环壕也许因地制宜地利用了这条河道, 由此形成的聚落平面大致呈橄榄形, 南北长约 220 米, 东西宽约 170 米, 面积为 3.7 万平方米 (图六二)。

环壕工程的修建在聚落启用后不久即开始, 壕沟疏浚和土墙加固的维护持续到 G7 废弃, 是一个长期连续的过程。之后, 聚落变故, G8 的开挖也许可以看做是聚落居民极力保持原来生活持续进行的一次努力, 但从工程未竟的现象分析, 这次努力没有收到成效。

因此, 聚落分析的重点在 G10、G7、和 G9 使用期间。分区介绍如下。

A 区　A 区 G10 期间, 聚落内相关遗迹有 F3、F5, H5、H7、H8 等。F3 未清理完全, 为一半地穴式建筑, 平面形状可能为圆形或椭圆形, 坑深 0.25 米, 内填黄褐色土, 掺少量红烧土颗粒。坑底发现一灶坑, 有厚约 0.05 - 0.1 米的红烧土灶壁。室内还出土了陶钵及石棒饰各 1 件。F5 为一地面建筑, 平面呈长方形, 长 4.3、宽 2.8 米。居住面普遍铺一层掺少量粗砂的黄色黏土, 并经夯实, 中心位置有堆状红烧土, 略呈瓢形, 应是灶。室内出土遗物有陶罐、盘、砺石、燧石石核、燧石宽石片、燧石碎片等。两座房子面积不大、内出遗物不丰, 最多满足一个核心家庭成员的基本需求。

房外若干自然凹坑, 被用于倾倒生活废弃物, 包括残陶盆、陶罐以及石核、碎石块之类, 即编号 H5、H7、H8 者 (图六三)。

G10 被淤平, G7 开挖后, 墙内聚落活动留下两个阶段的遗留。

前段的地面即第 11 层的层面上发现一条跨 5 个探方、略呈半环状的沟状遗迹——G3, 沟口宽 1.9、底宽 1.5、深 0.45 米, 出土遗物十分丰富, 局部还成堆分布, 包括大量陶器、石器和丰富的动物遗骸, 以及少量人牙。此外还有 1 座墓葬 (M5)、2 个灰坑 (H2、H3)。可见, 这一带依然是以人们居住活动为主的区域, 且活动频繁, 惜受发掘面积限制, 未能找到相关的建筑。

后段活动在第 10 层层面上展开。在这个地面上建造的房屋有 F1、F2、F4, 灰坑 H1、H4 和 M1、M2、M3 三座墓葬 (图六四)。三座房呈 "品" 字形排列, 形制各不相同。F1 位于北侧, 为一座高台式建筑, 其建筑方法是先在地面 (第 10 层) 上挖一基坑, 再在坑内夯筑含少量碎陶片和红烧土颗粒的黄褐色黏土。这是在较为松软的第 10

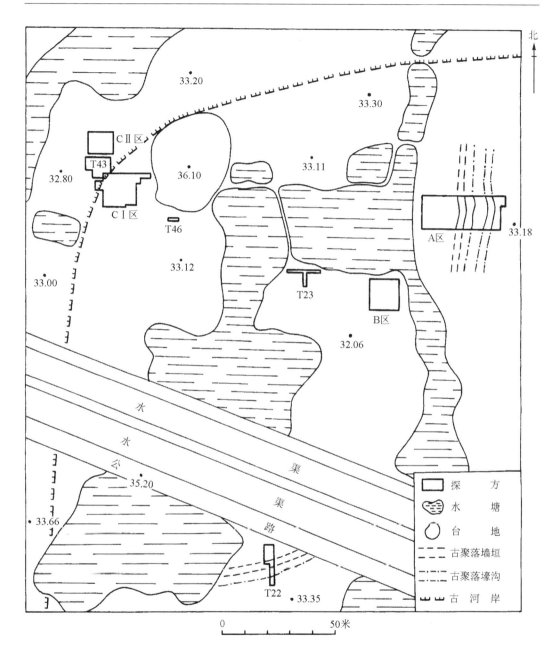

图六二　八十垱遗址聚落围墙、壕沟及古河道范围示意图

（根据湖南所，2006 年，图一三四）

层上加实基础处理方法。基坑大致与地面齐平后，再在其上筑一土台，土台并未夯打，仅为堆筑，台面南北长 3.7、东西宽 3.2 米，高出原地表 0.3 - 0.45 米。台面四边内凹，四角突出，呈海星状。这个台子的南北两坡上发现有柱洞，复原应该为两面坡式的建

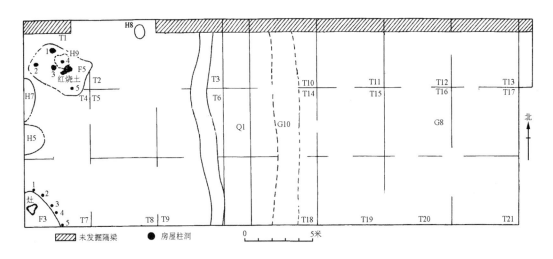

图六三　八十垱遗址 A 区早期 G10 使用时期的文化遗存
（根据湖南所，2006 年，图一二二改绘）

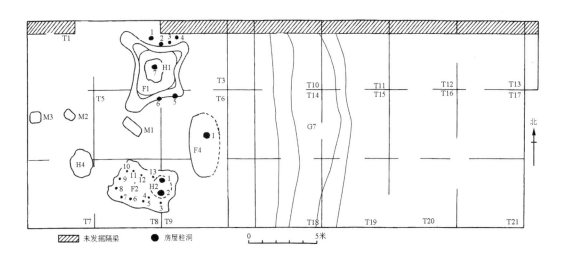

图六四　八十垱遗址 A 区 9 层下遗迹分布图
（根据湖南所，2006 年，图一二二改绘）

筑。室内有一中心坑（H1），斜直壁，平底，壁、底均较平整，似经加工修整。坑底发现了大量动物遗骸，以牛牙居多。室内另发现有砾石长石片、燧石石核刮削器、宽石片、碎石片及多种形态的石棒饰和陶棒饰等，但没有发现任何陶器，室内也没有灶坑，故 F1 不似一般生活居址，可能有其他用途（图六五）。

F1 南约 5 米远为半地穴建筑 F2。该建筑的地穴开口呈不规则形，长 4.8、宽 2.7、深 0.3 米。坑壁四周布列 13 个柱洞，有的有砾石柱础，东部两个相对较大，可能为门道所在。室内发现有陶罐、盆、钵、支座、器足等以及石棒饰、砾石长石片刮削器、砾石石核、砾石宽石片、燧石石核、燧石宽石片、燧石碎片碎块等共计20余件石制品。这座半地穴式建筑，具备了生活生产所需用品，显然是日常生活起居的场所。

F2 东部不超过 2 米的地方，为地面式建筑 F4。该建筑的居住面普遍铺垫一层红烧土块，由红烧土块所围成的建筑面略呈椭圆形，长径4.6、短径2.4 米，居住面中心发现一圆心柱洞，当是屋顶的主要立柱点。室内出土遗物丰富，计有陶罐、钵、盘、支座、器耳、棒饰，石锛、石棒饰、砾石宽石片刮削器、砾石宽石片、燧石雕刻器、燧石石核、燧石长石片、燧石碎片及碎块等共计超过 30 件。

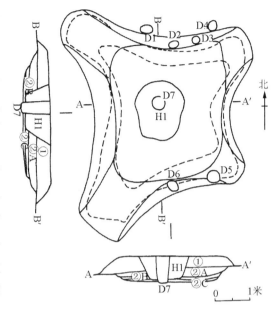

图六五　八十垱遗址 F1 平、剖面图
（根据湖南所，2006 年，图一四四）

从出土遗物组成看，F4 与 F2 相同，意味着室内活动内容相同，也应是核心家庭居住之用的房子。F2、F4 功用相同，形制不同，这种情况也见于与 G10 共存的建筑之中。或许建筑的多样性，正是八十垱聚落这个时期的特色。

房子之间有 3 座墓葬。房子、墓葬杂处安排，最早见于彭头山聚落。这种反复出现的情况意味着背后确有社会组织等方面的理由。

B 区 B 区在遗址使用的最初阶段是一居住区，有房子 F7、F8、F9 和与之相关的若干灰坑。在与 G7 使用时期大致同时的阶段，这一带转用于墓地，共埋葬了 24 座墓葬。其中除 M25、M35、M22 开口层位略早外，其余均开口于 4 层下。这批墓葬的墓坑不规则，随葬器物看不出固定的组合，多数仅为一些碎陶片和少量石制品，人骨也早已腐朽消殒。从空间分布来看，墓地可以划分出南、北两个小区，北区有 M14 – M17，或许还包括 M24、M23、M26[①]。南区墓葬则分布密集（图六六）。

CI 区 该区西北部的 T25、T42、T43、T43 扩方已属于古河道内坡的一部分，是知这里到了遗址边缘。这一带有八十垱下层文化的堆积遗存（第 8 – 10 层）。其上覆盖的

---

① M26 被 F7D5 和 D6 所打破，为一窄长方形土坑，坑内填土含红烧土颗粒和炭末，出陶片 5 块和陶器耳 1 件、砾石 1 件。这座土坑的性质可能与 F7 的使用有关，不一定是墓葬。

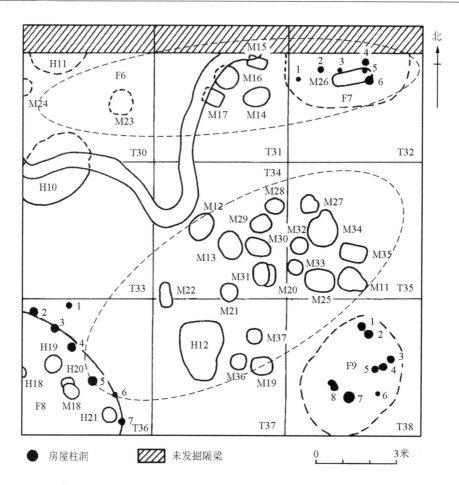

图六六　八十垱遗址 B 区墓地平面分布图
（根据湖南所，2006 年，图一二三改绘）

第 7 层是一种有轻度风化的纯净的深灰色土。开口第 6 层下、打破该层的遗迹，共计有
房屋 6 处，编号 F18 - F23；灰坑 30 个，编号 H47 - H76；墓葬 35 座，编号 M38、M39、
M41 - M53、M76 - M95。各遗迹间还有颇为复杂的叠压和打破关系。

　　六处建筑遗迹有规律地分列南北两排，每排三座，略呈东西向排列，在空间上均衡
分布，两排间隔不到 3 米，相邻建筑的间隔不超过 2 米。这批建筑技术、风格特别，被
发掘者称为"台基式干栏建筑"。

　　F18 位于北组的西端，平面形状略呈长方形，其建造方法是先用一种黄色黏土堆筑
成一个台面，台面高出当时地面约 0.15 米，长 4.3、宽 3.2 米，与地面夹角呈近 17°的
缓坡。堆筑台面以后，即在其上立柱。共发现柱洞 35 个，分布密集，口径一般 0.15 -
0.25、深约 0.15 - 0.3 米。其中，环列在台面边缘的柱洞的尺寸，无论是口径还是深

度，均要大于台面中间的柱洞。说明边缘的柱子是主要的承重柱，中间的基本是辅助柱①，其他几座建筑的情况也大致类似。

F21 位于 F18 的东部，两者相距不超过 1.5 米。F21 的台面不规则，从发表的平面图上看，台面的南部，有一处凹进的部分，其周围也有相应的柱洞，可能是门的位置。这个凹进的位置最深处距台面边缘约 2 米，从边缘到凹进最深处，可能就是供日常上下的楼梯位置，其直线距离为 2 米，假设楼梯的搭设角度为 45°，进行简单的数学运算即可得出楼梯长 2.8 米，干栏平台距地面高 2 米②。

在这个范围内，还发现了大量编号墓葬或灰坑的遗迹。但由于有机物在当地很难保存，故很难判断它们究竟是什么性质的遗迹。既然这里确实可以肯定有一些是墓葬，所以，从一种"整体性"的角度考虑，这些遗迹全部为墓葬的可能性颇大，换言之，这是一片墓地。而从层位关系和空间布局来看，墓地的年代晚于前述台基式干栏建筑（图六七）。

墓地废弃以后，上面覆盖了第 6 层。第 6 层只有少量无法分辨器形的碎陶片。该层为致密的黏土，似乎不太像废弃层，推测是一种有意的铺垫。在这层的表面有一批遗迹。包括建筑遗迹 8 处，编号为 F10 – F17，其中 F10、F11、F15、F17 为干栏式建筑，F13、F14、F16 为地面式建筑，F12 为"基槽式地面建筑"。灰坑 27 个，编号为 H15 – H17 和 H23 – H46。墓葬 23 座，编号为 M40 和 M54 – M75。灰沟 1 条，编号为 G11。根据地层关系分析，F16、F14、F17 建筑时间略早，F11 或许与它们同时；稍后是 F12、F13；再后是 F15；F10 要么与 F12、F13 共存，要么与 F15 共存（图六八）。

四座干栏式建筑年代有先后，三座地面式建筑也有先后，但不同形式的建筑共存。从第 6 层下皆为干栏式建筑的情况看，这是一种早期的式样，基槽式则是晚出现的式样。第 6 层上不同形式建筑共存，或许正是新老建筑形式交替过程中的反映。

除了这批建筑，还有 23 座墓葬，从堆积关系来看，不少墓葬将建筑的"地面"或"基槽"打破，所以在年代上要晚于建筑。这批墓葬的分布并无规律可循，墓坑平面均为圆形，随葬品也极破碎，与同一时期的"灰坑"也较难分辨。故"灰坑"也有可能是墓葬。从这样的一种过程来看，这里在建筑之后又一次成为了墓地。

上述堆积单位表明 CI 区是聚落的重要区域，它们的存在对于讨论聚落的结构无疑具有重要意义，首先必须确定其时间阶段。CI 区与 A、B 区的地层并不对应，遗迹类型也差异甚大，无法从堆积特点来判断。从遗物来看，CI 区各堆积单位出土遗物不多。

---

① 从目前尚保留有干栏式建筑的云南和类似干栏式建筑的湘西吊脚楼，均能对这种建筑的结构作一大致的推测。

② F21 台面高 0.2 米，实际数字还要减去这一高度。

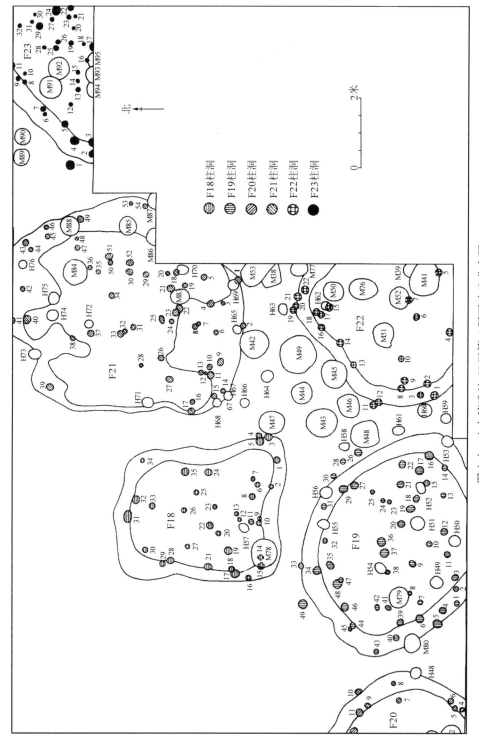

图六七　八十垱遗址 CI 区第 6 层下遗迹分布图
（根据湖南所，2006 年，图一二六）

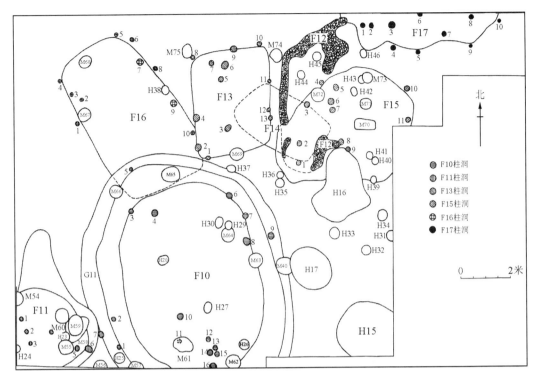

图六八 八十垱遗址 CI 区第 5 层下遗迹分布图

（根据湖南所，2006 年，图一二五）

开口第 6 层下的墓葬中，仅 M49、M50 有随葬陶器；开口第 5 层下的墓葬中仅 M42、M43 有一定的随葬陶器。另外，第 5、6 层还出土了少数陶器。M43 所出陶罐形态，与 A 区第 9 层所出乙类 F 型Ⅱ式陶罐类似；M50 出土的陶盘、钵接近 A 区 10 层以上堆积单位同类陶器形态。CI 区所出器物的风格，整体与 A 区 G7 使用期间各堆积单位陶器风格一致，或许可以判断其年代大致同时。这也表明，CI 区虽有多次建筑、墓葬的交替堆积，但这些堆积并不是在较长的时间里形成的。

CⅡ区 该区位于古河道内，不见居址、灰坑与墓葬等遗迹。从堆积情况来看，坡积特点明显，出土遗物丰富。CⅡ区显然是聚落的边缘，由长期倾倒垃圾而成。CI 区 T25、T43 的一部分也在古河道内，地层关系可以对应。CⅡ区的堆积基本应该是 CI 区生活期间所形成。

这样，大致可以对八十垱聚落的结构演变作相关讨论。

八十垱聚落生活不久，即有意识地在聚落东部和南部开凿壕沟，并尽量使这条壕沟与从聚落西部绕过的自然河道贯通，开凿壕沟的土即堆于内侧形成土墙。其规模并不算大，主要功能似乎是为排水防涝，或许也有防御动物野兽之类的作用。这时期的活动中心是聚落的东部地区。经过一段时期的经营，聚落获得发展，人口增殖，活动区域扩大，东部地区壕沟（G10）被淤塞，遂在此沟外再次开凿另外的壕沟（G7），这道新修的壕沟同样与原来南部壕沟（G9）及古河道贯通。G7 使用期间，聚落进入稳定发展期，人们的活动基本覆盖了整个聚落范围。聚落的结构也有了明显变化：东部地区继续成为人类生活居住区，西南部则成为墓葬和仓储区。西部 CI 区所形成的建筑与墓葬的交替堆积即是这个频繁活动时期所遗留。

CI 区所发现的建筑，显然不是为居住所建。这些建筑没有发现相关生活起居迹象，与东部 A 区建筑差异极大。这里的干栏式建筑没有发现居住面，也没有发现生活器皿。其他台基式、基槽式建筑虽然都发现了地面，但地面上没有留下任何生活起居的遗迹或者遗物，比如灶坑、火塘、生活器具或生产工具之类。反观 A 区建筑，都在建筑物内发现了灶坑等生活遗迹，同时出土了大量的石器和陶器等。如 F3、F5 均发现灶坑及陶石器；F1、F2、F4 发现大量石器和陶器，其中 F2 所见石器不少于 30 件。这表明，A 区确实是生活居住区，其建筑也是生活起居的房屋。CI 区的这批建筑并非为生活居住而建，从这批建筑多为干栏式的特点来看，其功能应该是仓储设施，宜于储存粮食之类的生活物资。将仓储设施建于聚落西部靠近河道的地方，显然也有出于安全方面的考虑：西部区域相对整个聚落而言，在地理位置上最高，且靠近河流，外人或者野兽不易靠近。

墓葬位于西、南部，从墓葬的形态特点来看，这个时期墓葬还很简单：墓地虽有一定布局但不严格；墓坑不规整；随葬品很少；多二次葬等等。

仓储的集中安置、墓葬与居住生活区分开，以及持续进行的开掘壕沟的行为，表明八十垱聚落的社群生活在一种可控制的统一秩序之下，某种统一的行为规范在起作用。就其社会结构而言，核心家庭应该是这个社会的基本单位，社群成员之间还没有出现等级地位或者身份的分化，彼此之间较为平等。但这并不排除个别成员具有一定的权威和象征性的地位。在经济模式上，也应该是以核心家庭为基本生产和消费单位。目前还不清楚仓储设施集中安置所表征的社会学意义，如果是聚落的统一行为，则表明已经出现了物资上的再分配。

八十垱聚落的衰落，可找到一些相关迹象。

G7 在使用期间逐渐淤塞，与此同时，西部的河道也逐渐淤塞，这个过程持续了一段时间。后来 G7 被淤平，遂于其外侧再次开掘 G8。在西部，因为淤塞而导致河道坡岸不断向外延伸。

在这个过程中，环境也发生了相应的变化，聚落的不少地点发现了纯净的黄土堆积，可能与洪水的作用有关。在 A 区，G7 之上的第 9 层包含有较多遗物，应该是聚落生活导致壕沟淤平后所形成的堆积，在此之上的第 8 层，为略红的黄土，纯净而少包含物，该层堆积较厚，局部接近1米。在CⅡ区的古河道内，则有数米之厚的纯净堆积，这里从第7层开始，至第14层，各层均未发现遗物，地层纯净而多灰白色、褐色斑点，并含粉沙。CⅠ区的仓储设施，后来也被类似的堆积所覆盖。从这种纯净并含沙的堆积特征来看，具有水成堆积的特点。

八十垱聚落即在这一过程中逐渐衰落，并最终消亡。

C. 彭头山与八十垱聚落的年代问题

彭头山与八十垱遗址都有比较完整的地层堆积和陶器序列。

彭头山遗址南区的堆积可以分三个大的阶段，分别为：

一段　建筑遗迹有F3、F4、F5，墓葬有M25、M26、M28、M36、M37、M38、M40、M41、M42，灰坑有H10。这批遗迹开口于第6层下，打破第7层或生土。

二段　建筑遗迹有F1、F2，墓葬有M30、M31、M32、M33、M34、M35，灰坑有H2、H9、H11。这批遗迹开口于第5层下，打破第6层。

三段　建筑遗迹有F6，灰坑有H4、H5、H6、H8。这批遗迹打破第4层，并与北区的M43、M44、M45和H14、H15及G1大致相当。

八十垱遗址A区的地层序列较为完整，也有大致三个阶段：

一段　建筑遗迹有F3、F5，灰坑有H5、H7、H8。与G10相对应。

二段　墓葬有M5，灰坑有H2、H3，灰沟有G3。这类遗迹开口于第10层下，打破第11层，与G7相对应。

三段　建筑遗迹有F1、F2、F4，灰坑有H1、H4，墓葬有M1、M2、M3等。这批遗迹开口于第9层下，打破第10层。

通过对这批单位以及与其相关的地层所出土的陶器排序，大致可将各个段落进行对应。

彭头山遗址第一、二阶段是目前所见彭头山文化的最早阶段，八十垱遗址各发掘区所出土的遗存均没有早过这个时期。彭头山遗址的第三段与八十垱遗址的第一段基本一致。发掘报告将这两个遗址彭头山文化的遗存分为三期五段，除个别单位划分有别外，其他基本与本文的分析一致。

从这两个遗址的情况来看，彭头山遗址代表澧阳平原彭头山文化发展的前一阶段，八十垱遗址则代表了后一阶段。

（2）经济技术考察

A. 制造工艺

彭头山文化的人工制品，主要是陶器和石器，由于保存环境的关系，在饱水的堆积里也发现了木器和编织物。

　　陶器的成形方法主要为泥片贴筑，一批主要器类如罐、钵、釜均用此方法做成，有人称之为"大泥片贴筑法"[①]，这种方法是利用大而厚的泥片，根据器形及器物的不同部位，将泥片捏成不同形状，再相互垒叠，贴筑成坯体，泥片之间相互叠压部分很窄。制作陶器的原料还没有作过测试，应该是就近取得的黏土，在拌泥过程中有意识地掺杂了细砂、炭末和稻壳、稻草以及其他植物根茎等。器物成形后，有的还在口沿部附加一道泥条或泥片，器物内壁因垫撑而常有凹窝。大多数器表涂抹了一层泥浆，有的还有一层红衣，这种红衣应是薄的泥浆在高温氧化环境下形成的。绳纹是最常见的纹饰，几乎所有器物腹部和器底均有这种装饰，绳纹多滚压而成，少数为拍印和划压。除绳纹外，还有戳印纹，因工具和操作方法的不同而形成不同的形状，大致而言，有圆点纹、圈点纹、方格纹、指甲纹等，还有捺压纹、刻划纹、锯齿纹和镂孔等。另外还有一种泥突，多施于器物的口、肩部位，实心，长约2－5、宽（厚）约0.5－0.8厘米，呈偶数如2、4、6、8在口外或肩部排列一周。这些装饰针对不同的器形以及器物的不同部位而有所选择：罐、钵、釜类多施绳纹；泥突多施于罐；戳印纹多施于盆、盘之类；锯齿纹多见于器物的唇部，捺压纹以颈部为多见；绳纹作为主体纹饰，还与多种纹饰组合在一起。陶器的烧制温度不高，从器表看，多数陶器的色泽不均，表明器表受火程度不一，推测为地面堆烧而成。

　　陶器从选料，到和泥、掺料，再贴筑成形、装饰，然后再烧制，要经过多道工序。虽然彭头山文化的陶器还很不规整，但这些工序基本都得到了体现。从这点看，彭头山文化的陶器技术已经比玉蟾岩、仙人洞一类的遗存要先进得多，这也反映出彭头山文化的陶器一定有一个前期孕育和发展阶段。从陶器的功能来看，彭头山文化已经发现了大量的稻谷遗存，陶器很可能是炊煮这类食物之用。彭头山遗址F2的灶坑上搁置了1件陶钵，可以证明钵是作为炊器而使用的。一些陶罐的器表留有烟炱，也应是炊煮所致。钵与罐可能是一套组合炊具，或许承担了不同的炊煮角色。在没有灶坑的建筑里，发现了支座，它应是与圜底罐、钵等配套使用。室内居住面上发现的器物组合有釜、盆、钵、支座，罐、钵，罐、盆、钵、支座，罐、钵、盘、支座等几种。这些组合和类别，基本代表了彭头山文化人们日常生活必备的用具。

　　彭头山文化陶器个体差异明显，个别器物口部歪斜，器身不对称也经常出现。表明陶器还没有成为一种专门的产品，由此可以推测彭头山文化的制陶业，应该以家庭为生产单位。

　　石制品在彭头山文化中占有重要地位。在建筑物、灰坑以及墓葬中，都发现有大量

---

　　① 李文杰：《城背溪文化的制陶工艺》，《中国古代制陶工艺研究》，科学出版社，1996年，第119－125页。

石制品，从功用上来看，主要有生产工具和装饰品。作为生产工具的石制品，打制占绝对多数，磨制很少。彭头山遗址的打制石器1381件，磨制仅81件。石制品的岩性以砂岩、燧石、石英砂岩为主，另有少量的硅质岩、板岩、变质岩、火成岩及石英岩。它们以细小燧石刮削器为主体，也有尖状器、砍砸器、雕刻器等。磨制石器常见器类以斧、锛为主，另有少量的石铲、石凿、石条、磨槽石、砾石等。

作为装饰品的主要是一批棒状坠饰。这批饰件的原料为页岩，岩性硬度很低，能直接划出痕迹，硬度应在莫氏3度－4度。一般为黑色或灰色，近似墨炭，细腻光滑，少数顶端穿孔，个别饰刻划符号或网状划纹。这类饰件在彭头山和八十垱遗址都有发现，应该是这个时期人们普遍使用的一种装饰品。另外还有石串珠，两端呈多边形，对钻成孔，整体近圆柱体，岩性也为页岩。这些石制品的原料并非来自就近的河滩，从澧阳平原的地质构成来看，分布于平原西北部较远山区的太青、马溪、火连坡、东门一带，奥陶系上统地层五峰组中发育了黑色页岩及硅质页岩，局部夹杂有硅质岩。此外，大堰垱一带丘陵的二迭系、侏罗系地层中也发育了黑色页岩[①]。总之，这批石制品原料在山区或者靠山的丘陵区才有发现，在平原的沉积地层和河床的砾石里并不存在。虽然澧阳平原与山区丘陵之间的距离较近，但彭头山遗址和八十垱遗址距离上述地点，至少也在10千米以上，这说明某些资源的获得，有一定的空间距离。这个距离，或许已经超越了当时人们自身生活的空间领地。此外，八十垱遗址还发现了穿孔绿松石串珠和翡翠饰件，绿松石和翡翠已属稀罕资源，在长江中游鄂西北的郧县一带，是绿松石的著名产区，它的来源是否与此有关，暂未做检测。这些情况表明，聚落的资源域，应对不同的要求，当有不同的空间范围。

B. 稻作农业与取食模式

彭头山遗址出土的陶片中掺杂了大量的稻壳和稻叶，八十垱遗址还出土大量稻谷和稻米，如何认识这批水稻的性质是非常关键的问题[②]。张文绪等从水稻的长、宽二维分布特征及其平均值来进行研究，并涉及厚、重、双峰乳突等参数，克服了古稻收缩所带来的误差。依次与粳稻、籼稻和现代野生稻进行比较，结果表明，八十垱古稻的单一性状包括谷长、谷宽、谷厚、谷重以及长/宽、长/厚、宽/厚等性状，其分布范围远较籼稻、粳稻及普通野生稻为宽，几乎完全涵盖了后三种稻类。这种古稻的单一性状具有广

---

① 澧县地方志编纂办公室：《澧县县志》，社会科学出版社，1993年，第72页。

② 相关文章见张文绪、裴安平：《澧县梦溪八十垱出土稻谷的研究》，《文物》1997年第1期，第36－41页；赵笃乐、裴安平、张文绪：《湖南澧县八十垱遗址古栽培稻的再研究》，《中国水稻科学》2000年第14卷3期，第139－143页；张文绪、裴安平：《炭化米复原及其古稻特征的研究》，《作物学报》2000年第5期，第586页；张文绪、裴安平：《澧县八十垱遗址古栽培稻的粒形多样性研究》，《作物学报》2002年第1期，第90－93页。

泛的变异性，遗传因子和基因类型应涵盖现代的籼稻、粳稻及普通野生稻，说明其必然拥有复杂的遗传背景。从这些检测结果进而可以推知，八十垱古稻还保留有普通野生稻的异花授粉特性，群体内尚存有广亲和基因，处在非粳、非籼、非野或亦粳亦籼的中间类型，性状变异大、类型多，残留有野生稻的基因。从现代野生稻研究的情况看，作为一个物种，在同一个地点的性状基本是比较单调和稳定的，不会出现大量的变异形态。而八十垱古稻这种性状变异大、类型多的特点肯定不再是野生稻的范畴，含有非常明显的人工干预特征，属于一种原始栽培稻。作为一个独立的栽培稻种群，这些特征极有利于地域的扩展和适应，为其传播和演化创造了条件①。

八十垱遗址的材料显示，水稻成为人们食物结构中的重要组成部分是毋庸置疑的。进入人们食物结构的不仅仅是水稻，考古发掘出土的植物及其果实、种子还有梅、桃、葡萄属、芡实、菱果、中华猕猴桃、君迁子、悬钩子属、野大豆、紫苏、栝楼、薄荷、苋等，这些植物均可以直接食用。在这批植物中，按单颗粒计算，以稻谷和稻米最多，共9800，另外菱果156、野大豆27、悬钩子13，其他均在10以下。当然。这些植物因遗留行为和保存环境状况的差异，具有很大的偶然性。另外，作为食物，还有一个纳入量问题，50粒稻米的总量也许与1粒菱果的量相等，人类的消耗机制对不同的植物也不一样。但就抽样统计结果而言，稻谷和稻米在这批植物遗存中占了绝对多数的事实无法否认。

动物在人类的饮食中也占有重要地位。彭头山遗址中发现了1枚牛牙，另外还发现鸟类标本5件。八十垱遗址共出土动物标本548件。哺乳动物标本包括鹿19件、麂10件、牛19件、猪3件、黑鼠3件、水鹿1件；鱼类标本309件，包括贝类1件、龟鳖类腹板9件；鸟类标本102件。在这批动物中，猪的标本太少，牛的标本过于残破，均不能判断是否为家养。从整个动物种群来看，八十垱聚落的人们不仅猎捕大型的哺乳类食草动物，还猎捕鸟类，并且也从事捕捞，如水生的鱼、龟鳖和贝类等。

彭头山文化时期的人们对于食物有很宽泛的选择范围。不过，许多植物只是一种辅助性的食物，水稻应该是主要的植物食物来源；在动物方面，哺乳动物的个体数量少，种类单调，说明当时狩猎采集已经退居次要地位。这也说明彭头山文化时期生业的主要形态，表明生产性经济的主导地位已经基本确立。

作为一种稳定的定居经济，不可能长期依靠采集和狩猎来维持，除非当地的资源异常丰富，无需生产即可获得食物，否则，种植生产将成为必然。过渡时期的澧阳平原，人们虽然有了固定的住所，但这些住所并不是永久性的，即使在类似八十垱遗址下层遗存时期，也可能只是某段时间内有相对固定的居址，正是有了这种相对固定的居址，才

① 湖南省文物考古研究所：《彭头山与八十垱》，科学出版社，2006年，第561页。

有可能导致后来的一系列重要变化。而这种相对固定居址的选择，与该地点的环境和资源状况是相对应的。八十垱或者彭头山遗址临近河流、湖沼，这样的区域生长了大量可以采集的一年生草本和水生植物，以及水生软体动物，这种水泽环境想必也生长了野生稻。长期的采集行为培养了人们对食物种群习性的认识，而水稻的生长与成熟则最为明显。另外，与其他水生动植物相比，水稻易于保存和储藏。正是这种临水的采集点后来变成了永久性的居住地点，定居化出现了。有了固定的住所，人们就有可能，或者说不得不投资于房屋建筑，制造更耐用和实用的工具与器皿，也可以进行更多的储备。因为不用拖儿携女四处迁移，他们的生育周期更短，所以生育的孩子也更多，人口的增殖也更迅速。加上对于野生稻习性的长期了解和掌握，人类与水稻一同进化了。于是，稻作农业的出现就成为必然趋势。

总之，永久性居住的出现、人口的增殖、采集经济的长期培育、在临水和大量生长野生稻的湖沼附近居住等等，都促成了澧阳平原最先一批新石器时代聚落的出现。彭头山与八十垱遗址就是这批聚落中的典型代表。当然，这种早期稻作农业阶段，应该还残留着明显的广谱经济特征，食物采集依然占有一定的地位。

不过，若要深入了解这种经济形态的具体操作方式还很困难，比如这些食物是如何加工和消耗的，以及这种消耗和加工的过程是否存在包括动植物比例的搭配、食物在不同人之间的分配、食物的储藏和保管以及食物的精粗加工程序等等问题。在这些问题上，考古获得的物证并不多。

食物的加工或许可以从一批石制品上找到某些线索。彭头山文化的多种石器特别是细小燧石器都留下了使用痕迹，这是在实施动物切割和剥离的过程中留下来的。八十垱和彭头山遗址都有石锤出土，在一端或一侧均留有明显的敲砸斑痕。有一种被称为石杵的石器，形状为长条柱形，端面也往往留下了使用斑痕。这种石制品可能主要是作为捣砸坚果一类的食物使用，同时也可能用于去壳和剥粒，这是粮食在炊煮或食用前必须加工的一道程序。作为水稻，有收割、储藏、加工等多道工序，目前并不清楚水稻是如何收割的，相应的收割工具比如石镰或者其他工具均未获得。由于同时出土了稻谷和稻米，其储藏显然同时采取了以稻米和稻谷两种方式，去壳可能就使用了石锤、杵一类的工具。储藏的设施应该就安置在建筑之内或建筑附近。张弛也认为八十垱西部 CI 区发现的干栏式建筑为高架仓房①。照此推理，则在 CI 区集中了大量的仓储建筑，这种统一集中的储存应该是聚落的一种公共行为，这就涉及资源和食物的再分配问题。

C. 公共劳动

公共劳动是体现社会控制力的最好证据。在八十垱聚落，墙、壕的营造显然不是一

---

① 张弛：《长江中下游地区史前聚落研究》，文物出版社，2003 年，第 15 页。

个人或者一个家庭的劳动，而应该是全聚落的公共事务。从 G7 的规模来看，口宽 4.7、底宽 2、深 1.3 米，开凿长度 1 米，则需要取走土方 4.35 个立方，以 1 天平均每人 0.5 立方来算，则至少需要 8 人 1 天或 1 人 8 天的工作量。若墙、壕从东往南围成环状，则共计土方是 1696 方，需要 3393 个工作日。按聚落提供劳动力 100 计算，挖成这样的壕沟至少需要 1 个月。它虽然不是一项浩大的工程，并且也无法推知当时的生产力的程度，但这显然是以社群为组织单位开展的一项公共活动，显示出这样的社群已经有了初步的协作和组织功能的存在。

（3）彭头山文化时期澧阳平原的聚落布局

A. 环境变迁

彭头山文化遗址在澧阳平原的分布目前已达 16 处（图六九）。新发现的杉龙遗址，面积达 3.6 万平方米；宋家岗和高地上遗址均在 1 万平方米左右。彭头山文化的时间刻度为 8000BC－5800BC。在这 2200 年里，气候和环境所带来的变化对聚落的存在和发展影响深远。

所谓"全新世大暖期事件"不能不对彭头山文化聚落产生影响。根据祁连山敦德

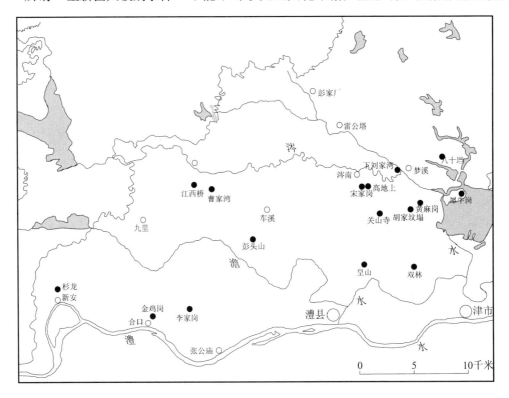

图六九　澧阳平原彭头山文化遗址分布图

冰心所记录的 $\delta^{18}O$ 值距今 10000 年 – 7200 年①的情况，在距今 10000 年前气候开始波动上升，在距今 10200 年 – 9800 年已达到全新世的平均值，距今 9200 年 – 9000 年已高过 20 世纪的平均值，但随之而来的是剧烈的波动下降，至距今 8900 年降至最低，距今 8800 年又陡升，距今 8700 年又陡降，即较 1 世纪前下降了 3℃，较距今 9000 年前下降了 3.7℃。这是全新世的极冷事件，具有全球意义。在这之后，出现了距今 8500 年 – 8400 年的强高温事件②。两个极端时间之间世纪温度相差 4.5℃。距今 8500 年 – 7200 年为和缓的波动下降阶段，距今 8400 年以后有一个下降，至距今 8100 年为冷谷，后又迅速上升，至距今 8000 年达到暖峰，然后又开始下降，至距今 7800 年达到冷谷③（图表一七）。

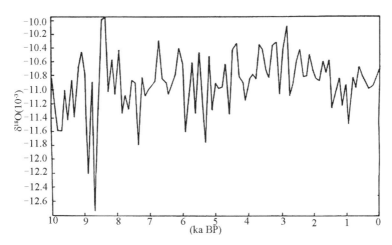

图表一七　敦德冰心全新世 $\delta^{18}O$ 值的波动变化

（根据姚檀德，1992 年）

Denton 根据北半球冰川的进退，发现全新世北半球有 4 个冷期，第一冷期为距今 8200 年 – 7000 年，这个冷期的冷峰时代为距今 7800 年④。

上述记录概括了北半球和我国全新世早期距今 9000 年 – 7800 年气温的变化情况，

---

① 本段按引文"距今"来表述年代，以求与原著统一。

② 姚檀德等：《祁连山敦德冰心记录的全新世气候变化》，《中国全新世大暖期气候与环境》，海洋出版社，1992 年，第 206 – 211 页。

③ 姚檀德等：《祁连山敦德冰心记录的全新世气候变化》，《中国全新世大暖期气候与环境》，海洋出版社，1992 年，第 206 – 211 页。虽然记载的是西北地区的气候变化，但对于中国南方，仍有一定的借鉴意义。

④ Denton, G. H. and W. Karlen, 1973, Holocene climatic variations——their pattern and possible cause, *Quarernary Research* （3）：pp. 155 – 205.

应该也适应于长江中游地区。

裴安平等结合张丕远、孔昭宸的研究，将洞庭湖及江汉平原全新世早期的气候作了复原。认为距今10000年－8000年为升温期，气候总体上增温明显，气候带属北亚热带至中亚热带类型，气温与现代相当，但降水量可能较现代高200毫米。这一阶段又可以分为前后两期。前期为距今9000年以前，孢粉反映出植被是以栎为主的落叶阔叶树和以青冈为主的常绿阔叶树，其中还有较多的松、桦等暖温带阔叶树，以及少量枫香、山核桃、化香等热带、亚热带树种，表明气候向暖湿发展，热量和水分条件较好，年均气温可能较现代高1℃～2℃。晚期为距今9000年－8000年，以松、栎、青冈孢粉组合为主，反映出含常绿阔叶的针阔混交林植被景观。在针叶树中，还伴有云杉、冷杉、铁杉等暗针叶树种，反映气候总趋势虽继续增温，但有较冷的波动[1]。唐领余、于革通过湖北和湖南5个湖相沉积钻孔孢粉的研究，对洞庭江汉地区1万年以来的植被与气候的变化规律做了研究[2]。其结果是：距今10500年以前以松为主的针叶林，反映暖温带至北亚热带北缘的植被景观。气候较今天偏冷，年平均温度为14℃[3]，年降水量约为800毫米，属于冷气候。距今10500年－9000年孢粉组合反映了以栎为主的落叶阔叶林和以青冈为主的常绿阔叶林，出现中亚热带常绿植物，且孢粉数量达到一个峰值，可能是由于全新世初期气候向暖温带发展，热量条件较好。年平均温度约为19℃，年降水量为1100毫米。距今9000年－8000年以松—栎—青冈为特征，反映了以松为主的针叶树种，以栎为主的落叶树和以青冈为主的常绿阔叶组成的针阔叶混交林，蕨类增多，气候属北亚热带至中亚热带。年平均温度约17.5℃－17.7℃，年降水量达到1300毫米－1400毫米。

结合上述研究结果推测，彭头山文化发生之初的距今10000年左右，气温是相当高的，后来开始波动，在距今8900年－8500年的400年间，经过了多次反复升降，到距今8500年－8400年相当于彭头山文化的中期阶段，气候上升至最高点，这个时期八十垱聚落开始营造墙、壕。距今8400年－7800年表现为和缓地波动下降，至距今7800年降至最低，彭头山文化走向衰落。

通过遗址本身发现的资料来研究彭头山文化的气候与环境是最理想的选择。顾海滨对彭头山遗址的植被进行了研究，通过选取彭头山遗址地层剖面的孢粉，分离出孢粉共1402粒，分属29科30属，主要有杉木、水稻、松、枫香、石松、里白、鳞盖蕨等。

---

① 裴安平、熊建华：《长江流域的稻作文化》，湖北教育出版社，2004年，第203－204页。
② 唐领余、于革：《长江中下游地区1万年来植被与气候变化序列》，《长江流域洪涝灾害与科技对策》，科技出版社，1999年，第248－252页。
③ 澧阳平原现代年平均温度16.5℃。

从地层堆积序列来看，杉木自上而下大量增加，松及阔叶树自上而下不断减少。从植被情况看，彭头山文化层未发现热带种类，而当时占主要地位的杉木，现在的自然生长中心在闽、浙、赣、粤交界的武夷山区、南岭山地和湘黔交界地带。枫香自然林目前仅分布在鄂豫交界的北纬 32°20′ 的鸡公山上，这些地区的年平均气温比澧阳平原低 0.5℃ - 1℃。依据这一数据，推测彭头山文化时期的气温比现在略低，但仍为温暖湿润的气候①。

八十垱遗址也出土了大量植物遗存，木材分属 7 个树种，分别为柘树、厚科树、麻栎、喜树、朴树、榆树、杉树。其中，麻栎的分布范围很广，在长江流域和黄河中下游都能生长；喜树不耐严寒，喜温暖潮湿环境；榆树、朴树喜光和温暖气候。从树种整体反映当时的气候应该是温暖湿润。除了直接鉴定木材外，该遗址也进行了孢粉分析，一共分析了 8 个样品，共观察孢粉 325 粒，隶属 13 科 16 属，木本有松属、马尾松以及枫杨属、枫杨、苏铁、栎属、鹅耳栎属、胡桃属等，草本以禾本科为主，蕨类植物有禾叶蕨属、海金沙属、石松属等。反映出彭头山文化地层以禾本科及松属为优势种，较多落叶阔叶植物，常绿阔叶植物很少，虽然这些种群整体上代表了湿润温暖的气候环境，但温度比现代要略低②。

这也正好印证了全新世前期的基本气候特点，从总体上说，这个时期处在末次冰期以后的升温期，但仍伴随有局部的气候波动。这种波动虽然不会对大的气候变化趋势产生影响，但短期的气候升降或产生的干旱或洪涝，会对当时人们的生活带来重要影响。

在冰后升温期里，冰雪消融和雨水的增多导致地表径流加强，对接受沉积的洞庭—江汉盆地地貌产生了影响。蔡述明等通过研究，认为早全新世降水量的增加，使江汉平原来水来沙量增加。另外，也导致东海的海平面迅速上升至 -20 米到 -10 米，长期侵蚀基准面的抬高，使长江中下游比降减缓，搬运能力减弱，发生溯源堆积，并波及到洞庭—江汉地区③。这种情况使得流经洞庭湖盆地的湘、资、沅、澧诸河流的水面上升，长江产生的顶托作用同样导致澧水的搬运能力减弱，造成沉积，低洼的地段遂成湖泊和滩涂，并在长期的淤积过程中成陆。

从地质构造情况来看，全新世早期，洞庭盆地继承了晚更新世末期的地貌景观，盆地全面抬升。澧阳平原北部抬升为岗地，临澧拗陷也上升成陆。湖南地质钻孔资料表明，洞庭盆地全新世早期的地层分布面积小，主要分布在湘、资、沅、澧四水古河道以

---

①　顾海滨：《湖南澧县彭头山遗址孢粉分析与古环境探讨》，《文物》1990 年第 8 期，第 32 页。

②　湖南省文物考古研究所：《彭头山与八十垱》，科学出版社，2006 年。

③　蔡述明等：《全新世江汉湖群的环境演变与未来发展趋势》，《武汉大学学报（哲学社会科学版）》1998 年第 6 期，第 96 - 100 页。

及东洞庭湖—漉湖一带。澧阳平原本身全新统的沉积全部集中在澧水北岸略微靠东的东部冲积平原、冲湖积平原。

由于盆地的抬升，河流同样切割平原岗地；由于水面的上升，平原上古河道和低洼地段出现湖沼。导致澧阳平原在全新世早期成为水网交织、湖沼发育、丘岗密布的平原景观。

B. 聚落分布及其特征

澧阳平原目前已经发现 16 处彭头山文化时期遗址。

16 处遗址以杉龙遗址最靠西，地理坐标为北纬 29°40′03.1″，东经 111°30′41.9″，海拔高程 52 米。遗址所在地为一南北略长、东西略窄的南北向丘岗，丘岗高出四周农田约 2－3 米。岗地南北长约 200、东西宽约 180 米，面积 3.6 万平方米。周围农田为澧水一级阶地，杉龙遗址所处的丘岗则为二级阶地。

彭头山文化时期的遗存基本覆盖了整个岗地。在遗址的西边，有一条古河道，在 20 世纪 70 年代以前还有流水，从遗址西北进入西侧，南流后折向东南，汇入遗址东部的一条小河——来水，再南流入澧水。这样的地貌环境与彭头山、八十垱遗址颇为类似。遗址西部田坎发现彭头山文化层之下是砾石层，这种砾石层表明曾有河流发育。遗址的东南部略低的位置剖面显示彭头山文化层叠压着黑褐色土层，该层出土大量细小石器和燧石器。这种黑褐色土与澧阳平原大多数地点发现的黑褐色土具有一致性，而且又被彭头山文化层所叠压，其年代和性质类似于过渡时期的堆积。杉龙遗址彭头山文化堆积采集有双耳罐口沿、圜底罐、釜、钵、支座等器形的陶片，其年代大致与彭头山遗址同时。

杉龙遗址周边的农田属于澧水一级阶地，该遗址距澧水直线距离仅 2 千米。同样属于澧水一级阶地并且靠近澧水的遗址还有金鸡岗与李家岗遗址。

金鸡岗位于杉龙遗址东南，直线距离约 8.7 千米，南距澧水 2 千米左右，地理坐标为北纬 29°38′29.78″，东经 111°35′19.93″，海拔高程 46 米，面积约 6000 平方米。该遗址在文物普查时发现的可辨器形陶片有双耳罐、盘、盆、圈足等[1]。金鸡岗遗址的陶片特征带有彭头山文化风格，但与彭头山文化又有一定差异。由于仅仅是普查，所发现的信息量很少，还需将来进一步工作方能确定该遗址的性质，这里暂且归入彭头山文化。

李家岗遗址在金鸡岗遗址东北方向约 4 千米，地理坐标为北纬 29°39′03.05″，东经 111°37′33.94″，海拔高程 44 米。南距澧水 6 公里。遗址东北边有一条小河流，呈西北—东南向流入澧水，遗址的北边和南边均有低洼的水面，现为大片堰塘。岗地略为长

---

[1] 湖南省文物普查办公室等：《湖南临澧县早期新石器文化遗存调查报告》，《考古》1986 年第 5 期，第 385－393 页。

方形，长约 300、宽 50 - 100 米，面积约为 2 万平方米。从遗址被破坏的剖面上显示出遗址的堆积情况。文化层为黄灰色沙壤土，结构疏松，厚约 40 - 80 厘米。采集有黑色燧石器和陶罐、双耳罐、钵、支座等①。

这三处遗址均在澧水左岸，位于澧水一级阶地的丘岗上，在遗址的旁边都有古河道流入澧水，彼此之间的距离均不太远。

在澧阳平原，主要河流有三条：澧水、澹水、涔水。澧水最大，是塑造澧阳平原沉积地貌的最大河流，它的两条支流——澹水、涔水从平原西北部山区发育，一南一北，流向东南，穿越整个澧阳平原。这两条支流又沿途接纳了众多小支流，形成澧阳平原以澧水一级支流澹水、涔水为主体，众多二级支流和三级支流密集汇注澧水的发达水网系统。澧水本身的小支流仅在平原西南部有数条，杉龙、金鸡岗、李家岗三处遗址直接位于澧水的这些小支流的丘岗上，并不属于澹水和涔水。

澹水水系彭头山文化遗址发现不多，有彭头山、皇山与双林遗址。它们均位于澹水左岸，彭头山在西，皇山、双林在东。皇山西距彭头山的直线距离大约为 11 千米。该遗址采集有燧石刮削器和彭头山文化时期的绳纹釜、罐陶片。

涔水水系的彭头山文化遗址主要集中在涔水下游。上游地区位于大堰垱涔水右岸的有两处遗址：江西桥和曹家湾，相距仅 1.5 千米。下游地区则密聚了较多的彭头山文化时期的遗址：右岸有关山寺、胡家坟塸、黄麻岗、宋家岗、高地上、下刘家湾，左岸有八十垱、犀牛岗等遗址。这批遗址所处的地理坐标在北纬 29°42′07.48″ - 29°45′41.18″，东经 111°47′09.08″ - 111°51′57.65″之间，距离约为东西 8、南北 7 千米的范围内。

从分布情况来看，涔水下游遗址点呈现片状分布，其他地点都以河流沿岸呈线状分布。暗示涔水下游的微地貌较为特殊，这种微地貌或许与当时这个地点发达的湖沼有关。这里可能存在面积较广的一片浅水区域，在水域的岸边发育了许多微型丘岗，这样的环境对于刚刚出现的稻作农业社会来说极为有利，遂聚积了不少定居聚落。

这种栖居方式同时也反映出当时澧阳平原的宏观地貌。最西杉龙遗址的海拔高度为52 米，最东犀牛岗遗址的海拔高度为 32 米。大致在彭头山遗址以西，为海拔 45 米的等高线；彭头山至宋家岗之间，为海拔 45 - 37 米等高线；宋家岗以东、以南为海拔 37米以下。在这几类不同的海拔位置，均有聚落的存在，并且在较低的东部，靠近北民湖的涔水下游还有多处聚落点存在。说明当时的河流和湖面的水位比较低，并没有形成目前这样的开阔湖面。

目前还无法得知这种聚落的分布反映了何种社会关系，比如在涔水下游的聚落之间

---

① 湖南省文物考古研究所等：《湖南省澧县新石器时代早期遗址调查报告》，《考古》1989 年第 10 期，第 865 - 875 页。

可能存在某种亲缘关系，而其他地点散居的聚落关系比较疏远。假如这些聚落拥有一定范围的同一时间维度，那么，相互之间的交流是肯定存在的。涔水下游区 8 处聚落点所占据的空间不少于 56 平方千米，具体到每个聚落点，则平均拥有 7 平方千米的活动领地。在涔水上游的江西桥和曹家湾遗址，两者相距才 1.5 千米，完全居住在一个可视的空间范围里；澧水左岸的金鸡岗和李家岗遗址相距仅 4 千米，金鸡岗与杉龙遗址也不到 8 千米，完全在人们可以交流和沟通的距离范围之内。彭头山与八十垱聚落结构显示，当时社会已经具备了某种组织关系，并且也与外界存在某种交流。不可想象在数千米范围内的两个社群完全不存在交流，问题是这种交流是在何种层面上、以何种方式进行、它们又会产生什么样的结果。

彭头山与八十垱的聚落还显示，当时人们对于定居场所的选择和营建是极为重视的，显示出农业民族安土重迁、勤劳守成的思维取向。这种安于乡土，不轻易搬迁的思想导致了彭头山与八十垱遗址前后累计的时间均在数百甚至千年之久，并出现像八十垱那样反复开挖壕沟、扩充居住空间的行为。这与原来采集狩猎社会的习惯和心理形成巨大反差。学术界有一种"延迟回报"（delayed return）的提法，认为定居是一种延迟回报，不像狩猎和采集那样"立即回报"（immediate return），如果是延迟回报的话，则原始社会中的永久性就是有保障的。当人们把劳动投入到创造工具、生活必需品、建筑物、田地、水坝、壕沟等等地方时，它的经济回报就是延迟的。长期而且在某些方面是集中化的组织，对于管理劳动、保护的投入就显得重要，而且，固定性的投入越大，防卫而不是逃避的趋向就越强①。定居聚落的营建，并非一朝一夕所能完成，也不是马上就能见到成效，需要投入大量的人力、物力和很长的时间成本。但是，这样的投入可以永久享受，并带来长期安宁。正因为如此，人们才会安土重迁，不会轻易放弃家园，这是农业社会的一个基本特点。

这样的行为导致了聚落的持续扩大。在彭头山文化 16 处遗址中，面积最大的要数八十垱遗址，达 3.7 万平方米；其次是杉龙遗址，面积达 3.6 万平方米；1 万 -2 万平方米之间的有彭头山、宋家岗、高地上、双林、李家岗、江西桥、犀牛岗遗址等；金鸡岗遗址为 6000 平方米；其余 6 处则较小，在数百至 2000 平方米之间。聚落除了在涔水下游分布较密外，其余也都依水系而散居，并没有形成中心聚落或者中心群落，各聚落之间也大体是平等的关系。大多数聚落的面积都超过了 1 万平方米，说明都具有相当的规模，或者说都延续了相当长的时间。这也说明了聚落的内部存在较强的凝聚力，这种凝聚力使得聚落空间的占据时间长，血缘的吸附力强，聚落内部还可能存在沟通和调节聚落成员之间的有效机制，使其能够形成较大规模的聚落而不至于裂解和离析。

---

①　迈克尔·曼：《社会权力的来源》，上海人民出版社，2002 年，第 65 页。

三　皂市下层文化时期

（1）文化过渡阶段的聚落背景

彭头山文化的晚期，已经与外界有了一定的文化交流。但是，一般的交流并不能改变文化发展方向。是什么原因导致了彭头山文化的衰落？

也许从聚落结构的变迁上能够找到某些线索。彭头山聚落没能贯穿整个彭头山文化全过程，没有见证彭头山文化的消退就已经衰亡了。八十垱聚落空间的占据没有发生大的结构性置换，每个发掘点都发现了较为连续的文化堆积，并且都保留着该聚落最后阶段的堆积层。从 A 区的情况来看，G7 的堆积除了最下层有一层灰色淤积土并且出土大量遗物外，另外四层均较纯净。这种纯净的堆积层为黄褐色淤积土，微偏红，自上而下颜色由浅变深，并有呈垂直分布的铁锰结核，结构紧密，近似网纹红土。有论者已经明确指出这种淤积属于水积，即发生过洪水[1]。不过，G7 开口于第 9 层下，第 9 层包含有大量的遗物，说明第 9 层是某个生活时期所留下的堆积。这也说明在聚落的前期阶段，即使有过洪水，也没有对八十垱聚落造成重大影响，人们依旧在此生存。然而，G8 内的堆积就不一样了，打破第 9 层的 G8 内为红褐色淤积土，自上而下由浅入深，内含较多铁锰结核斑块，垂直交错性状比 G7 内的堆积更为明显，与澧阳平原常见的全新世早期网纹化红土几无差别。在该层之上的第 8 层已经是聚落废弃后的堆积。有人认为 G8 内的堆积是由于洪水造成的，并进而推断洪水最终导致了八十垱聚落的废弃。

假如是洪水的作用，那么就不可能仅仅在壕沟内产生局部堆积，八十垱聚落其他同一水平层位的地点也应该有这种堆积的证据。

CI 区第 4 层为彭头山文化最晚堆积，也是聚落最后生活留下的堆积，与 A 区第 9 层年代相当。在该层之上，覆盖了一层褐色土，其结构近似网纹土，含铁锰结核颗粒和灰白斑块，堆积厚度 1 米，在堆积的下部发现少量可能属于皂市下层文化早期的遗物。在 CⅡ区的古河道内，第 6 层与第 7 层之间发现了两道土围，这也是聚落所留下的最后的人类活动遗迹，这个活动面的年代大致与 CI 区第 4 层、A 区第 9 层年代相当，覆盖这个活动面的第 6 层，可能是一个废弃堆积。在第 6 层之上，从第 3 层至第 5 层，堆积的均是一种黄褐色土，有铁锰结核斑点或者斑块，纯净而无包含物，厚度达 1.7 米；T43 及 T43 扩方的第 8 层之上，至第 4 层之间，也见这种堆积，厚达 2.5 米。

---

① 裴安平：《建立自然与文化堆积序列复原古代环境填补文化空白的时间与方法》，《农业、文化、社会——史前考古文集》，科学出版社，2006 年，第 20 - 26 页；王红星：《长江中游新石器时代遗址分布规律、文化中心的转移与环境变迁的关系》，《江汉考古》1998 年第 1 期，第 53 - 60 页。

把这些年代大致同时的堆积进行比较，发现它们基本处在同样的水平层位。这表明彭头山文化八十垱聚落的末期及其以后，这里产生过大量的纯净褐色土堆积，这种堆积的土壤在性状上还有近似网纹化的趋向。暂时还无法判断这种堆积的成因，对其年代的判读也不能完全作出结论，但可以确定的是，这种堆积与自然事件有关。

这或许为洪水之说提供了证据，进而推断洪水可能是一个持续多年的事件，在彭头山文化的末期就已经出现，导致聚落不断开沟和清淤。到最后，因水位抬高，无法维持聚落的存在而只能废弃。

从气候的角度看，5800BC 上下，属于全新世大暖期中第一个冷期的冷峰期。在北方，北京的气温比现在要低 5℃ - 6℃[1]。在南方，江苏建湖庆丰剖面显示，在 6500BC - 6000BC，气温比现在高 1.3℃ - 1.6℃。其后气温下降，至 5600BC 前后，年均温比今低 0.1℃[2]。

在皂市下层文化取代彭头山文化的过程中，环境因素肯定起过重要作用。但是环境因素毕竟只是外在力量，气温的变化或者洪水并没有从根本上动摇澧阳平原的生存基础，这里仍然是人类的家园，在这样的转变过程中，澧阳平原仍然还有不少遗存。是什么力量导致文化变迁，并形成新的聚落？它的背后又反映了怎样的人类行为？

这个问题，只能留待将来解决。

（2）聚落个案研究

A. 胡家屋场聚落形态

胡家屋场遗址位于澧水左岸一级阶地后缘的低岗上，岗地比周围农田高出不到 2 米，其北 100 米处即为澹水故道。遗址地理坐标为北纬 29°40′36.8″，东经 111°36′10.6″，海拔高程 47 米。1986 年在该遗址的北部和南部开方进行发掘，两处发掘点的堆积基本相似（图七〇）。

北区 T4 南壁剖面显示，人类活动前的原生堆积为沙性淤土，厚约 0.7 米，灰色，夹较多锈斑和铁锰结核，这层土在遗址周边普遍堆积。该沙性淤土之下为黄色粉沙土，铁锰胶膜较多，质地均一，可能是河漫滩沉积[3]。沙性淤土层被一条沟所打破，南北两个发掘点位置均处在沟状堆积中。该沟呈南北走向，宽 10、长约 150、深 0.75 - 0.9

---

① 杨仁怀：《中国东部近 20000 年以来的气候波动与海面升降运动》，《海洋与湖泊》1984 年第 15 卷第 1 期，第 1 - 14 页。

② 唐领余、沈才明：《江苏北部全新世高温期植被与气候》，《中国全新世大暖期气候与环境》，海洋出版社，1992 年，第 80 - 93 页。

③ 湖南省文物考古研究所：《湖南临澧县胡家屋场新石器时代遗址·附录》，《考古学报》1993 年第 2 期，第 203 - 205 页。

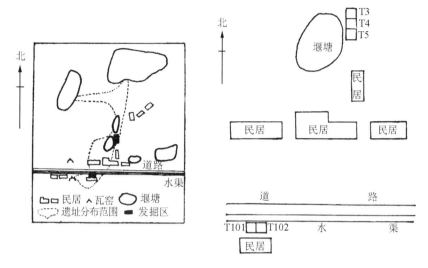

图七〇　胡家屋场遗址探方位置分布图

（根据湖南所，1993 年，图二、三改绘）

米，呈 45°的坡角。在发掘过程中，曾仔细观察过沟壁剖面，并未发现清楚的剥离面和人工开凿的痕迹。沟内最下层堆积灰黄色土，厚 0.1 – 0.35、距地表深 0.6 – 0.98 米，包含大量陶片。之上叠压黑色土，含陶片及较丰富的动物骨骼、牙齿和砾石器、木炭等。黑色土上还有两层灰色土，均有丰富遗物出土，叠压在灰色土上面的是一座建筑遗迹。这样的堆积状况说明，该沟很早就已经出现，在使用过程中不断被淤积，淤平之后还被作为建筑的基础面。

　　发现的遗迹很少，仅有 1 座建筑（F1），这与发掘地点的选择有重大关系，如果不是在淤沟而是居住区，所获得的遗迹单位肯定要多。

　　F1 位于北区，分布于三个探方内，被耕土层所覆盖，发现了该建筑的房基面（图七一）。房基面是一层厚约 0.12 – 0.18 米的硬面，含较多的铁锰结核、细沙、碎石屑和陶片末。硬面东部轮廓显示，该房基面大致为东北—西南向。在房基的边缘堆积了大量红烧土，这种红烧土应是建房前的有意铺设，红烧土为大小不一的碎块，最大直径 0.1 米，有的置于硬面外，土块基本烧透，内外颜色与质地比较均一，有的土块中含有少量炭末。房基面上，发现 11 个呈直角排列的柱洞，柱洞呈圆形，其中 7 个柱洞有内外圈痕迹，应是木柱所造成的遗留。各柱洞之间的间隔约 1 米。11 个柱洞形成了建筑物的一角或者东北部的一半，其东西宽 4、南北长 6 米左右，由此推测建筑的面积至少 48 平方米以上。门朝东，室内没有发现其他遗迹，或许有灶坑之类，但可能已经在发掘区之外了。室内发现有较多石器和陶器，也见有少量动物骨骼。石器多为燧石器，陶器有双耳罐、圈足盘等。

　　从胡家屋场发掘区堆积的状况来看，F1 式是沟被淤平之后才建造的，也就是说，在沟被淤平之后，这里成为居住区。在这之前，居住区应该在其他地方，沟是抛掷废弃物的场所。

　　B. 其他相关聚落

　　澧阳平原皂市下层文化时期的遗址较多，但经过正式发掘的除了胡家屋场外，其他均只是调查。已经发表调查材料的有临澧邹家山、荷花台、余家铺、王家祠堂①，澧县黄家岗、东坡、习家湾②。这些遗址的年代范围大致与胡家屋场相符，或有前后。澧水河谷地带的皂市遗址，距离澧阳平原很近，应属于广义的澧阳平原区域范畴。

　　皂市遗址的所在地是河谷盆地，澧水支流——溇水从盆地中心流过，在遗址一带形成一个牛轭状拐弯，遗址即在这个拐弯处，与溇水水面之间以一片河漫滩相连，遗址边缘距离现代河岸不足 200 米。中心点地理坐标为北纬 29°39′35.99″，东经 111°14′37.24″，海拔高程 80 米。遗址的下层堆积为皂市下层文化遗存③，在这个堆积之上，有一层厚 0.1 – 0.55 米的黄色黏土④，土质结构紧密，纯净而无任何包含物。这层堆积是否与水动力有关，尚不清楚。在这层之上又有厚达 1 米的商时期文化堆积⑤。

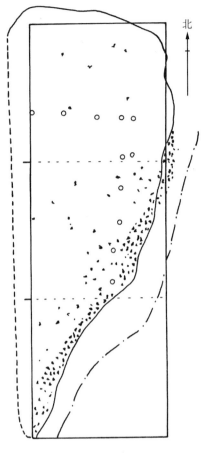

图七一　胡家屋场遗址 F1 平面图
（根据湖南所，1993 年，图八）

　　澧水下游涂家台与坟山堡遗址所提供的皂市下层文化聚落形态的相关资料，也可以弥补澧阳平原的不足。

　　以现代地貌环境来看，涂家台与坟山堡遗址均不属于澧水水系。涂家台遗址位于藕

---

① 湖南省文物普查办公室：《湖南临澧县早期新石器文化遗存调查报告》，《考古》1986 年第 5 期，第 385 – 393 页。

② 湖南省文物考古研究所等：《湖南省澧县新石器时代早期遗址调查报告》，《考古》1989 年第 10 期，第 865 – 875 页。

③ 湖南省博物馆：《湖南石门皂市下层新石器遗存》，《考古》1986 年第 1 期，第 1 – 11 页。

④ 但在有关报道中，这层土为黄色沙质土，如果是沙质土，则水成堆积可以确定。见湖南省文物考古研究所：《湖南石门皂市商代遗存》，《考古学报》1992 年第 2 期，第 185 – 218 页。

⑤ 湖南省文物考古研究所：《湖南石门皂市商代遗存》，《考古学报》1992 年第 2 期，第 185 –218 页。

池河中支左岸的一处台地上，坟山堡遗址位于藕池河东支左岸低地。所谓藕池河，系清朝咸丰十年（1860年）长江决口形成的河流，在更早前是不存在的①。涂家台与坟山堡遗址所在地，在古代均属于澧水河流阶地。《水经》载："澧水又东过作唐县北，又东至下隽县西北，东入江。"作唐，即在今安乡县北安全乡附近，作唐故城现存夯土城墙和护城河遗迹。推测先秦时期的澧水故道是在安全乡与黄山头镇之间流过。张修桂指出，古代澧水津市以下河段，是沿华容隆起南侧断裂带发育的东西河道，从津市经安乡安全北，至华容东注入长江。并在华容以东、墨山南侧发育了澧水冲积扇②。故依古地理来看，涂家台与坟山堡遗址均位于澧水下游的右岸，坟山堡在涂家台以东32千米，而涂家台西至澧阳平原区的边界距离为57千米。

涂家台遗址所处的地点是洞庭湖平原上的小岗地，地理坐标为北纬29°20′26.8″，东经112°23′58.1″，海拔高程28米。岗地高出周围地表2－3米，南北长约200、东西宽50米。1999年春季经过正式发掘，发现了一批重要遗存③。墓葬共计10余座，集中埋在一处与居住区相对分开的小高地上，墓坑为狭长形的土坑竖穴，长度超过3米，宽度不足1米，这批狭长形墓坑可能使用了一种特殊的葬具。比如M10，墓坑不但为狭长形土坑，坑底的中间部位还相对下凹，两头上翘，如同船形，可能是一种船形棺，或者葬具本身就是舟船。这样的葬制还不见于其他地点。

坟山堡遗址地理坐标为北纬29°23′19.2″，东经112°43′36.8″，海拔高程28米。这里原为湖泊，后来围垦成陆。但在史前，应该是高于水面的湖畔陆地。遗址于1990年和1991年进行了两次发掘，第一次发掘的资料已经发表④；第二次仅有过简单报道⑤。

遗址的地层堆积多为黄褐色细沙土，这种沙土堆积的形成与遗址所处的微观环境有关，由于长期处在湖泊边缘，季节性的湖水涨落势必造成这种堆积。发现的皂市下层文化遗存有一批建筑遗迹和墓葬，建筑遗迹能够分辨的乃是柱洞和居住面的形状，往往用红烧土铺垫地面，有的还用砂与红烧土来铺设。F2是一座形制和结构都较为清楚的建筑，其房基面由黄色黏土和少量红烧土、木炭屑铺垫而成，大致为南北方向，宽度5米，南北长度尚不清楚，在房基面的边缘发现柱洞7个，房基面上的室内发现3个。室内东南角发现一火塘（Z5），略呈圆形，直径0.5米，残深0.05－0.14米，壁、底为

① 湖南省志编纂委员会：《湖南省志·地理志》（下），湖南人民出版社，1987年，第556页。

② 张修桂：《洞庭湖演变的历史过程》，《历史地理》创刊号，上海人民出版社，1981年，第99－116页。

③ 谈国鸣：《涂家台遗址发掘获丰硕成果》，《中国文物报》1999年8月4日。

④ 岳阳市文物工作队等：《钱粮湖坟山堡新石器时代遗址试掘报告》，《湖南考古辑刊》第6集，岳麓书社，1994年，第17－33页。

⑤ 张春龙：《洞庭湖地区新石器考古新收获》，《中国文物报》1992年6月14日。

红烧土烧结面,已连成一体,坑底留有木炭,坑口周围不见遗物。在该火塘的北面靠东的位置,又有另一火塘(Z6),其形状、结构均与 Z5 相似,两火塘口均朝向室内西北的一处坑状堆积(H4)。H4 为不规则形,最长达 2、宽 1.5 米左右,出土了大量陶器。从 F2 的面积和火塘(灶?)的分布来看,可能是一处扩大家庭的住所。

坟山堡聚落内部的布局和各遗迹、遗物间的空间位置还不甚明白,有关报道提供了一处墓地的情况,墓葬大约有 50 余座,似乎没有单独划定的墓地,而是在居住区内埋葬。沿用报道的说法,墓葬为二次葬,墓坑的形状一般为椭圆形,随葬器物也仅一两件。基本与彭头山文化时期的风格一致。在聚落的西南还发现了烧制陶器的场所,具体情况不清。坟山堡遗址还出土了大量的动植物遗存,特别是稻壳较为丰富,推测这个时期以稻作农业为主体兼及采集和渔猎的生业形态。

(3) 区域空间与平原聚落景观

澧阳平原皂市下层文化时期的聚落遗址,目前已经查明的为 19 处(图七二),较彭头山文化时期并没有显著增加,单个聚落的面积也没有明显扩大。但是,这些聚落很

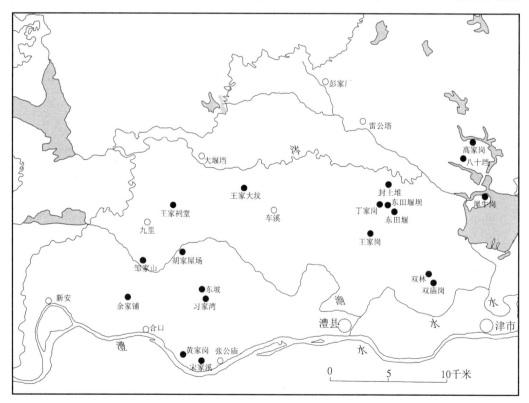

图七二　澧阳平原皂市下层文化遗址分布图

少与彭头山文化相重合。在 19 处遗址中，除八十垱、犀牛岗和双林遗址包含有两个文化时期的堆积外，其余均为新开辟的遗址，即使是八十垱遗址，皂市下层文化的堆积也非常少。这说明彭头山文化末期确实发生过某种变故导致聚落衰亡。另一个值得关注的现象是，新聚落虽然大部分不与原来重合，但其分布状态和空间位置并没有发生大的变化，涔水下游、澹水上游和澧水左岸仍然是聚落分布的重点地区，这又说明，聚落很快得到了恢复，皂市文化也应拥有与彭头山文化大致相似的环境与生计。

目前还无法确定各个聚落的等级。总的说来，皂市下层文化时期澧阳平原的聚落以涔水下游、澹水上游（包括在经度上大致相同的澧水左岸）为分布点，并形成东西两群。这两群的聚落在各自的群落里相邻的遗址间距离都很近，或者可视，或者隔河毗邻而居。它们之间定然存在某种关联，虽然还不清楚这种关联是否可以从距离的远近上表现出来，但以群为居的特点显然暗示了这种可能的存在。

在一个与彭头山文化时期地形、地貌相同，在气候、水文、植被也大致相似的环境中，皂市下层文化的聚落分布与彭头山文化没有本质区别，平原临水的低岗是这类聚落的首选之地。几乎在每一处聚落的附近都有大小不一的河流，临水而居是从彭头山文化时期就已经开始的栖身方式。在澧阳平原的周边，不是没有山前台地，但这些台地上很少有新石器时代遗址，说明当时的人们必须选择平原，并在临水的低岗居住，这几乎是平原地区稻作农业社会的唯一栖居模式。平原土地肥沃，易于耕种，便于水利。人们遂将聚落营建在便于获取水源的低矮岗地，由于低地的居住易遭水患，就必须有相应的水利工程建设，这种建设本身又促进了人际纽带的巩固和协作能力的提高。

四 汤家岗文化时期

（1）聚落形态

城头山和丁家岗遗址提供了汤家岗文化时期的聚落资料。

城头山遗址 遗址位于澧水二级阶地一处低矮的丘岗，南边不远处即是澹水故道。遗址中心点地理坐标为北纬 29°41′06.4″，东经 111°40′18.3″，海拔高程 46.39 米。汤家岗文化的堆积分布于丘岗东头地势较低的岗、原结合部位。这片区域现今地表海拔高程为 46 米左右，汤家岗文化的堆积基本埋藏在距地表以下 2 米，这个时期的水稻田，更深埋 2.5 米以下，推测汤家岗文化的活动地表为 42 - 44 米左右。

城头山遗址共划分为九个发掘区。第八区发现了汤家岗文化壕沟，其开口距地表 2.55 米，口宽约 15.3、底宽约 12.3、深 0.5 米，沟内填灰黑色淤泥，所出陶器的年代为大溪文化一期早段和汤家岗文化时期，钻探得知沟的内坡一侧有一道高 0.75 米左右的土墙①。遗址

---

① 郭伟民等：《澧县城头山考古发现史前城墙与壕沟》，《中国文物报》2002 年 2 月 22 日第 1 版。

东部六区也揭露出同一时期壕沟的一部分，此外在南部也探知有一条早于大溪文化一期的壕沟，通过这几个发掘区的情况，推测它们是连成一道环绕聚落的围壕。东部壕沟外发现了水稻田，是生产耕作区；壕沟的内侧为生活和居住区（图七三）。

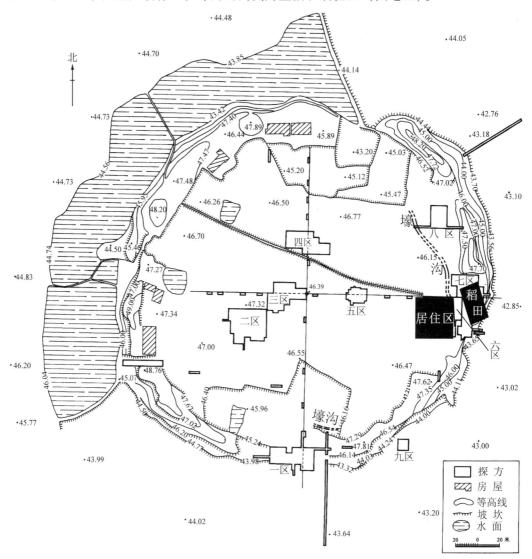

图七三　城头山遗址汤家岗文化聚落布局

（根据湖南所，2007 年，图五改绘）

聚落内部的生活区，发现有灰坑 30 个、灰沟 1 条、墓葬 2 座等。两座墓葬均分布在 T3123 内，开口第 7 层下。M904 为方形竖穴土坑，坑长 1.7、宽 0.9－1.1、深 0.2 米，填土为黄灰色黏土夹少量红烧土，人骨架已经腐朽，只剩少量肢骨，不辨葬式。随葬器物有陶碗和盘各 1 件，釜 2 件。M905 情况大致一样，仅随葬了陶盘 1 件，砺石 1 件。灰坑 15 个开口于第 8 层下，其余开口第 7 层下。各层灰坑的分布似无规律可循。灰坑的结构与形状各异，种类复杂。有圆形、椭圆形、长方形、不规则形等；坑壁有斜壁、直壁、弧壁等；坑底有平底、复底（底部有台阶）、圜底等，有的坑底还铺垫红烧土块。由于发掘面积有限，清理出土的遗迹现象尚不能反映聚落生活的全貌。

城东壕沟之外的水稻田，是一个重要发现。根据报告，水稻田一共发现两丘，被三条田埂所分割。稻田分层叠置，基本重合，上层为大溪文化一期，下层为汤家岗文化时期。出于保护遗迹的原因，稻田只清理到大溪时期的层面即停止，汤家岗时期的稻田情况只能据此推测。已知大溪时期的两丘稻田呈西北—东南走向，最西边是一道长约 40、宽 1、高 0.2 米的土埂。在这道田埂的东边 4.6 - 5 米处，又有一条平行田埂，再东约 2.5 米，是第三条平行田埂。西侧高出稻田的地面上，还开挖了用于灌溉的沟渠和蓄水坑。稻田平整，土为青灰色，较黏，局部解剖还能看到水稻根须，土中提取的水稻硅酸体极其丰富，其含量甚至高于现代稻田[1]。

丁家岗遗址　遗址位于城头山东部略偏北的位置，遗址中心点地理坐标为北纬 29°40′49.6″，东经 111°47′15.3″，海拔高程 35.8 米，属澧阳平原一级阶地，原为一低丘，比周围高出不足 2 米，面积近 3 万平方米。

丁家岗遗址经过两次发掘，均发现了汤家岗文化遗存。第一次发掘计有房子 1、灰坑 6、墓葬 3、陶窑 2 等。但资料发表不系统，布局情况不明。仅知 F1 叠压在 M21 之上，或许这个局部现象反映了聚落空间格局曾经发生过某种程度的变化。F1 已经残缺，为地面建筑，房基面用厚约 0.1 米的纯净黄土作基底，上面再铺垫褐色黏土，这种对于基础和地面的处理，是彭头山文化以来的建筑传统。两座陶窑分布在不同地点。这是在澧阳平原的首次发现。Y1 残高 0.5、宽 0.6、底宽 0.45 米。其建造程序是先挖一深 0.2 米的浅坑，然后用大块红烧土沿坑周围垒砌成为窑室，窑的其他部位已遭破坏。Y2 全部倒塌，仅存一堆红烧土，在红烧土堆的东面，有 3 - 4 平方米的褐色胶泥，厚 0.2 - 0.3 米，可能是陶泥池，在其东边还有一直径 0.9、深至少 1.5 米的圆坑，堆积纯净，推测是蓄水坑。它们组成一套制陶遗迹，陶窑的出现意味着制陶技术上的一次重大进步。

第二次发掘发现不少形制特殊的灰坑，分布在墓葬附近。坑均为圆形，直壁，平底，一般深 0.7 - 1 米。多数坑内埋藏大量遗物，以陶器为主，分层放置，有的多达 5 层以上，还有不少动物骨骼。如 K69 的堆积分 6 层：第 1 层有石斧和砺石；第 2 层有陶釜、白陶片、支座和羊齿；第 3 层为陶釜、支座和兽骨若干；第 4 层有陶釜、钵、支座

---

① 外山秀一：《从地形分析和植硅石分析看城头山遗址的环境及稻作》，《澧县城头山——中日合作澧阳平原环境考古与有关综合研究》，文物出版社，2007 年，第 44 - 66 页。

和大量的动物骨骼，可辨认的有鹿骨、牛肩胛骨以及鹿牙等；第 5 层有陶釜、钵和兽骨；第 6 层有陶釜、钵、兽骨和较多红烧土。类似情况不在少数，不像一般丢弃堆积，似为有意的埋藏，而且多次进行，与某种祭祀之类的活动有关，尤其是它们分布在墓葬周围，这一推测就显得更有道理了①。

（2）社会结构

谈到汤家岗文化的社会结构，澧阳平原还缺少相关物证，但是，距澧阳平原不远的汤家岗遗址，发现了这方面的材料。

汤家岗遗址在 1978 年和 1990 年两次发掘中，基本完整地揭露出一处墓地。墓地位于遗址的西部，占地面积约 364 平方米，共有墓葬 106 座②。

从墓葬分布来看，可以分为南北两个墓区，南区 58 座，北区 46 座，南北两区之间 2 座。南北两个墓区的内部有明显的空间区划。

南区墓葬分成三组，呈"品"字形排列，三组墓的间距在 2－3 米左右。三组墓葬的数量差距不大，A 组 16、B 组 17、C 组 25 座。各组墓葬虽然排列紧凑，但无叠压打破关系，意味着下葬有一定的顺序。其中 A 组 M89 随葬有白衣红陶盘，A 组 M56 和 B 组 M72 随葬了白陶盘。其余墓葬以及 C 组的全部墓葬均只随葬几件普通陶器。

北区墓葬可以分成东西两组，组内墓葬皆大致呈东北—西南向排列，这种排列方向与汤家岗岗地东北略高的走向一致。推测当时墓葬的下葬是从高处开始，向低处延伸。证据为，墓地中东组随葬白衣红陶盘的 5 座墓明显分成了两列，显示墓葬的安排是由东至西。西组中包括 1978 年发掘的 10 座墓，通过研究，这 10 座墓的安排过程是由 M12 至 M5③，也正好可以印证东组墓葬的下葬顺序（图七四）。

汤家岗墓地分墓区、墓组、墓列，连同墓地，为四级结构。这样的墓葬结构应当是一定社会结构的反映。

人类社会的基本单位是家庭，其最普遍的和最基本的家庭形式是核心家庭。它通过婚姻得以建立，通过继嗣或婚姻两种途径得以延续和扩大，前者为扩大家庭，后者称为复合家庭。但家庭的扩大总有限度，超过这个限度，就会分裂。若干具有较近亲缘关系的大家庭结成的亲缘组织，即胞族和氏族等，其内部实行婚姻禁忌，有清楚的继嗣关系，并有共同的祖先认同④。由于它必须实行外婚制，这也就使人们具有建立超出血缘

①　湖南省文物考古所发掘资料。
②　尹检顺：《汤家岗文化初论》，《南方文物》2007 年第 2 期，第 61－69 页。
③　赵辉：《长江中游地区新石器时代墓地研究》，《考古学研究》（四），科学出版社，2000 年，第 23－54 页。
④　汪宁生：《文化人类学调查》，文物出版社，2002 年，第 131 页。

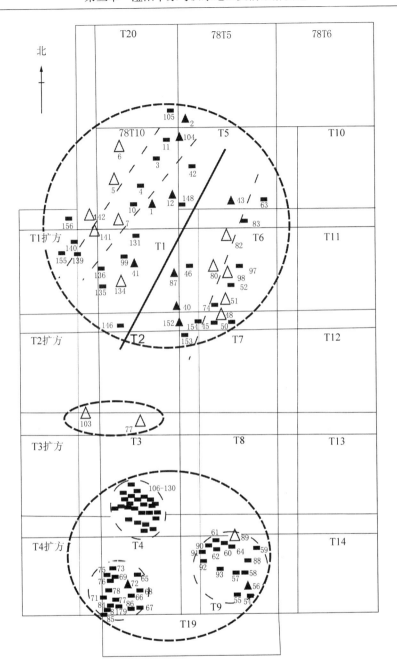

图七四　汤家岗遗址墓地平面布局

（根据尹检顺，2007 年，图五改绘）

关系的更为复杂的社会关系的空间。

社会的复杂化，还有另外两个重要途径：一是社会生产和社会生活不同领域的专门化；一是以财富占有上的差距为基础的社会地位的分层化。后者是社会垂直层次的丰富和发展，但前者未必全部都是社会水平方向的复杂过程，两者往往会在某个角度或层面上交叉互动。

如果将汤家岗墓地看作相对应的是整个聚落，则可推测南区和北区是各有明确的共同祖先的单系继嗣群体，墓区内的墓组可能代表了一个扩大家庭。一组墓葬的数量16－20座左右，也许，这是一个扩大家庭规模的社会群体3－5辈人的产出，进而估计一个墓组的时间跨度约为100年。比较随葬品的数量和质量，可以看到北区明显高于南区。北区拥有白陶盘和白衣红陶盘的墓葬20座，占北区墓葬总数的44%；南区有3座，仅占墓葬总数的5%。在随葬品的数量上，北区随葬5件以上的墓葬达27座，占墓葬总数的60%；南区同一标准的墓葬仅占总数的5%。

白陶盘或白衣红陶盘显然不是一般陶器。湖南省地质局对汤家岗遗址两个白陶样品进行了分析[1]，结果与高岭土成分极为相似（表一五）。湖南高岭土主产区在湘江流域，浏阳马颈坳细粒高岭土 SiO_2 含量73.56%、Al_2O_3 含量14.31%、Fe_2O_3 含量0.874%、K_2O 含量4.27%[2]，与汤家岗白陶成分接近。虽然不能肯定汤家岗聚落的人们使用的是这种高岭土的陶土，但汤家岗遗址附近并没有发现高岭土矿源。因此，汤家岗的白陶盘或者是原料的远距离输入，或者是成品输入，无论何种方式，都需要付出较高的成本。

表一五　　　　　　　　　　　汤家岗遗址出土白陶成分检测

样品	SiO_2	Al_2O_3	Fe_2O_3	K_2O	TiO_2、Na_2O、MgO、CaO
1	65.8%	23.02%	2.05%	3.34%	少量
2	72%	18.95%	1.98%	3.45%	少量

白陶盘的另一特点是通体装饰极为复杂、繁缛的纹饰，纹饰主体采用印纹施纹，手法有压印、戳印、模印等多种，辅以各种细微的指甲、篦点和刻划纹，形成浅浮雕效果，主体纹饰的构图讲究对称，一般将圆周分割三、四、六或八等份，有的器底装饰八角星纹和星芒纹（图七五）。对一件器物如此精雕细琢，其背后肯定赋予它具有某种特殊意义。有论者认为此与原始宗教崇拜有关[3]。北区拥有白陶盘随葬的墓葬几近半数，远高于南区的5%，如上说可信，则北区成员更多具有与上述特殊意义相关的社会生活

① 何介钧：《长江中游新石器时代文化》，湖北教育出版社，2004年，第104页。
② 湖南省志编纂委员会：《湖南省志·地理志》（下），湖南人民出版社，1987年，第353页。
③ 牟永抗：《试论长江流域史前时期的白色陶器》，《长江中游史前文化暨第二届亚洲文明学术讨论会论文集》，岳麓书社，1996年，第273－279页。

汤M103:9

汤M12:1

汤M41:2

汤M103:6

图七五　汤家岗文化白陶盘

中的特殊性。他们在拥有白陶盘这种耗费工时的特殊制品的同时，还随葬了更多的陶器，这应当是社会分化的反映，这是彭头山文化以来前所未见的现象。连同墓地规划、墓葬随葬品的组合与数量等现象看，汤家岗社会生活所遵循的准则中，已经认可了这些内容，而这些实质上是一定程度的社会分化的内容，很可能是通过白陶盘背后的那些神秘宗教的渠道获得合法化的。

（3）环境与生业

施雅风指出，5200BC－4000BC是全新世大暖期的鼎盛阶段，各地气候均较暖湿，季风降水几乎波及全国，植物生长空前繁茂①。洞庭湖君山自然沉积钻孔的孢粉记录显

---

① 施雅风等：《中国全新世大暖期气候与环境的基本特征》，《中国全新世大暖期气候与环境》，海洋出版社，1992年，第1－18页。

示，在这个时期内，植物以栎—青冈为优势的孢粉组合，说明本阶段正是全新世气候最适宜时期，气候属中亚热带南缘乃至南亚热带，要比今天湿热。年平均降水量在 1300 毫米以上，年平均温在 19℃ – 20℃①。城头山遗址汤家岗文化时期的稻田土、田埂、水渠、水坑等取得的 16 份样本，经孢粉分析，有青冈栎属、落叶栎属、枫香、松、杉、山毛榉、朴树、杨梅、漆树、乌桕、女贞、葡萄等，此外还有大量的禾本科植物孢粉，反映了亚热带植被景观②。

这个时期，人们仍然选择在临水的低矮丘岗居住。聚落进一步扩散到海拔更低的地带，汤家岗遗址海拔 30 米、划城岗遗址海拔 33 米、新湖遗址海拔 29 米，汤家岗文化的范围已经分布到了整个洞庭湖地区。这个时期的洞庭湖区依然是河网切割的平原地貌，河床低于现在的位置，大湖泊和大面积的水域并未形成。无论气候还是地貌环境，都非常适合稻作农业的发展。

城头山遗址发现的稻田和与之配套的灌溉设施，表明当时已经有了利用和控制农田用水的能力，多次加固田埂以保水固田的做法，与当今南方农村没有根本差别。但狩猎和采集依然在经济生活中占有重要地位。丁家岗遗址的墓葬和祭祀坑中出土许多动物遗骸，计有牛、猪、鹿、羊、象、猪等。猪或许开始了被驯化乃至已经家养，牛是否已经为家养还不清楚，而相当多的动物属野生种，意味着仍有某种狩猎经济的存在。

五　大溪文化时期

（1）城头山遗址大溪聚落的发展

A. Ⅰ、Ⅱ期城墙、城壕的营造

汤家岗文化时期的城头山聚落，在澧阳平原和洞庭湖区的同期聚落中，其重要性并未充分表现出来。相反在丁家岗、汤家岗聚落发现的迹象，似乎较城头山更不寻常。当然，遗址发掘面积有限，也许是尚不能准确评价城头山聚落的真正原因。但无论如何，城头山聚落进入大溪文化后，才开始大幅发展。

大溪文化一期，城头山聚落开始建造城壕工程。聚落东北部的发掘显示，城壕是在汤家岗时期的壕沟外大约 7 – 8 米处开掘，利用挖壕出土在壕沟内侧堆筑城墙③。现存Ⅰ期城墙顶宽 5.2、底宽 8、高 1.6 米。城墙建造过程中可能举行过某种仪式，M706 开

---

① 唐领余等：《长江中下游地区 1 万年来植被与气候变化序列》，《长江流域洪涝灾害与科技对策》，科技出版社，1999 年，第 248 – 252 页。

② 守田益宗等：《从城头山遗址沉积物的孢粉分析看农耕环境》，《澧县城头山——中日合作澧阳平原环境考古与有关综合研究》，文物出版社，2007 年，第 67 – 83 页。

③ 郭伟民等：《澧县城头山考古发现史前城墙与壕沟》，《中国文物报》2002 年 2 月 22 日第 1 版。

口于Ⅰ期城墙第1层筑土下，打破Ⅰ
期城墙第2层筑土。墓坑形状特殊，
为葫芦形土坑，墓主为一成年男性，
无任何随葬品。该人被埋在城墙之中，
并且是在两次筑城的期间，发掘者推
测这与筑城仪式有关，很可能作为城
墙奠基的牺牲（图七六）。

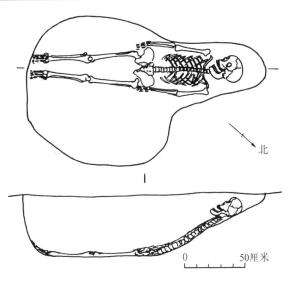

图七六　城头山遗址 M706 平、剖面图
（根据湖南所，2007 年，图二七四）

　　Ⅱ期城墙在紧挨着Ⅰ期壕沟的外
坡上的地面起建，顶宽 5、底宽 8.9、
高 1.65 米，系黄色黏土垒筑而成。外
坡之下为Ⅱ期壕沟，口宽 12、底宽 10
米左右。Ⅱ期壕沟的取土将Ⅰ期壕沟
填埋，并形成一个黄土台。其后，该
黄土台与Ⅱ期城墙整合成一片宽敞居
住面，因而出现大量建筑，其居住过
程从大溪文化二期后段延续到大溪文化三期。在此阶段，Ⅱ期城墙外坡、Ⅱ期壕沟则被
倾倒了大量城内生活垃圾，形成堆积在Ⅱ期城墙外坡上的数个地层。

　　在城头山南部，Ⅰ期城墙尚未完全揭露，已露出的部分，墙面距地表 2 米，本身高
1.25 米，它的外坡一侧为Ⅰ期壕沟，壕沟开口距地表 3.35 米，口宽 9.7、底宽 6.15、
深 0.7 米，沟内坡有明显的加筑护坡，并有护坡木桩残留。后壕沟废弃，其上叠压大溪
文化一期晚段及二期早段文化层和相关堆积，Ⅱ期城墙再垒筑其上。Ⅱ期壕沟则在Ⅱ期
城墙的外坡一侧，与Ⅰ期壕沟相比，向外推进了 3 米。Ⅱ期城墙是紧贴Ⅰ期城墙的外坡
和内坡，将其加高加宽，其外坡底部距地表 3.25 米，内坡底部距地表 1.25 米，高度已
突出地表，但由于晚期破坏，残存高度也就是其底部距地表的最大深度。

　　城头山大溪文化Ⅰ、Ⅱ期城墙、壕沟的营造，是澧阳平原农业社会发展到一定阶段
的产物。据报告数据，Ⅰ期城壕东西长 311、南北宽 211 米，周长约为 819.54 米，城壕
横截面积为 19.25 平方米，那么，挖掘整条城壕的土方数约为 15776.15 立方米。按照
平均每人 1 天挖掘 1 立方米折算，需要 15776.15 人/日。若以每天 100 人次计，则需要
大约半年的时间才能挖成。但城墙和城壕这类功能性工程的建造，总是越快越好。因此
可以推测，城头山聚落已经有了动员和组织较多人员的机制。

　　B.Ⅰ期城墙使用期（大溪文化一期）

　　Ⅰ期城墙城壕的使用年代为大溪文化一期。城内活动重心位于东部，第六、七发掘
区均发现了丰富的大溪文化一期遗存，计有墓葬、房子、灰坑以及祭坛等和大量祭祀坑

（图七七）。

　　祭坛建造于大溪文化一期，与
Ⅰ期城墙的营建过程同时或稍晚。
其建造程序是先铺垫一层陶片和红
烧土碎块，上再铺一层较为纯净的
黄褐色土，在这个基础上以纯净黄
色黏土堆筑祭坛。祭坛整体斜长，
形态略呈椭圆形，由中心向四周倾
斜，长径 25 米，短径已露出的部
分为 10 米①。祭坛南部是一批形状特殊的
祭祀坑，坑的开口层位不同，但同
一层位的坑基本没有打破关系，多
数坑与坑之间仅间隔十几厘米，可
见这些坑的开挖是很严谨的。这些

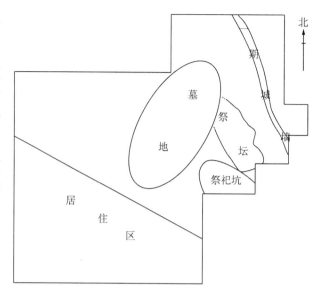

图七七　城头山遗址东部大溪文化一期聚落总体布局

坑以方坑为主，边长 1 米以内，坑深 1 米以上，大多坑壁规整，有的坑壁以草灰刮抹，
有的坑底挖成台阶状。大多数坑内放置器物，有的坑内放置数层陶器，器物以釜、罐为
主，放置方式也较特殊，绝大多数为倒扣，少部分横置，均无底，似是有意识地敲掉。
有的坑出土不少兽骨，大多坑底有一两件经过打砸的石头，还有的坑底铺垫大块红
烧土。

　　祭坛使用过程中进行过扩建，扩大了的祭坛边缘之外，也同样分布有一批圆形或方
形的坑，这批坑内的包含物大体与早期坑相似。祭坛顶面也分布着一批圆形坑，大致分
为两组，一组在东侧，另一组略靠西。东组一排四个坑呈直线分布，均直壁，较浅，坑
径与深度一致，深度大多在 0.15－0.25 米之间，平底。其中有两坑内放置石头，另外
两坑则无包含物。大致与这批坑同时，在祭坛东侧的斜坡上留下了一个较厚的黑灰层，
黑灰中含较多的兽骨和一具人骨残肢，有少量陶片、黏土和烧土块，应是祭祀行为所
致。祭坛往东扩大的同时，还在东侧南端留下了一个近 10 平方米的红烧土堆积，叠压
在黑灰土之上，似表明对祭坛坡面的又一次加固行为。在这个红烧土堆积的东边，也开
口有一批祭祀坑，大多数坑内填充有红烧土块，有的坑内放置兽骨。同时，更引人注意

①　关于该祭坛的尺寸，相关报道不一致。笔者是根据 1998 年的发掘情况写成，实则 1997 年和
　　1993－1994 年的发掘已经将祭坛的一端完全裁切，实际长度（长径）无法复原，宽度（短
　　径）则是需要测量底部和顶部两个数据，本文中短径 10 米仅是顶部的数据。

的是在祭坛的东北方向，在大溪文化Ⅰ期城墙的内坡上开口了三个坑，一个为圆形，两个为方形。有两个深度达 1 米以上的坑内分层叠置了大量陶器，有圈足盘、罐、钵、碗等，此外还有大量的黑灰填放其内，这些黑灰全部由稻米和稻叶炭化所致。另外一座方坑较浅，内堆许多大块的红烧土，它们当是人类进行祭祀活动的证据①（图七八）。

祭坛西侧是墓地，可分出 A、B、C 三个墓区（图七九）。

A 区位于墓地的北部，主要为一批长方形竖穴土坑墓，均为仰身屈肢葬，头朝向东南。墓葬还可以分出东西两个墓组，以位于中间的一座瓮棺（M43）为界，东组墓葬 7 座，西组墓葬 9 座。仅东组 2 座和西组 1 座墓有随葬器物，但也仅为 1－3 件。说明这一墓区整体上处于较低的等级。

B 区墓葬位于 A 区的东南，两个墓区之间有约不到 10 米的空白地带，这批墓葬应该在祭坛使用后期形成，主要分布在祭坛之上。M774 位于中心位置，墓坑为正方形竖穴，长、宽均为 1.2 米，深 0.4 米。墓坑中间有隔梁将其分为两部分，北半部放置墓主人，仰身，屈下肢，头朝东南，左侧下肢骨上有 1 颗鹿牙，骨架下发现板灰，疑似葬具痕迹，南半部随葬 1 件牛下颌骨，此一位置和葬式十分特殊，应该为祭师之类的神职人员的墓葬。在 M774 周围，有 M751、M766、M770、M773、M767 环绕，这几座墓均不见随葬品，其中 M766 为仰身屈肢，但缺左上肢和右下肢，可能与祭祀活动有关。从这个意义上说，B 区所埋的墓葬，与祭坛及其相应的祭祀有关，属于比较特殊的阶层。

C 区位于墓地的西南，该墓区的瓮棺葬占绝对多数，葬具多为陶釜，有的在釜上扣 1 件陶钵。这显然是一个瓮棺葬区，与 A、B 两个墓区有较远的空间距离，显示在规划墓地时有过事先的安排。

城头山大溪文化一期墓地提供了某些社会结构方面的信息。从相关信息可以推测，A 区的墓葬可能是普通的社群成员；B 区成员与祭祀活动有关；C 区为瓮棺，为小孩或者另外原因死亡的成员。进而可以大致判定，三个墓区的安排基于功能方面而非血缘的划分。A 区东西两组墓葬可能是根据血缘关系的安排，但是这种关系从属于功能安排之下，即血缘可能已经不是决定墓葬区划的第一要素。

墓地的西南是生活居住区。这里发掘揭示了一座长条形排房 F77，该建筑的居住面铺了一层红烧土末和黑灰，基槽以及相关的柱洞勾勒出了建筑物的大致形态。该建筑平面为长方形，东北—西南向，西边一条基槽长 15.75 米，东边基槽破坏严重，残长 10 米，两槽平行排列，相距 5.75 米。建筑的东北端已经到头，西南端则延伸到了发掘区以外，故长度未知，已经揭露部分至少被分隔出 4 个小单元（图八○）。这种"排房"是澧阳平原新出现的一种建筑形态，与以前的建筑有较大差异。从社群结构而言，这样

①　郭伟民：《城头山古城考古又获新成果》，《中国文物报》1999 年 3 月 3 日第 1 版。

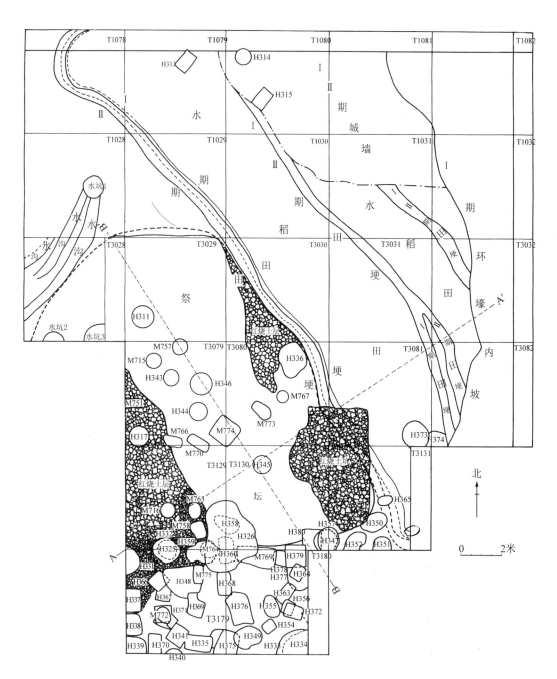

图七八　城头山遗址大溪文化一期祭坛、祭祀坑平面图

（根据湖南所，2007 年，图一〇九）

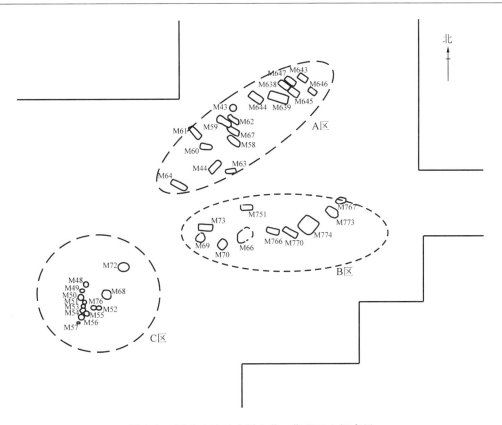

图七九　城头山遗址大溪文化一期墓地空间布局

的排房显然不是核心家庭的居所，而应该是与扩大家庭或者家族的居住相关联。

C. Ⅱ期城墙使用期（大溪文化二期）

城头山聚落东北部的解剖显示，Ⅱ期城墙是在Ⅰ期壕沟外侧数米远处的地面上建造起来的。在建Ⅱ期城墙的同时，Ⅰ期壕沟垫筑了大量的黄土，形成黄土台面，上面有大量的建筑堆积，显示其延续过程从大溪文化二期后段至大溪文化三期。从这个意义上说，Ⅱ期城墙的建造主要是为了扩充城内建筑面积，与城头山聚落人口的增加有直接关系。

大溪文化二期阶段，人们的活动范围较以前扩大了许多，在城头山多数发掘区均发现了大溪文化二期遗存。

城东仍然是重要区域，与Ⅰ期城墙使用期间的聚落结构相比，空间布局有了一定改变：原来由祭祀区、墓地和生活居住区所构成的功能区划已经被墓地—窑场空间布局所取代（图八一）。墓地位于窑场南部，分三个墓区。

A区墓地即是在前期A区墓地的基础上扩充而成，但墓葬制度发生了很大的变化。墓葬方向一致，头向一律朝东，随葬品集中在M678、M679、M669、M680、M739等少

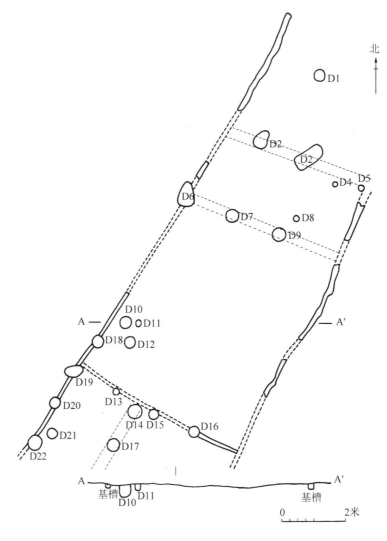

图八〇　城头山遗址 F77 平、剖面图

（根据湖南所，2007 年，图一一一）

数墓葬里。这 5 座墓又以 M678 较为特殊，该墓在这 5 座墓中位置靠北，为长方形竖穴土坑，墓坑长 2.5、宽 1.1、深 0.2 米，坑底分布有零星朱砂，人骨架保存完好，头向朝东，仰身直肢，为一成年男性。颈部有 2 件玉璜，随葬陶器 25 件，其中豆 7 件、圈足盘 4 件、器盖 10 件、鼎 1 件、釜 1 件、碗 2 件。随葬品放置于墓主两侧，左侧仅有豆及其器盖，其余器物均置于右侧，右手上执一小鼎。骨架左侧有一小孩头骨，与墓主头向相反（图八二）。

在 M678 的北侧，有 2 座屈肢葬墓，无任何随葬品。在 M678 的南侧，依次排列着

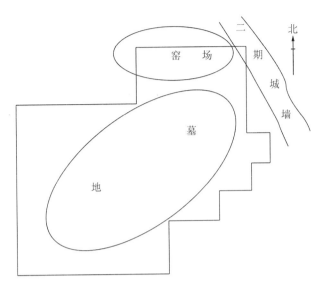

图八一 城头山遗址东部大溪文化二期聚落总体布局

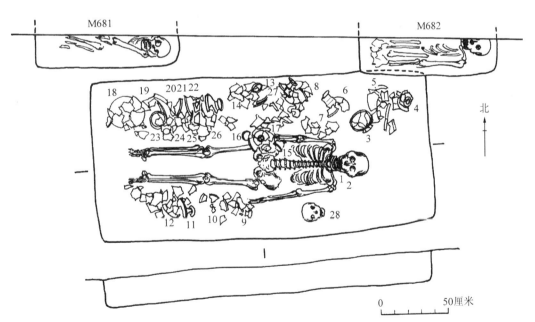

1、2.玉璜 3、9、11、12、17、20、22、24、26、27.陶器盖 4、6~8、10、13、14.陶豆
5、15、19、25.陶圈足盘 16.陶鼎 18、21.陶碗 23.陶釜 28.小孩头骨

图八二 城头山遗址 M678 平、剖面图

（根据湖南所，1999 年，图九）

M679，随葬品 12 件；M669，随葬品 11 件；M680，随葬品 13 件；M739，随葬品 15 件。这 4 座墓的随葬品均在 10 件以上。反观周围其他墓葬，无随葬品的 10 座，随葬品为 1－3 件的 10 座，4 件的 1 座，5 件的 1 座。这 27 座墓葬中随葬品的总量为 102 件。5 座墓的占有量为 78 件，12 座墓的占有量为 24 件，10 座墓完全没有随葬品。将这三类墓分别以甲、乙、丙命名，则得出一组数据对比表（图表一八）。

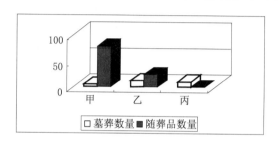

图表一八　城头山遗址大溪文化二期墓地 A 区
土坑墓类别与随葬品数量对比

这组资料表明，占总数不到 19% 的甲类墓葬占有了 76% 的随葬品，而占墓葬总数 81% 的乙、丙类墓所拥有的随葬品不到总数的 24%，差异非常明显。另外，从墓坑的结构来看，甲类墓葬显然拥有比乙、丙类墓葬更大的墓坑，它们的长度均超过了 2 米，宽度在 0.7 米以上，并且占据墓地的中间位置。乙、丙类墓坑的尺寸要小得多，长度在 1、宽 0.7 米以下。从葬式上也可以作出判断，甲类墓虽然仅 M678 有骨架，但其他几座应该采取了大致相同的葬式，乙、丙类墓无一例外均实行侧身屈肢。虽然无法断定仰身直肢与侧身屈肢之间是否存在社会身份的差异，但如果与一系列其他信息相关联，就会认为这种不同的葬式当是不同社会地位的反映。

在第六、七发掘区，还揭示出了另外两片集中埋葬的墓地，一处分布于第七区的 T3129 与 T3179（B 区）；另外一处分布于第六区的 T3226、T3275 等探方（C 区）。这两片墓地的墓葬数量都不多，基本没有随葬品，葬式均为侧身屈肢，显示与 A 区的丙类墓葬等级一致（图八三）。

这三片区域显然将墓葬分为了三个不同的墓区，在等级上，A 区要高于 B、C 区。它们之间有明显的分界，是各自独立的墓区。因此可以认为墓葬显示可能存在三个身份不同的群体：A 区甲类墓主人拥有这个聚落绝对的优势和地位，属于上层集团；A 区乙类略次；A 区丙类和 B、C 区等级最低。

A 墓区的北边为一窑场。Y10 是这个时期陶窑的典型代表。Y10 长 6.2 米，主体部分宽 3.5 米。投柴坑在西端。投柴坑与火膛之间有与火膛底持平的窑门相连。火膛为椭圆形，中间部位从北至南有一宽 0.2、高 0.05－0.1 米的黄土隔断，将窑膛分为两部分，在

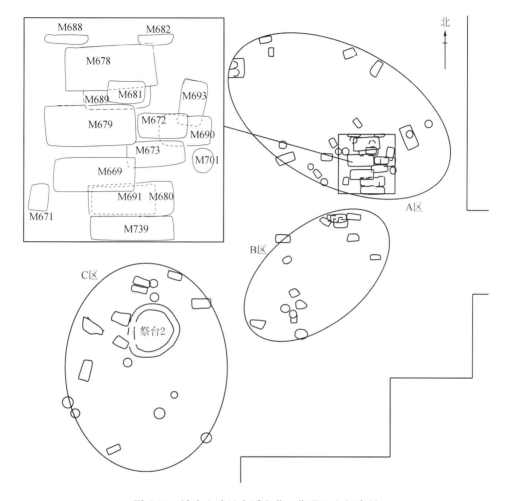

图八三　城头山遗址大溪文化二期墓地空间布局

隔断中间有一宽0.1米的缺口，形似火道。除与投柴坑相连的一方外，火膛其他部位的周边均有高于膛底的平台，应为垒放器物的窑床。北侧的窑床上还发现1件未烧透的陶罐。烟道在窑床东侧南部，以两个圆形坑相通，直径0.6－0.8、深0.3米。窑顶已不存在。火膛内堆积有呈层状的红烧土末，每层之下均有较为纯净的草木灰，可以观察出主要燃料为竹。窑内和窑外的地面上均留有大量陶片。在Y10的南部，编号为H210的灰坑，实则是另一陶窑，它的开口层位要略晚于Y10，但与Y10有过一段共存时间，所保留下来的窑体以及窑内的出土物都与Y10极为相似。在这两座窑的西侧，则有数个大而深的土坑，当是当时的拌泥坑。这些堆积比较清楚地显示出了作为一个手工作坊区的相关功能。但是，制作陶器的地点并不清楚，还不能完全复原整个工艺流程。

　　在C墓区发现一处祭坛（祭台2），圆形，直径3.5米，面积不到10平方米。用红烧土垒成圆圈，可以观察到这种圆圈实际上起到了墙体的作用。红烧土圈内下部为一层灰黑色土，其上有墙体倒塌堆积的红烧土块，无其他遗迹和遗物。从其形状和结构来看，它不是房屋建筑，而应是一种祭祀遗迹，推测可能与 C 区墓祭有关。

　　城南第一发掘区揭露的城壕及其堆积也提供了聚落生活的相关证据。在 I 期城墙使用时期，城南有一处通道。II 期城墙营造时，在该通道两侧开挖壕沟，与整个聚落的 II 期城壕贯通，这里遂成了城头山与外界交通的水陆码头。城壕建造时构筑了护坡设施，做法是先在城壕的坡面贴筑一层夹大量白膏泥的黄褐色黏土，再在外面铺上一层用芦苇和竹篾编织而成的芦席，固定芦席的是一排深入沟底的木桩，木桩间距为 1.2 - 1.5 米。在木桩之外，用带韧性的长木条捆扎成横栏，形成严密紧凑的护坡设施。城壕内发现了大量木材、木器、木构件、织物、植物子实和动物骨骼，以及木桨、木艄和可能是船构件的带榫眼的木板，并有数十根 4 - 5 米长的圆木，其中有的圆木上每隔 0.50 米左右有用刀砍的痕迹，因而不排除圆木是木排的组成部分（图八四）。

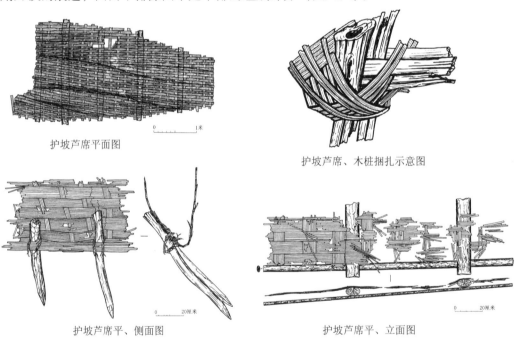

护坡芦席平面图

护坡芦席、木桩捆扎示意图

护坡芦席平、侧面图

护坡芦席平、立面图

图八四　城头山遗址南 II 期城壕芦席护坡示意图

　　D. II 期城墙使用期（大溪文化三期）

　　大溪文化三期同样是城头山一个较为重要的时期，这个时期整个城头山聚落均有文化遗存分布。在第三发掘区，发现了属于大溪文化三期陶窑 6 座，编号为 Y2 - Y7，分布在六个探方内。在陶窑的周围，还发现多个灰坑和灰沟，其中有的灰坑可能是与陶窑相配套的设施，诸如取土、和泥、出灰以及贮水之用。另外，附近还有多座建筑，这批建筑仅见柱洞而无基槽，可能为简易工棚之类。这批遗迹年代均在大溪文化三期，但堆积关系较为复杂，有多种叠压和打破关系，说明窑场曾经反复使用。

陶窑的结构显示出它的进步性，有清晰的火膛、窑室、烟囱，绝大多数窑所出的陶器都以红陶为主。因而推测烧制时采取了封砌窑顶的方法，在具体的烧制中可能大量使用了氧化焰。这批陶窑以 Y4 最具典型意义，Y4 平面为两个半圆形套接，分火膛、窑室、烟道、退灰坑几个部分，火膛在东部，为长 1.3、宽 3 米的坑道，坑道里堆满了红烧土，红烧土之下是一层纯草木灰，内含较多陶片。火膛与窑室之间有火道，窑室内堆满红烧土，红烧土排列层次分明，无其他包含物，推测是专门烧制作为建筑材料用的，估计 Y4 原来烧制陶器，后来又烧过红烧土（图八五）。与 Y4 同一地面的还有 Y3、Y7，Y7 附近有一简易建筑。在这三座窑的北边，是三个大型坑状堆积 H145、H172、H173。三个坑还有打破关系，说明这个区域曾反复使用。Y2、Y5、Y6 则稍晚一些，但时间距离不会太久。

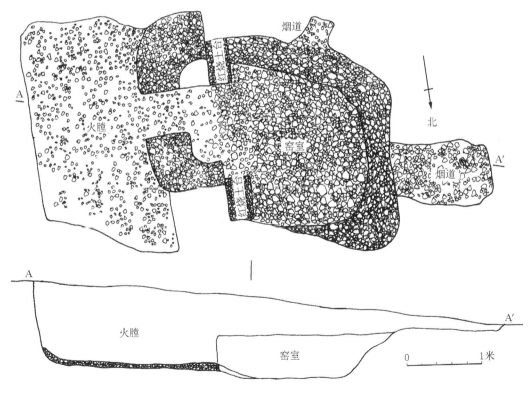

图八五　城头山遗址 Y4 平、剖面图

（根据湖南所，2007 年，图二二四）

　　东部第六、七发掘区在大溪文化三期已经不再是活动重心：首先，没有明确的空间布局，各类迹象的分布无规律可循；其次，出现大片空白地带。这种现象显示，大溪文化三期阶段，城头山聚落结构发生了重大改变。

　　这个阶段的居住区可能朝城内的东北方向位移。据城东北部位钻探结果，这个区域分布有比较密集的红烧土堆积，其所处的深度及特征大致与第九发掘区 F104 所揭示出来的红烧土堆积一致，F104 是 II 期城墙使用期间的大型建筑，为大溪文化三期。F104 最先露头的是一大片红烧土，跨至少 8 个探方，还延伸到了发掘区之外，揭露出来的红烧土面积南北长 16.9、东西宽 12 米。这处建筑的体量非常大，并未发现墙基，其功能和性质还不明白。在 F104 的南部也发现了大量的红烧土堆积，可能这里是当时城头山聚落活动的重心。

　　大溪文化三期的墓地现在还无从查找。《澧县城头山》报道在 1993 年发掘第二区的过程中，于数个探方的探沟剖面发现了大溪文化三期墓葬。在 2000 年的发掘中，又在数个灰坑中出土了大溪文化三期较为完整的陶器，疑为墓葬随葬品。发掘者推测也许大溪文化三期的墓葬集中在第二区。若这里果真为大溪文化三期墓地所在，也正好证实了城头山聚落结构在大溪文化三期发生重大改变的事实。

　　（2）大溪文化时期澧阳平原的聚落分布

　　大溪文化时期澧阳平原史前聚落快速发展，聚落数量和单体聚落的面积均大大超过汤家岗文化时期。澧阳平原进行过正式考古发掘的大溪文化遗存还有丁家岗和三元宫。

　　丁家岗遗址皂市下层文化时期即有人类居住，经过汤家岗文化的发展期，大溪文化达到鼎盛。像澧阳平原上绝大多数聚落一样，丁家岗也临水而居，它的西北和东北各有古河道从遗址旁边绕过，汇入遗址东南的低洼湖沼（图八六）。1979 年冬在遗址北部发掘大溪文化墓葬 27 座[1]。从该处地层堆积来看，第二层所出遗物属于大溪文化一期，打破第二层的 27 座墓葬分属不同的期别[2]。原报告定为"第二期遗存"的 15 座墓葬年代相当于大溪文化二期，"第三期遗存墓葬"相当于大溪文化三期。从 1999 年 – 2000 年的发掘情况看，大溪文化的活动重心在聚落西南部，这里发现了大型建筑遗迹，包括大型基槽和柱坑，以及成片的红烧土堆积。墓葬区则位于聚落的北部，1979 年所揭露的即是这个墓地的一部分。

　　三元宫遗址位于丁家岗东北 7 千米处，地理坐标为北纬 29°46′33.67″，东经 111°

---

　　① 　湖南省博物馆：《澧县东田丁家岗新石器时代遗址》，《湖南考古辑刊》第 1 集，岳麓书社，1982 年，第 2 – 18 页。

　　② 　报告报道这批墓葬分布在"第二层中"。

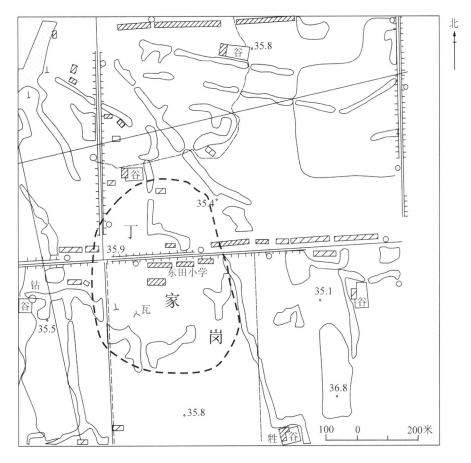

图八六　丁家岗遗址及周边地形图

49′24.08″，海拔高程 36 米。遗址处在一条南北向的狭长形岗地上，该岗地属北部丘陵伸入平原的低岗，岗地南北长 1800、东西宽 300 − 400 米不等，两侧都有小河相绕。岗地上还有一些略高的小台，由北往南依次排列，有杨家咀、高家台、雷家台、王家岗、余家台、赵家台等名称，三元宫遗址即坐落在中南部位西边王家岗，台地中心原有一道观——三元宫。这是一处完整的环壕聚落，至今保留完好。聚落呈规则的圆形，环壕以内聚落直径约 284 米，面积 6.3 万平方米；若按环壕外坡计算，直径约 347 米，面积 9.5 万平方米。三元宫遗址的主体堆积为大溪文化和屈家岭文化遗存。1974 年的发掘将所获得的遗存分为早、中、晚三期。早期遗存并不单纯，应该分属不同的文化和时间段落；中期遗存也包含极为复杂，基本包含了大溪文化一至三期的遗物①。三元宫发掘所

---

① 湖南省博物馆：《澧县梦溪三元宫遗址》，《考古学报》1979 年第 4 期，第 461 − 488 页。

提供的聚落方面信息极少，相关分析无法进行。

　　澧阳平原大溪文化已查明的遗址数量 50 处。无论是聚落面积、数量、内部结构，还是聚落的空间分布，都有了重大变化。主要表现在如下几方面：第一，出现大型聚落，甚至特大型聚落。面积在 5 万平方米以上的有十多处，如麦芽岗遗址是一处单纯的大溪文化堆积，面积即达 8 万平方米。城头山还出现了城墙和城壕。第二，聚落数量急剧增加，与汤家岗文化和皂市下层文化时期相比，聚落数量扩大不止一倍。第三，出现聚落带。聚落带集中在澹水与涔水两岸。在澹水上游，从蓝田寺到城头山，沿平原西部山前岗地呈半月弧分布有 20 余处聚落，相邻聚落之间的距离不到 2 千米，这意味着每个聚落实际能够占据的空间半径还不到 1 千米，城头山是这个聚落带的中心。涔水下游澧阳平原的东部，聚落亦大致沿涔水两岸呈带状分布，其密集程度似乎稍逊于澹水上游，这里最大的聚落是三元宫。此外，澹水下游的麦芽岗周围也有一批聚落，包括龙王庙、唐家毛坪、曹家大坟、孟家岗、优周岗等，聚落之间的空间距离较大，不如上述两处密集（图八七）。

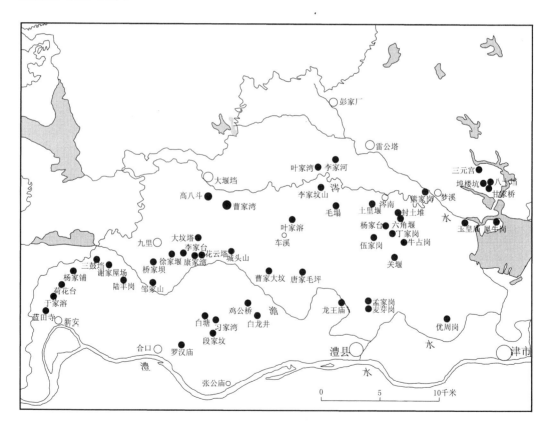

图八七　澧阳平原大溪文化遗址分布图

　　以上三处聚落带中，各有自己的中心，而且中心聚落已经拥有了城壕或完整的环壕系统。概而言之，居于澹水上游山前岗地以城头山为中心的聚落带，整体发展水平略高，这里不仅建造了城墙和城壕，还拥有一批大型聚落，大坟塔、李家台、桥家坝、邹家山、荷花台等聚落的面积均超过了3万平方米。涔水下游聚落带虽然也拥有三元宫和丁家岗等大型聚落，但相对而言，聚落的规模要小于前者。澹水下游以麦芽岗为中心的聚落带，规模更小。

　　上述事实表明，澧阳平原聚落等级分化已然非常明显。

　　澧阳平原聚落的分布，切合了"中心位置理论"对于聚落空间布局的解释：聚落带中有一般聚落—大型聚落—特大型聚落等几种，分别占据不同的空间位置。大型聚落周边，都有小型村落，数个大型聚落与其周边小型聚落凝聚在特大型聚落周围。当然，澧阳平原的地貌景观非均质存在，导致三个聚落带所处的位置也非均衡分布①。

　　选择城头山建造城墙，可能与这个区域的地貌环境有直接关联。从地貌上来看，城头山位于这个半月弧聚落带的最东边，地势相对低平。城头山所在的徐家岗是西部山前地带向平原延伸的最后一处大型岗地，再往东南，就是更为低洼的平原或平原孤岗了。城头山所处的地理位置正好位于澧阳平原海拔45米等高线的边缘，属于澧水北岸二级

---

①　由德国地理学家克里斯塔勒（W·Christaller）提出的"中心位置理论"，揭示了城市、中心居民点和一般村落相围绕的区域基础及等级—规模的空间关系，成为地理学空间分析的理论依据（陆大道：《区位论及区域研究方法》，科学出版社，1988年，第25－31页）。后来，更成为聚落考古的重要理论来源。"中心位置理论"假设人口与购买力分布均匀，地形整齐划一，资源分布均衡，并且各个方向上运输条件相同。在这种情况下，就会形成一定的水平聚落形态和垂直聚落形态。水平排列的基本特征是等距分布的聚落形成三角形格，聚落位于六边形贸易区的中心点；垂直排列的前提是假设存在着聚落群或聚落序列等级。虽然在实际操作中遇到的情况与这种理论模型会有很大的出入，但"中心位置理论"提供了在一个地区不同大小的聚落之间互相关联的模式，值得我们重视。"中心位置理论"强调聚落等级，并且多从社会组织的角度来加以考虑。要研究聚落的等级，遗址就不能再被孤立地考虑，因而就会有"聚落群"或"聚落集群（Cluster）"概念的出现。其构想是聚落的空间分布可以被划分为环带状或者串丛状，聚落密集"捆绑式"（bunches up）地分布在集群中心位置而在集群毗邻的边沿相对稀薄。一般认为，聚落集群的出现，是与相对复杂的社会形态相适应的。聚落集群构成了区域聚落的中心，与普通聚落相比，其地位、等级以及社会复杂化程度较高。这些现象，在澧阳平原与汉东地区都普遍存在，特别是出现了城壕聚落集群的屈家岭—石家河文化阶段表现最为明显。因此，运用"中心位置理论"对于我们考察当时的社会形态具有直接的指导作用。需要强调的是，借鉴"中心位置理论"，绝非照搬其理论模式。显然，从文化地理的角度来看，应该更倾向从文化—社会的角度确定聚落的等级规模及其分布方式。换言之，所谓"中心与非中心"乃是赋予了文化—社会的意义，而不是单纯遵从地理平面的分布。

阶地的前沿，或如日本学者所称的黄土台地Ⅰ面①。这样的地貌环境在当时是理想的农田耕作区，聚落要发展，必须扩大耕地面积。水源充沛而又易于耕种的低平地段自然成为首选。但是，这是一柄双刃剑，低地利于稻作，但又易遭致水患，大片的农田区往往即是大面积低洼区，因而，遭受水侵的机会也多。低洼地区的生业，最先考虑的是水患，这个问题，几千年以来一直是湖区聚落的民生大事。既要居住，又要尽量避免水害，那么，聚落的布局以及住所的营建方式就显重要。临水丘岗、开挖壕沟、垫筑屋基成为聚落栖居的三大要义，自古皆然。所以，澧阳平原聚落的空间布局，与这个区域微观地貌特点有密切关系。

目前还不清楚这个时期澧阳平原的社群关系，构成聚落带的各个聚落显然存在经济—社会上的协作关系，或结成某种形式的联盟。城头山作为区域中心聚落，显然在整体实力上要远高于周邻聚落。从建造城墙、城壕所需的人力、物力来看，单纯依靠城头山聚落本身显然是有困难的，周邻聚落也应参与其中，建城至少是澹水上游这个半月弧聚落带的一种群体行为。

城头山聚落通过城南的壕沟和陆上通道与外界交通，这个交通口开在城南，主要因为它靠近澹水。通过连通城壕和澹水的人工河道，城头山与外界的舟楫往来，即可从这里开始。这种舟楫沟通或陆上交通，定有某种贸易上的关系。但是，这种贸易是在怎样的范围并以何种形式展开，并不知其然。城头山和丁家岗拥有相同的器物类型，墓葬的器物组合一致，甚至在具体形态上也没有根本区别，比如城头山 M650 与丁家岗 M27 随葬品的形态就完全一致。但是，丁家岗墓葬的规格和等级要远远低于城头山，丁家岗相当于城头山大溪文化二期的墓葬随葬品基本在 2－3 件左右，最多也只有 5 件，而城头山随葬品最多的 M678，达 27 件，还有 2 件玉璜，这是丁家岗墓葬所无法匹敌的②。在器物类群上，城头山品种多而丁家岗则较为单调，城头山拥有的薄胎橙黄彩陶系列器物在丁家岗无一件发现。城头山还出现了特殊形态的鼎、彩陶盆，甚至可能是专为随葬而捏制的小鼎等，都是丁家岗聚落所不具备的。

这些信息表明，丁家岗与城头山，从经济技术而言，是一个区域内两个完全不同等级的聚落，城头山拥有比丁家岗更加宽泛的信息交流，它掌握了某些重要产品的贸易权和流通权，比如玉器和薄胎橙黄彩陶等贵重产品，而一般的产品却在两聚落间流通，这种流通有可能是通过聚落间拥有共同产品来源地得以表现，两遗址出土的陶釜、盘、碗等器物风格一致就说明了问题。还无法确定两地出土的这些器物是否属于同一个陶器生

---

① 成濑敏郎：《澧阳平原的黄土与地形》，《澧县城头山——中日合作澧阳平原环境考古与有关综合研究》，文物出版社，2007 年，第 32－39 页。

② 丁家岗 M26 出土 2 件玉璜，另有 1 件陶釜和 2 件陶碗。

产组，但在陶器生产上具有极为密切的联系则是无法否认的事实。

从这个意义上说，位于澧阳平原的澹水和涔水各个聚落在大溪文化时期已经结成了紧密的联系，形成了澧阳平原文化共同体，这个共同体的中心是城头山聚落。

（3）环境与生业

大溪文化时期澧阳平原聚落的形成和发展，主要依聚落所处的微地貌特点来决定。大多数聚落都位于平原临水的丘岗上，皆依据各自的微地貌环境，或开凿环壕，或疏通河道，澧水、澹水和涔水的水系在塑造聚落景观方面起了重要作用。

大溪文化一至三期的年代大致为 4300BC－3600BC。大溪文化一期所处的阶段，是全新世大暖期中稳定的暖湿阶段，为大暖期的鼎盛期①。三期略有降温，但全新世中期干冷期尚未到来。城头山大溪文化一期地层孢粉分析结果显示，高大乔木花粉总体上占有优势，以常绿阔叶栎、栗—栲为主，落叶和针叶花粉很少，草本植物主要以禾本科为主，蕨类植物则主要有喜热的风丫蕨、车前蕨、假蹄盖蕨、鳞盖蕨、水龙骨等。大溪文化二期与一期的植被大致相似，均以常绿阔叶林为主，在冬季也有不落叶的栎和栗—栲，也夹杂着温带落叶植物如榆、胡桃、枫杨、山核桃、桦等。两个时期的气候略有不同，大溪文化一期的常绿乔木和水生禾本科明显高于二期，说明大溪文化一期的气候要比二期湿热。

城头山大溪文化的常绿植物略多于落叶植物，这种植被种群具有亚热带北缘植被的特点，与温暖湿润的森林、草地及河湖沼泽环境相对应。可以将当时城头山的大致景观作一推测：在聚落附近徐家岗上生长着常绿阔叶和落叶混交林，林下发育有较明显的灌木丛和草本丛，藤本植物也很丰富。在河湾、湖沼和低洼浅水地段生长着香蒲、芡实、慈姑和细果野菱。在河岸或漫滩上则生长着阳性树——枫杨。

稻作农业是主要经济形态，城头山大溪文化各个时期的堆积中均有大量水稻遗存发现，城东还有大溪文化一期水稻田的存在。经研究，这种水稻的成分较杂，其类型有的与现代水稻籼亚种类似，有的与现代水稻粳亚种类似②，还有自身特有的非籼非粳类型③。也就是说，大溪文化时期的水稻类型并未分化出现代水稻的种群，仍然处于种群的繁衍和分化阶段。

---

① 施雅风等：《中国全新世大暖期气候与环境的基本特征》，《中国全新世大暖期气候与环境》，海洋出版社，1992 年，第 1－18 页。

② 顾海滨、佐藤洋一郎：《城头山遗址炭化稻米的遗传学研究》，《澧县城头山——中日合作澧阳平原环境考古及有关综合研究》，文物出版社，2007 年，第 148－150 页。

③ 顾海滨：《城头山遗址水稻的综合研究》，《澧县城头山——中日合作澧阳平原环境考古及有关综合研究》，文物出版社，2007 年，第 151－163 页。

城头山聚落稻作农业具备何种规模，还没有相关的考古学物证，大溪文化一至三期的耕作区应该就在聚落附近不远，寻找这个时期的古稻田仍然是一项重要的工作。稻作农业，自有一套生产程序，水田的开发和管理、播种与收割的时令、水资源的分配等等，涉及许多问题，这些既是单纯的生产问题，也会随之带来社会关系的复杂化。

城头山遗址出土的石制品有磨制的斧、锛、钺、凿、锄、铲、镰、杵、条、砺石、盘状器等，但数量不多，无法与聚落规模相适应。石镰仅发现3件，刃部有多次打制的痕迹，作为收割之用的镰，应该有相当的数量，这3件石镰的用途还不清楚。石杵9件，为长条形，切面为扁圆形或圆角方形，两端均有使用砸痕。盘状器是石核的一种，布满了剥片疤痕。另外还有砺石。这些石制品数量少，器类单调，功能并不明显。同样作为生产工具的还有骨制品，如铲、耒、耜、锥等，但数量都很少。

城头山聚落还发现了石网坠，这种工具总是与捕捞相联系。采集和捕捞是古老的生业传统，或者说是自有人类以来就有的一种觅食行为。网坠是渔网的必备品，张网捕捞是一种进步。澧阳平原是一个水网交织、湖沼发达的地区，水生类资源丰富，相信大溪文化时期的人们已经利用渔网来捕捞。

考古发现这个时期的动物遗骸，有野生也有家养。获取野生动物的唯一目的是以其作为食物，而家养动物除了作为肉类食物外，还可能从事生产活动。在丁家岗遗址第二次发掘中，出土了大量动物骨骼，有鹿骨、牛肩胛骨以及鹿牙、羊齿、象骨等，这些还没有作相关鉴定，牛、羊、象是否已经被驯养，也无法得知详情。三元宫遗址H8发现了大量的动物骨骼，有大块的牛肩胛骨、肋骨、头骨和羊下颌骨等，也提供了这方面的信息。城头山遗址南Ⅱ期城壕内也发现了大量动物骨骼，经鉴定，有水牛、黄牛、鹿、水鹿、猪、狗、象、鼠、貉、鼬獾、獾、大灵猫、龟、真骨鱼类、蛙类、鸟禽类等种类[①]。出土的猪下颌骨可以明确地鉴定为家猪[②]。家猪的发现，说明这个时期的人们已经开始饲养动物来获取肉类食物了，而其他多种野生动物的出土，说明狩猎仍是一种经常性的活动。

除了动物，人们的食物结构里也有大量的植物。城头山遗址出土的可食植物有桃、李、栗、悬钩子、黄瓜、冬瓜、香瓜属、薏苡、紫苏、苋、藜属、蘡薁、细果野菱、芡实、利川慈姑、小葫芦等。这些植物是否都已进入人们的取食范围，还无法知晓，也还不清楚哪些植物可能已经进入到种植或者驯化阶段，但是，它们的存在至少说明植物食

---

① 袁家荣：《城头山遗址出土动物残骸鉴定》，《澧县城头山——中日合作澧阳平原环境考古及有关综合研究》，文物出版社，2007年，第121－122页。

② 袁靖：《城头山遗址出土猪骨鉴定》，《澧县城头山——中日合作澧阳平原环境考古及有关综合研究》，文物出版社，2007年，第123－124页。

物的丰富程度。城头山遗址还发现了粟的子实，它在人们生活中的作用还有待研究。

这些植物提供了人们食物方面的需要，但植物对于人们的作用还远不止这些。史前人类生产与生活所使用的绝大部分器具是由植物做成的“plant product”①，包括了衣、食、住、行各类生产和生活用品。城头山遗址出土了5件纺织品，均为碎布，出土时为黑色，大小不一，形状不规整，均为平纹织物，纤维粗细和密度不均匀，原料未经鉴定，但属于植物纤维是没有问题的。在出土的植物中，发现了黄连木和葎草（一种一年生或多年生蔓生草本植物），这两种植物的纤维即使现在也可以用来织粗布。至于植物产品和工具，城头山Ⅱ期城壕中出土了大量木器和木构件，有艄、桨、凳面、刀、茅，还有燕尾榫板状器、锤、楔等；另外，还出土了大量用于城壕护坡设施之用的木桩和横扎、支撑，以及带榫头的建筑构件，这些木器均为精细加工而成。木桨系用整块木料加工，柄部还进行了打磨。凳面平整，留有安腿的榫眼。从中还可以观察到，日常使用的木器要比木桩一类更加精致。这些木器或构件的树种绝大部分为枫香属，也有少量栲属、文母树属和小构树属。城头山遗址出土植物中的乔木或灌木（小乔木）还有红豆杉、小果冬青、合欢、乌冈栎、八角枫、通脱木、石栎、黄连木、楝树、蓝果树、黄荆、栗等，均是可以进行加工的经济林木。将木器固定在几类树种上，说明人们已经对木材的性能有所掌握。

六　油子岭文化—屈家岭文化时期

（1）油子岭文化至屈家岭文化时期的城头山聚落

油子岭文化是新近提出来的命名，聚落层面的材料尚无法单列，本文暂将其与屈家岭文化一起讨论。

油子岭—屈家岭文化阶段，城头山聚落发生了一系列重大变化。Ⅲ、Ⅳ期城墙、护城河即营建于这个阶段。

城头山东北城墙剖面显示，Ⅱ期城墙建成以后，聚落有一个较长时期的居住过程，进而形成Ⅱ期城墙外坡和Ⅱ期壕沟上的数个地层堆积。Ⅱ期壕沟最终被填平，后来被油子岭文化一期地层所叠压，Ⅲ期城墙即垒筑其上。从相关地层关系来看，该期城墙的建造年代在油子岭文化二期。Ⅲ期城墙的外侧不久又在屈家岭文化一期加高加宽，形成Ⅳ期城墙，这两期城墙的整体宽度在20米以上，高度达2－4米，其内坡被石家河文化地层所叠压，外坡之下则是近40米宽的护城河（图八八）。

南城墙的解剖也揭示了这个过程，Ⅲ期城墙紧贴Ⅱ期城墙的外坡和内坡，将其加高

---

① Creighton Gable，1967，*Analysis of Prehistoric Economic Patterns*，pp. 36－38. Holt，Rinehart and Winston，Inc.

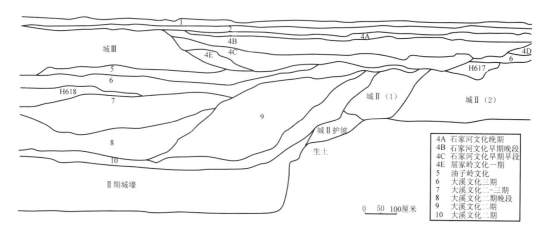

4A	石家河文化晚期
4B	石家河文化早期晚段
4C	石家河文化早期早段
4E	屈家岭文化一期
5	油子岭文化
6	大溪文化三期
7	大溪文化二-三期
8	大溪文化二期晚段
9	大溪文化二期
10	大溪文化二期

图八八　城头山遗址东北城墙剖面及其堆积关系

（根据郭伟民，2007 年，图一改绘）

加宽。Ⅲ期壕沟在Ⅱ期壕沟淤积以后开挖，其内坡将Ⅱ期壕沟外坡一部分打破，沟内堆积了黑褐色淤泥。后来，在Ⅲ期壕沟之上，又垒筑了Ⅳ期城墙。

　　东北城墙和南城墙的营造显示一个共同特点，即城头山城池格局的最后确定，是以Ⅲ期城墙的建成为标志的。东北城墙的发掘中，Ⅲ期城墙叠压在第 5 层之上，该层为油子岭文化一期，Ⅲ期城墙又被 4E 层所叠压，4E 层的年代为屈家岭文化时期，所以，基本可以将Ⅲ期城墙的建造年代定为油子岭文化二期。Ⅳ期城墙与Ⅲ期城墙是直接的叠压关系，中间没有其他相应的堆积间隔，估计两者不会有较长的时间距离，在西南城墙已经发现Ⅳ期城墙的内坡被屈家岭文化一期后段地层所叠压，Ⅳ期城墙的建造年代应不会晚于这个时期，定为屈家岭文化一期前段比较合适。

　　油子岭文化至屈家岭文化时期，聚落与文化是一个连续发展的过程，这个过程的变化是渐进的，聚落的结构是大致稳定的。这个稳定时期正是城头山聚落繁荣阶段，剖析这个阶段的聚落形态，可以为了解澧阳平原繁荣时期的聚落社会提供帮助。

　　建造规模巨大的城池，意味着城头山聚落出现重大变革。Ⅲ、Ⅳ期城墙远较Ⅰ、Ⅱ期城墙高大，与此相适应，墙体之外是宽达 40 - 50 米的护城河。有人计算建造城头山Ⅲ、Ⅳ期城墙的规模和用工量，以南门和东北城墙、护城河所留下的切面进行估算，要建成完整的城墙和护城河系统，需要劳力约为 47 万人次，按每天人均一方计算，如果每天投入 200 个成人劳力，需要 6 至 7 年；以东北城墙和护城河估算，需要总劳力约 20 万人次，如果每天投入 200 个成人劳力，则需要 2 至 3 年才能建成①。

---

①　高桥学、河角龙典：《长江中游澧阳平原的微地形环境与土地开发》，《澧县城头山——中日合作澧阳平原环境考古与有关综合研究》，文物出版社，2007 年，第 18 - 31 页。

这样巨大的人工投入，以城头山聚落的人口和劳动力，显然是无法完成的。城头山周邻聚落也当参与了这项工作，这就意味着以城头山为中心的某种联盟的建立。但是，所谓周邻的具体范围有多大，各个聚落以何种方式参与，它们与城头山到底构成什么关系等等，则是不得而知。

不可否认，付出巨大劳动建成的Ⅲ、Ⅳ期城墙，与Ⅰ、Ⅱ期城墙在性质上已有本质区别。Ⅰ、Ⅱ期城墙或许只是澧阳平原墙垣—环壕聚落发展的延续形态，这样的墙壕聚落可能主要以生业为目的；Ⅲ、Ⅳ期城墙的营建显然不是以生计考量，可能是社会控制力的体现。Ⅲ、Ⅳ期城墙之不同于Ⅰ、Ⅱ期城墙的特点，还可以举如下数例。第一，Ⅲ期城墙大幅度外推，墙、护城河的规模大大超越以往。第二，Ⅰ、Ⅱ期城墙往往随地形地貌向外推进，城墙可能并非封闭，壕沟也可能并非封闭。而Ⅲ、Ⅳ期护城河是封闭的，城墙除南、东可能有通往外界的门道外，其余都是封闭的。第三，Ⅰ、Ⅱ期城墙及壕沟形状并不规则，故城的形状也不规则。Ⅲ、Ⅳ期城墙及护城河所形成的古城却近似圆形，非常规则，显为有意设计。第四，Ⅰ、Ⅱ期城墙用工最多、修建最固的是城东的部位，这里地势底，易遭水侵，必须加固堤防。城西就看不出有多大的筑城规模，有的地段甚至没有挖沟和垒墙，表明并非用于军事防御。Ⅲ、Ⅳ期城墙则完全不同，城内与城外明显隔离，高大的城墙和宽深的护城河构成一道难以逾越的防御屏障，显然已经超越排涝防洪所需。

城头山聚落大溪文化时期的活动重心是城东、东南和东北地区，其他地段则相对薄弱。油子岭文化时期，北部成为活动重心，但由于相应的发掘工作未予开展，对这个时期的情况并不完全了解。

屈家岭文化时期，聚落重心移至中部偏西位置，这里发现许多房屋建筑。最初建造的房屋（编号 F88）是一座由多个房间组成的连体建筑群落。已经揭露出来的部分可以划分出 5 个单间，实际上是同一时期的三组建筑。宫本长二郎认为，F88 可以分为东西两部分①，并认为应该为各自独立的两处遗迹，地层和性质均不相同，两组共五小间②（图八九）。

从堆积关系来看，这两组建筑的废弃与 F23、F57、F87 的兴建有直接关系，可以理解为这三座建筑是稍晚于 F88 的建筑群落。F23 建在台基之上，东西两开间，东西长 11.8、南北宽 5.8 米，东边房间南侧有回廊，这与应城门板湾遗址发现的屈家岭文化房屋建筑颇有异曲同工之妙。在内部结构上，F23 西边房间略大，内有由东至西并列的四

---

① 他将 F88 - 01、02 定名为 F23，实则 F23 是一座晚于 F88 的建筑。

② 宫本长二郎：《城头山遗迹建筑遗构之复原考察》，《澧县城头山——中日合作澧阳平原环境考古与有关综合研究》，文物出版社，2007 年，第 164 - 172 页。

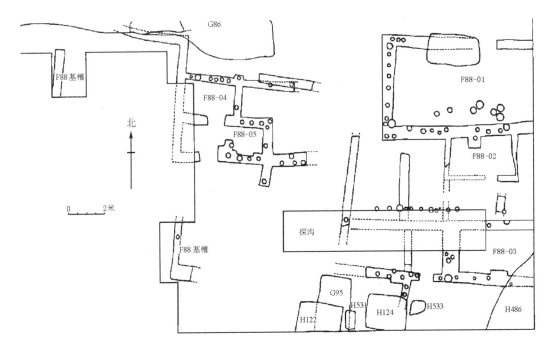

图八九　城头山遗址 F88 平面图

（根据湖南所，2007 年，图一二二改绘）

座方形灶，灶前室内地面上发现了弦纹高领罐、折沿罐、簋，为屈家岭文化一期的典型器物。在 F23 南侧仅 0.5 米处，即是 F57，也是台基式建筑，居住面系用黄色土筑成，内夹红烧土颗粒，地面平整。东西长 10.5、南北宽 7.9 米，有两个门，东边为正门，北边还有一侧门。从东墙正门入内，有一过道，过道两侧及尽头有数个门洞通向各个房间，最东边两侧均有通向房间的门洞，南侧房为一主室带两个小室，北侧为一主室；再往西，有南、北、西三个门洞，南侧为两间偏房，北侧为两间主室，西侧为一间主室。这是一座有五主室四侧室构成的多套间整体建筑，可能为一个扩大家庭的住屋（图九〇）。

在 F57 的西侧是 F87，同样属于台基式建筑，与 F23、F57 隔着 G32、G28 和一条红烧土路面。建筑坐北朝南，室内宽 7.7、进深 8.2 米，面积 63 平方米，保留有明显的基槽、墙体和廊庑遗迹。F87 室内的北部还有用红烧土筑成的土台，室内其余部分则为平整的地面，无任何遗物发现。发掘报告认为其宽大的墙体、红烧土台、单独的封闭型风格、廊庑设施、东西对称和室内大面积无隔墙等特征，应该是一处"礼仪"性质的建筑所在。这种推测有一定的道理，从堆积关系和空间布局来看，F23、F57、F87 属于同一时期。其中 F23 较小，仅两个房间，但在这里发现了 4 个灶，基本占据了 F23 西

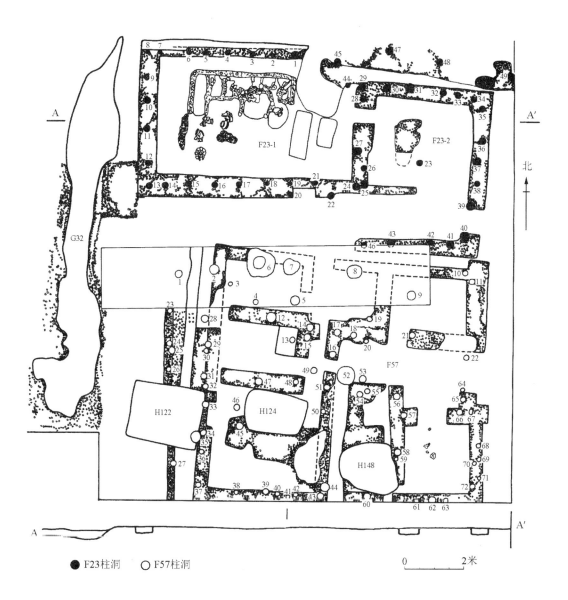

图九〇　城头山遗址 F23、F57 平、剖面图

（根据湖南所，2007 年，图一二三）

边房间的大半，F23 东边的房间更小，可以断定，F23 并不是一处独立的生活起居单
位，应为某一建筑的附属设施或者厨房的所在，F57 才是这个建筑的主体。从 F57 的体
量来看，有五主室四侧室，若每一个主室为一对成年夫妇居住，每一侧室为两个未成年
小孩居住，则 F57 有 18 人之多，显然是一个扩大家庭。这样的扩大家庭自然需要配套

的灶台与厨房，从这个意义上说，F23、F57 是一组完整的建筑①。除此之外，F23 北部有红烧土路面和一片空旷的空间，报告定义为广场，但这个判断没有材料证明。从平面上推测，在这片建筑的西南，应该还有与 F57 相对的建筑单元，F87 位于这两组建筑单元的中间，可能是一处公共建筑。这些建筑以 F57 为轴心分列东、西两排，每排可能是扩大家庭的房屋，两排的关系或为世系群，这个世系群拥有 F87 作为公共活动和祭祀的场地。在这个世系群的北部，有一条红烧土路面和广场，可能是另一个世系群的居住区。如此，则两个世系群组成了城头山西部聚落的建筑居住区，扩大家庭则是基本的生产和消费单位。

墓地集中在北部，在城头山四区，屈家岭文化墓葬与油子岭文化墓葬处在同一个墓地，只是其分布的空间位置更加靠东，意味着从油子岭文化以来，下葬顺序是由西至东。虽则如此，墓地并非井然有序，相互之间存在着复杂的叠压、打破关系，墓葬的方向也并不一致，给人的感觉是颇为杂乱，无规律可寻。

从油子岭文化开始，一直到屈家岭文化，墓地在持续地使用着，并且记录了不同使用阶段墓葬分布重心。墓的下葬过程虽然比较杂乱，但墓地的范围和区域显然有着某种预先的安排，四区所开设的探方也基本框宥了墓地的大致边界，逾出这个边界几乎没有发现墓葬。这说明自墓地开辟以来，墓葬局限在这个范围之内，并严格遵循着这一准则。而由杂乱的叠压打破关系来看，墓地界线是不能逾越的，所以即使年代相近的墓也多存在叠压打破关系。这意味着该墓地是整个城内的公共墓地，家族墓地的排序方式已经完全打破。

整体来说，油子岭—屈家岭文化时期城头山聚落结构已经发生重大变化。大溪文化时期，聚落中心集中于东部和南部，墓地在东部的第六、七发掘区，墓地不远则是居住生活区。与此同时，这里还是重要的宗教场所，出现了祭坛和大量的祭祀坑。南部是重要的水陆通道，人们在此处留下了频繁活动的遗迹。油子岭—屈家岭文化时期，局面有了重大改观：西部和北部成为活动重心，西部是居住生活区，这里不仅发现了密集的建筑，还有道路、广场等，有的建筑还可能具有礼仪性质。墓地则集中到了北部，并表现出与前期墓葬明显有别的埋葬方式。这些迹象与Ⅲ、Ⅳ期城墙、护城河相关联，显示了一个与大溪文化时期完全不同的社会集团的存在（图九一）。

---

① 以 F57 为例，其人口估算为 18 人，按照占据的探方面积，则每人占据的空间面积为 27 平方米。如此算来，西部居住区人口数为 556 人。以此来计算城头山聚落的人口居住，若全部按西部居住区的标准，为 2223 人，即使减半，也有 1398 人。

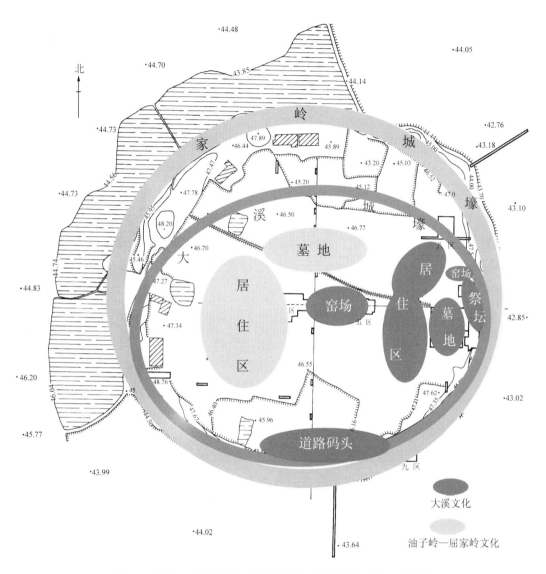

图九一　城头山遗址大溪—屈家岭文化时期聚落布局的空间变化

（2）鸡叫城聚落群的出现

　　鸡叫城遗址位于澧阳平原的东部，西南距城头山遗址 16 千米。遗址中心点地理坐标为北纬 29°43′54.30″，东经 111°46′53.65″，海拔高程 37 米。在这个地点，文化层的厚度为 1.5 米，推测原地表海拔为 35-36 米。中心点往西 300 米，是遗址西边较高的部位，海拔为 40 米，该处文化堆积厚度为 3.5 米，以此推算，原生地表海拔高度应为 36.5 米，与中心点的地表并无多大起伏。估计遗址当时的地面高度在海拔 35-37 米，这个高度与鸡叫城周围更新世末—全新世初沉积面基本一致，这个地面比城头山同时期地面低将近 10 米。成濑敏郎将城头山划为澧阳平原黄土台地 I 面，鸡叫城为 III 面，是有一定的道理的①。

鸡叫城周边地表平缓，涔水在遗址以北 2 千米处，河道十分曲折。鸡叫城地区在更新世末—全新世早期并没有开阔的平地，而是低洼的湖泊—沼泽地带，在水泽的边缘有几处岗地。从对鸡叫城周围所作的地貌调查来看，距现代地表 2－3 米以下，普遍堆积着一层黑褐色淤泥，属典型河湖相沉积。在对鸡叫城西北角城外的岩板垱遗址发掘中，距地表 1 米深的屈家岭文化层之下，是近 1.3 米厚的黑灰色淤积土，这层土纯净而无文化遗物，但含较多腐殖质，显然是水积而成。在这个堆积之下，则是 1.5 米厚的黑褐色土，这种黑褐色土中出土了不少细小石器，其年代属于过渡时期。这说明，过渡时期鸡叫城地区可能为地势较低的河流切割岗原地貌，后来不久，则由于全新世大暖期气候回升，雨水增多，这里遂成为湖泊沼泽，长期接受沉积。大溪文化晚期气候转为凉爽，才逐渐成陆，演变成为一片宽阔的平地。

西城墙的解剖和城内钻探结果显示，油子岭文化时期这里即出现聚落，屈家岭文化一期开始第一次筑城，石家河文化一期第二次筑城，面积达 15 万平方米（城圈以内）②（图九二）。

油子岭文化时期，还应该有较高的水位，故最先在此定居的人们开凿了壕沟，并在壕沟之上搭建了许多木板。这些木板由木桩、沟槽支撑，密集分布于壕沟及其周围，显然是适应多水环境生存的一种人工铺设。

聚落内的居住生活区的情况还不太清楚，只清理了一处有大量红烧土的建筑堆积，其居住行为产生的大量垃圾则倾倒在壕沟内，壕沟最终被填平。后来，在这之上有大量的建筑遗迹，显然人们已经将这里改造成为可以居住的场所。这个居住时期从油子岭文化二期一直持续到屈家岭文化一期，期间有过多次建筑行为。到了屈家岭文化一期后段，在居住区的外围，开始了营造城墙的活动。

通过对西城墙的解剖，清晰地揭示出城墙的几次营造过程。I 期城墙有一部分在生土面上建造，另一部分则叠压着屈家岭文化一期前段的堆积。墙体断面略呈三角形，底宽 27、高约 4.5 米，坡度约为 25°。在 I 期城墙的内坡，则覆盖着屈家岭文化二期的堆积。从堆积关系上可以判断 I 期城墙的建造年代大致在屈家岭文化一期后段，这与城头

---

① 成濑敏郎：《澧阳平原的黄土与地形》，《澧县城头山——中日合作澧阳平原环境考古与有关综合研究》，文物出版社，2007 年，第 32－39 页。

② 湖南省文物考古研究所：《澧县鸡叫城古城址试掘简报》，《文物》2002 年第 5 期，第 58－68 页。

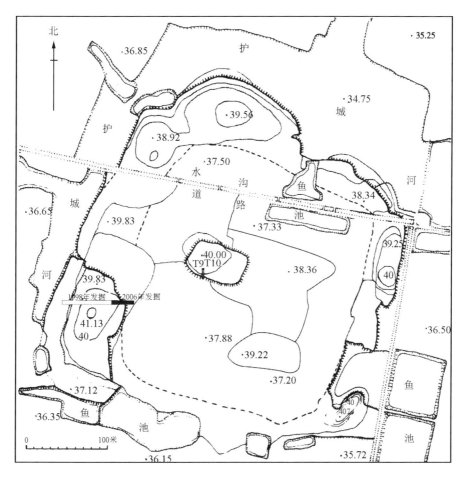

图九二　鸡叫城平面图

（根据湖南所，2002 年，图二改绘）

山Ⅳ期城墙的建造年代有一定的时间距离，但相隔不会太久。鸡叫城Ⅰ期城墙使用的年代是屈家岭文化二期，城内活动相当频繁（图九三）。

第二次筑城即是在Ⅰ期城墙的内坡一侧加高加宽，遂形成鸡叫城的大致格局，从形状看，鸡叫城为圆角方形，方向22°，非南北纵轴分布，这个方向与建城前早期壕沟的方向一致。

鸡叫城建城之前已经是一处聚落，并且也有壕沟存在，目前还无法确定这条壕沟是否已经贯通，而成为真正的环壕。但是，从澧阳平原的情况来看，属于环壕聚落的可能性极大。在这处环壕聚落的周边，目前并没有发现同时期的遗址，换言之，油子岭文化时期和屈家岭文化一期早段，鸡叫城周边并无其他聚落，鸡叫城也只是澧阳平原东部一处极为普通的环壕聚落。但是，到了屈家岭文化一期晚段，却出现了营建城池的行为，

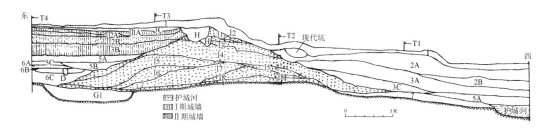

图九三　鸡叫城城墙剖面图

（根据湖南所，2002 年，图七改绘；7 层为屈家岭文化一期前段，

5A－6C 层为屈家岭文化二期，3C 层为石家河文化一期）

这种营建是一项巨大的工程，从鸡叫城Ⅰ期城墙的规模来看，要比城头山Ⅲ、Ⅳ期城墙大得多。那么，建造鸡叫城所使用的人力和物力，也应该是城头山的倍数。显然，以原来鸡叫城环壕聚落的力量，是无法完成如此浩大的建设工程的。如此规模的人力物力来自哪里，自然是最值得探讨的问题。

　　鸡叫城建城之时以及建城以后的短时间内，其周围迅速聚集了大量的聚落。在护城河外的周围，南边有大坟塌遗址，西北角有长河堰口、岩板挡、段家屋场遗址，北边有八斗丘、杨家台遗址，东边有高地上、尹家山、封土堆遗址，这些遗址基本将鸡叫城环绕起来。这些聚落的人们就在鸡叫城护城河外坡附近的地点居住，与鸡叫城只有一条护城河相隔。它们与鸡叫城一起形成了澧阳平原上规模庞大的聚落群，可以认为这个聚落群中的各个聚落为一个不可分割的整体，不妨以"鸡叫城聚落系统"来命名①。这些聚落的年代均与鸡叫城建城之际的年代一致，也就是说，它们的年代，均不早于屈家岭文化一期晚段。

（3）澧阳平原聚落景观

　　澧阳平原经过正式发掘的油子岭—屈家岭文化时期遗址，除了城头山、鸡叫城外，还有宋家台和三元宫遗址。

　　宋家台遗址位于涔水南岸，遗址所在地为一东西长 200、南北宽 100 米的丘岗，高出周围地表 1－1.5 米。遗址在 1986 年和 1987－1988 年进行了两次发掘，发掘点分东、西、北三区②。发掘显示聚落西部为生活区，东部为墓葬区（图九四）。生活区揭示的

---

①　遗址系统是被假定有一批遗址的联系比单个的遗址或系统之外的遗址更加紧密，系统之间形成功能和区划。见 Kintigh and Ammerman（1982）. Heuristic Approaches to Spatial Analysis in Archaeology, American Antiquity47；pp. 31－63.

②　湖南省文物考古研究所：《湖南澧县宋家台新石器时代遗址》，《湖南考古辑刊》第 7 集，岳麓书社，1999 年，第 58－68 页。

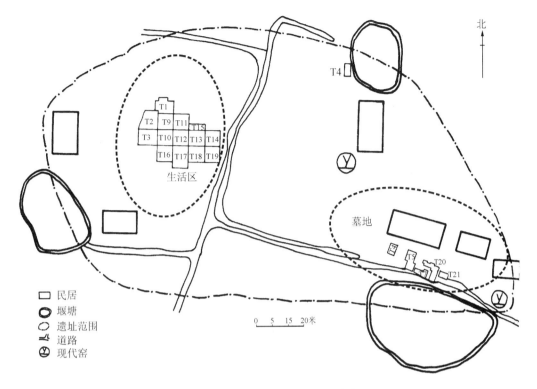

图九四　宋家台遗址探方分布与聚落布局图

（根据湖南所，1999 年，图二改绘）

油子岭文化建筑遗迹有 F1 与 F2，F2 的年代要早于 F1。

F2 是一组建筑群落，分两排，呈西北—东南向排列，已经揭露出来的部分东西长 24.4、南北宽 15.8 米，但两端均未到头。该建筑以红烧土垫筑房基面，房基面上的柱洞明显分出两排，每排四间。在柱洞的外围，则有四条平行的浅沟，在平面位置上，恰好处在柱洞墙体的外侧廊檐滴水卜方，应为排水沟。这种排房曾在本地人溪文化中出现，它是否是本地风格的延续还说不清楚。大约相当于油子岭文化阶段，中国史前建筑中，排房的发现不在少数，它不仅仅出现于长江中游，也出现于淮汉之间的广大地区，似是一种时代风格。

F2 房基面上有大量遗物出土，为认识这个时期人们日常生活用具提供了参考。从出土的陶器情况看，以泥质陶为主，其次为夹砂夹炭陶。在泥质陶中，以黑皮陶和灰陶为主，其次为红陶，有少量红衣陶和黑陶。大多为素面，主要纹饰有弦纹、瓦棱纹和刻划纹。陶质陶色及纹饰情况见图表一九。

F2 生活面出土的器物有作为炊器的陶鼎，作为盛储器的陶罐、盆、豆，簋和杯则可能是饮食一类的器皿，生产工具有陶纺轮、石凿、石锛，装饰品有陶环。这就是当时

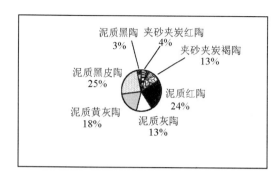 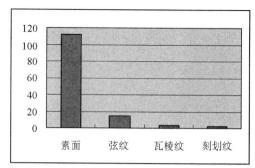

图表一九　宋家台遗址 F2 房基面陶系纹饰统计

日常生产和生活的全部器具，这些器物的年代为油子岭文化二期。它们在形态上与墓葬所出陶器大同小异，比如墓葬中也以鼎、篦、豆、曲腹杯、罐等为主，不过陶质陶色明显不同：日用生活陶器中，黑皮陶和黑陶虽然占有较大比例，但灰陶（黄灰陶）、红陶所占比例更大，墓葬中的随葬陶器几乎全为黑陶；日用陶器还有一定数量的夹砂夹炭陶，随葬陶均为泥质。这表明，随葬品虽以日用生活陶器为原型，但在质地、颜色、个体大小上统一起来，与日用陶器相区别。日用陶器与随葬陶器的分野，以及随葬明器的标准化，大致从油子岭文化一期晚段就已经开始，屈家岭文化更加明显和突出，表明丧葬已成为公共礼仪的一部分。

　　宋家台墓地东距居住区不到 60 米，该墓地的安排有比较明显的秩序。

　　墓葬大致分为三组：

　　第一组　包括 M23、M25、M46、M30、M31、M37、M38、M41、M42、M43、M34、M44。

　　第二组　包括 M33、M39、M17、M18、M19、M20、M21、M1、M2、M3、M5。

　　第三组　仅两座，M10、M11。

　　第一组墓葬年代较早，比如 M38 所出土的陶鼎、M41 的曲腹杯、M34 的瓶、M30 的豆，形态与城头山墓葬油子岭文化二期陶器特征极为相似。

　　第二组墓葬的陶器与第一组之间关系密切，是第一组风格的延续，比较明显的特征是出现了双腹豆，但是，仍然保留了第一组的许多器形，如鼎、篦、瓶、壶、豆，但形态有了变化。篦的口沿变宽，瓶则出现了折肩，豆朝双腹发展，鼎由圜底变平底，这些都是城头山屈家岭文化一期的典型特征。

　　第三组出现了带镂孔的双腹豆、高圈足折腹壶，这是屈家岭文化二期的风格。

　　上述三组墓葬在墓地中的布局有明显规律，从墓葬的安置顺序来看，三组墓葬的安排由东至西，大致可以分为四排，每排的安置又由北至南。从整体上说，东先于西，北先于南。最早的墓葬是 M23 和 M25，为第一排，随后，西侧第二排依次由北至南安置，故 M38 的年代是这排中最早的，这排大致埋了 9 座墓。M37 为第三排最早下葬的墓，第三排墓葬略晚于第二排，但可能有共存，所以，在第二排墓葬形成过程中，并不排除西边第三排的北端已经陆续出现埋葬行为。最西边为第四排，下葬年代最晚，最晚安置的两座墓葬位于整个墓地的西南角。从这样的安葬顺序来看，该墓地明显是一处家族墓地（图九五）。

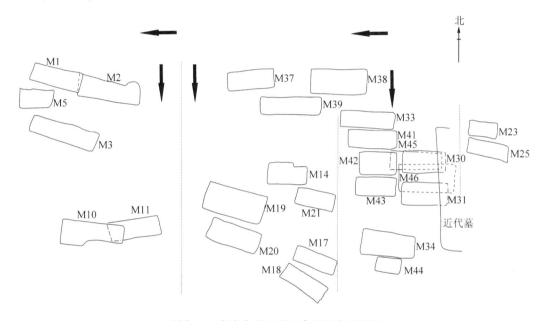

图九五　宋家台墓地平面布局及安置过程

宋家台墓地所出土的陶器形态、组合，与同一时期的城头山并没有本质区别。但是，墓地布局差异甚大：在城头山遗址，无法完整恢复墓葬排列秩序，城头山墓地的无序和复杂的重叠关系反映了墓地领域和空间的局促和拥挤，这与宋家台墓地形成鲜明对比，说明两者当拥有不同的社会关系和组织形态。

三元宫遗址墓地集中在聚落西部，西部两个探方 18 平方米的范围内共清理墓葬 32 座，密集度很高，一定存在比较复杂的叠压和打破关系，不过，报告并没有交代。从发表的随葬品和墓葬登记表情况来看，发掘时可能将上下叠压的墓葬器物混到了一块，因为显然不可能属于同一时间段的器物被安排到了同一座墓葬中。

三元宫考古报告发表的资料不能成为分析问题的依据，只能作为采集资料参考。从发表的线图看，器物的年代范围包括了油子岭文化至屈家岭文化，显然墓地的范围比较大，两个探方可能只截取了墓地的某个部分。从三元宫的规模来看，该聚落面积已接近 10 万平方米，聚落外围有完整的封闭环壕，应该是仅次于城头山、鸡叫城的大型环壕聚落。

澧阳平原油子岭—屈家岭文化时期遗址约63处（图九六）。

此时期的聚落景观与前期相比，既有明显的因袭，也有明显区别。一方面，聚落多在平原的丘岗之上，是澧阳平原的基本特点，这种状况到了油子岭文化时期，并没有发生根本性的改变，这是地貌环境所决定的，任何时代也无法背离。另一方面，油子岭—屈家岭文化时期，聚落聚集成群，这是新出现的特点。聚落群的出现还具有时序上的突变性，鸡叫城聚落群即是明显的例证。在此以前，聚落虽然也大致分布在澹水上游和涔水下游两岸的阶地上，但以散居的带状或线状为特征，聚落之间有一定的距离，有明显的边界和空白地带。大溪文化时期，澧阳平原上的中心聚落是城头山，但城头山周围并没有成群的聚落，距城头山最近的花云塔遗址也有2千米。相对来说，聚落是处在一种散居状态。这说明油子岭—屈家岭文化以前，澧阳平原上的聚落分布大致是均衡的，这种均衡性是与资源的分布相适应的。这种状况下的聚落分布更加具有自然村落的特点。虽然出现了具有城墙和城壕的城头山中心聚落，但中心聚落所具有的凝聚力还没有完全显现出来。

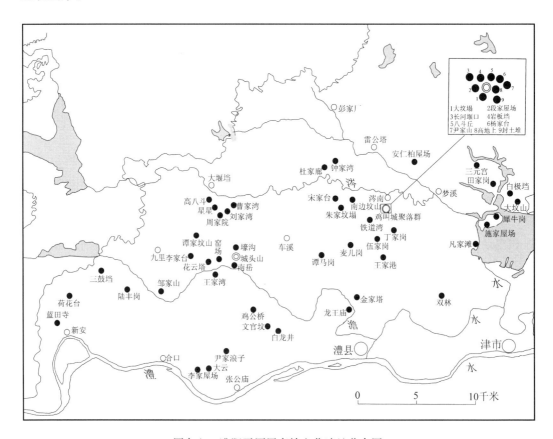

图九六　澧阳平原屈家岭文化遗址分布图

　　油子岭—屈家岭文化时期，这一格局有了明显变化。城头山Ⅲ期城墙的建造，完全改变了原来的聚落结构，城头山周围也聚集了一批遗址：北部护城河以外，是壕沟遗址①，南边有南岳遗址，西边有窑场、花云塔、王家湾、谭家坟山、李家台等遗址。鸡叫城聚落群出现于屈家岭文化一期晚段，这里兴建了规模庞大的城墙和护城河，古城周围迅速聚集了众多的聚落，形成名副其实的聚落集群。大量的聚落密聚在城池周围，是屈家岭文化时期澧阳平原上一道显著的人文景观，聚落群的出现还对自然环境有了极大的改变。城头山护城河与澹水故道之间，有人工开凿的水系，使得城内的引水和排水通过护城河与澹水相连。鸡叫城在其西北角有一条长堰通往中游的涔水，引涔水进入鸡叫城护城河，并且还开凿了大量的水渠，形成密集的灌溉水网系统，这个系统又通过城东的低洼地带将水导入涔水下游。这些工程设施的出现，极大地改变了澧阳平原的自然景观。进入屈家岭文化以后，人类对于环境和自然的适应由被动变为主动，表现了人类利用自然和改造自然能力的增强，聚落布局由散点式变为密聚式更是这种能力的综合体现。

　　屈家岭文化时期聚落的密聚式分布的特点还通过中心的变迁形式表现出来。早期，以西部城头山为区域中心；晚期，以东部鸡叫城为区域中心。这种中心的置换和重心转移的背后，是地貌变迁、经济水平和社会发展等多种因素在起作用。东部地区是典型的湖相沉积和河流冲积平原，与西部地区相比，土地也更为肥沃，地势更为低平，更靠近水源，利于灌溉，这是稻作农业发展的先决条件。这种自然环境的差异，决定了东部地区更能承载更多的人口，更能使资源得到有效利用。

　　（4）经济技术、社会组织与意识形态

　　油子岭—屈家岭文化时期，澧阳平原聚落社会步入繁荣阶段，经济获得了空前发展，人们对于资源的利用和产品的开发有了很大提高。

　　一般而言，经济技术的进步首先体现在提高社会生产力方面，生产力的提高则是以改进生产工具为前提。仔细检视油子岭—屈家岭文化时期的生产工具，更多地出现了磨制和钻孔技术，油子岭文化的石钺，制作精细，为前期所不见。生活器具的制作技术更是有了很大的改进，陶器在制法上已经出现明显的快轮制作痕迹。宋家台遗址 F2 生活面上（4B）出土的陶器，弦纹占了 11.4%，这种弦纹的大量出现，是轮制技术进入成熟阶段的表现。城头山遗址油子岭—屈家岭文化陶鼎、壶、豆、曲腹杯的内壁，还发现了螺旋式拉坯指印，外壁也有明显的刮痕，这是一种快轮拉坯的操作方法。陶器以薄胎灰陶和黑皮陶为主，其中，黑皮陶的器表还精细打磨，这些都是制陶技术进步的具体表现。此外，油子岭—屈家岭文化陶器一改原来大溪文化的红陶系列，大量出现黑陶和灰

---

①　2006 年底发现，采集到屈家岭—石家河文化时期陶片和石器。

陶，表现了陶器烧制技术的进步。黑陶乃渗碳所致，而且是窑内渗碳，它是陶窑达到陶器的烧成温度以后封闭烟道，使窑内的燃料因缺氧而产生大量浓烟从而使器表和内胎均为黑色。黑皮陶则是窑外渗碳所致[①]。快轮制陶和渗碳工艺是油子岭文化在制陶工艺上取得的重大突破，从一个侧面反映出社会生产力的发展水平有了较大的提高。更有人认为，这种进步带来了长江中游史前社会的巨变，从而加快了文明化进程的步伐[②]。

将陶器制作技术提升到如此高的地位是否恰当姑且不论，需要讨论的并不仅仅是单一的现象，如果这种制作技术和其他考古学证据相关联，也许能够真正有助于了解社会变化的动因。

比如，营造城池必须具有相应的工程技术而不仅仅是改进生产工具，工程技术是一项智力的活动，整个过程需要精心规划、设计与施工。城头山是在原来Ⅰ、Ⅱ期城墙的基础上将城池扩大了许多，并且整体呈圆形，事先应该有过周密规划与设计。鸡叫城则利用原来聚落已经形成的壕沟的大致走向，将城建成了圆角方形。在建筑工程方面，还有房屋建筑的设计，城头山F88、F23一类的房子，系由多个房间和套间组成的建筑群落，又呈现出南北排列、东西对称、中心安排道路和广场的格局，反映出建筑设计的高超技术。城头山这样的中心聚落所体现出来的建筑设计理念显然高于一般聚落。宋家台遗址的建筑风格就不同于城头山，宋家台遗址的排房依然还带有大溪文化以来普通村落建筑的式样，更加清楚地反映出较强的家族血缘关系[③]。

屈家岭文化时期聚落间的经济联系，还无法通过具体的考古学证据加以分析，澧阳平原上城头山、宋家台、三元宫三处遗址墓葬中的陶器基本类似，相比之下，宋家台遗址陶器形态和城头山遗址更加具有近缘性。三元宫墓葬所出陶器虽然整体上与上述两遗址类似，但略带有自身的特色，三元宫遗址出土的Ⅰ、Ⅱ式尊和Ⅰ式罐在城头山和宋家台遗址中无迹可寻。这表明，澧阳平原上屈家岭文化时期陶器的生产可能已经具有一定的技术差异，这种差异因地域距离的远近而逐渐表现出来，陶器的风格在这三个遗址之间证明确实存在"相近相似"的原理。

屈家岭文化时期已经出现明显的聚落等级分化，这是社会复杂化的表现。社会复杂

---

① 李文杰：《大溪文化的制陶工艺》，《中国古代制陶工艺研究》，科学出版社，1996年，第126－149页。

② 林邦存：《快轮制陶技术的发明与江汉地区文明的曙光——屈家岭遗址第三次发掘再认识之三》，《中国文物报》1994年5月22日。

③ 长屋既存在于现代的偏远地区，也大量发现于各地的考古遗迹中，带有明显的血缘家族的建筑特点。Trigger也认为，作为一个居住单位的长形房屋似乎与家庭组织的关系较近。他以北美印第安人的Longhouse为例说明这个问题。见《时间与传统》，三联书店，1991年，第192页。

化在汤家岗文化时期就已经出现，汤家岗遗址的墓地所表现出来的身份等级已经说明有了初步的社会分层。这个趋势到大溪文化表现得更为明显，聚落的等级进一步分化。屈家岭文化时期更出现了特大型的中心城池、环壕聚落、一般村落等多个级次。屈家岭文化时期特大型的中心城壕聚落周围密聚了大量的小型聚落，进而形成聚落群，并且由早至晚，群聚现象更加明显，这说明原来散居的聚落形态发生了重大改变，出现了凝聚的丛群，聚落由原来散居的游离状态走向趋同。

这样的聚落空间分布构成了明显的规模—等级，并使中心聚落的地位得到进一步加强①。

中心聚落应该在某些特点上不同于一般聚落，并能够在考古学上得到证实。中心聚落应该具有如下特点：一是具有相当的经济、人口规模与土地面积。二是在物质文化上具有领先性，文化变革快，辐射力强。三是中心聚落同时也应该是区域的产品生产中心与物资的集散地。四是有一定数量的从属聚落围绕以形成聚落群，且聚落内和从属聚落间存在职能分工与协作。五是具有明显的位置优势，在空间布局上结构合理、交通便捷。六是中心具有自身发展的动力和吸引力，规模由小到大、延续时间长。但是，中心一旦被废弃，就会突然失去其存在的基础，所以它的消亡具有突然性。七是中心可能成为众聚落进行祭祀的公共场所，所以有一些其他聚落没有的祭器。

以此来考察澧阳平原，可以发现，中心聚落与非中心聚落之间，确实存在某些差异。城头山屈家岭文化时期城址的周围，分布有数处一般性的聚落。鸡叫城周围，则聚集了数十处小型聚落。中心聚落的位置均在水陆交通便利的地点，城头山和鸡叫城的护城河均通过人工开凿的水渠而与自然的河道相通，这种水渠有着综合的功能，在运输、防洪、引排水、灌溉、防御等方面均能发挥效用，这是其他一般性聚落所不曾具备的。

作为中心聚落的城头山遗址，在人工制品的种类上，要比作为一般聚落丰富得多，出土的陶器涵盖了澧阳平原上几乎所有的陶器种类，还出现了陶塑动物、陶铃等非生产和生活性制品。城头山遗址发现了某些特殊的遗物，比如高鼓形圈足镂孔双腹豆，此外还有瓶、盆上的刻划符号等，这些均不见于一般遗址。在城头山遗址，墓葬的排列并不严密，同一时期的打破和叠压关系非常复杂，说明中心聚落在血缘上的讲究已不严格，也间接说明城内的成员具有多种血缘，来源比较复杂，唯其如此，在墓葬制度上才会不按照世系和血缘排定座次。但是，在一般的村落，如宋家台遗址，墓地的安置和下葬顺序完全可以从墓葬的排列上找到，说明这个聚落遵循了血缘的安排和族系的秩序。这种

① 成为中心位置的一个基本前提是物质向一个核心聚集，空间中的产品从核心发源，向外扩散；区域的中心地点，也就是区域的核心，是一个特定地区的统帅。中心的规模取决于区域的大小和人口规模。

情况在划城岗遗址也能够明显地反映出来。划城岗遗址墓地的形成过程正好与宋家台遗址的方位相反，它西边的墓列要早于东边墓列，每列墓的南侧要早于北侧。其下葬顺序是由西至东和由南至北，具有明显的家族墓地特征①。虽然划城岗遗址在澧阳平原之外，但是它代表了油子岭—屈家岭文化时期一般聚落的基本特点。

　　中心聚落和一般聚落相比，财富的拥有和分化的程度也更加明显。在城头山、宋家台和三元宫三处遗址中，城头山遗址墓地的随葬品种类丰富，数量较多，数量差异也十分明显。宋家台遗址 32 座土坑墓一共出土遗物 111 件，平均每墓 3.4 件。城头山屈家岭文化 183 座土坑墓出土遗物 1293 件，平均每墓 7 件。三元宫 24 座土坑墓出土遗物 227 件，平均每墓 9.5 件（图表二〇）。这是一个相对数据的比较问题，这个平均数还不能反映墓葬的等级，还应该对单座墓葬的随葬品数量进行分析。在城头山墓地，墓葬的分化非常明显，大量的墓葬随葬品并不多，在 183 座墓中，随葬品在 10 件以下的有 146 座、10－20 件的 18 座、20 件以上的 16 座、30 件以上的 3 座。在三元宫遗址，随葬 10 件以下的 11 座、10－20 件的 11 座、20 件以上的 2 座。宋家台遗址的 32 座墓全部在 10 件以下（图表二一）。

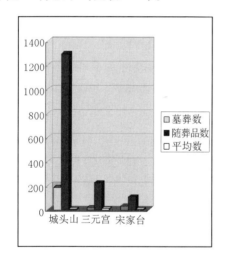

图表二〇　城头山等三处遗址墓葬
数与随葬品平均数

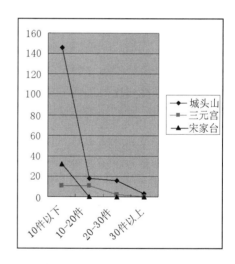

图表二一　城头山等三处遗址墓葬
与随葬品数量

　　上述数据表明，城头山社会是一种金字塔形等级，占有大量财富的只是极少数，而大多数是处在金字塔底层的贫民。三元宫社会显得较为平均，贫富差异并不明显，

---

　　① 赵辉：《长江中游地区新石器时代墓地研究》，《考古学研究》（四），科学出版社，2000 年，第 23－54 页。

可能暗示社会成员等级分化不明显。宋家台作为一个一般性的村落，社会财富普遍很少，富裕程度较低，社会成员保持在一个较低的均贫状态之下。这些数字具体反映了三个聚落中社会状况的不同水平，进而了解到同处于澧阳平原聚落繁荣阶段时期的社会状况。

在精神意识上，能够加以考察的证据很少。城头山遗址第二发掘区所揭示的屈家岭文化时期的建筑遗迹中，F87 被判断为具有礼仪性质的公共建筑，这主要是从其宽大的墙体、单独的封闭型结构、外檐的廊庑、东西对称和室内大面积无隔墙等特征作综合考察后得出的结论，还无法对这种结论作出验证，更无法从这些考古学证据中推测当时的礼仪活动之过程。宋家台 F2 北列西端第一间房的门道房基面下，埋有一件完整黑陶簋，与周围的红烧土浑然一体，显然是在垫筑房基时埋入，发掘者曾推测这应该是建房时的一种仪式。总之，人类的意识活动毫无疑义会在物质遗存上有所反映，比如城头山出土的玉璜、玉坠、绿松石坠、石哨、陶铃、陶塑动物和锥刺纹陶球都应该反映了某种精神意识的活动，不过目前还无法解读。

七　石家河文化时期

（1）典型聚落分析

澧阳平原石家河文化时期经过正式考古发掘的遗址有城头山、宋家台、孙家岗，此外位于澧水南岸的太山庙遗址也可纳入。

太山庙遗址　遗址位于澧水南岸的一处丘岗之上，北距澧水近 7 千米，实际上位于澧水南岸支流——道河的二级阶地上，海拔高程约 70 米。这个高程的聚落在澧阳平原是不曾出现过的，暗示平原地区人口迅速增长，导致人口向外迁徙以拓展新的生存空间。太山庙遗址的发掘面积很小，聚落布局等相关情况并不清楚。仅清理了一座房子（F1），其房基面已经完全被毁，残存的 31 个柱洞较为清晰地显示了建筑的基本结构。从平面观察，F1 大致为正南北方向，长约 7.5、宽约 3.5～4 米，门朝东，建筑物西墙外 1 米左右有一排平行柱洞，这是一种典型的廊檐结构。

城头山遗址　城头山石家河文化堆积较少，与屈家岭文化比较，聚落结构再次置换，屈家岭文化时期的墓地不再继续使用，显然是另外开辟了墓地，但具体位置不详。城头山仅发现这一时期土坑墓 6 座、瓮棺 12 座，分布都很零散，能够看出墓葬器物组合的仅有 M214，随葬器物为鼎、缸、盘、釜，从形态来看属于石家河文化一期。

在城内的西部和北部，发现石家河文化时期房址 28 座，保存较好的有 6 座，其他则破坏较为严重。这些房址零散地分布，建筑形式多为平地起建，一般规模都比较小。这些房址的墙体已经破坏殆尽，少数保留了柱洞和红烧土居住面。

下面略举两例。

F25 位于第三发掘区，平面呈不规则四边形，保留了较为完整的四边基槽，室内地面有红烧土墙体残块，基槽内见有柱洞，是典型的木骨泥墙房子，北基槽长 7、宽 0.9 米，西基槽长 6、宽 0.6 米，南基槽长 5.3、宽 0.5 米，东基槽长 4.7、宽 0.6－1 米。东基槽的北端与北基槽之间有 1 米间隔，应是门的位置。室内偏西部位有一道南北向的基槽，长度 2.3 米，并未与其他基槽相接，从其位置与走向来看，应是室内的一道隔墙所在。这座房址的室内面积不到 40 平方米（图九七）。F33 是一

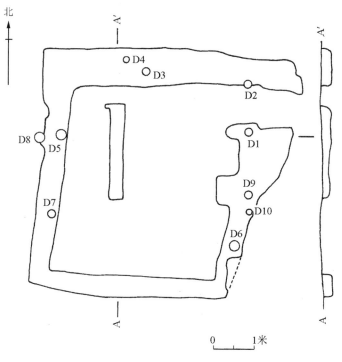

图九七　城头山遗址 F25 平、剖面图

（根据湖南所，2007 年，图一二七）

座半地穴式房子，平面略呈椭圆形，长径约 2.5、短径约 2.15 米。建筑方法是先在地面上挖一凹坑，再在周缘立柱搭架。房子使用时期有一个较薄的炭灰面，应是烧火后所遗留，室内周缘有大小不等的 8 个柱洞，由于南部被一灰坑打破，门道方向不清。在 F33 周围，还发现多处同一时期建筑，有 F34、F35、F36、F37 等，但均残毁严重，结构不清，这些房址的年代为石家河文化一期，比之略晚的石家河文化二期建筑与此大致类似。

这即是城头山石家河文化时期墓葬、房址的基本形态。显然，墓葬与建筑的等级都很低，合理的解释是石家河文化时期城头山作为中心聚落的地位已不复存在。

宋家台遗址　发现了两座建筑遗迹（F3 与 F4）和若干灰坑。F3 可能是建筑的某个部分，仅发现柱洞和黑土夹杂红烧土垫筑的房基面，11 个柱洞构成较为完整的长方形平面，东西宽 2、南北长 2.5 米，门道不清，主体部分已经延伸到发掘区之外。F4 破坏严重，平面结构不清，但却保留了一段残墙体，该墙体残高 0.15－0.2、宽 0.55、长 2.8 米。墙体分双层结构，外层为淡黄色黏土筑成，厚约 0.25 米；内层为红烧土块、炭末与红色黏土掺和夯筑而成，内层之下还有深约 0.1－0.15 米的基槽。室内房基面由纯黄土、红烧土、木炭夯筑。室内西北角有一块黑色炭屑堆积，可能是用火的遗迹。与

F4 同时的还有 H1、H4、H18、H19 等一批灰坑。H18 打破一年代略早的灰坑(H16)[①]，平面形状呈长条形，坑壁斜直，较陡，底部较平，坑口长 4.4、宽 1.5、深 1.25 米，坑内堆积分两层，出土有罐、钵、豆、盘、鼎、鬶等陶器，以及石器与陶纺轮。另外还出土了一件灰陶人像，该人像是在半干的泥坯上雕刻后再加以烧制。残高 4.3、最宽处 4.5、最厚处 1.4 厘米。人像刻有眉毛、眼、鼻、胡须、嘴等，鼻子较高，为泥条贴成，下有两浅鼻孔。张口，口中有上下两排牙齿，两侧有耳朵，背面有泥条贴筑的錾，中有小孔，可能系穿绳之用，脖子以下残（图九八）。

　　H9 是晚于 H18 的一个灰坑，该灰坑一部分延伸到隔梁内未发掘，揭露出的平面近似椭圆形，坑口长径 1.6、短径 0.95、深 0.45 米，弧壁圜底，出土物有陶钵、碗、豆、罐、鬶等，遗物形态明显晚于 H18，属于石家河文化二期。

　　孙家岗遗址　遗址是澧阳平原西部一处重要的石家河文化时期聚落，坐落在一处台地上，高出周围 2－3 米，遗址面积约 3 万平方米，海拔 45 米，遗址东南部是墓地所在。1991 年对该墓地进行发掘，共清理墓葬 33 座。这批墓葬呈南北排列，除 M24 外，一律为东西向，并形成明显的三个片区：南区仅 2 座墓；往北 7 米之外，则是中部墓区，是墓葬最为集中的地方，有 21 座；在中区之北 6 米外是北区，有 10 座。各墓葬之间虽然有部分打破关系，但基本排列整齐，方向一致，表明墓葬的安排遵循了一定的秩序。这 33 座墓中，随葬玉器的 7 座，分布在北区和中区，中区 M14 的结构和尺寸与周围其他墓葬无异，随葬的玉器有一对龙凤玉佩，及璜、璧、笄、坠饰等共计 13 件，还随葬陶罐 11 件、陶壶 1 件。中部墓区随葬玉器的墓还有 M13，有玉坠 1 件。北区 10 座墓中有 5 座随葬玉器，M9 随葬 1 件玉璧，M33 有笄、璜，M8 有玉纺轮，M9 有玉璧和笄，M3 有玉祖，M7 有 1 件圭形玉片。显然，北部墓区更多墓葬随葬有玉器，表明这是一个相对富有的群体；中部墓区唯 M14 异常丰富，其他则仅有很少的陶器，甚至有数座空无一物，拥有的随葬品数量悬殊，或可暗示该群体人们的地位差异较大。南部墓区受现场条件限制，不能展开，仅清理了二座墓，其他情况则不明朗（图九九）。

　　（2）鸡叫城聚落系统

　　A. 城墙解剖及城内发掘

　　从 1998 年解剖的西城墙情况看，鸡叫城 Ⅱ 期城墙规模较大，横截面近似长方形，宽约 46、高约 2 米，墙体紧贴于 Ⅰ 期城墙的内坡，并叠压着屈家岭文化二期的地层，墙体内还含有少量屈家岭文化二期陶片。Ⅱ 期城墙的内坡又被石家河文化一期的地层所叠压，这个堆积应是城内居民生活时期所遗留。通过这些材料可以确定，在屈家岭文化

---

　　①　H16 与 H18 的年代均为石家河文化一期。

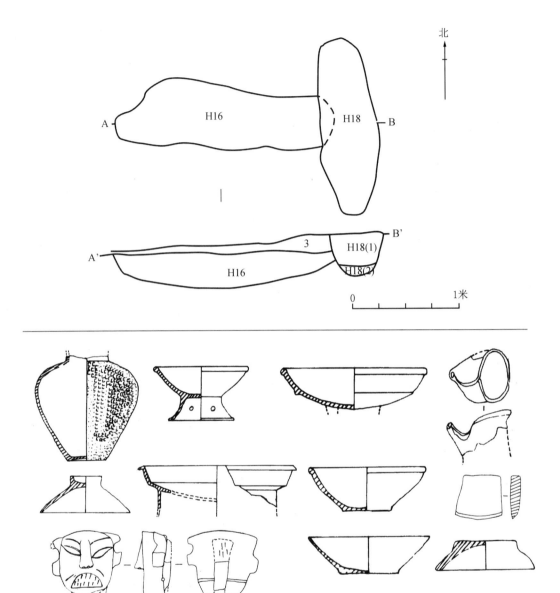

图九八　宋家台遗址 H18 平、剖面图及其出土遗物

（根据湖南所，1999 年，图二三等改绘）

二期到石家河文化一期的某个时间段内，开始了第二次大规模地筑城。2006 年的发掘，揭示出屈家岭文化至石家河文化各个阶段的丰富堆积，为鸡叫城聚落的演变以及城墙的营建和使用提供了重要资料。

由于 I 期城墙是建于屈家岭文化一期晚段，城墙的内侧即是重要的生活居住区，墙

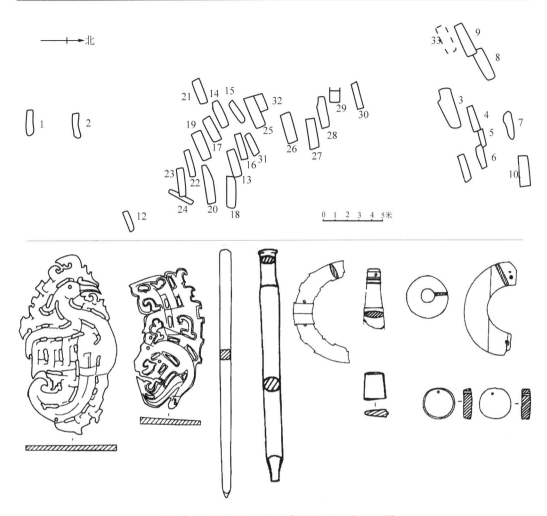

图九九　孙家岗墓地平面布局及 M14 出土玉器

体内坡有丰富的屈家岭文化二期堆积，暗示当时人类活动的频繁。Ⅱ期城墙即是在这个
生活面上建造起来的，在此建造过程中，不排除对原来地面有所破坏，并使部分堆积进
入Ⅱ期城墙的墙体。Ⅱ期城墙建好以后，这里仍是重要的生活区，留下了至少两组建筑
堆积。较早的一组建筑直接叠压在原来屈家岭文化二期堆积层之上，同一平面分布三座
房子，编号为 F6、F7、F8。这些房子在建造之前均使用了黄土垫筑房基面，基槽宽约
0.7-1、深0.3-0.5 米，内填红烧土，柱洞直径在 0.3-0.4 米左右，显然是大型建筑
所在，这组建筑的使用年代在石家河文化一期。后来，这里陆续建房，每次建房之前均
使用了黄土或者红烧土碎块来垫筑房基面。较晚一组建筑的大致年代在石家河文化二
期，显示出三座互相关联的房子（F3、F4、F5），这三座房子在同一个台基上建造，建
房之前，用黄色黏土掺了少量的红烧土末垫筑台基，并呈西北—东南向前后错开平行

排列。

由于发掘面积太小而建筑物体量又太大，揭露出的均只是建筑物的局部而难窥全貌。但通过这样的工作，至少可以了解到在鸡叫城Ⅱ期城墙建城之后很短的时间内，城内即有频繁的人类活动，这也暗示石家河文化时期的鸡叫城作为澧阳平原中心聚落的重要地位。

B. 聚落集群、多重环壕与沟渠系统

石家河文化时期澧阳平原的中心聚落显然已非鸡叫城莫属。首先，鸡叫城的城墙和护城河在石家河文化一期出现了第二次大规模地修筑。澧阳平原石家河文化时期的聚落中，以鸡叫城规模最大。其次，在鸡叫城二次筑城的同时，其周围又新出现了众多的聚落，并且有向外围发展和扩大的趋势，形成比屈家岭文化时期更为密集的聚落集群。

鸡叫城的外围，有多重环壕和沟渠系统。大致而言，城墙与护城河是连为一体的墙壕设施。在护城河之外，是一重环壕，与护城河之间平均约 200 米间隔；一重环壕之外，是第二重环壕，距一重环壕平均约 150 米间隔。一重环壕与护城河之间，有大坟塌、段家屋场、岩板垱、风车堆、八斗丘等 5 处遗址。一重环壕与二重环壕之间，有长河堰口、贺家屋场、高五斗、高地上、宋家岗、台湾、郭家油榨坊等 7 处遗址。二重环壕外的附近有花边堰、郑家台、杨家岗、张家台、樊家台、封土堆、任堰垱、三房台等 8 处遗址。在二重环壕外不超过 2 千米的周边，还分布有约 18 处遗址。这些遗址呈同心圆分布在鸡叫城周围，其主体堆积都属于石家河文化时期，这些遗址均是以鸡叫城为中心而形成的鸡叫城聚落集群的一部分。

鸡叫城聚落集群另一重要现象是众多的沟渠系统。在鸡叫城的西北角，护城河与一重环壕之间，为一条沟渠相连接，这条沟渠长约 200、宽约 20 米，沟渠的一端与护城河相连，另一端与一重环壕及另外一条长沟渠——长河堰连接。长河堰呈西北—东南向，长度约为 1250 米，其尽头则通过另外一条河道接入涔水。在长河堰的南侧，由北至南平行排列有 6 条小沟渠，这批小沟渠长度约在 500 - 600 米，与长河堰方向一致，平行成排，渠与渠之间的间隔基本一致，约为 100 米左右。在鸡叫城的东北角，一重环壕之外，同样有 14 条这样的沟渠，呈东北—西南向，由西至东平行排列，沟渠之间距离 50 - 120 米不等，这些沟渠的北端，则通过一条西北—东南向的大堰——张口堰连接起来。这些沟渠和护城河、一重环壕、二重环壕都互相贯通，形成一个活动的水系，最后在鸡叫城东部汇入涔水故道。在这些沟、渠之间，是平坦的土地，推测应该是当时的农田耕作片区（图一〇〇）。

通过对岩板垱与段家屋场的发掘，发现鸡叫城西北角，连接护城河与长河堰及一重环壕的沟渠，在石家河文化时期就已经存在，说明岩板垱与段家屋场两聚落之间当时就有壕沟相隔。若此，则可以肯定当时鸡叫城地区存在极为复杂的河、壕、沟、渠等众多设施所构成的水网系统。这个水系的出现，应该主要是为稻作农业的需要，众多的沟渠

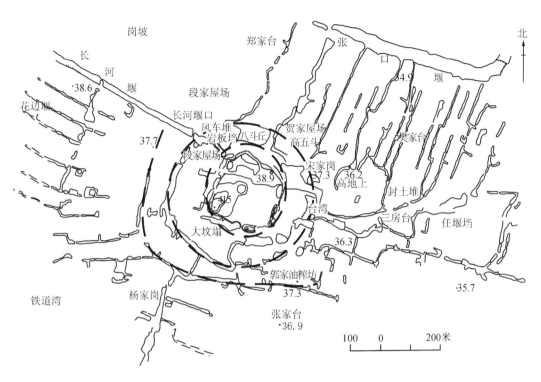

图一〇〇 鸡叫城聚落群空间布局

将鸡叫城外的田野分隔出规整的片区，这样的片区对于一个有着密聚集群的社会来说，在管理上是至关重要的。这些沟渠将田园加以分隔，并为灌溉提供了保障。同时，沟、渠、壕、河所形成的水系，不仅只有灌溉之利，还可以为生活提供诸多方便，在防洪、排水、运输、防御等方面发挥综合效用。

（3）聚落景观

对比屈家岭文化时期，澧阳平原上石家河文化时期聚落的数量呈现出大幅度增加，这种增加的方式是剧烈的和爆发式的。屈家岭文化时期已经确认的聚落数是63处，石家河文化时期猛增至192处。此时，整个澧阳平原已经遍布聚落，更无空闲地带，聚落无论处在哪个位置，与其相邻聚落之间的空间总是狭促的。如此密集的聚落散布在一个并不宽敞的区域里，聚落之间频繁接触已是不可避免的事实。当然，所谓密集也是相对的，并非说聚落的分布绝对均衡，以鸡叫城城址为中心的聚落群，聚落的密集程度就远甚于其他地方，成为典型的"集群"（图一〇一）。

鸡叫城的建造，标志澧阳平原上旧中心的消失和新中心的到来。这种地缘空间的转变，自然要从城头山和鸡叫城所处的地理位置和相关文化背景方面寻找原因。

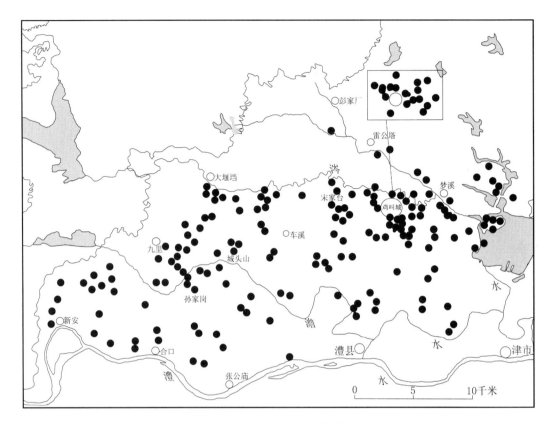

图一〇一　澧阳平原石家河文化遗址分布图

概而言之，在稻作农业社会，肥沃的土地和丰富的水源是聚落发展的基础，另外就是便利的交通，城头山之所以能够一度成为区域中心也在于此。在维持一个可以承受的地力和资源的前提下，城头山完全依靠自身的努力，使聚落获得优先发展。但是，如果人口增殖太快，对于土地和相关自然资源的需求必然随之增加。倘若聚落及其周边区域不能满足这些需求，自然就需要开拓新的地域，或者被新的地域所取代。相比较而言，鸡叫城地区具有比城头山更具优势的自然条件和微观经济地理环境。这里地势更加开阔和低平，鸡叫城北部即是涔水，涔水的水源和流量都远较澹水充沛，能够保证鸡叫城聚落持续发展。最为突出的一点是，鸡叫城的自然地貌可以使它能够引涔水来灌溉周边的稻田区，那些在稻田区开凿的沟渠，既可引水灌溉，又可顺势排入东南方向的低地河流，不至于产生内涝，这样的地方，自然具有地缘上的优势。

（4）生业与经济技术

在澧阳平原，考古发掘获取的石家河文化时期动植物和其他资源遗存是该地区史前文化序列中最少的，不知其除了稻作农业外，是否还有相关辅助形式的生业，比如家畜饲养，渔猎和采集。从社会发展角度而言，这些应该是具备的。

石家河文化时期澧阳平原聚落非常密集，与这种密集程度相对应的经济形态应该已经进入成熟的稻作农业阶段，甚至已经积累了基于耕作、施肥、灌溉以及选种、育种、栽培、收割、储存、管理等方面的成熟技术与方法。只有这样，才能维持稳定的收成，确保食物供应与人群需求平衡。

图一〇二　城头山遗址 G35 出土
陶碗底部快轮制陶拉坯指印

石家河文化时期，陶器制作技术取得了长足的进步，已经具备了成熟的轮制技术，许多器物的内壁或者底部都可以见到清晰的轮制痕迹。城头山 G35 出土陶碗底部的螺旋式逆时针拉坯指印，即是快轮制陶的直接证据（图一〇二）。

在装饰手法上，石家河文化大量出现篮纹、绳纹和方格纹，此外还有附加堆纹、陶索纹、弦纹等。石家河文化有一种类似于擂钵的器物，有的直接称为擂钵，也有叫澄滤器或刻槽盆的，在器物内壁有刻划的浅槽，这种浅槽可用于擂捣和加工植物籽粒和根茎一类的食物，暗示食物加工的多元化。在石器方面，主要以磨制石器为主，大多数采取了通体磨光技术，器物形体小，制作精致。新出现了石镞和石矛，它们的制作和使用意味着新的工艺技术和新的社会关系的出现，与石家河文化时期的区域背景有密切关联。

（5）社会组织与意识形态

石家河文化时期聚落数量多，其分布已经触及澧阳平原各个地段，使得平原上再无空闲之处。与以前的聚落相比较，最大的区别是出现了明显的聚落层级。

鸡叫城显然是澧阳平原的中心聚落，另外，比之略小的大型聚落有数处，应该是中心之外的次级中心，次级中心之外则是一般的小型村落。从统计结果来看，在 192 处石家河遗址中，面积在 5 万平方米以上的聚落 5 处；1 万－5 万平方米的 57 处；1 万平方米以下 130 处，在 130 处 1 万平方米以下遗址中 5 平方米以下的 89 处。这样一来，可以看出澧阳平原至少存在三级聚落结构。

按理，中心聚落应该处于区域的中心，但鸡叫城聚落群并不处在平原的中心位置，而是偏居于东北部。在这个聚落群内，既有大型聚落，也有属于小村落的一般聚落，比如鸡叫城东南部的郭家油榨坊面积即达 7 万平方米，是仅次于鸡叫城的大型聚落，而类似于大坟塌的聚落仅有 2000 平方米。在澧阳平原的西部，城头山聚落西去不到 5 千米的区域内，分布有密集的聚落。这个群落中，李家台面积达 6 万平方米，邹家山达 3 万平方米，显然为大型聚落，不过也有像老坟塔遗址仅 600 平方米这样的一般聚落。当然，有些遗址的真实面积因晚期的破坏而无法确认，但出现这样的情况，至少说明聚落的分布不是完全均匀地分布。

正如前文所言，所谓的"中心与非中心"绝非地理单元上的均衡分布。"中心位置理论"只是为考察聚落的分布规律及其"等级—规模"问题提供一定的参考。中心聚落、大型聚落和一般聚落构成了澧阳平原三级聚落形态的存在，石家河文化时期已经出现了聚落的不同等级和规模是不争的事实，这种不同等级与规模所反映的是不同水平层级上的社会形态，理应与不同的社会组织结构相适应。相比而言，中心聚落应该具有较为复杂的社会结构和社会组织，比如鸡叫城聚落群，形成了以鸡叫城城址为中心，周围众多聚落相环绕的聚落群系统，这种聚落群系统应当形成了某种功能性的布局，并且拥有较为完善的社会组织和分工体系。鸡叫城周围的一般聚落在整体上与鸡叫城内居民的身份可能存在一定的差异，他们在社会关系方面也应该扮演了不同的角色。段家屋场调查钻探发现大量类似陶窑一类的遗迹，该聚落可能是整个鸡叫城聚落群的制陶手工业区。

同时还可以看到，除了中心聚落进一步扩大，并形成聚落集群外，另外一个特点就是在中心聚落周围聚集了为数众多、规模并不大的新型聚落，这些小的新聚落的出现使澧阳平原成为长江中游史前聚落密集度最高的地区，小聚落的出现也意味着聚落分化出更多的小型单位，或者说原来的小型聚落进一步向中心聚集，这种现象还意味着原来牢固的血缘纽带进一步解体①。在此情形下，社会结构也发生了明显变化：一方面，以小型聚落为基础，意味着分解成更小的社会组织单位；另一方面，超级聚落集群出现于鸡叫城地区，标志着比以前更大的社会组织单位的出现。这一大一小的两极分化，使社会结构更加趋于复杂化。

石家河文化时期的人们在意识形态上的情况在考古材料上并没有明显的反映。但是人们对于死亡的认知，较以前却有重大变化。孙家岗墓地出土了数量丰富的玉器，M3出土了1件玉祖，放置在左膝附近；M14的龙形和凤形玉佩均放置在头部；M9的玉璧放置在腹部。这些玉器除玉笄应该是作为束髻的实用器外，其余几乎均为具有某种象征意义的器具。玉器作为佩饰的存在，由来已久，最多的便是玉璜，孙家岗墓地出土的龙凤形玉佩，仅此一例。《毛诗·国风·卫风》云："佩玉之傩"；《韩诗外传》："有处子佩瑱而浣者"；《礼记·玉藻》："古之君子必佩玉"；《晏子春秋·内篇上》："庶人不

---

① 美索不达米亚文明化进程以小规模"城邦拼合体"的形式发展着。史前时代晚期，战争已经促使这里在五到十五公里半径范围内的村庄和城镇的居民放弃了自己的社区，聚集在后来成为筑墙围绕的城市中心。这为个人的人身和家庭财产提供了更大的安全保障，并能有效地对付拖延很长的战争或自然灾害。见炊格尔：《时间与传统》，三联书店，1991年，第227页。

佩。"这些文献均记载了佩玉行为与礼仪或者宗教思想有关，说明佩玉是一种观念的产物。当然，今人无法了解史前人类的精神意识，但这种非实用性玉器的存在和使用，大抵反映了人类在精神意识上的一种基本态度。石家河文化时期这种配饰与大溪文化时期作为配饰的玉璜，在形式和内容上显然都有了明显差异。孙家岗墓地是一套玉器组合而非仅仅是玉佩，其背后所反映的应该是较为成熟的玉文化观念，应与当时所谓"玉器时代"的社会—宗教背景有关。

宋家台 H18 出土的人面像具有何种意义，目前还不清楚。人像与人物形象出现于史前遗存，想必与某种宗教思想有关。在中国史前考古发现中，凌家滩遗址的玉人、红山文化的陶塑人像以及良渚文化玉器上的人形神徽，均具有明显的宗教色彩。但是，无法将这些具有宗教意味的器具所体现的宗教思想加以解读。对于澧阳平原来说，目前也无法将孙家岗墓葬出土的玉器和宋家台遗址出土的人面像作更多的联想。石家河文化所具有的宗教思想表明，人们已经将信仰赋予某种具象的器物，即所谓"神器"。这种神器的出现，标志着宗教已经超越个体的认知，公共宗教或者礼仪时代来临。这无疑是社会发展的必然产物，也是文明化进程中最值得探讨的一个领域。

在城头山遗址的石家河文化堆积中，还出土了陶塑动物。T1674④D：1 为 1 件泥质红陶的动物形象，短尾，四肢明显，前肢已残，后肢弯曲，头部两耳下垂，类似于狗的形态。G35：2 为 1 件泥质红陶鸟，可辨认出翅膀和尾部。这样的陶塑动物在洞庭湖地区划城岗和车轱山遗址石家河文化遗存中也有零星发现。这种陶塑动物也应该是某种审美或者宗教行为的物证，它在石家河文化的中心地区天门石家河遗址有大量发现。这暗示，在石家河文化时期，已经形成了长江中游地区大致相同的意识形态。

八　澧阳平原聚落演进基本概括

澧阳平原史前聚落的演进，是在一个相对独立的地理单元内进行的。这里河网交织，湖沼发育，低矮的丘岗散布其间，有着多样性的动植物种群，这种地貌环境长期处在较为稳定的状态。更新世末期澧阳平原即成为人类活动的重要场所，十里岗文化的遗址分布在平原丘岗之上，意味着人们开始在临水的丘岗上定居，这种定居可能还是临时性的。

新旧石器过渡时期的遗址点在澧阳平原有许多发现，八十垱遗址下层的发掘表明人类已经利用这处地点作为营地或者定居点。也许早期的营地和定居点之间，并无实际的区别，在稳定的定居点出现之前的定居行为或许都是不稳定的。

彭头山文化时期聚落的分布尚很稀疏，主要集中在古河道的附近，这是稻作农业村落的基本特点，这种情况到后来并没有多少改变。彭头山文化之后的皂市下层文化，在聚落的选址上并无特别之处。但是，多数皂市下层文化的聚落并没有沿用原来彭头山文化的聚落，这种重新选择新的地点作为聚落的原因目前尚不清楚。八十垱晚期堆积之上的洪积层也许能够反映出一定的问题。不过，由于新的地点离原来地点并不太远，澧阳平原聚落的空间分布状态并没有改变。

从聚落的演进角度来看，彭头山文化已经出现了土墙和环壕，这种墙壕的建造利用了自然地貌，通过人工改造，从而成为较为完备的墙、壕聚落。这种情况在皂市下层文化中也有一致的表现，胡家屋场同样是一处存在壕沟的聚落。汤家岗文化时期的环壕聚落在城头山遗址有发现，在确认城头山汤家岗文化壕沟的同时，还确认了壕沟内坡上的土墙遗迹。这说明从彭头山文化到汤家岗文化，墙壕聚落作为澧阳平原史前聚落的一种基本模式沿用相袭，成为本地区的传统。这种传统又与稻作农业的发展相伴随，从而形成相互促进、共同发展的颇具特色的区域文化与聚落发展模式，这种模式最终导致了城头山史前古城的出现。

大溪文化时期出现的城头山史前古城，是澧阳平原环壕聚落长期发展演变的结果。但是，古城所体现出来的形式和内容，与原来的环壕聚落有明显的差异。首先，城墙和城壕的规模是原来的墙、壕无法相比的，城头山Ⅰ、Ⅱ期城墙和城壕的建造需要具备大量的劳力资源，仅城头山聚落本身是无法完成这项工程的，暗示城头山与周邻聚落已经结成了某种形式的联合体，这是社会组织的重大变化。其次，在城墙建造之时和建城之后，城内东部出现了大型的具有公共祭祀意义的祭坛和大量的祭祀坑，从某种程度上说，这是一种公共礼仪建筑。这种建筑与城头山古城相对应，也从另一个侧面体现了社会关系和组织结构的变化。大溪文化时期澧阳平原的聚落社会与以前有较大的变化，社会的等级和分层已经非常明显，这种分层还可以从墓葬制度上得到体现。大溪文化一期、二期的墓葬已经表现出明显的分化现象，这说明了在城池兴起的过程中，进一步加剧了人群的分化。

城头山Ⅲ期城墙修建的年代在油子岭文化二期，这个年代在长江中游的史前城址中也是相当早的。Ⅲ期城墙和护城河的规模要较Ⅱ期城墙和城壕更大，在Ⅲ期城墙的建造和使用过程中，城头山聚落发生明显的结构性置换，原来一直作为聚落重心的东部区域逐渐衰落，重心移到了西北部，在西部有密集的建筑群落，有与建筑群落相关联的道路和广场，这样的建筑群落分明是当时聚落着力营造的城内居住生活区。在这片区域的北部，则成为城内的公共墓地，这种特点所反映的仍然是以聚落为公共单位，墓地或许并不涉及其他聚落的人口，这依然带有较为浓厚的氏族部落特点。但是，类似于城头山这样的特大型聚落，墓地安葬顺序上并无明显讲究，墓地虽然在大致方位上依照从西至东的排列秩序，但墓葬的分布较为杂乱，叠压打破关系复杂，杂乱的墓葬安排或许暗示城内人员的成分较为复杂。而同一时期的划城岗聚落，则可以分出极有规律的墓葬排列的次序和墓列来，表明是以家族为单位在墓地里按照先后次序下葬，暗示血缘关系的紧密。划城岗聚落只是一般的聚落，比城头山聚落在规模上至少低 1－2 个层级。通过这两个聚落屈家岭文化时期墓地的考察，可以发现城头山聚落具有比划城岗聚落不一样的社会关系，在社会成员组成上已经打破了血缘纽带，而整个聚落的成员已经被视为一个整体，在社会组织上应该也不同于一般的村落，说明中心城壕聚落的社会复杂化程度更高。

城头山城壕系统在屈家岭文化二期以后不再是澧阳平原的中心，城头山衰落的同时，东部鸡叫城地区开始兴盛。鸡叫城Ⅰ期城墙和护城河建造的年代在屈家岭文化一期晚段，与此同时，鸡叫城聚落群迅速崛起，逐步形成以鸡叫城城址为中心，周围数十个聚落相环绕的特大型聚落群系统，在这个系统之内，应该出现了较为严密的聚落职能的分工，鸡叫城周围的原野和土地被若干水渠分隔成类似田园化的稻田耕作片区，这些水渠平行排列，并且与三重环壕相连通，既可以导引自然河流的水，又可以疏排城内和聚落群的积水入下游的河流，形成澧阳平原上极具特征的聚落景观。这表明澧阳平原稻作农业经济已经发展到了一个相当成熟的阶段。维持如此规模的系统，绝非单一聚落或社群，必须联合众多的群体，因之，社会复杂化程度必然加剧。

石家河文化时期，聚落的分布呈现爆发式地增加，其密集程度是原来无法相比的，在同样的单位面积里出现的聚落数量比以前聚落数量的总和还多。同时，聚落的分布呈现出明显的等级与规模，这种特点表明澧阳平原已经出现初步的管理系统，统一的社会运作正在形成之中。

建筑式样的变化同样也可以为了解社会的发展提供证据，彭头山文化的建筑形式多样，有半地穴式、地面式、干栏式、高台式等多种。平面形状有圆有方，并没有明显的程式，但几乎都是单体建筑，没有分间，明显留有早期采集狩猎时代营地窝棚式建筑的遗风。从八十垱聚落的情况看，建筑基本没有大小和功用上的区别，聚落成员地位也较为平等。皂市下层文化和汤家岗文化建筑遗迹发现很少，皂市下层文化似乎仍然是单体建筑，但已经出现大开间。大溪文化建筑则出现了分间与排房，这种新的建筑式样应该反映了新的社会关系的出现。城头山屈家岭文化套间式建筑院落的出现显然表明社会基本单位成员的扩大，这种基本单位又通过广场和道路聚成更大的社会群体，并拥有公共建筑。宋家台遗址的排房式建筑提供了另外的证据。这两种不同的建筑形式当反映了宋家台与城头山聚落拥有不同的社群关系。城头山表现出每个建筑套间拥有相对独立的空间，但各个建筑套间又建立在统一的制度之下，显然有高于家庭和家族的权力在起作用，社会单位分出多级。宋家台聚落则是代表扩大家庭和核心家庭所组成的二级社会单位，表明是具有明确血统世系的社群，而城头山可能由多个具有血统世系的单元组成的社群。从这个意义上说，城头山和宋家台也反映了不同的聚落规模和等级所表现出来的不同社会结构。

综合上述分析，对澧阳平原聚落演进试作如下归纳：

彭头山文化时期的聚落表现为散聚形环壕聚落，没有中心，也看不出等级分化。从彭头山文化发展到大溪文化，聚落规模扩大，出现了明显的等级和分层，在聚落内部也开始了分化和分层，这种变化加速了澧阳平原的社会复杂化进程。随着大型城壕聚落的出现，体现更多的是聚落间分化较为明显，但在聚落内部，社群的分化并不强烈。屈家岭文化—石家河文化时期，社会呈现出整体性进步，聚落之间呈现更为明显的分化，一方面，聚落分化出更小的单位，另一方面则集聚成群。中心城群聚落拥有更为广阔的空间和资源，大量的小型聚落组成低级社群单位，并可能在政治和经济上受制于中心或者大型聚落。这种局面的出现，已经表明社会复杂化程度的极大提高，澧阳平原史前社会文明化进程加快，并最终融入长江中游社会进程之中。最后，澧阳平原聚落在石家河文化末期急剧衰落，是与长江中游史前社会发展整体格局相一致的。

第二节　汉东地区史前聚落演进

一　边畈文化时期

边畈文化经过正式发掘的仅有边畈遗址。该遗址地理坐标为北纬 31°05′21.0″，东经 112°39′03.9″，海拔高程 43 米。遗址位于大洪山西南侧的河谷低丘上，西距汉江仅 5 千米。周围地势平坦，东南不远处为大洪山余脉——罗庙山，一条古河道——邱桥河——从遗址北部分出东西两条小支流，绕过遗址所在的岗地，西边一支流向西南，东边一支流向东南。遗址边缘发现了明显的壕沟，并与北部自然河道相通，这条壕沟除南部可能在后来被淤塞而不清楚外，其余部分明显环绕着遗址，形成名副其实的环壕，但还不清楚是否属于边畈文化时期。1984 – 1986 年两次发掘的探方位置在聚落的东南部，一共发现了 61 座墓葬和 12 个灰坑，虽然有一部分墓葬的时代可能要晚于边畈文化，但是，这里在边畈文化时期已经开辟为墓地则是事实。

二　大溪文化—油子岭文化时期

（1）聚落个案分析

这个时期经过正式发掘的主要有谭家岭、油子岭、屈家岭和龙嘴、笑城等遗址。调查发现的遗址还有天门姚岭、段家湾、西龙遗址[①]，京山季河桥遗址等[②]。这些遗址主要集中分布在大洪山南麓的山前低丘与岗状平原上，遗址靠近河流。

---

① 天门县博物馆：《天门县新石器时代遗址调查》，《江汉考古》1987 年第 4 期，第 32 – 36 页。
② 国家文物局：《中国文物地图集·湖北分册》（下），西安地图出版社，2002 年，第 383 页。

谭家岭遗址位于天门石河镇北，地理坐标为北纬 30°46′53.5″，东经 113°4′32.6″，遗址最高点海拔高程约为 41.9 米。遗址所在地为岗状平原低丘，发源于大洪山南麓的东河、西河从遗址东、西两侧由北向南流过。该遗址进行过四次发掘，发现大量房基、墓葬和灰坑等遗迹，但资料尚未发表。关于"大溪文化"遗存①，除了陶器，还报道了 M13 的情况。M13 方向为 273°，头向基本朝西，墓坑长 2、宽 0.6、深 0.1 米，葬式为仰身直肢。随葬品有陶圈足盘、折沿圈足罐、浅盘豆、小碗、器盖等，放置在头部和腹部，骨架右侧还有鱼骨 1 块②。1989 年还发掘了属于屈家岭文化时期的大型建筑基址，但因考虑到整体保护而未加以揭露。在几个发掘地点均还发现了成群的墓葬和灰坑③，但具体情况不明。

油子岭遗址在谭家岭遗址北部略微偏东的位置，南距谭家岭遗址不足 8 千米。遗址西临东河，地理坐标为北纬 30°50′04.52″，东经 113°05′37.54″，海拔高程约为 45 米。遗址为一岗地，北端高出周围 4 - 5 米，其他三面为慢坡，面积约 2 万余平方米。考古发掘时没有发现该时期的遗迹，无法对聚落内部情况加以了解。

屈家岭遗址位于油子岭以西约 18 千米，位于大洪山系南部山脉——虎爪山之一的天子山南侧山前剥蚀丘岗上，天子山呈东北—西南向蜿蜒于屈家岭遗址西北部，距遗址西北不到 3000 米即为天子山主峰白龙观的所在地。遗址地理坐标为北纬 30°50′01.05″，东经 112°54′08.01″，海拔高程约 40 - 51 米。遗址两边有河流绕过，青木河在它的西面，青木垱河在它的东面，两河自遗址北部环绕而南，至丘岗西南汇合。两河之间的地形作椭圆形，东、西、南地势平坦，北部略高，岗地面积约 50 万平方米。前两次没有发现早期遗迹，第三次发掘时发现了建筑遗迹，但所谓建筑遗迹也仅仅是一些不规律的柱洞，受发掘面积的限制，尚无法辨认出建筑的形状。

龙嘴遗址位于谭家岭遗址东南 7.3 千米处，地理坐标为北纬 30°43′30.45″，东经 113°7′15.4″，海拔高程约 33 米。遗址略呈圆形，地貌为岗状平原前缘台地。遗址以南即为平原，东南方向有湖泊，近年方干涸。1987 年和 2005 年进行了两次发掘，发现一批墓葬、房址和灰坑。主要堆积集中在遗址的南部，这里乃是临近湖泊的低洼地带，相当于大溪文化油子岭类型时期这里是环壕聚落，油子岭文化以后即开始筑城。解剖发现，城墙高 2.7、底宽 18 米，并且有两次筑城行为。城呈不规则圆形，南北长 305、东西宽 265 米，城内面积约 8 万平方米。

---

① 显然还包括了油子岭文化遗存。
② 石河考古队：《湖北省石河遗址群 1987 年发掘简报》，《文物》1990 年第 8 期，第 1 - 16 页。
③ 石家河考古队：《石家河遗址群调查报告》，《南方民族考古》第五辑，四川科学技术出版社，1993 年，第 229 页。

(2) 自然景观与聚落景观

这个阶段发现的聚落还不多，就目前情况而言，其分布地点都集中在大洪山南麓的山前剥蚀低丘和岗状平原上，不见于河湖平原。换言之，海拔 35 米以下的河湖平原没有发现遗址，说明当时多以山前低丘和岗地作为聚落之选。在大溪—油子岭文化时期，南部河湖平原可能还未成陆，乃是江汉平原大片水域——古云梦泽的所在。据研究，当时云梦泽的北缘已经到了现在天门一线，相当于河湖平原的一大部分都应该在云梦泽的范围之内①。发源于大洪山南麓的众多小型河流由北至南流入古泽。龙嘴遗址是这个区域最南部的一个聚落，龙嘴以下，即是低洼的湖沼区域。

聚落周围，多有自然的河流，有的聚落可能还有人工开凿的壕沟，这种情况与澧阳平原有些类似。但是，这里的地貌基本是剥蚀岗地而非冲积平原，一般与周边的河流水面存在一定的高差，这种地貌特点也决定了聚落的生业可能与澧阳平原存在一定的差别。目前还没有获得这个时期汉东地区生业资料，但从这种大型定居聚落的情况来看，稻作农业经济应该是维持聚落存在与发展的基本经济形态。

龙嘴古城是目前发现的汉东地区最早史前古城，其建造年代在油子岭文化一期。它是否可以作为当时汉东地区的一处中心聚落，还没有更多的证据。相距很近的谭家岭遗址在面积上不亚于龙嘴，屈家岭遗址的面积也很大，还无法判断这个时期同时存在的屈家岭、谭家岭、龙嘴遗址谁更重要，它们的等级和地位自然也就无法评估。从聚落所处的位置来看，龙嘴在岗状平原向湖沼过渡的前沿地带，谭家岭位于岗状平原台地，屈家岭位于山前剥蚀低丘。三处地点都在相对较早的年代——大溪文化油子岭类型——得到了开发。除了龙嘴遗址，其他两处遗址的存续时间都很长。龙嘴作为一个重要的史前古城，到后来并没有得到进一步发展，而是被后起的以谭家岭遗址为中心的石家河古城所取代，或许与其略微偏居河湖边缘的地理位置有一定的关系。

这个时期的聚落数量较少，但从已经发现的聚落情况来看，都有较大的面积，在历史并不悠久的汉东，突然出现这种规模的聚落，说明其发展具有突发性。从考古学文化的角度观察，汉东地区是长江中游率先出现黑陶系风格的地方，这个时期相当于大溪文化关庙山类型三期晚段，峡江和洞庭湖地区均依然维持着大溪文化红陶系的传统。这种黑陶系的出现不仅仅是简单的陶器风格的变化，而是其背后所蕴涵的社会、经济和文化的深层信息。汉东地区的几处重要聚落在很快的时间段落内发展壮大，暗示了这种黑陶系背后的潜在动力。

---

① 周凤琴：《云梦泽与荆江三角洲的历史变迁》，《湖泊科学》1994 年第 6 期，第 22 - 32 页。

三　屈家岭文化时期

（1）石家河聚落群

石家河聚落群进行过详细的考古调查和重点发掘，获得了许多重要资料，根据这些资料可以大体认识屈家岭文化时期的聚落特征。

在石家河聚落群中，做过重点工作的是邓家湾和肖家屋脊遗址。

A. 邓家湾聚落内部结构分析

邓家湾聚落可以分为两大发展阶段，分别为建城前与建城后。

（a）建城前的邓家湾聚落　邓家湾遗址所在地点为一处不规则的长形岗地，东西长约 500、南北宽约 120 米，面积约为 6 万平方米，平均海拔高度 45.9 米。邓家湾遗址东边 200 米远处是谭家岭遗址，两遗址以一冲沟相隔。发掘区位于遗址的西部，发现的最早一批遗迹单位共有 52 个，包括灰坑 35 个、墓葬 13 座、灰沟 3 条以及城墙遗迹，并与筒形器分布相关联，在空间的分布情况如图一〇三。这种分布明显具有空间上的区隔，大致可以分为四片：最东边的区域主要是灰坑；在这个区域的西南和南部，则是土坑墓和灰坑杂处；西北区域主要是墓葬。

从层位关系来看，M104 和 T8 第 10 层是建城之前年代大致相当的堆积。由于发掘过程不是平面揭露且各探方地层不统一，只能从相关遗物的情况来作对比。T8 第 10 层并无遗物的发表，唯 M104 发表了 3 件器物，即 AaI 鼎、AaI 杯和 Ac 器盖，形态如图一〇四。AaI 鼎一共出土了 26 件，涉及的单位有 H9、H11、H61、H64、H65、H73、H76、H87、H90、M4 等。AaI 杯 14 件，涉及的单位有 H11、H22、H88、H90、M4、M45（资料已失）等。Ac 器盖 69 件，涉及的单位有 H9、H11、H22、H86、H88、H89、M4、M58 等。

由于 M104 只发掘了一部分，所以其随葬品的组合不全。在上述单位中，与 M104 三件器物完全共存的单位有 H11 和 M4，共存两件的有 H9、H22、H88、H90；只共存一件的有 H61、H64、H65、H73、H76、H86、H87、H89、M45、M58。毫无疑问，H11 是与 M104 年代最为接近的单位。但若比较各个单位的器物群，发现它们之间彼此共存的器物更多，上述单位可以视为同时。

查 H11 的地层关系，得知其位于 T28 和 AT203 之间，开口第 5 层下，打破 M4，而 M4 又打破 H28。则可以得出如下一组重要的层位关系：H11→M4→H28。

M4 出土的器物有 AaI 鼎、AbI 鼎、AbⅡ 鼎、AaI 杯、I 釜、AbI 盆、AbI 碗、Ac 器盖，与 H11 完全相同的有 4 件，属于 H11 同型不同式的有 2 件，M4 所独有的 2 件，说明两者相距的年代不远。H28 出土了数件筒形器。

分布筒形器残片的单位还有 H11、H65、H66、H71、H74、H79、H86、H90、

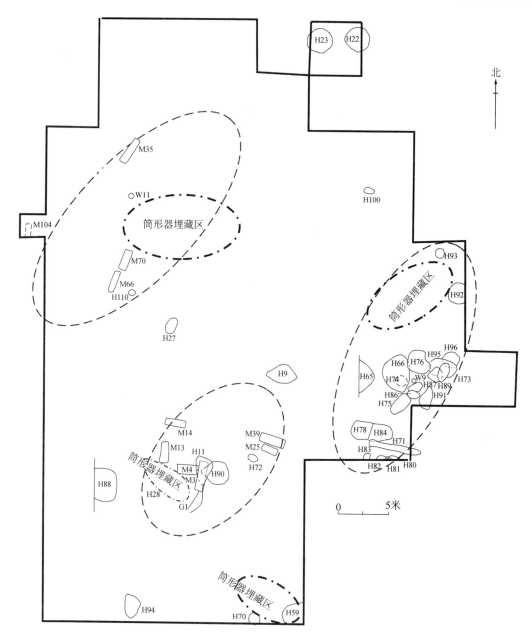

图一〇三 邓家湾遗址屈家岭文化一期遗迹的空间分布图

(根据石家河考古队，2003 年，图七改绘)

H96、H110 等。

在紧邻 T11 的 AT6 中，也出土了较多的筒形器，是发掘区"西部筒形器埋藏区"。从报告的文字描述来看，这批筒形器应该是叠压在第 12 层之下，打破第 13 层。核对报

图一〇四　邓家湾遗址 M104 出土陶器

告发现，第 13 层本身就是由筒形器及其残片所形成，AT6 第 13 层还发表了 1 件"不明器"，为泥质红陶，直口、斜壁、器壁微弧下折，折壁处有四个突出的筒状孔，均残，装饰有附加堆纹和两个圆形镂孔。这个形状，大致可以划入筒形器一类，但具体形态有差别。

另外，南部 AT301 也是一处重要的"筒形器埋藏区"，这批筒形器被第 4 层所覆盖，叠压于 H59 和生土上。H59 未出土任何其他遗物。此地出土的 B 型筒形器的形态与 H28 出土的同型器物完全一致，说明两者的时代较近，可以视为大致同时。

第四处"筒形器埋藏区"分布在东部 AT607 探方内，由筒形器的残片形成了该探方的第 4 层。其中 A 型筒形器的形态与 H28 所出同类器物一致，这处"筒形器埋藏区"的年代与 H28 的年代亦大致接近。这表明，东、南、西南三个地点的"筒形器埋藏区"时代相同。

上述分析揭示出在邓家湾遗址城墙建造之前的一些重要遗迹，通过分析，发现它们之间的关联程度很高，有许多器物的形态完全一致，这些遗迹应该处于同一时间平面。

现在来考察这个时期的聚落结构。

第一，关于聚落内部的空间布局　聚落大致以"筒形器埋藏区"为单位进行空间分隔，目前揭露出来的共有四片：发掘区的南部以 AT301 为中心的南区，以 AT605、AT606、AT607、AT504、AT505 为中心的东区，以 AT203、AT304、T37 为中心的西南区，以 AT6、T11 为中心的西北区。后三区最具特点，这三个区域之间有数个探方的空间距离，显然是一种有意的分隔。在这三个片区内，东区有大量的灰坑出现，灰坑集中在"筒形器埋藏区"的南部，多数灰坑内出土了较多遗物。其中 H71 最为特殊，该坑平面大体呈东西向的沟状，南北两边较直，东西长 3.22、南北宽 0.3 - 0.7、深 0.19 - 0.4 米，西壁较直，东壁呈缓坡状向西倾斜，内填灰褐色土，并有大量木炭。坑底有一东西向的人骨架，头朝东，仰身直肢。在填土内出土了大量的器物，有陶鼎、罐、碗、杯、壶形器、豆、盖、甑、盆、筒形器、纺轮、器座和石凿。这不是普通灰坑，应该包含了特殊的功能。东区还有一个现象，就是没有墓葬（W9 情况有些特殊），密集的灰坑分布在筒形器的南部，之间尚有一定的空间距离，说明是经过一定规划。与东区不同的是，西南区则是墓葬、灰坑和筒形器共存，密集分布而没有空间距离，有的墓葬就埋在筒形器的周围，灰坑也在墓葬和筒形器的分布范围之内，有的灰坑内还出土不少筒形器。西北区的情况也大体类似，在这里，墓葬与灰坑杂处，有的灰坑中还有不少筒形器的残片，但与西南区相比，这里的单位较为分散。

南部以 AT301 为中心的"筒形器埋藏区"可能是另一区域的边缘部分，除筒形器外，其他主体遗迹应该分布在发掘区之外。

第二，遗迹内部关系　以 AT301 为中心的南区，揭示了重要遗迹现象——筒形器的排列结构与埋藏方式。筒形器主要形制有三种：细长封顶形、粗壮封顶中腹球状形和附加堆纹子母口形。筒形器的分布分为四组：第一组在东部，1、2 号叠压在 H59 之上，3 号叠压在生土上，残长约 2 米，呈西北—东南向。1 号底套 2 号口，口朝向西北，封顶有穿孔。3 号已残，这三件筒形器均为细长封顶，器身上有圆形镂孔。第二组位于第一组西南 1.5 米处，由两件筒形器组成，11 号底套 10 号顶端，均为粗壮封顶中腹球状形态。第三组位于第二组的南侧，由 8、9 号组成，两件器物底部相接。第四组第二、三两组的西北，由四件筒形器组成。第四组 7 号口部靠近第三组 8 号口部，6 号底与 7 号底相接，5 号顶与 6 号口相接，4 号口与 5 号底相接。这四组筒形器的南部还有一灰坑 H70，但并无相关遗物出土。根据排列情况分析，第一组筒形器原来的状态应该是竖立在灰坑 H59 东南角的地面上。第二组原来也应该是竖立的。第三组的两件筒形器均是以底相接，且两器物的底并非子母口，但要竖立也是可以成立的。第四组也同样存在6、7 号以底相接的情况，4、5、6 号则是口底相套，若要竖立则是 4 号立于最下，5、6、7 号依次上套。这些原来可能竖立而后倒置的筒形器或许并非自然倒伏，而是有意倒置的，四组筒形器的排列方向均呈现西北—东南向即是证明。在这些筒形器周围的地面上，没有发现其他相关遗存（图一〇五）。

以 AT203、AT304、T37 为中心的西南区，筒形器主要集中放置在 H28 内，H28 并没有找到边界，也没有清理完，故其面积和形状不清，虽然从地层关系上 H11 打破 M4，M4 打破 H28，H90 又打破 H11，但是这几组遗迹的年代应该相差不远，基本处在同一时间。H28 坑内的堆积物几乎全部为筒形器，其安置方式应该也是套接，从而推测当时也应该是竖立在地面上，后来倒塌才形成的堆积。H28 周围有数座灰坑，H11 和 H90 除出土有筒形器外，还有大量陶器。

第三，功能讨论　上述遗迹的空间分布将该时期邓家湾聚落的大致面貌显示出来。首先可以明确的是，这不是一个居住生活区，因为在如此大面积的发掘区内，并无房屋建筑的发现，大量极具特征性的筒形器既不是生产工具，也非生活用具。这就可以排除其作为居住生活区的可能。其次，聚落的空间片区及相关遗迹的空间分布也证明这是一处具有特殊功能和性质的场所。从不同片区遗迹特征来看，各自的功能也有差别：东区

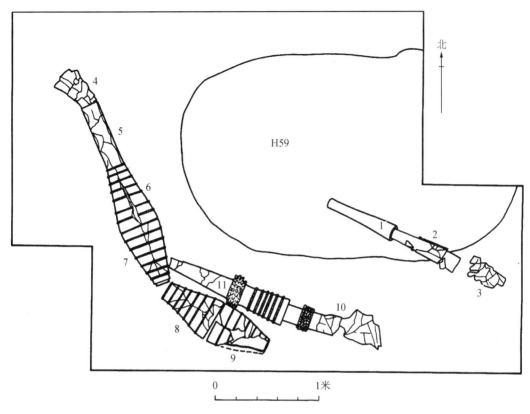

图一〇五　邓家湾遗址 AT301 筒形器遗迹平面图

（根据石家河考古队，2003 年，图二一改绘）

有大量的灰坑存在，不见墓葬，筒形器的分布与灰坑有一定的空间距离，说明该区具有较大的功能特性，东区以灰坑和筒形器为组合的遗迹可能是应对整个聚落而言的。西南区和西北区两片则除了灰坑，还有墓葬的存在，这两个由墓葬、灰坑、筒形器形成的遗迹群可能是应对自身片区的一种关联，换言之，西南区和西北区的筒形器、墓葬、灰坑构成自身的一个遗迹群体，筒形器的使用仅局限在片区内部。南区的情况并不清楚，可能与西南及西北区大致相同。这样，或许可以得出如下结论：东区的存在，是以整个聚落为关联，其他各区的存在则是以各自小区为关联。

　　筒形器具有特殊意义是不言自明的，但是，它到底具有什么样的意义却仍然无法明了。从这批器物的体量、造型和分布情况来看，制造和使用这种器具并不是一桩简单的工作，这些器具通高均在 60 厘米以上，高的甚至达 94 厘米，其设计、成形和烧制均不容易，如果不是某种特殊的需要也不会出现这种器具。同时，在使用它们时，也当有过比较复杂的程序。

　　这里一直作为"灰坑"来命名的遗迹显然并不是普通意义上的灰坑，这些坑状堆积都与筒形器的埋藏相关联，显然是筒形器使用时留下的。大量的坑状堆积内除了埋藏筒形器外，还有其他相关陶器，这些陶器与遗址内其他堆积单位出土的陶器形态没有区别，说明这些陶器就是人们日常使用的生活器皿。这也说明，在以筒形器为主体的活动中，同时也使用了一些日常生活用器。

　　有理由相信这种遗迹是当时宗教活动所遗留。但是，宗教活动仅仅是一个抽象的概念，还无法将活动的真正含义与过程加以表述。大凡宗教的活动，都与神灵崇拜有关，而具体的宗教法器就是神灵的象征。可以认为这种造型怪异的筒形器就是一种法器，具有象征神灵的作用。

　　上述推断表明，这个时期的邓家湾聚落西部，是一处宗教活动场所。

　　（b）城墙的建造与建城以后的邓家湾聚落　1992年对邓家湾遗址西北部进行发掘时，T8南壁剖面将城墙的建造过程完整显示出来（图一○六）。发掘表明，在建城之前，有过开挖基槽的行为，墙体第4层即是基槽内的筑土。第4层又可分为两小层，最下面为4b层，为灰褐色土，质松，黏性重，含少量陶片和石块。在该层的坡面上又筑了第4a层，此层为灰色土，夹少量炭粒，质松，含少量陶片。这两层堆积将基槽完全填满，然后，在上面依次堆筑了第3、2、1层墙体，每筑一层，则墙体加高加宽，最后形成的墙体高度

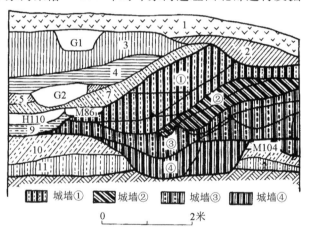

图一○六　邓家湾遗址T8南壁城墙剖面图
（根据石家河考古队，2003年，图八改绘）

达2.9米。墙体后来被一系列遗迹所打破，打破城墙的单位有G3、M84、M86、M87、M94、M99、M101，城墙还被T8第9层所叠压。由此看来，城墙的建造是在"屈家岭文化一期"后段的某个时期进行的。

　　城墙建成以后，标志着聚落进入到了一个新的发展阶段，报告列为"屈家岭文化第二期"，属于这个时期的遗迹单位有73个，包括灰坑15个、墓葬54座、房址1座、灰沟1条以及祭祀遗迹2处。通过检索地层关系以及相关遗物形态，发现这个时间段落的堆积并不复杂，各堆积单位所出遗物之间的关联性很强，所谓"屈家岭文化第二期"其实是一个极短的时间段，这些遗迹大致同时（图一○七）。

　　与建造城墙前的聚落布局比较，建城后的聚落结构发生了较大的变化。建城前的遗

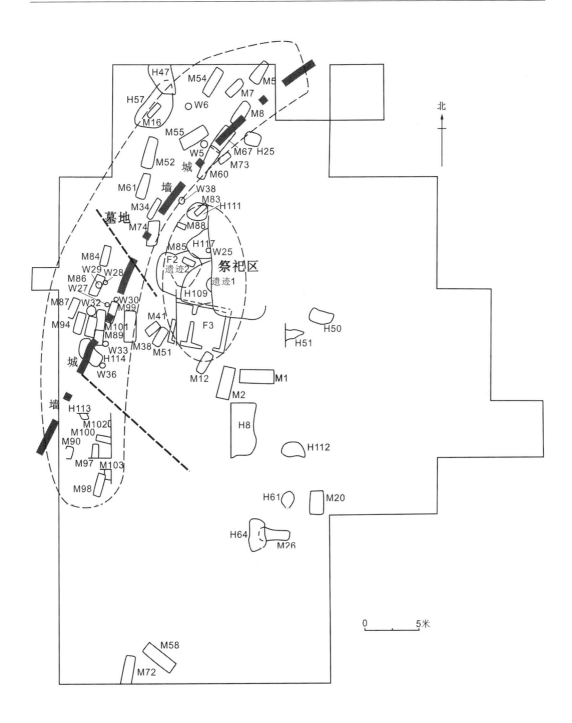

图一〇七　邓家湾遗址屈家岭文化二期遗迹分布图

（根据石家河考古队，2003 年，图七改绘）

迹空间分数个片区，并且以筒形器的分布为中心聚合成东、南、西南、西北四个片区，各个片区的遗迹组合方式还略有不同。建城以后的聚落结构发生了根本性的置换：首先，在空间布局上，重心移至西北部，在发掘区的西北部分布了大量的遗迹；其次，墓葬基本有规律地排列，墓葬的排列方向与城墙的走向一致，呈东北—西南走向，形成条形墓地。在墓地南部边缘一侧有特殊遗迹的存在。

所谓特殊遗迹，是由"遗迹 1"、"遗迹 2"以及与此相关的 F3 构成。

"遗迹 2"由两层红烧土和两层灰烬层所组成，最下面的灰烬层厚约 0.02 - 0.08 米，大致呈圆形分布，半径大约在 1 米左右。在这个灰烬层之上，为一层红烧土面，较平，平面近圆形，南北长 3.1、东西残长 2.26、厚 0.02 - 0.08 米，为一个相对高的台面。这层红烧土之上，又铺了一个灰烬层，厚约 0.08 - 0.16 米，有三个柱洞打破该层。再上面又是一个红烧土面，南北长 1.56、东西残长 0.84、厚约 0.04 米。这样的一种由红烧土和灰烬垒叠的遗迹还不止一次出现，该遗迹最上一层红烧土面废弃后不久，在其东南一侧，又出现了土台与灰烬遗迹（遗迹 1）。该遗迹揭露了大约四分之一的面积，呈圆形，平面半径 2.5 米，比遗迹 2 的规模要大。遗迹的构筑方式是先挖出一锅形浅坑，然后在坑内垫土，垫土由边缘向坑中间倾斜。在这个垫土之上的中间部分，则是一个椭圆形土台，土台用灰色黏土堆筑，包含物极少，边缘陡直，东西长 1、高 0.3 米。台面上有一层灰烬，台中央的石头被烧成灰绿色，灰烬中有 5 件完整彩陶杯、1 件石斧以及烧焦的兽骨、动物牙齿等。在土台的外围，是一周灰烬与土的混合物，土质较黏，呈红褐色，内杂红烧土和炭末（图一〇八）。

在这个土台的南面，是一座特殊建筑 F3，留有基槽、墙体与房基面，已经清理出的房子部分为两间，东西排列，皆有一门，朝南。两室之间以墙相隔。东室较宽敞平整，室内地面板结光滑，北部残留红烧土硬面。西室较窄小，室内不太平整，西南部也残留红烧土硬面，东北部散布一些红陶缸残片、红烧土残面和零星的草木灰。从西墙北部和北墙西部的断面观察，西室以西还有延伸的墙体，应该有向西延伸的房间，但已遭晚期破坏。在 F3 的室外，北墙以北 2.9 米范围内的地面，有规律地分布着 8 个陶缸。1、2、3 号缸顺北墙正放，1、2 号缸相距 1.06 米，2、3 号缸相距 1.3 米。1、2 号缸保存完整，3 号缸仅见底部。在这排缸的北边，也排列着另外三个陶缸，4 号缸在 2 号缸略偏西北 1.05 米处，5、6 号缸列于左右。这排缸的北边，距北墙 2.9 米处，东西排列着 7、8 号陶缸。这些陶缸基本按东西方向排列，南北置为三排，当时应该均为正置，并且开口于当时的地面予以埋设，所以有的缸保存完整，有的只剩器底（图一〇九）。

再看墓地的情况，墓地呈条状分布，大致可以分为三个墓区：北区集中在 AT10、AT9、AT8、AT104、T36、T12、T11 等探方，中区集中在 T7、T8 探方，南区集中在 T4、T5 探方。其他墓葬见于 AT1 和 T37，为零星分布，已经属于另外的墓区边缘。

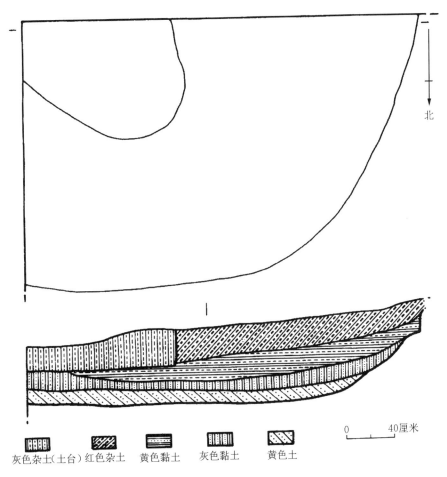

图一〇八 邓家湾遗址遗迹1平、剖面图

（根据石家河考古队，2003年，图二二）

灰色杂土(土台) 红色杂土 黄色黏土 灰色黏土 黄色土

0 40厘米

这三个分区的墓葬属于前后相继还是平行共存，它们具有何种不一样的葬制和等级，均是需要讨论的问题。

首先是下葬的时间问题，这批墓葬不可能同时下葬，单个墓葬进入墓地肯定是有先后的，墓葬的分布并无多少叠压和打破关系，意味着墓葬的时间相隔不会太久远。但是，这批墓葬的材料似乎很难分出时间的早晚，许多形态完全相同的器物分别出现于不同的墓区。比如颇具代表性的Aa型Ⅱ式罐，分别见于北区的M5、M7、M8、M52、M54、M55、M60、M61、M67，中区的M2、M12、M38、M51，此外还见于AT1的M58、M72。另外，Aa型Ⅱ式碗的形态既见于中区的M2，也见于南区的M103。从整体上看，这批墓葬的随葬器物整体风格一致，器形基本没有因空间位置上的变化而发生变化，意味着墓地各墓区存续的时间大致相同，没有早晚相继的情况，也意味着墓地的开

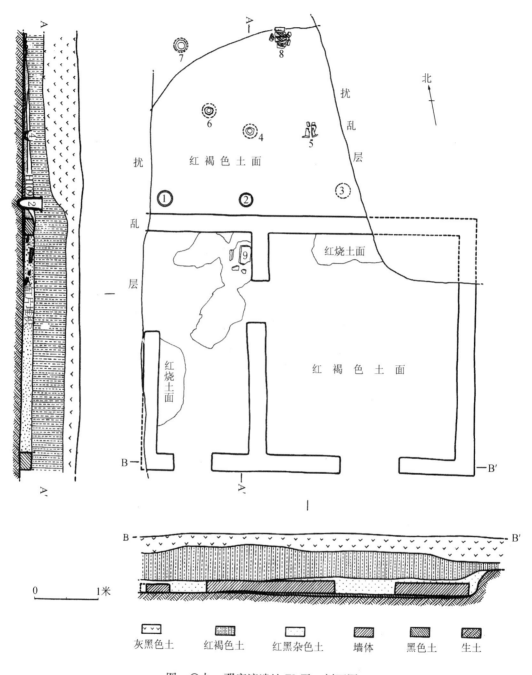

图一〇九　邓家湾遗址 F3 平、剖面图

（根据石家河考古队，2003 年，图一〇）

辟是有提前的规划，并按照某种规制在三个墓区同时埋葬。

种种迹象显示，墓地并非按照血缘来划分墓区，因为如果按血缘，一个墓区至少应该是一个家族的坟地，这个坟地应该是数代人连续使用，否则，按家族来划分墓区就变得没有意义。但正如前述，不仅各个墓区基本没有时代的早晚，即使每个墓区内部各个墓葬的下葬年代也没有明显的时间落差。这意味着整个墓地是在一个相对短暂的时间段落上出现的，在这样短暂的时间里出现的墓地却有着明显的区间分隔，说明整个墓地是按照某种规制进行了预先设计。

这种规制不是以血缘为标志，而是以身份为标志。考察墓地各个墓区的墓葬形态，墓主的身份是有明显区别的。这种身份标志既表现在墓坑的构筑上，也表现在随葬品的多寡上。

综合考察整个墓地，可将墓葬作如下分类：甲类，墓坑四周有二层台，随葬品数量20件以上，这类墓葬集中分布在墓地的最南部，以 M58、M72 为代表；乙类，墓坑两侧或头、脚部位有二层台，随葬品数量在 10 – 20 件，此类墓葬分布在北区和中区，以 M7、M54、M61、M51 为代表；丙类，墓坑两侧有二层台，随葬较少，约在 3 – 5 件左右，这类墓分布在中区，以 M38、M62 为代表。丁类，土坑竖穴，无随葬品，这类墓主要分布在南区，中区也有一定数量，以 M90、M98、M99、M100 为代表。

这四类墓葬在墓地的分布有明显的区域差别：甲类墓位于整个墓地的最南端，乙类墓分布在北区、丙类墓在中区、丁类墓在南区。墓葬既然按照这样的区划来安排，表明它们之间应该存在某种身份与等级的差别。墓葬主人的职业身份无从考察，墓中并无任何特殊物件可以表明身份的差异。但是，随葬品有多寡，墓坑的结构有差异，不同类型的墓葬分布在不同的位置，表明它们之间在身份上是有明显区别的。Binford 认为，墓葬规模的大小应与死者生前的社会地位的高低成正比，这就是所谓的"墓葬相关物模式"，认为死者的社会地位主要显示在是否随葬某些象征身份的物品及埋葬规模[1]。Tainter 则提出"能量消耗模式"，认为投入墓葬修建的能量消耗呈现等级状态的现象，反映了社会对丧葬活动的介入等级，即墓葬修建得越大、随葬品越多，表明投入此墓葬的能量消耗越大，墓葬等级越高[2]。这是一个简单的道理，也是一个普遍的原则。将这四类墓葬分为四个等级，也是遵循这样的原则。与两湖地区其他墓地的情况相比较，邓

---

① Binford. Lewis R. 1971. Mortuary practices: their study and their potential, In Approaches to the Social Dimensions of Mortuary Practices, ed, J. A. Brown. *Memoirs of the Society for American Archaeology.* vol. 25. pp. 6 – 29.

② Tainter, Joseph A. 1978. Mortuary practices and the study of prehistoric syetems. *In Advance in Archaeological Method and theory*, Vol, I, ed. M. Schiffer, New York: Academic Press, pp. 105 – 141.

家湾屈家岭文化墓地这种等级分隔是最明显的。

这即是邓家湾墓地的基本情况，这片墓地的几个墓区与遗迹1、遗迹2、F3的年代同时，它们甚至是彼此相关联的一个整体。照此推理，遗迹1、遗迹2所出现的大量灰烬和土台就是专门为墓地设立的，F3以及F3室外地面陈放的陶缸也应该是与墓葬有关的设施。土台与灰烬均在墓地边缘，很容易使人联想到它的功能与祭祀有关，灰烬即可能是焚烧所遗留，对于死者的祭祀，焚烧的方式与象征意义有很多种，大量的民族学材料可以为证。F3及其附属遗迹的存在，推测也是某种宗教活动的产物，严文明指出F3就是"宗教性遗迹"[1]。如此，则上述遗迹可能就是墓祭设施。

综上所述，邓家湾屈家岭文化时期人类的活动明显分两个阶段：第一阶段是修筑城墙之前，邓家湾聚落空间内分布四处以筒形器为中心的片区，显示这里是一个重要的宗教活动场所。这时所使用的"法器"是极具特征性的筒形器[2]。虽然还无法探究其所包含的真正含义，但弥漫出来的神灵崇拜气息则是非常浓郁。第二阶段是在城墙建成以后，由于缺少关于城墙的完整资料，筑城的目的及其意义还无法通过邓家湾一角的发掘显示出来。筑城过程以及城墙建成以后对于邓家湾聚落的作用似乎更不明显。还无法得知城墙在使用时期聚落内的生活居住情况，目前发现的邓家湾第二阶段的遗存大多叠压或者打破了城墙的墙体，意味着在城墙建造后很短的时间里，一部分墙体就开始作为墓地使用，从墓地的条状分布和走向来看，墓地完全是在城墙的内坡和城墙附近进行规划和设计。那么，到底是城墙在使用还是城墙已经废弃？城墙刚建成即行废弃，似乎于情理不合，那么，将墓地设在城墙上是否是当时的一种特殊考量？石家河聚落群所显示的规模和气势使得人们无法将这个聚落群所显示的迹象作常理推测，因为邓家湾聚落本身就不是一个日常生活的居住场所，乃是"宗教活动的圣地"。所以这里发现的各种遗迹和遗物都应该与宗教活动相关联，城墙的作用与墓地的意义，此外还有类似于F3的功能，都不能够用普通聚落遗迹来解释。

与第一阶段相比，第二阶段的聚落结构发生了重大变化，这里成为墓地，以及为墓地所开辟的宗教活动场地，祭祀活动的内容已经有了变化，第一阶段大量出现的筒形器已经不见，那种以筒形器为中心的片区分隔也完全解体。第一阶段的活动分布在整个发掘区，东南部应该是活动的重心。第二阶段则将中心移至中部和西北部沿穿过聚落西北的城墙一线，这个时期的宗教遗迹则是以大量灰烬、土台和特殊功能的建筑及其附属陶缸设施的出现为特征，显然宗教活动的内容发生了改变。这些变化发生的时间间隔并不

---

① 严文明：《邓家湾考古的收获（代序）》，《邓家湾》，文物出版社，2003年，第1—6页。
② 或如贺刚所言的"艺术神器"，见贺刚：《中国史前艺术神器的初步考察》，《长江中游史前文化暨第二届亚洲文明学术讨论会论文集》，岳麓书社，1996年，第280页。

长，也就是说，邓家湾聚落屈家岭文化一期与二期，并不是一个较长的过程，它们若与澧阳平原文化相对照，大致相当于城头山遗址屈家岭文化二期。

B. 肖家屋脊聚落内部结构分析

肖家屋脊遗址位于石家河聚落群的南部，坐落在一条南北走向的长方形岗地上，从地理位置来看，肖家屋脊正好位于绕石家河聚落群两侧通过的东河与西河的南部交汇的三角洲地带，遗址东侧紧靠东河，西部通过一片低洼的河滩与西河相连。遗址面积约15 万平方米，海拔高度 33.3 米，中心位置西北距谭家岭遗址直线距离约 1120 米。

遗址的发掘，从 1987 – 1991 年一共进行了八次，发掘面积 6710 平方米。根据发掘探方和出土遗迹的分布，将这个发掘区分为东、南、西、北四个区（图一一〇）。

屈家岭文化遗存较为单薄，分布也比较稀疏，仅在东区的 AT1717、AT1817、AT1815 等探方有较为密集的分布。堆积单位缺少层位关系，这对于把握遗存的年代有一定困难。报告将屈家岭文化时期的遗存分为二期，分别为"屈家岭文化一期"和"屈家岭文化二期"。

现参照邓家湾遗址的分期，来对照肖家屋脊遗址屈家岭文化时期遗存的具体年代。

在肖家屋脊遗址中，被定为年代最早的"屈家岭文化一期"堆积单位的是位于北区 AT2308 中的 H531，该灰坑坑口略呈方形，斜弧壁，平底，边长 3.8、深 0.6 米，坑内堆积深灰色土，夹大量草木灰。包含物有陶鼎、高领罐、碗、壶形器、豆、器盖、甑、杯等。这批陶器的形态与邓家湾遗址 H11 包含的遗物基本一致。其中鼎、壶形器、彩陶杯、斜腹杯、双腹碗、双腹豆、高领罐等主要器物的造型、纹饰等风格完全相同，有的器物甚至可能来自同一窑口，充分说明两者的年代一致，H531 可以作为屈家岭文化一期的典型单位。

与此大致同时的遗存还有 F3 及 H238。F3 位于 AT1519 及 AT1520，H238 位于 AT1505，它们分列东区和西区，与 H531 呈"品"字形排列，中间相隔数十米，由于 F3 与 H238 并没有相关遗物的报道，目前还无法分析它们之间的关联性，其年代的真实性也值得讨论。

与一期遗存分布稀疏相比，二期遗存则显得丰富一些。在某些地段有连续数个单位的堆积，某些地段还形成较为密集的叠压打破关系，并且形成数个墓地。属于这个时期的遗迹有房址、灰坑、灰沟和墓葬。

东区是重要的居住生活区，这里密聚了数十个灰坑和数座房屋。灰坑以 H430 为代表。从其出土遗物和层位关系来看，这批遗迹属于同一时间范围。在这个遗迹密聚区的外围，仍有零星遗迹分布，推测当时生活居住区的范围应该要大得多，并且也留下了相当多的遗迹。作为遗迹密聚区，除了灰坑，还有灰沟集中在灰坑区的东部，数条灰沟连成一体，在灰沟的东部有数米的空白间隔，然后是房址 F13、F15，在 F13、F15 的南部，还有

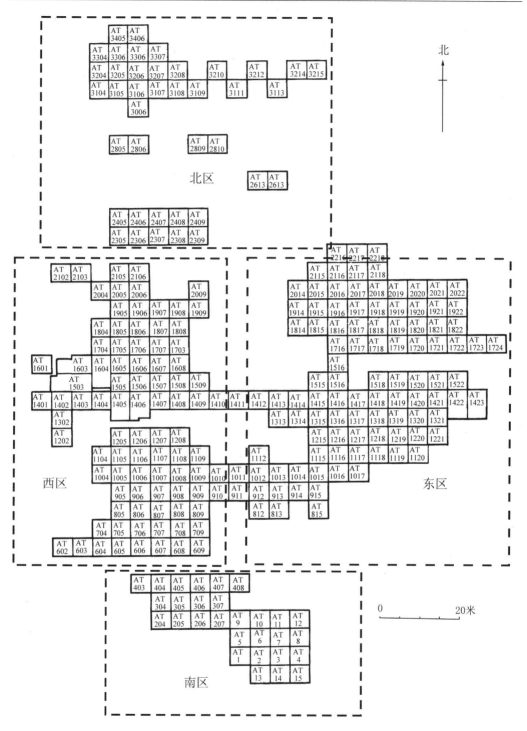

图一一〇　肖家屋脊遗址探方分区图
（根据石家河考古队，1999 年，图三改绘）

F2、F5 等建筑遗迹，它们之间相隔数米，应该存在空间上的关联。可以将这个有灰坑、灰沟、房址的存在视为当时具有重要关联的遗迹组（居住与垃圾处理）（图一一一）。

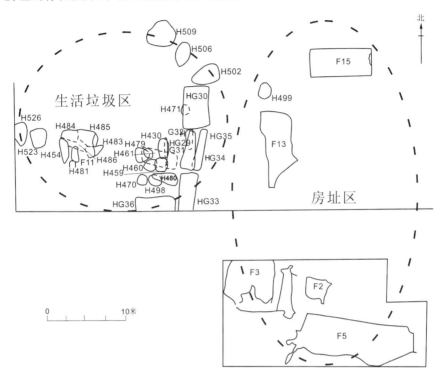

图一一一　肖家屋脊遗址东区屈家岭文化二期遗迹分布图

（根据石家河考古队，1999 年，图一二改绘）

这个遗迹组的东北部是 F15，该建筑的房基面呈长方形，东西长 9.3、南北宽 4 米，室内填一层紧密的黄褐色土，28 个柱洞成排分布在房基面的边缘，间距 0.2－0.8 米。在室内的中间有一灶坑，坑内堆积灰黑色土，含大量灰烬，坑壁有火烤痕迹。在灶坑的西边 0.15 米处放置两对相扣的陶碗。F15 西南 5 米处是 F13，这座建筑残存房基、柱洞和灶坑，南北排列的柱洞可将房基分为三间，北间发现了灶坑。此建筑之南不到 10 米处则有 F2，F2 南侧为 F5。这些建筑的结构大体相似，均发现了房基面，多数室内有灶坑，房基边缘有柱洞，从房屋的面积、规模与室内结构来看，一般都不大，只适宜核心家庭居住。应该说，肖家屋脊东区这片遗迹组，是由多个家庭组成的家族，这与原报告的分析一致。

这个家族甚至还单独拥有自己的墓地，AT1216、AT1217 一带的墓地可能就是这个居住区成员的坟地。它位于居住区的西南部，与居住区有一定的空间距离，墓地的东北边缘 AT1217 的北部距居住区西南边缘 AT1320 只有两个半探方相隔，直线距离不足 15

米。属于这个时期的墓葬有 16 座，集中分布在 AT1216、AT1217、AT1116、AT1117 等四个探方中，墓葬分布相当密集。墓向分为南北向与东西向两种，南北向的主要有M31、M32、M33、M36、M38、M39、M40、M45、M46、M47；东西向的主要有 M35、M37、M41、M42、M43、M44。这批墓葬之间有如下几组叠压、打破关系：

M33→M46；

M39→M35→M44；

M35→M41；

M45→M37；

M32→M47。

这既然是一个家族的墓地，则家族成员的安葬应该有一定的秩序，墓地按照一定的秩序下葬则将延续一段时间，在这个延续的过程里，器物组合的变化和器物在墓葬中的空间分布分析能够帮助了解墓地的形成过程。但是，这批墓葬并不能显示明显的形态差别。第一，按照不同方向排列并且处在不同空间位置的墓葬所出随葬品形态与数量并无区别，M38 位于墓地的东南角，M47 位于墓地的西北角，这两座墓葬的空间位置不同，M38 的方向为 180°，M47 的方向为 105°。查阅报告，M38 随葬器物有 Aa 型 Ⅱ式、Ⅲ式高领罐，Ⅰ式碗，斜腹杯，A 型Ⅲ式、D 型鼎；M47 随葬器物有Aa 型 Ⅱ式、Ⅲ式高领罐，Ⅰ式碗，斜腹杯，Ⅰ式斜腹杯，A 型Ⅱ式小鼎。两墓出土器物基本没有差别，无法从器形上判断其下葬的先后次序。这种情况无助于了解墓地的结构和墓地形成过程。不过，却真实反映了在屈家岭文化二期阶段墓地的存续时间并不长。16 座家族墓所形成的墓地也应该不会是在一个较长的阶段形成的。同时，墓葬密集分布且存在叠压打破关系，也反映了墓地所能提供的空间较为狭小（图一一二）。

南区发现的属于屈家岭文化二期的遗迹非常少，在 AT9 内

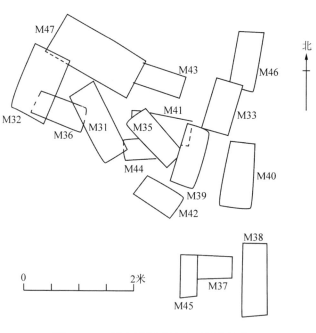

图一一二　肖家屋脊遗址东区屈家岭文
化二期墓地平面布局

清理了 1 个灰坑，出土器物与东区 H85 完全一致，说明两者年代相同。在该区的西北部，有墓葬 6 座，分布较为零散。6 座墓分布在 6 个探方内，并且存在一定的空间距离。M21 的结构具典型特征，该墓为长方形竖穴土坑，方向 3°。墓坑长 2.4、宽 1.6、深 0.3 米，四壁较直，坑底平整，足端有二层台。墓坑填土为灰黄色黏土，为单人二次葬，人骨架偏置于墓坑东侧，无头骨。随葬品 14 件，有小鼎、高领罐、中口罐等，均放置在二层台上（图一一三）。器物形态与东区同类墓葬相比也无甚区别，说明南区上述遗迹单位应与东区共存。

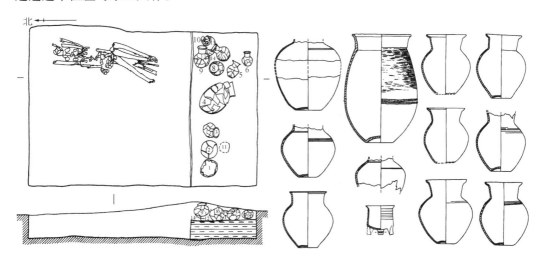

图一一三　肖家屋脊遗址 M21 平、剖面图及出土陶器

（根据石家河考古队，1999 年，图四二、四三改绘）

西区的遗迹同样稀少而零散，唯一有代表性的是一座房屋建筑 F1，它是整个肖家屋脊遗址保存最好的一座建筑遗迹。墙基部分基本保留完好，墙体直接立于地面，以木骨泥墙支撑墙体，墙体内柱洞痕迹明显。这座建筑房基平面呈长方形，门向南，南北长 8.96、东西宽 3.5 米。分前、后两室，两室中间有隔墙，门在前室南墙中部，似有略高于地面的门槛，门两侧各有一柱洞，前室长 5.6、宽 3 米，后室长 2.25、宽 3.1 米，从柱洞排列来看，中间隔墙中部应有门相通。室内居住面为黄土垫筑，较为坚硬，室内无灶坑和其他遗迹。在西墙基外的南、北部发现有残留的红烧土层，北墙基又向西延伸 1 米多，推测当时的地面室外还有廊檐一类的设施。该建筑的年代在"屈家岭文化二期"，但是否与东区生活居住区同时，无法证实（图一一四）。

北区属于屈家岭文化二期的居住生活遗迹没有发现，但是这里发现了一批墓葬，共 11 座。分东、西两排，东排 M61、M58 分别位于 AT3207、AT3107 内，墓向为东西向；西排 M69、M67、M71、M65、M68、M57、M62、M56 位于 AT3305、AT3205、AT3105

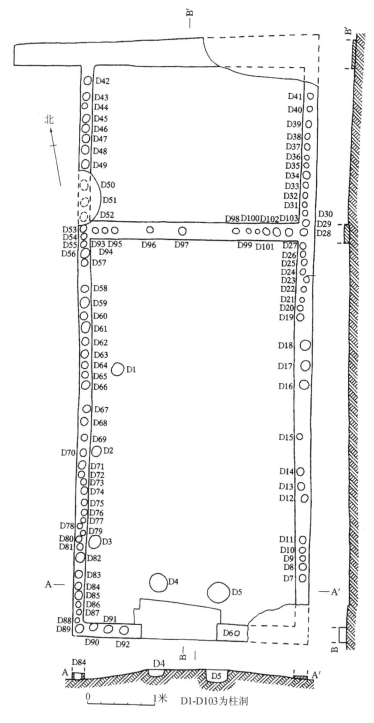

图一一四　肖家屋脊遗址 F1 平、剖面图

（根据石家河考古队，1999 年，图一六改绘）

内，墓向为南北向，两排墓葬之间相隔 5－6 米的距离。从随葬品的特点来看，东西两排墓葬的器物组合一致，主要由鼎、斜腹杯、高领罐、壶形器、双腹碗组成，有的墓葬组合并不齐全。所有的墓葬一律有鼎、斜腹杯，这两种器物是随葬品中第一类器物，其次是高领罐。从器物形态的变化规律来看，数量最多且形态种类也较多的器物往往具有时间的敏感性。仔细比较这两排墓葬及其所出器物，发现变化最大的是陶鼎，陶鼎变化最大的部位是腹、颈和底部，其变化规律是腹部由鼓腹变为斜腹，由束颈变为直颈，由圜底变为平底。这个变化趋势是从西排到东排，每排则由北到南。如果要推测其下葬顺序的话，则是先从西边的北部下葬，渐往南，再转向东边，东边同样由北向南。图一一五是墓葬与陶鼎在墓地中的分布图。这种情况正好与家族墓地特征相关联，说明了一个家族在不太长的时间段落内在附近一带居住，并且在此开辟了墓地。这批墓葬的陶器组合与器物形态，与东区墓葬没有差别，意味着它们的年代一致。

以上材料可以将肖家屋脊遗址的聚落空间联系起来作整体考察，从遗迹在空间的分布特征看，已经发掘的部分有三处墓地，分别位于东区、南区和北区，这三处墓地当代表了三个家族的坟山，它们分别占据不同的空间。东区发现了与墓地相关联的居住生活遗迹，从东区建筑物的数量来推测，东区居住遗迹充其量只能与本区域的墓地相关联。如此一来，南区与北区的墓地应该有其相应的生活遗迹分布区，但仅发现一些残留的迹象，可能晚期受到破坏，当然也可能分布在发掘区之外（图一一六）。

仔细比较各个墓地的情况，属于这个时期的东区墓葬数量为 16 座、南区 6 座、北区 11 座。在葬制上，东区墓地墓葬的安置并没有严格的秩序，虽然大致可以分为南北向和东西向两排，但是它们在墓地的空间位置并无明显规律，墓葬的随葬品也看不出其明显的变化。南区墓地墓葬数量很少，无法作更多讨论。相比之下，北区墓地的情况则较为清楚，这里东西两排明显，东排与西排墓向完全有别，从随葬品的形态还可以分析出墓葬的下葬秩序。显然，北区墓地是经过某种规划和设计的。在墓葬制度上，三处墓地二次安葬和一次安葬并行不悖，可辨骨架的均为单人仰身直肢，没有发现明显的葬具痕迹。墓坑的构造均为长方形竖穴土坑，小部分坑口不规则，有的墓坑为圆角，有的坑边部整齐。为便于放置随葬器物，北区的 M56、M57 两墓是在墓坑的一端（足端）挖一浅穴，其宽度往往大于原墓坑宽度，这类墓葬的随葬器物往往较多。多数墓坑四壁较直，底部平整。三座墓有二层台，M47 为侧边二层台，M21、M69 为足端二层台。随葬品方面，以北区墓地随葬品最为丰富，11 座墓出土器物 197 件，平均每墓达 17.9 件；南区 6 座墓出土器物 59 件，平均每墓 9.8 件；东区 16 座墓出土器物 136 件，平均每墓 8.5 件。北区墓地在随葬品数量上远高于另外两个墓地，说明了它们之间可能存在社会层级上的差别。

肖家屋脊"屈家岭文化一期"与"屈家岭文化二期"在年代上，分别与邓家湾建

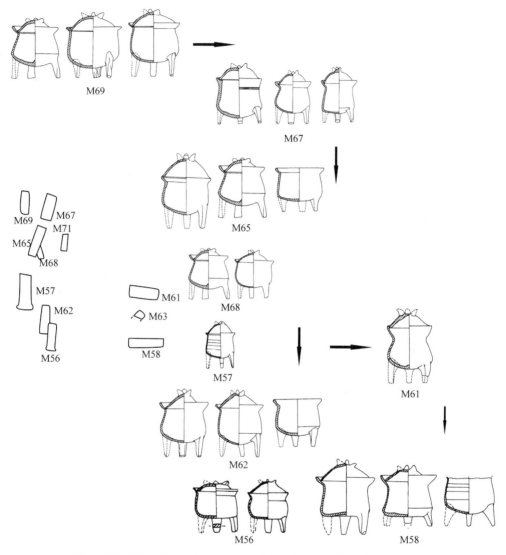

图一一五　肖家屋脊遗址北区屈家岭文化二期墓地陶鼎与墓葬安置次序

城前的"屈家岭文化一期"及建城后的"屈家岭文化二期"相一致。

　　C. 邓家湾聚落与肖家屋脊聚落的比较

　　邓家湾和肖家屋脊同属于石家河聚落群的一部分，年代也一致，但是，种种迹象显示，两者存在相当大的差别。

　　第一，邓家湾聚落在城墙以内，位于古城的西北角；肖家屋脊则在城墙之外，位于古城的南城之外。城内与城外的聚落当有功能的差异。即使在建城之前，这种差异也能显示出来。

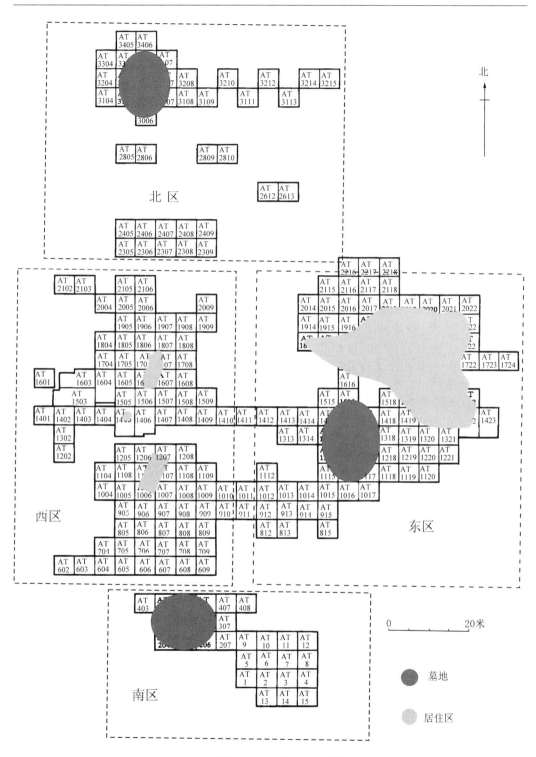

图一一六 肖家屋脊遗址屈家岭文化二期遗迹空间分布

第二，邓家湾聚落是一处宗教场所，这里发现了颇具宗教色彩的大量遗迹，比如筒形器遗迹、土台与灰烬遗迹、红烧土灰烬与柱洞遗迹和以 F3 为特征的特殊建筑遗迹等，这些遗迹与遗物，均非日常生活所需，而是具有神灵崇拜性质之物。虽然也出土日用生活陶器，但并不占主要地位。肖家屋脊聚落却没有发现这类遗迹和遗物，这里出土的均为日常居住生活的遗存，无论是建筑基址还是灰坑的构造，以及出土的遗物都是普通的日常生活器皿。说明两者的功能存在显著差异，邓家湾是宗教场所，肖家屋脊只是一般的村落。

第三，两聚落出土的日常生活陶器大体一致，但邓家湾聚落出土了大量的彩陶纺轮，这些彩陶纺轮多出自地层，既然这里在整个屈家岭文化时期并非居住生活区，那么大量彩陶纺轮的出土应该并非用作生产工具。从彩陶纺轮的保存状态来看，无论是黑彩还是红彩，色泽均极鲜艳，若为纺织所用，应该有明显的使用痕迹，地层中也应该有一定的残破品，但这些特征均未发现，这一切只能说明彩陶纺轮可能具有其他意义。肖家屋脊聚落则反之，所发现的纺轮多以素面为主，即使个别彩陶者，也绝无邓家湾那样复杂繁缛的纹饰。肖家屋脊聚落的纺轮特征说明它应该是具有生产工具的功能（图一一七）。

第四，墓葬的安排有差别。邓家湾聚落是按照社会等级来规划墓地，血缘关系不在考虑之内，按照墓葬的相关参数，邓家湾墓地划为四个小区，墓葬也可以分为四级，且这四级墓葬的空间布局差异明显，意味着已经按照某种社会身份等级来进行安葬。而肖家屋脊聚落的墓地则是按照家族的空间占据来分配墓地的，聚落有三个墓地，分置于不同的区位，每个墓地当代表一个血缘家族，每个家族拥有各自独立的墓地。当然，各个家族之间也可能存在一定的社会身份和层级差别。

D. 石家河聚落群的形成及其特征

屈家岭文化时期的石家河地区已经成为汉东地区乃至长江中游的中心。中心的确立，是通过这里的一系列重要发现来体现的。

石家河聚落群因古城而存在，但是，古城并不是凭空出现的，应该有相当的基础，建城之前，聚落已经有一段时间的发展历程，并且具备一定的规模。从石家河聚落群已经发掘的地点来看，土城下层遗存的年代最早，其后是谭家岭遗址，谭家岭遗址已经发掘出的最早遗存年代相当于大溪文化二期的油子岭类型。如同澧阳平原上的一些重要聚落，其文化堆积的时代跨度往往很大，动辄数千年。也许在石家河地区有一文化的链条可以回溯至土城下层遗存，但那是以后将要开展的工作。目前的证据显示，大致从大溪文化油子岭类型开始，谭家岭聚落获得了快速发展，经油子岭文化至屈家岭文化，发展加速。屈家岭文化阶段，出现了重大转折，石家河聚落群雏形出现，社群关系日趋复杂，出现了邓家湾一带大量的带有宗教性质的遗存。与此同时，古城周围出现一批聚

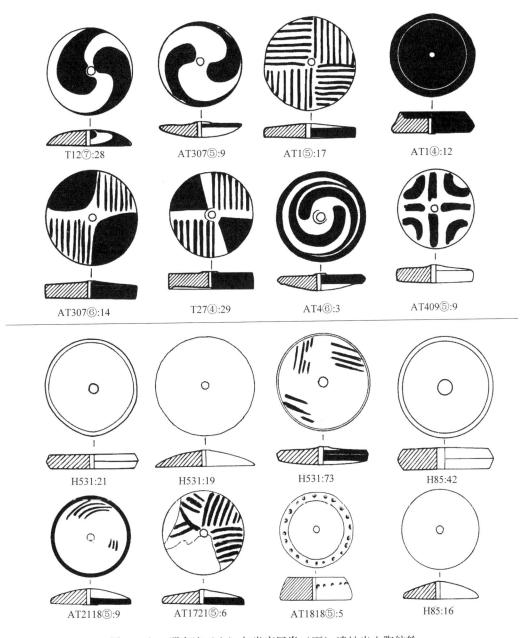

图一一七　邓家湾（上）与肖家屋脊（下）遗址出土陶纺轮

落，这些聚落已经彼此关联，并承担着与古城相关的不同功能。

石家河城墙的修建是在邓家湾筒形器遗迹消失之后出现的，邓家湾遗址仅解剖了城墙的内坡。从钻探的结果来看，邓家湾西北正处在城墙的西北角，该遗址的西部为西城墙的北端，遗址北部为北城墙的西端，西北城墙拐角略呈弧形。大致从邓家湾遗址发掘区的西北探方开始，城墙大约呈东偏北 5°拐向东北，延伸 400 米后，被一座西周时期城址——土城的城壕所打破，失去踪迹。从邓家湾遗址发掘区的西北探方开始往南，是西城墙的所在，城墙以南偏西 15°直线向南延伸约 960 米，西城墙是古城目前保留最好的一段，现为垅状，仍突于地表，顶面宽 8 - 10 米，底部宽度在 50 米以上，高达 6 - 8 米以上，城墙的外侧即为城壕的所在，西城壕保存完整。西城墙在三房湾遗址的西南角呈直角折向东，东延大约 700 米，在三房湾遗址东南消失。这是目前石家河古城最为明显的城墙所在，大体呈"〔"形。在谭家岭遗址东部的黄金岭，也发现一段堆筑的城墙，可能是东城墙的所在，该城墙同样暴露于地表，墙体表面叠压有石家河文化早期建筑，原貌可能已经受到破坏，现存形状呈南北走向并略作弧形，顶宽 20、底宽 80 余米，较周围高出 6 - 8 米，南北长约 400 米。其北端被土城东南城壕所打破，土城的南墙可能利用了一段早期的东北城墙的墙体，并且与北墙东端相应对接。南端则延伸到黄金岭南侧。这段墙垣与三房湾东南侧的南城墙之间，有一个长约 400 米的缺口，没有发现任何筑土的痕迹。若要将这段近 400 米的缺口作连接，则可能从杨家湾—蓄树岭台地遗址之间通过。这两个遗址实为连成一体的文化堆积，钻探并未发现筑土迹象，调查者怀疑这一段可能有栅栏一类的设施，但并没有取得相应的证据。

城墙外侧为城壕，它环绕城墙一周，在古城东南角利用自然冲沟南流数十米后汇入西河。东北角被土城及其城壕所打破情况不清，其余均系人工开凿，周长在 4800 米左右，宽在 80 - 100 米之间，深度未知。

各个地段的墙垣建造的年代大体同时，说明石家河古城是在某个时期集中建造起来的。数处地点均发现了墙体与文化堆积之间的叠压打破关系。邓家湾遗址西北角的发掘确立了墙体的年代。三房湾遗址在耕土层下有一层 0.2 米厚的文化层，也叠压在墙体内坡之上，年代为石家河文化，在墙体之下，又发现了"屈家岭文化中期前后"的堆积，这种情况大致与邓家湾遗址的堆积相类似。

除了黄金岭南端至三房湾东南端的缺口，从三房湾东南向西，经三房湾遗址西侧向北至于邓家湾遗址西北，然后向东经土城遗址的南墙再拐向南到金鱼岭遗址南侧，围成一个近似长方形的古城。至此，石家河史前古城的形状也就趋于清晰，从城墙的外坡顶面计算，这个近似长方形的古城南北长约 1200、东西宽约 1100 米，若从墙垣内坡算，则城内面积约为 120 万平方米左右。但是，作为一座古城，城壕应该是属于古城设施非常重要的部分，若按照城壕所圈的面积，则古城的面积在 180 万平方米左右。无论哪个数据都可以说明石家河古城是一座规模极为宏大的史前城池[1]。

---

[1]　石家河考古队：《石家河遗址群调查报告》，《南方民族考古》第五集，四川科学技术出版社，1993 年，第 213 - 294 页。

与这个城池相关的重要迹象，或者说本身即是城池营造工程的一部分，则是城壕之外的土台。土台呈带状分布在城壕的外坡，从古城西北城壕外开始，在邓家湾北面和西北面有两道。外面一道由鲁台寺—严家山组成，由东—西拐向北—南，呈弧状，宽80 - 100、长 500 - 600 米。里面一道从邓家湾北城壕西端开始，拐向西南，形成黄家山—杨家山弧状土台，这道土台沿城壕外侧继续往南延伸，连续形成印信台和堰兜子湾两道长条状土台，接近西城壕南边的拐角外侧。然后有近 300 米的间断。到了三房湾遗址南城壕西端外，复出现石板冲—昌门冲土台，它们从古城西南城壕外侧开始一直向东延伸，达于南城壕东端外侧的尽头。这些人工堆筑的土台分布在城壕的外侧，土台主体堆积的土质土色、成分与城墙的堆积基本一致，意味着这种土台与墙体土的来源和营造方法相同，时代也应该一致。说明其与城壕、城墙的建造是相关联的，它们可能就是在开挖城壕时将土堆筑在壕外一侧而形成的。

在这座古城的城圈以内，以谭家岭遗址为中心，分布有数处重要聚落遗址：谭家岭遗址的南边，为三房湾遗址；谭家岭遗址东侧，为黄金岭遗址；谭家岭遗址东南侧，为蓄树岭遗址，该遗址与其东南侧的杨家湾遗址处在同一台地上，杨家湾所在地略低；谭家岭遗址西北为邓家湾遗址。

城外的土台上同样有文化堆积，西城壕外的印信台—堰兜子湾以及南城壕外的石板冲—昌门冲土台之上均有石家河文化早期堆积，说明这些土台的形成年代不晚于石家河文化早期。在这些土台之外，有一系列聚落分布：在古城北面，鲁台寺以东 100 米处东西向长条形土岗上有京山坡遗址；土城正东外侧有毛家岭遗址，毛家岭遗址南侧有王家台遗址；古城东南角杨家湾外侧有罗家柏岭遗址；杨家湾遗址正南 300 米处是肖家屋脊遗址。另外，在古城西南城壕外，有一东西约250、南北约200 米的桃形小岗地，为罐山遗址所在，遗址地表采集到的遗物均早于屈家岭文化二期，估计在建城之前，该聚落就有人类居住，也许还有较晚时期的堆积，但可能已经受到破坏。

这样，屈家岭文化时期，石家河地区建成了面积达 180 万平方米的古城，并形成了城墙—城壕—环状土台相关联的城池系统，城内形成谭家岭、邓家湾、三房湾、蓄树岭为重点分布区，城外则围绕着京山坡、毛家岭、王家台、罗家柏岭、肖家屋脊、罐山等一系列聚落。确切地说，这些城外的聚落全部分布在城壕外侧，与城内仅一壕之隔，可以视为同一个遗址。如此，则屈家岭文化时期的聚落群成为一处面积至少超过 200 万平方米的超级城壕聚落群。

（2）屈家岭文化时期汉东地区的聚落社会

汉东地区石家河聚落群之外的相关聚落材料并不多，这与石家河地区的丰富材料形成鲜明反差。经过考古发掘的主要有屈家岭、油子岭、六合、龙嘴等遗址。

屈家岭遗址包含了丰富的屈家岭文化堆积。屈家岭文化时期活动重心在聚落南部，但发现的相关遗迹并不多，仅有两处建筑和一座墓葬。两处建筑遗迹分别编号为遗迹一和遗迹二。遗迹二是一大片红烧土，覆盖的面积达 500 平方米，推测应该是大型建筑物的倒塌堆积，这个堆积中还发现了类似墙体的平整墙块或砖块，倒塌堆积的北面还发现了可能的墙壁拐角，另外也发现了柱洞。红烧土则掺入了大量的稻谷壳和作物的根茎，有的红烧土中稻谷密结成层，经鉴定，稻谷属粳型。遗迹二同样是有大量红烧土的建筑倒塌堆积，所不同的是它的建造是先垫筑一个土台，然后再在土台上建房。在土台上清理出大约南北两处建筑堆积并发现若干柱洞，但建筑物的具体形状不清。

屈家岭遗址出土了筒形器，这是除邓家湾遗址以外，汉东地区另外一处发现筒形器的地点。筒形器仅 1 件，上小下大，唇微敛呈樽口，外壁饰三十四周圈压附加堆纹，在附加堆纹的表面压印槽状齿轮。上口径 17.5、下口径 32.7、通高 64.5 厘米，其形态与邓家湾遗址出土的 C 型筒形器完全一致。屈家岭聚落还出土了四耳器，该器上下两端为直口、圆腹，腹壁四面各伸出一个圆形足式耳，相对作"十"字形，四耳中间各有一段堆纹。邓家湾 AT6 第 13 层出土的"不明器"，其造型特点与这件四耳器非常相似。它与筒形器一样可能不是实用生活器皿，具有特殊的功能。推测屈家岭的筒形器和四耳器应该来自石家河聚落群。

屈家岭的周围，也发现了数个小型聚落。屈家岭遗址以东青木垱河的东部，发现了三处遗址，分别是殷家岭、钟家岭、冢子坝，它们分布在与屈家岭聚落隔河相望的台地上，由北向南排列。最北边的殷家岭遗址位于北部一圆形台地上，台地东西长 270、南北宽 200 米，台地高出周围农田 5－6 米。地表可见大量红烧土末，局部还有遗迹暴露，采集的遗物主要属"屈家岭文化晚期"。钟家岭遗址位于殷家岭西南，为一长条形岗地，东西长 500、南北宽 280 米，岗地高出周围农田约 6－8 米，遗址破坏严重，一些遗迹已经暴露，采集遗物为屈家岭文化时期。冢子坝遗址位于钟家岭遗址西南，屈家岭遗址的东南方向，为一椭圆形岗地，南北长 400、东西宽 370 米，地表暴露的遗物较少，但部分地段裸露出建筑遗迹，年代同样为屈家岭文化时期①。最近的调查新发现了屈家岭遗址周围数处遗址。西北距屈家岭遗址约 300 米，与屈家岭遗址隔青木垱河相望的杨湾遗址，采集有屈家岭文化时期的陶器标本；屈家岭遗址西 250 米的九苗堰遗址采集有油子岭文化遗物；距屈家岭遗址西 150 米的大交场遗址采集有屈家岭文化遗物；屈家岭遗址西南约 200 米处的土地山遗址采集有屈家岭文化时期陶器；殷家岭遗址东北约 180 米处的熊家岭遗址采集有石家河文化遗物；另外在东湾、小毛岭、毛岭等遗址还采

① 湖北省文物考古研究所等：《屈家岭遗址周围又新发现一批屈家岭文化遗址》，《江汉考古》1998 年第 2 期，第 21－25 页。

集了石器，从其工艺和形态来看，大致也属于屈家岭文化时期。屈家岭遗址周围的这11个遗址组成的聚落群，其所覆盖的范围近2.36平方千米。并组成环壕、河流和水沟为整体的壕沟系统①（图一一八）。

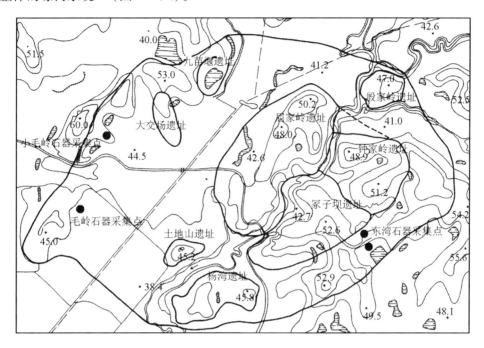

图一一八　屈家岭聚落群平面图

（根据湖北所，2008年，图一二）

油子岭遗址在1985年的发掘中清理了屈家岭文化灰坑3个，出土器物来自H1与H2，估计当时应该有屈家岭文化的地层堆积，可惜均已破坏。从H1与H2出土器物形态特征来看，H2的年代要略晚于H1，可能到了屈家岭文化一期偏晚。

六合遗址屈家岭遗存主要分布在聚落的西部，这里发现了一小片墓地，有6座土坑墓和6座瓮棺。土坑墓位于遗址西侧，墓葬分布密集，排列有序，头向南，葬式均为单人仰身直肢，随葬品一般为2-5件。建筑遗迹与墓地相邻，仅发现居住面一处，一部分已经被破坏，残存部分呈长方形。居住面用泥土拌小卵石铺平，再经烧烤而成。

汉东地区屈家岭文化聚落主要分布在天门河以北的河流阶地和临河的山前台地上。前述汉东地区三大地貌的分布，呈现北高南低的特点，在岗状平原的南侧，天门河沿钟祥—京山一线，至于天门南境，为西北—东南流向，进入天门境内后由西向东流，这条

————————

①　湖北省文物考古研究所等：《湖北京山屈家岭遗址群2007年调查报告》，《江汉考古》2008年第2期，第10-26页。

河流几乎截住了所有发源于大洪山南麓的大小河流。这些河流基本由北向南流，流程长度不足百千米。大致而言，天门河的支流主要有流经石家河地区的东河—西河；往西，则是青木垱河；再往西，是天门河的上游。这些河流沿途汇聚了众多小的支流，形成汉东地区跨天门、京山全部以及钟祥一部的天门河水系，汉东地区屈家岭文化聚落就分布在这三条主要河流的两岸。

东部沿东、西河一带，是重要的遗址分布区，龙嘴、油子岭两遗址位列东河的南北两端，东河、西河交汇之处则是石家河聚落群的所在。西河的上游还排列有羊帽岭、安岭山、苏家湾、罗家西湾等遗址。在东、西河水系以西，距西河不到10千米，是发源于大洪山南麓的青木垱河水系，青木垱河流经的中游，是屈家岭遗址所在地。屈家岭遗址周围还聚集了多处遗址，形成聚落群，其面积仅次于石家河聚落群。在青木垱河以西，是石龙河的所在，沿石龙河两岸，有上刘家畈、三同、玉姊山、降水寺、朱家台等遗址。石龙河以西则是天门河的上游，有大牛房、白树观等遗址。这些遗址仅有调查材料，均未进行过发掘①（图一一九）。

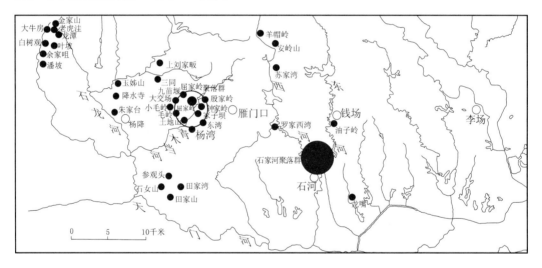

图一一九　汉东地区屈家岭文化遗址分布图

屈家岭文化时期，石家河城壕聚落群在汉东地区中心地位得到体现。在此之前，石家河一带的优势并不明显，甚至还没有龙嘴、屈家岭等遗址来得重要。何以到了屈家岭文化时期后来居上，成为汉东地区的中心所在？这个问题值得探讨。除了从聚落内部寻找原因外，地理位置和环境因素或许能够提供一些启发：石家河聚落正好处在岗状平原向河湖平原过渡地带，这种地理位置在以稻作农业为主要经济形态，但生产力还处在较

――――――――――――

① 因图幅原因，钟祥境内部分遗址本图没有标注。

低水平阶段的史前时期是最理想的地点。经过大溪文化和油子岭文化稳定而持续的发展，汉东地区的聚落已经达到一定的规模，更多的人口需要更多资源来支撑，获取这种资源的唯一渠道是通过扩大生产规模。还不明白当时是否已经通过改良农作物品种或者优化农业结构来提高单位面积的产量，但是，开垦土地以获取更多的农田达到扩大生产的目的应该是最行之有效的手段。开垦土地需要适当的条件，一是有大量可供开垦的荒地并且易于开垦；二是开垦之后能够保证不受水旱灾害的严重影响。在东、西河地区，似乎只有石家河具备这种条件。龙嘴一带地势低平，且位于河流下游，濒临湖泊，周围有较大的水域，因而可供开垦的荒地有限，此外还可能遭受不期而来的洪水，这样的际遇是可持续发展的障碍。龙嘴周边的地貌，也可能因此发生重大变迁，随着河流沉积的增加，水面可能抬升，导致龙嘴一带湖沼扩大，聚落发展显然要受到限制。油子岭在河流的上游，属于典型的垅岗地貌，虽然有可供开垦的土地，但并不便于灌溉，也同样限制了它的发展。反之，石家河地区正好处在河湖平原与岗状平原的结合部，遗址群周围即是低平的地貌，低岗是人类居住的理想场所，岗下的平地则是理想的农田耕作区，海拔位置又使这里并不会明显受到洪水影响，这样的地理条件与人口因素的结合，使得石家河最后脱颖而出，获得迅速发展。

汉东地区屈家岭文化时期的聚落，多分布在河流附近的台地上，遗址的分布点与水系的走向完全一致，呈现出线状分布的特征，表明受地貌环境的影响非常明显。这些遗址只有在屈家岭和石家河地区才形成聚落群。

在此情况之下的聚落分布，体现了规模—等级上的明显差异。

从聚落群的情况来看，汉东地区无疑存在两个规模较大的聚落群——石家河与屈家岭。但是，屈家岭聚落群无法与石家河聚落群处在同样的等级上。首先，石家河聚落群出现了规模浩大的古城，仅城内面积就有 120 万平方米。屈家岭聚落群没有发现城墙，聚落本身面积加上外围三处聚落，总面积也不到 100 万平方米。第二，一个没有营造城墙的大型聚落在社会形态和组织结构上是无法加以准确定位的。营建城池是一项公共工程，需要统筹各方面的技能与力量，考验社群的规划和组织能力，这样的能力在石家河充分体现出来，在屈家岭则不见。第三，石家河古城内的许多迹象是其他遗址所不具备的，比如邓家湾遗址大量的筒形器遗迹，此外还有数处具有宗教性质的遗迹，都表明邓家湾聚落是一处重要的宗教场所而非居住生活区，城内的生活区则是分布于邓家湾东部至谭家岭、蓄树岭的台地上。谭家岭所发现的分间建筑已经显露的墙体竟达 1 米之厚，柱洞间隔 0.5 米，柱洞直径达 0.3 – 0.4 米，这是一种极为罕见的建筑设施，这种体量与规格还不见于其他聚落。这些情况均说明城内已经有了严密的规划，各个区域的功能非常明显。而城外的聚落大多较小，完全从属于古城。屈家岭聚落群还看不到这种迹象，虽然这里也发现了筒形器，但是仅 1 件，而且并不成组成套地使用，正是因为有了这件筒形器的出土，才有可能联想到它和石家河的关系。使用筒形器是石家河的原创，并可能赋予其在宗教上的特殊含义，或者赋予了社会政治的意义。有理由相信屈家岭出土的这件筒形器来自于石家河聚落群，它可能具有某种象征意义，即石家河已经对这里行使了某种权力。

不过，屈家岭聚落群并不同于一般的聚落遗址，它的规模结构以及外围出现的从属聚落都表明，这里同样是一处规模宏大的聚落群，它所拥有的筒形器也仅仅见于石家河聚落群，而绝不见于其他一般性聚落。另外，邓家湾聚落最具特征性的彩陶纺轮也多见于屈家岭而少见于其他遗址。暗示屈家岭在等级上较石家河低一个级次，同时又较一般的聚落要高。如果这种分析成立，那么汉东地区的聚落等级至少有三个层次：石家河聚落群为第一层次，屈家岭聚落群为第二层次，其他聚落可统归入第三层次。

屈家岭文化时期汉东地区社会复杂化现象已经出现，石家河聚落群已经出现较为明显的社会分工，邓家湾宗教祭祀场所的出现暗示已经有一部分人开始从事宗教活动。邓家湾西北部的墓地也表明出现了身份等级的差异，与此同时，维系社会的基本单元——家庭和家族仍然起着重要作用。

种种迹象显示，屈家岭文化时期制陶专业化已经出现。大量筒形器的存在说明了非常重要的问题，这种不能作为日常生活器皿的陶器在被立于地面进行某种活动之前，经历了怎样的制作和流通程序，是一个很有趣的问题。如果是专门为宗教活动而烧制，则可能是两种情况，要么是指令性的，要么是订单性的。这两种方式均说明了石家河聚落群专业化制陶的存在，它绝对不是家庭式作坊的产物，即使是家庭式作坊，那么这个家庭也可能成了专业的群体。另外，邓家湾遗址和肖家屋脊遗址出土的陶器，造型风格高度一致，肖家屋脊 H531 和邓家湾 H11 所出土的鼎、壶形器、彩陶杯、斜腹杯、双腹碗、双腹豆、高领罐等主要器物的造型、纹饰等风格甚至完全相同，有理由怀疑它们可能是同一作坊所生产，这也同样印证了石家河聚落群专业化制陶群体的存在。

制陶成为一种专门的手工业，标志着有一种产业从农业经济中分离出来。宗教场所的揭示，也标志着特定宗教人士的存在。制陶人士和宗教人士是否已经完全脱离农业生产领域，目前尚不能加以确定。但是，在石家河聚落，城内人口可能已达数万人的前提下，没有稳定的陶器产品的存在，可能会带来供求关系上的矛盾，甚至造成社会生活的不稳定。陶器是一种非耐用品，其使用寿命一般只有数年，最短的仅数月，最长的也只有十多年[1]。在石家河地区，除了陶缸一类的较少移动性器物使用寿命较长外，其他日用陶器最多可能也仅数年，大量的高领罐和斜腹杯应该是使用寿命最短的，这样的易碎

---

① 威廉·A·朗艾克：《菲律宾吕宋岛北部卡林阿地区陶器的使用寿命》，《考古学的历史·理论·实践》，中州古籍出版社，1996 年，第 333 - 341 页。

品需要不断大量地补充，因而制陶业也应具有相应的规模。

与此同时，墓葬中也出现大量陶器，这些陶器组合形态一致，显然是采取了统一的制作，这种制作显然也是专业化制陶作坊所为。这里出土的陶器，形态丰富，陶色、陶质也颇不一致。形态不一的陶器倒是可以在一个窑内烧成，但不同质地和不同颜色的陶器显然不是一窑同烧。这就存在两种可能，要么分批烧制，要么来自不同的陶窑。如果分批烧制，则可能存在不同的陶器生产组；如果来自不同的陶窑，则制陶行业同样存在内部分工。

石家河聚落群的陶器如何进入到每一户家庭，也有两种可能：一是统一分配；二是进行交换。前者存在的可能性到底有多大目前不便揣测。真实的情况可能属于后者，即通过交换而获得陶器。遗憾的是这种交换的证据并未留下，或者已经留下但并未被认识。物物交换的基本形式即是日常生活物资的交换，或许很难被考古学所辨识。

上述分析表明，优越的地理条件、手工业技术与宗教的发达是造成石家河聚落快速崛起的重要原因。

四　石家河文化时期

（1）邓家湾遗址石家河文化聚落形态

A. 石家河文化一期聚落形态

石家河文化一期阶段，这里仍然是一片墓地，共有土坑墓48座、瓮棺8个，从墓葬分布及随葬品的情况来看，其年代相差不远，应该是一处连续的墓地。

墓葬分南、北两区：南区集中在T4 – AT404以南的探方，北区在T7、AT6以北一线。南区墓葬分布密集，集中了90%以上墓葬数，且分布较有规律。在南区墓地的边缘，零散地分布有一批灰坑，年代与墓葬大致相同。北区墓地墓葬数量较少，土坑墓与瓮棺总数也仅十来座，同样，在墓地外围分布有数个同时期灰坑（图一二〇）。

南部墓区的墓葬排列有序，墓向绝大多数成东北—西南向，墓地紧靠城墙，甚至有的墓葬就建在城墙的内坡上。前文分析表明，修建城墙以后很短的时间内即在城墙内坡上有了频繁的人类活动，屈家岭文化二期已经在城墙面上覆盖了很厚的堆积，甚至还将城墙开辟为墓地。这一系列行为导致城墙内坡在屈家岭文化二期迅速变缓，到了石家河文化一期，城墙上的人类遗迹更多，这或许说明了人口的迅速膨胀。

南部墓区的墓葬随葬品悬殊，列入统计单位的33座墓中，无随葬品的6座，10件以下的15座，10 – 20件的8座，20件以上的4座。器物数量多的墓，墓坑也较讲究，四周有二层台。拥有超过20件以上的墓葬全部集中在墓地的南部，这个位置在屈家岭文化二期就属于等级较高的墓区（M58、M72），说明地位不同的人群仍然有相对集中的位置。这一数据还反映出随葬品之间存在明显差异，拥有较多器物的墓葬只是少数，

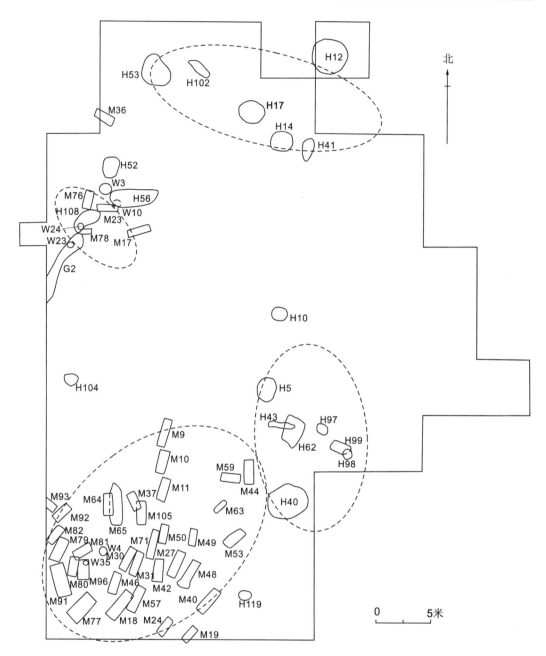

图一二〇　邓家湾遗址石家河文化一期遗迹分布图

（根据石家河考古队，2003 年，图一一八改绘）

大多数墓葬的随葬品都不超过 10 件，有的甚至完全没有随葬品。

这批墓葬的构造大体延续了屈家岭文化以来的特点。墓坑结构可分为窄长方形土坑、宽长方形土坑、一端有二层台的长方形土坑、一边有二层台的长方形土坑和四周有二层台的长方形土坑五种。未发现明显葬具，个别墓坑底部残存有木灰，推测可能使用了木质葬具。有一些墓葬可辨人骨架。葬式方面，10座为单人仰身直肢葬，10座为单人二次葬，1座为单人侧身直肢葬，1座为单人微屈肢葬。随葬品的放置颇有讲究：主要分足端、脚部、头部、两侧等位置放置，其中置于足端的最多，一般而言，小罐、盖、鼎和杯多置于墓主头部或足端，高领罐、碗等于脚部、侧边或二层台上。一端或一边有二层台的墓，器物多在二层台上。四周有二层台的墓，盖、鼎、杯多在墓主头部，罐、碗多在足端或脚两边的二层台上。M37随葬1副猪下颌骨，M10、M105随葬2副猪下颌骨。汉东地区在六合遗址油子岭文化墓葬中最先出现猪下颌骨，以猪下颌骨随葬是东方大汶口文化的习俗，大致与油子岭文化处于同一时代的枣阳雕龙碑遗址也有猪下颌骨随葬的现象。汉东地区出现的这种情况是否受到外来影响，目前还不清楚。

B. 石家河文化二期聚落形态

邓家湾遗址在这个时期呈现出明显的变化，一批新的迹象显露出来。该时期有丰富的"祭祀遗迹"，器物形态也出现了新的特点。发掘报告公布的二期遗有祭址2处、套缸2处、灰坑22个、土坑墓1座、瓮棺5个（图一二一）。新出现的一些重要遗物往往与特殊遗迹相关联，比如大量的陶缸相套形成的套缸遗迹，大量的陶塑动物，均是具有特殊意义的遗迹与遗物，这在前期也是不见的，它们的功能在下文详谈。

石家河文化一期阶段邓家湾聚落主要是作为墓地而存在，特别是南部埋葬了大量的墓葬，在墓葬的外围零星地分布一些灰坑，可能是与墓地相关联的遗存。石家河文化二期，这里作为墓地的功能完全消失，取而代之的是一个专门开辟出来的产品存放区。这些存放产品的地点包括两处堆放场地、两处套放场地以及存放陶塑动物的坑状堆积，构成邓家湾西北部一个大型的人工制品露天存放场。这个露天存放处无论是各堆放场地的空间布局还是器物形态，都表明是一个时期的产物。

堆放场地有两处，报告称为"祭1"、"祭2"，其位置在聚落的西部。"祭1"、"祭2"实际上以连为一体。"祭1"位于T7，破坏较为严重，"祭2"紧靠"祭1"的南部，呈长条形，南北跨T4、T5、T6、T7四个探方，其东半部在发掘过程中曾被当成一般地层处理，西部因现代水渠通过而未再扩方。清理出"祭祀活动面、祭祀活动遗迹和覆盖层"三部分堆积。其主要堆积现象是在用黄土铺就的地面上堆放大量的陶缸。套缸的分布可分四组：第一组在南部，多成碎片，大体呈三角形堆放，较大块状则围绕碎片分布，南北范围约6米。在这组的北边约4米处，是位于中部的第二组，这组器物保存较为完整，十多件陶缸按西北—东南向摆成排，每件陶缸的放置为口东底西或口西底东两种，均平置于地面，排列长度约为6.5米。第三组在第二组之北2米处的一条东西向沟槽中，均为碎片，沟残长2.4、宽0.7－1、深0.5米。第四组在北部的黄土面上，大

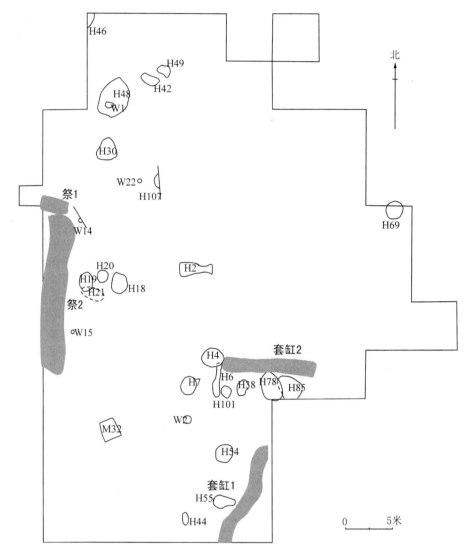

图一二一　邓家湾遗址石家河文化二期遗迹分布图

（根据石家河考古队，2003 年，图一一八改绘）

体呈圆形堆置，器物多破碎，但有一部分可以复原，堆置直径约 1.5 米。在这组遗迹的黄土面南侧，有三对两两相扣的陶碗，平置于活动面上，东部一对，西部两对，东西相距 1.9 － 2.2 米，西部两对相距 0.5 米。

除了"祭 1"、"祭 2"，还有"套缸 1"与"套缸 2"。它是许多陶缸相互套接在一起，成排成列地平置于地面上的遗迹。"套缸 1"位于发掘区东南部的 AT302 和 AT301 两个探方内，从 AT302 的东北角向西南角方向延伸，并呈波浪形曲折分布。在 AT302

内并列三排，在 AT301 内残存两排，每排之间
基本相靠。东北端的缸口朝南或朝西南，中端
的缸口向东北，南端的缸口朝北。缸口与缸底
互相套接，缸底套入缸内一般约三分之一。中
排保存较多，共有 24 件。已经发掘部分的套缸
延续长 10 米，三排总宽约 1 米（图一二二）。
套缸的形态均为仰折沿深直腹小平底厚胎红陶
缸，腹中部一般有数道弦纹或附加堆纹，上腹
部多饰篮纹，下腹部多为素面，部分缸的上腹
部有刻划符号。"套缸 2"位于套缸 1 之北的
AT304、AT404 两个探方内，东西向排成两排，
基本呈直线平行排列，缸口一律朝西，缸与缸
的套接方法与套缸 1 相同，两排之间间隔 0.3 -
0.4 米，保存总长 9.1 米，东西两端均有破坏现
象，原延伸方向和总长度均不明。

　　在套缸遗迹的附近及其外围地区的四个坑
状堆积中，还发现了大量的陶塑动物。其中
H4、H85 位于"套缸 2"附近。H69 与 H42 则
位于发掘区的东部和北部。H69 坑口为圆形，
坑底呈锅底形，口径 1.85、深 1 米。坑内填深

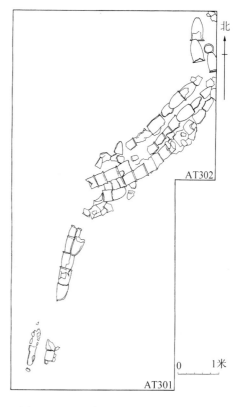

图一二二　邓家湾遗址套缸 1 平面图
（根据石家河考古队，2003 年，图一二〇）

灰色土，土中夹大量陶塑小动物，种类有狗、猪、象、鸡、鸟等，并以狗、猪数量最
多，共存陶器有厚胎斜壁红陶杯、壶形器、罐、碗、钵、器盖等。另外还有大量的陶塑
动物堆放在 T1 - T4 较低的洼地，往往成堆出土。

　　《邓家湾》发掘报告将这里定性为祭祀场地，认为留下的这些遗迹与遗物应该均与
祭祀活动有关。仔细审查这些迹象，也许还可作另外的解读，器物集中堆放的原因有许
多种，宗教祭祀当然可以作为选项，但不是唯一选项。这些陶缸也许并不是宗教行为所
遗留。首先，并没有发现直接能够证明属于宗教活动的遗迹或者遗物。所谓"祭 1"、
"祭 2"活动面只是一处稍加平整和铺垫的地面，地面上除了大量的套缸残片或较为完
整的陶缸外并无他物，也没有发现任何与宗教祭祀相关的信息。第二，地面上的器物或
者器物残片主要是陶缸，此外还有碗。相套的缸或者相扣的碗是人们日常生活中的实用
器皿，并不具有宗教色彩。第三，大量的陶塑动物的性质可能与套缸的意义相同。不过
陶塑动物并非日常生活用品，如果为同一种宗教活动所为，不必使用形态和功能完全不
同的人工制品。

宗教功能如果不是唯一选项，就应另当别论。可以认为，这里极有可能是一处集中堆放或存放产品以及处理废次品的场所。"祭1"、"祭2"与"套缸1"、"套缸2"均是存放陶缸的地方，后者与前者的放置情况有些差别，只不过是对于地面的处理，以及摆放的方式有所不同而已。若从陶缸形态来看，"祭1"、"祭2"与"套缸1"、"套缸2"所出陶缸的基本形态一致，唯一不同的是底部，前者是圜底而后者是小平底。这正好说明两处套缸是两类不同的作坊所制造，两者之间相隔了一定的距离，暗示它们可能属于两个不同窑场的堆放点。各个"灰坑"出土的陶塑品，也可能是一种处理产品的方式——挖坑掩埋，几乎所有的陶塑动物均来自灰坑或者洼地，而非在平地摆放或者堆放，这暗示它们可能是某种必须处理的次品。

这样的判断必须有合理的解释：比如，它们的性质是什么？来自哪里？去往何处？由于没有相关的证据，对这些问题的回答仍然只能停留在推理阶段。推测这些器物首先是批量化产品，批量化产品应与一定的生产、流通机制相适应，从制造到消费，需经一系列中间环节，产品的存放可能是处于这一中间环节中的某个节点位置，且最有可能是从窑场进入到流通领域之前的一个重要节点。邓家湾没有发现窑场，但并不意味附近就没有窑场，产品堆放点应该距离其生产地不会太远。就这批遗物而言，在某种意义上甚至可以说就是一种用于流通的产品，这些产品应该直接来自生产场地，在这里统一集中堆放，然后从这里通过某种交易形式进入使用状态，从而成为各个家庭的日常生活器皿。

暂时还不清楚到底采取了何种交易的形式，所以无法了解其贸易形态。陶塑动物可能也是这样的产品，次品或废品被掩埋，好的产品则被交易出去。报告报道这些陶塑动物在出土时绝大多数为碎块，张绪球也承认绝大多数陶塑品属于废次品，并指出和陶塑品共存的还有大量的窑渣[1]。这进一步说明进入堆积的陶塑动物是作为次品来处理的。陶塑动物在两湖地区的湖北西花园遗址[2]、石板巷子[3]、白庙[4]、季家湖与蔡台[5]，湖

---

① 张绪球：《长江中游新石器时代文化概论》，湖北科学技术出版社，1992年，第284页。
② 武汉大学历史系考古教研室等：《西花园与庙台子》，武汉大学出版社，1993年，第62页。
③ 宜都考古发掘队：《湖北宜都石板巷子新石器时代遗址》，《考古》1985年第11期，第961－976页。
④ 三峡考古队：《湖北宜昌白庙遗址1993年发掘简报》，《江汉考古》1994年第1期，第22－34页。
⑤ 张绪球：《长江中游新石器时代文化概论》，湖北科学技术出版社，1992年，第284页。

南车轱山①、划城岗②、城头山③等遗址的石家河文化遗存中都有出土，它们的原产地可能就在这里。

C. 石家河文化三期聚落形态

大量陶塑堆积成为本时期一大特征。前期开始流行的陶塑动物在这个阶段发展到顶峰，几乎所有的灰坑中都出土陶塑品。其中以 H1、H16、H31、H63、H67、H106、H116 等灰坑出土最多，最多的竟超过数千。H63 坑口直径 2.2 – 4.4、坑深 0.5 米，坑内填满了陶塑堆积，坑内还夹杂了烧土和炭末，如同窑渣。绝大多数陶塑品均为碎件，属于废次品之列。这些坑在发掘区多处地段都有分布，并无明显的疏密之分，意味着整个发掘区均为处理这种废次品的地方。在这些坑的西南部，有一片低洼地带，东半部呈半圆形分布在发掘区的西南角，西半部则延伸到了发掘区之外。这片洼地可能是人工有意而为，其南北长约 20 米，呈缓颇状下凹，最深处距开口平面深度达 1.6 米，这片洼地堆积了大量的陶塑动物和人偶，并集中分布于洼地底部。

整个区域包括灰坑与洼地堆积的陶塑品难以统计精确的数量，估计总数不下数十万件，所有陶塑品均为泥质红陶，火候较低，质地细腻，均用手捏塑而成，器形小巧，分为陶偶和陶塑动物两大类。

陶偶形象姿态复杂，有多种姿势，有的抱鱼拥物，有的背物抱狗。陶偶细部一般不太清晰，所有的偶身均细腰，着长袍，不露双手，头后一般挽髻，头顶有戴冠和免冠之分（图一二三）。陶塑动物远较陶偶多，占陶塑品的 90% 以上，许多陶塑动物基本形象破损，不容易辨认。基本形象完整的大多数陶塑动物都具有写实性，容易辨认，少数陶塑动物个性特征不甚明显，难以定名。根据出土陶塑动物明显的标本，大致有狗、猪、羊、兔、猫、猴、象、獏、狐、鸡、鸟、龟鳖、鱼等（图一二四）。

D. 关于套缸与陶塑品遗存的考古学意义

前文已经分析，套缸遗迹的存在，表明这里曾经是一处存放陶缸的场地。大量的陶缸堆放在简单清理出来的地面上，有的已经成为碎片，有的还比较完整，有的集中堆放，有的口底相套。堆放的陶缸和套放的陶缸形态之间有细微的差别，说明可能来自不同的陶窑。这个场地类似露天仓库，是集中存放产品的地方，这是产品进入流通领域的第一站。在这一带成为陶缸集中存放点的同时，大量的陶塑品也来到这里，所不同的是，陶塑品大多堆积在坑中，并且绝大多数是废次品，说明这是处理和掩埋后的产物，

①　湖南省岳阳地区文物工作队：《华容车轱山新石器时代遗址第一次发掘简报》，《湖南考古辑刊》第 3 集，岳麓书社，1986 年，第 1 – 26 页。

②　湖南省博物馆：《安乡划城岗新石器时代遗址》，《考古学报》1983 年第 4 期，第 427 – 470 页。

③　湖南省文物考古研究所：《澧县城头山》，文物出版社，2007 年，第 648 页。

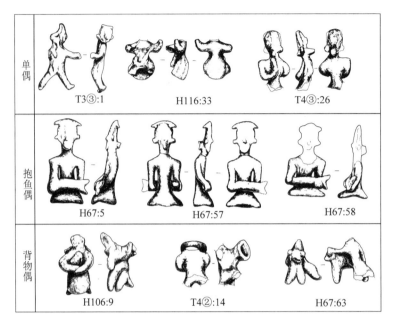

图一二三　邓家湾遗址石家河文化三期陶偶

图一二四　邓家湾遗址石家河文化三期陶塑动物

而非堆放或者存放行为所遗留。那么，存放陶塑品的地点在哪里？可以推想应该就在附近，或者就在灰坑旁边的地面上，质量好的陶塑品已经在流通领域走得更远了，废次品可能被就地掩埋。陶缸的情形想必也是如此。

这些迹象表明这个时期的邓家湾聚落是一处露天产品存放场地，之所以为露天，是因为没有发现相应的建筑遗迹。这反映了一种重要的经济行为，提供了当时社会—经济形态方面的重要证据。第一，说明手工业已经完全从农业经济中分离出来，成为一种专业化的行为。陶塑品和陶缸的堆积如此之大，数量又如此之多，堆积又如此集中，想必是一种较大规模专业化生产的结果。这种专业化生产的背后，意味着社会已经出现了明显的分工。第二，既然有专门化的手工业生产，就有可能出现早期贸易经济。如此集中生产和存放的陶缸和陶塑品，绝非仅仅为邓家湾一个聚落所使用，一定存在产品需求，这种需求或者应对于石家河聚落群，或者范围更大。如此一来，就要有一定的流通方式，建立起生产与流通机制并出现与此相关的从业人员，社会复杂化程度必然加剧。

石家河聚落群是新石器时代末期社会生产力发展到鼎盛阶段的产物，财富的积累和社会权力的运作均达到了一个新的阶段，能够建造如此规模巨大的城池，其背后的社会管理机制一定要达到一个相对发达和完善的程度。那么，在邓家湾聚落出现这样的专业化的制陶手工业和物流业也在情理之中。

邓家湾陶塑动物的种类还可以反映当时的饲养和狩猎活动，大量的猪、狗、羊、鸡应该已经成为了饲养家畜。而象、兔、獏、猴、狐、鸟、鱼、龟鳖等属于野生之列，应该是猎捕的重要对象。这反映出一个丰富的动物种群，这些动物与人们生活密切相关。

至于陶塑动物本身的象征意义，许多人均推测与原始宗教有关，但这也只是一种推想。邓家湾聚落陶缸上的刻划符号到底意味着什么，同样不得而知。这些刻划符号共发现 14 个，除一个刻划在高领罐上之外，其余多发现于套缸遗迹和灰坑出土的陶缸上，还有一部分见于地层中的陶缸腹片上，地层和灰坑中的陶缸片应该来自套缸。这种刻划符号总的特点是以弧线相交的方式，笔画为 2－5 笔，形成弯角状或刀柄状。这批刻划符号是在制陶过程中刻划上去的，应该是制造它的陶工所为。它所表达的意义还无法弄清，这些符号显然不是一般的纹饰，而是具有某种特殊的含义（图一二五）。

（2）肖家屋脊遗址石家河文化聚落形态

作为石家河聚落群中的一处重要居住聚落，肖家屋脊遗址提供了石家河文化时期相对丰富的材料。

报告将肖家屋脊石家河文化遗存分为早、晚两期。

A. 石家河文化早期聚落形态

属于早期的遗迹有房子、灰坑、灰沟、井、路、窑、套缸和墓葬。在整个发掘区

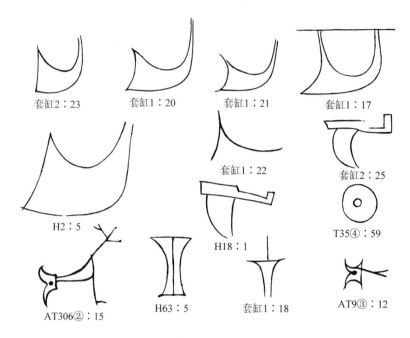

套缸2：23　　套缸1：20　　套缸1：21　　套缸1：17

套缸1：22　　套缸2：25

H2：5　　　　　　　　　　　　　　H18：1　　T35④：59

AT306②：15　　H63：5　　套缸1：18　　AT9③：12

图一二五　邓家湾遗址陶缸上的刻划符号

内，这些遗迹分布的空间范围相当明显。前文已述屈家岭文化二期的重要遗迹在东区，这里发现了丰富的居住遗迹和墓地；另外有两处墓地分别位于南区和北区。到了石家河文化早期，活动的重心集中在东区和西区，这两个区段集中了这个时期超过90%以上的遗迹单位，它们密集分布，有着极为复杂的叠压和打破关系（图一二六）。

　　西区的遗迹布局使这种复杂关系变得细微而具体，在一张西区石家河文化早期遗迹分布图上，堆积了数百个灰坑，房子、灰沟、道路形成极为复杂的叠压打破关系，这些遗迹可能有相当一部分为同时共存，但它们不可能全部都共存。要梳理出同一个地面上同一时期的遗迹单位几乎是一件不可能的事，相邻两个探方内就堆积了数十个灰坑，地面也可能完全被破坏，陶器形态也无法排出时序，这使得很难将这些单位加以整合，而只能从宏观格局上来加以考察。

　　在西区，处于中心的是几座建筑，几乎所有灰坑都围绕在建筑的周边。F9是一座尚保留有墙体的房子。房子平面呈长方形，东西长14.52、南北宽6.65米，室内面积68平方米。南北筑两道土墙，东西未筑墙。墙下均挖有基槽，室内居住面较平整，居住面以下的房基用红烧土和黄褐色土垫筑了数层。与F9大致同时的是其东面10米左右的F7，该建筑同样保留了比较明显的残墙体，同样在筑墙之前挖有基槽，然后垫筑房基面和筑墙，所清理的部分已经表明此建筑至少有三开间（图一二七）。在这两座建筑的南、北各有一处建筑，编号为F6、F14。在F7与北边的F14之间，有一处套缸遗迹，

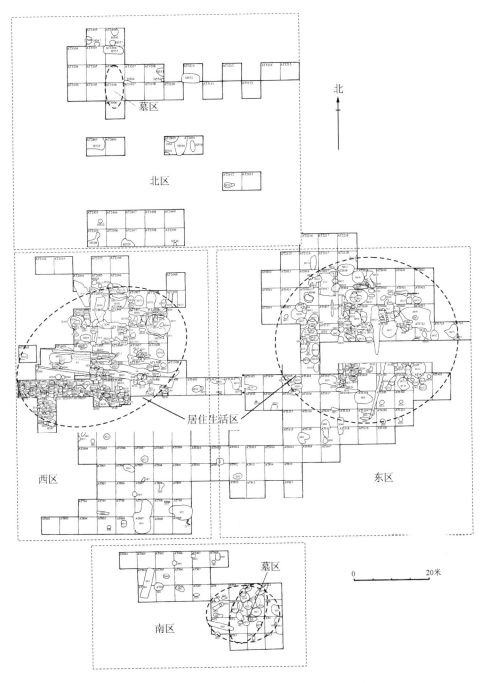

图一二六　肖家屋脊遗址石家河文化早期遗迹分布图

（根据石家河考古队，1999 年，图七六改绘）

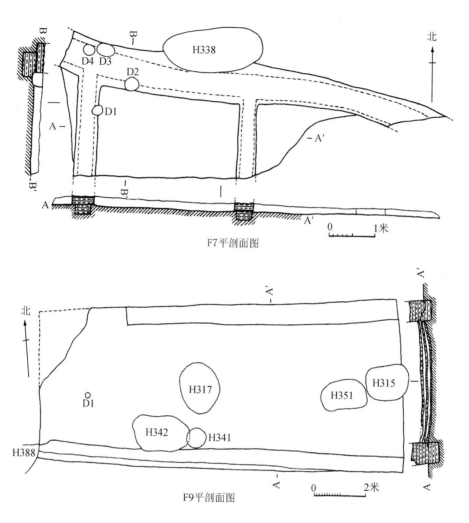

图一二七　肖家屋脊遗址 F7、F9 平、剖面图

（根据石家河考古队，1999 年，图七八、七九改绘）

为至少六件陶缸口底相套连成一排，大致呈南北方向排列，口朝南、底朝北，底皆凿穿。这批陶缸置于长方形的土坑中，坑内填土为灰褐色土，夹少量草木灰，并有少量陶片和动物牙齿。

在建筑遗迹的周围，是密集的灰坑，包含大量遗物，许多灰坑出土的器物在 10 件以上，F9 南侧的 H107 复原陶器在 20 件以上，坑内还有一批石器和猪骨。H183 不仅出土了大量陶器，还出土 1 件铜矿石。本区域出土陶器最多的灰坑是位于东北部的 H371，出土器物在 40 件以上，以斜腹杯为主。这些灰坑应该是与建筑同时，是居民生活所遗留。套缸遗迹就在居住区的范围内，同样应该是一种日常使用的物品，它们成排套接，可能是一种特殊的放置方式。至于底部被凿穿，应该是被废弃的原因，而不应该是某种行为的结果。

套缸和灰坑中出土的陶缸形态相同，并与邓家湾石家河文化二期、三期同类器形完全一致①，意味着它们处在同一时间阶段。

肖家屋脊东区同样是这个聚落的重要居住生活区，这里的情况与西区类似，遗迹同样有房子、灰坑、灰沟，灰坑堆积了大量器物。建筑物两座，分别为F10与F12，建筑物周围遍布灰坑和其他相关遗迹。F10基本位于这些遗迹的中心位置，破坏比较严重，残存部分居住面。F10西侧的H434为一大型灰坑，坑直径达4.4、深1.9米。灰坑内的堆积分四层，每层均出土大量遗物，可以复原的陶器即达120余件，出土的陶器有鼎、高领罐、钵、厚胎杯、豆、擂钵、甑、瓶、壶、器座、器盖、鬶、纺轮等，此外还有石斧、石锛、砺石等石制品。器物的形态与西区H371等灰坑出土物形态一致，属于同一个时期。这里还有套缸遗迹四处，主要分布在F10的附近。套缸4、6（报告编号为JY4、JY6）位于F10的东侧，均为数件陶缸口底相套平置于地面。在它们的东部是一批倒立的陶缸（报告编号为JY7），由14件组成，东西向呈直线紧凑排列，长4.52米。每件陶缸皆口下底上放置于地面，除少数陶缸的底部被扰乱外，大多数保存完整，并且多在腹部有刻划符号（图一二八）。

东区和西区的建筑布局、遗迹分布、陶器形态都表明，它们基本处于同一个时间单位。这两个区域是重要的居住生活区，而与之对应的墓地，则分布到了南北两区。

在南区墓地，墓地中心位置是M7。M7为足端较宽的长方形宽坑竖穴墓，足端和两侧有二层台，葬式为单人二次葬，有随葬品103件，是整个石家河聚落群中发现随葬品最多的墓葬。从随葬品与墓坑的结构和位置来看，M7无疑是这个墓地等级最高的墓葬。在M7的附近，同样也有几座随葬品较丰富的墓：M27在M7的南面，随葬陶器16件；M11在M7的西南面，随葬陶器23件；M8在M7的北面，随葬陶器40件。在距离稍远的区域，墓葬的等级则明显要低得多，M13、M10无随葬品，M26随葬1件，M9随葬2件，M15随葬3件。这些外围的墓葬与以M7为中心的4座墓葬在地位和等级上存在明显的差异，社会成员的分化程度由此而得到体现（图一二九）。

这批墓葬所出土的随葬品同类器物的形态基本一致，说明这11座墓葬下葬的年代不会相隔太久。这批陶器与邓家湾墓地相比，晚于邓家湾遗址石家河文化一期墓葬。应该与居住生活区的年代一致，与邓家湾石家河文化二、三期相当。

北区是一片从屈家岭文化延续下来的墓地，这里有石家河文化墓葬7座，均处在该墓地的中部，墓葬的排列较有规律。墓向均大致呈东西向，南北排列。中间一座M54

---

① 前文已经指出，邓家湾石家河文化二、三期实际上是可以合并的。

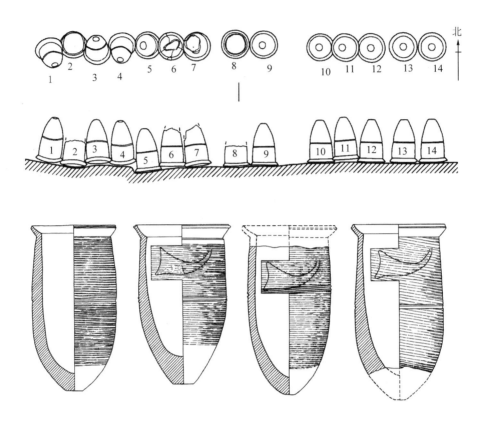

图一二八　肖家屋脊遗址 JY7 平、剖面图及陶缸形态

（根据石家河考古队，1999 年，图一〇四等改绘）

规格最高，墓坑大，随葬品数量达 102 件，几乎全部以高领罐随葬。在 M54 的南北各有 3 座墓。距 M54 较近的 M58 随葬陶器 58 件。这两座墓的墓主人性别均为男性。M54 南边的 M55 为女性，无随葬品，另有 2 座小孩墓也无随葬品。其他两座墓 M60、M64 则分列北端和南端，随葬陶器 6 件和 5 件，性别未知。

北区墓葬的时代与南区墓地一致，说明自屈家岭文化已经存在的聚落家族区划一直延续到了石家河文化早期。

B. 石家河文化晚期（肖家屋脊晚期遗存）聚落形态

肖家屋脊石家河文化晚期聚落结构与早期相比，发生了重大改变。

早期居住区分为东、西两大块，墓地分为南、北两个墓区。到了晚期，东区发现的生活遗存并不多，居住区主要集中在西部。南区已经不再作为墓地使用，而是重新规划了东、西两个墓区（图一三〇）。

中西部生活居住区发现了房子和一批灰坑。F3 是整个肖家屋脊石家河文化晚期阶

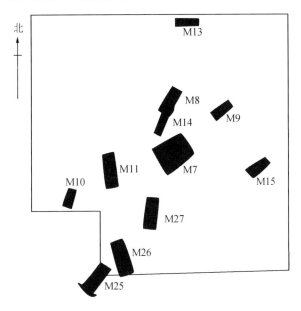

图一二九　肖家屋脊遗址南区石家河文化早期墓葬平面图

段发现的唯一建筑遗迹，该建筑受晚期严重破坏，仅残存部分墙基、柱洞和室内居住面。房基面用大颗粒的红烧土、碎陶片掺和灰黄色土筑成，墙基用大块红烧土掺和灰土筑成，居住面则用较细碎的红烧土小颗粒铺成，较平坦。建筑有分间，残长 11、宽 8.72 米。门的朝向不清，室内、室外未发现遗物。周围灰坑内的包含物也不太丰富。

在这个区域的南部大约 12 米处，是一片墓地，集中了约 34 座瓮棺。在约不到 6 个探方的范围内，瓮棺排列紧凑，呈东北—西南向分布，这个墓区还有若干小的瓮棺群。在这片墓区的东部，则为另一处遗迹密集区，可能是另外一处居住生活区，留下了 H180、H230 等灰坑。H254 坑口平面呈椭圆形，坑口长径 3.1、短径 2.52、深 1.06 米。坑内填灰黑色土，夹大量草木灰，较松软。出土陶器 36 件，石棒 27 件，另外还出上砺石和石球各 1 件。在这片墓区的西南部，也有一批灰坑，可能是某一生活居住区的边缘，这里的 H68 也出土了较为丰富的遗物。

与邓家湾聚落相比，肖家屋脊晚期遗存在年代上要较邓家湾石家河文化二、三期晚。

东区墓地埋葬有 20 座瓮棺，其分布没有西区那么紧凑，而是较为零散地分布在十多个探方的范围内。这批瓮棺以及瓮棺出土物的情况将在下文专门讨论。

横亘于东、西区之间的是一处面积颇大的水塘。水塘平面呈南北长、东西宽的长方形，长 67.5、宽 30、深 0.75 米，占地约 2000 平方米。关于水塘的年代，发掘报告断定"最早使用时间在石家河文化晚期"，理由是在塘底发现了大量的石家河文化晚期的大块陶片。相关线索表明，这处水塘的年代还值得分析：第一，水塘边界线清楚地显

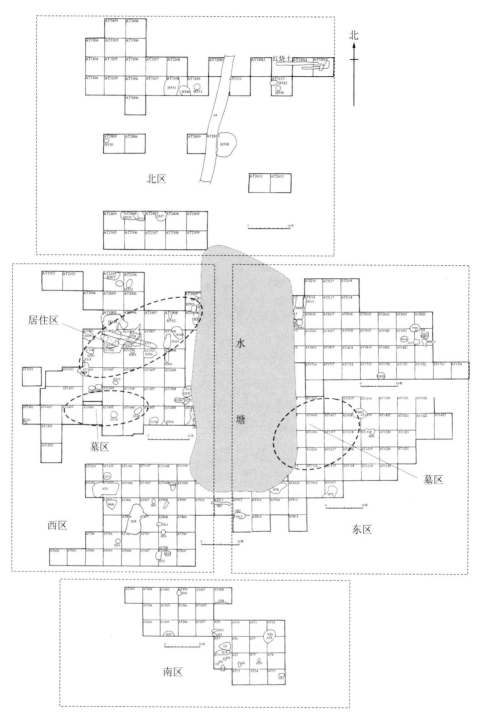

图一三〇　肖家屋脊遗址石家河文化晚期遗迹分布图

（根据石家河考古队，1999 年，图一〇五改绘）

示，它在多个地段将石家河文化晚期遗迹打破。第二，发掘显示，肖家屋脊聚落从石家河文化早期开始，主要的活动重心是在东区和西区，从石家河文化早期以来，大量的人类活动遗迹密集发现于水塘的周边，尤其是在石家河文化晚期，在靠近水塘边缘的东、西区还有大量的遗迹分布，其中有许多灰坑还被水塘所叠压和打破，东区石家河文化晚期瓮棺也有被水塘叠压的情况（W64）。东西区与水塘之间并没有明显的区域边界或者由密集向疏落过渡的迹象，很难从空间格局上考察东西两区与水塘的关系，暗示石家河文化晚期，东区与西区或许还是连为一体的，其地面也应该是连续的，只是由于水塘的出现，才将这个连续面破坏。第三，从目前揭示出来的情况看，晚期有一处居住生活区和两处瓮棺葬区，这样的聚落布局显然有些问题，墓区与生活区如何对应？可以推测，与东区瓮棺区相对应，必须有另外一处居住生活区，其区域应该就在水塘的分布范围之内。水塘两边的坡岸能够证实这一推测的合理性，比如在水塘西坡边缘有 H180、H215、H217、H229、H230、H254 等灰坑，不少灰坑中还有大量遗物。水塘的东北部坡岸下，同样有 H441、H442 的分布，被水塘所打破和覆盖的还有 H439、H440、H495、H455、H516 等灰坑，它们均分布在水塘的边缘缓坡位置，也许是在建造水塘时并未完全被破坏才得以幸存。中心区域或作为居住生活区，可能就处在水塘范围内，由于水塘的深度开挖，大部分被破坏。鉴于上述现象，以目前的材料来判断水塘的开凿和最早使用年代还有些困难。

肖家屋脊遗址发现的石家河文化晚期瓮棺葬，从空间格局来看，应该是东、西两处独立的瓮棺区。东区 20 座，西区 34 座。这批瓮棺的年代应该是与西区石家河文化晚期遗存相一致的，瓮棺出土的葬具主要是陶瓮、缸、广肩罐。瓮也许是专为丧葬而生产，在其他堆积单位中这样的器形很少发现。除了陶瓮，其他则是实用器，比如缸、罐、鼎以及作为盖的盆、钵、豆、圈足盘、器盖等均在地层和灰坑中有类似的器形发现。不少瓮棺在瓮的底部凿有小孔，此外还有将广肩弧腹小平底瓮从肩部锯开后再合上的情形，可能是便于成人的装敛。葬具的放置以正置为主，少数侧放。大多数骨架无存，有的仅发现骨渣或少量肋骨。W76 发现有成人的头骨，可见瓮棺葬应是成人和小孩共同使用的葬俗。

在这批瓮棺中，16 座有随葬品，东区和西区各有 8 座。W49 随葬有铜矿石 1 块，其余均随葬玉器。随葬玉器的数量以 W6 为最多，达 56 件，其他一般不超过 10 件。

W6 位于东部墓区，开口于耕土层下，坑口径 1.4、深 0.8 米。葬具为两瓮上下扣合而成，正置，两瓮均为广肩弧腹小平底瓮，均从肩部锯开，装入人骨之后再合上。两瓮均在底部正中凿有一个圆孔，人骨已腐。随葬器物包括 56 件玉器，另有猪牙、石珠和陶斜腹杯各 1 件。玉器包括玉人头像 6 件、虎头像 5 件、盘龙 1 件、玉蝉 11 件、飞鹰 1 件、璜 2 件、管 10 件、坠 1 件、珠 5 件、圆片 2 件、笄 2 件、柄形器 5 件、碎块 5

件。这批玉器的玉料绝大部分为青白玉，呈黄绿色，深浅不同，有玻璃光泽。经检测的样品均为透闪石质软玉，主要化学成分为二氧化硅，含量大多在 56% 以上；其次为氧化镁、氧化钙、三氧化二铝；另有少量的钛、锰、钠、铁氧化物成分。玉器的加工方法采用了锯割、制坯、雕琢、钻孔、抛光等工序（图一三一）。显然，以 W6 为代表的玉器系统不是汉东地区的传统，像兽面玉牌饰、盘龙等风格的玉器均应来自中原。①

瓮棺葬是肖家屋脊遗址石家河文化晚期遗存唯一的葬俗，与前期相比，发生重大变化。这种变化的背后当然有深刻的原因。两湖地区，瓮棺葬的出现和流行有很长的时

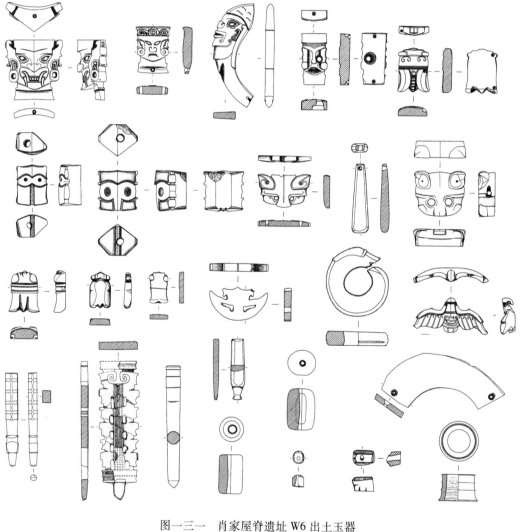

图一三一　肖家屋脊遗址 W6 出土玉器

①　朱乃诚：《论肖家屋脊玉盘龙的年代及有关问题》，《文物》2008 年第 7 期，第 55－60 页。

间，早期瓮棺一般都是散布于同期的土坑墓之间或者就在居住区附近。瓮棺葬作为成片墓地的出现首先是在澧阳平原城头山屈家岭文化墓地，这个墓地的东头密集地分布有近百座屈家岭文化二期晚段瓮棺，瓮棺的大量出现是城头山古城走向衰落的标志。同样的情况又一次出现在石家河聚落群的肖家屋脊，这批瓮棺的年代是聚落群的末期阶段，在这以后，石家河聚落群也同样衰落了。所不同的是，肖家屋脊瓮棺葬出现了大量玉器，其风格是本区域以前所不见的，这些玉器原材料的产地、制作工艺、玉器所表征的社会意义，均是目前还未解决的课题。瓮棺葬的出现仅仅是一种葬俗的变化，还是另有原因？目前尚无法讨论。

（3）超级聚落集群的出现及其特征

以古城为中心的石家河聚落群在沿袭屈家岭文化整体格局的前提下，群体的空间得到极大扩展，形成以古城为中心的超级城壕聚落集群。环绕古城四周，南部和西部均新增了一批聚落，但发展的趋向是东部和北部。东部空间南起新农村遗址，沿东河的两岸向北，分别是肖家屋脊、杨家湾、罗家柏岭、新河、北堤、杨家咀、獾子咀、黄金岭、敖家全河、台上、王家台、胡三家、毛家岭、潘家岭等遗址，这些遗址密集分布在各个以冲沟相隔的土岗上，有的地段几乎连成一片。北部则在京山坡遗址以北密集分布着田家冲、胡家湾、周家湾、晏家新场、晏家光岭等遗址。这个时期聚落数量的增长使得聚落群的边界扩大了许多倍，占据了以古城为中心大约8平方千米的面积（图一三二）。

聚落内部的相关信息已从城内邓家湾遗址和城外肖家屋脊遗址的分析中有所认识。这两处聚落当从属于整个聚落集群，它们在这个集群中的功能、地位和角色自然是需要加以讨论的。前述邓家湾遗址发掘区在石家河文化一期阶段是作为墓地来规划的；石家河文化二、三期阶段则是一处产品的露天存放地，附近还可能存在窑场。肖家屋脊遗址则从来就是一处生活居住的场所，有生活居住的大量证据，人们的生活承续着屈家岭文化以来按家族而居的传统。从这个意义上说，肖家屋脊是一个普通的村落，而邓家湾则不是作为一处普通村落而出现的，它有着特殊的功能。据此判断，邓家湾与肖家屋脊是两处性质不同的聚落。

讨论它们在石家河聚落群中的地位，需要整合各个聚落的资料方能进行分析。聚落群中进行过发掘的还有罗家柏岭①和贯平堰、石板冲、三房湾等遗址②。这四处遗址均

① 湖北省文物考古研究所等：《湖北石家河罗家柏岭新石器时代遗址》，《考古学报》1994年第2期，第191－229页。
② 湖北省文物考古研究所等：《湖北天门市石家河三处新石器时代遗址发掘》，《考古学集刊》第10辑，第48－88页。

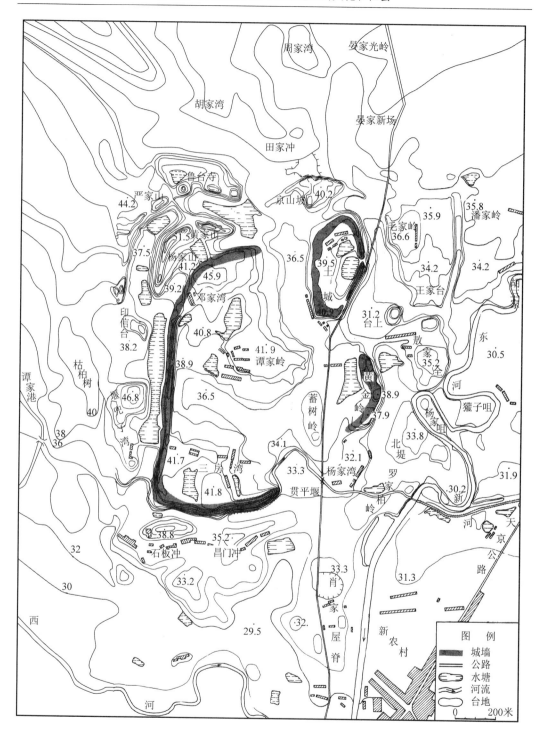

图一三二　石家河聚落群平面图

（根据石家河考古队，1993、1999、2003 改绘）

为配合石龙过江水利工程而进行了发掘。后三处遗址出土的陶器显示其年代大致与肖家屋脊遗址石家河文化晚期接近，其出土物无任何歧异之处，说明这三处遗址大体与肖家屋脊的性质相似，当为生活居址。但是，在三房湾遗址的调查中，发现有大量红陶杯，据调查，在该遗址东部的一处台面上就可能有红陶杯数十万件，或许三房湾聚落具有另外的功能。

罗家柏岭遗址在 20 世纪 50 年代先后发掘两次，文化堆积包含屈家岭文化和石家河文化。属于石家河文化时期的堆积非常丰富，序列清晰。石家河文化一期和二期的年代可以分别对应肖家屋脊聚落石家河文化早期与晚期。一期遗存主要是一批遗物，包括石器与陶器，石器的器类和形态与肖家屋脊遗址基本一致，为斧、锛、刀、凿、镞等；陶器的种类和形态则与肖家屋脊遗址同期陶器完全一致。该遗址石家河文化二期遗存的重要发现是一处较为完整的建筑遗迹（图一三三）。

该建筑遗迹由一道长墙与长方形土台组成，方向约为320°，所谓长墙即指一条西北—东南向的直墙，长达39.5、宽0.1、厚0.21－1.2米。墙体用黄色烧土筑成，烧土墙面规则平整。紧贴墙的内壁是一条长沟，沟的长度与墙长一致，宽0.4－0.8、深0.3－0.5米，沟壁及沟底均以烧土铺筑。在沟内贴于墙壁位置，依次排列有红烧土柱42个①。

在长墙的西北，是垂直于墙体的一处大型长方形土台，土台由红烧土杂黄褐土筑成，土台四周有围沟，围沟内也发现了成排的柱洞，这些围沟同样是土台建筑的基槽。东基槽长13.9、宽0.15－0.52、深0.35－0.93米，其他部位基槽尺寸也大体在此范围内。由基槽围成的土台长14、宽4.2－5.5米。在土台面上有一横穿沟槽，应该是将这长方形土台建筑分隔成两间的隔墙之所在，分隔出来的南间长5.65、宽4.2－5米，北间长7.5、宽5.5米②。室内地面以红烧土铺垫，表面光洁平整而坚硬，北间及南间的室内有四处烧土坑，多数紧贴基槽部位，它们可能是当时室内的用火遗迹。

在长墙以内以及长方形土台建筑的东西两侧，均有连续分布的烧土硬面，应该是一种地面设施，其分布范围，尚不清楚。从长墙与长方形土台建筑的关联来看，长方形土台应该属于长墙所构成的大型建筑的一部分。

建筑遗迹出土的遗物种类丰富③。有锥体棒形石料及有锉痕等加工痕迹的石器半成品500余件，出土玉器40余件、石器70余件、陶器30余件。陶器的比例很低，大量

---

① 仔细考察这种结构，发现所谓"长沟"实际上是墙体的一部分。发表的资料并没有提供墙体的实际形状，尤其是墙体宽度，我们怀疑这种沟就是建筑的基槽部分。沟内"土柱"的性质可以肯定是用红烧土垫筑的柱洞。

② 在房间内还有两道平行的浅沟槽，但均未贯通，可能是晚期的遗迹，与该建筑不同时。

③ 考古报告所报道的遗物出土情况交代不清，从报告引用殷墟 1975 年发掘的 F10、F11 材料对照来看，所谓建筑遗迹出土遗物应该是室内地面或倒塌堆积中的遗物。

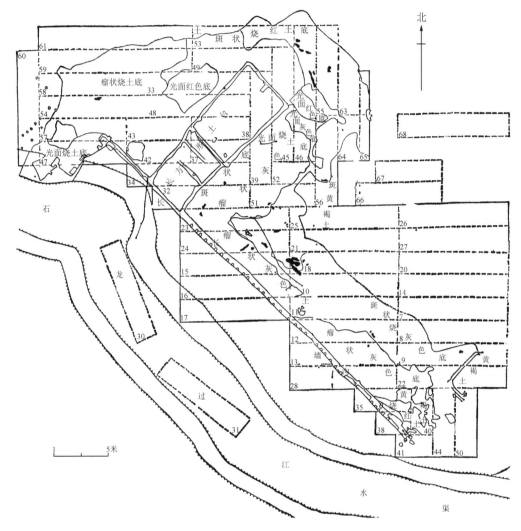

图一三三　罗家柏岭遗址石家河文化二期建筑平面图

（根据湖北所，1994 年，图一三改绘）

的是玉、石料和半成品。这些玉石料和半成品的集中出土，暗示该建筑的功能不是一般的居住建筑。它们的出土，也为考察罗家柏岭的功能提供了证据。罗家柏岭出土的玉器，与肖家屋脊瓮棺出土的玉器，在质料、形态、工艺特征上完全一样。比如罗家柏岭出土的玉器中，较为完整的有玉人头像、玉蝉、龙形环、坠形饰等，这些均与肖家屋脊瓮棺中出土的同类玉器一致（图一三四）。

　　上述情况显示，罗家柏岭聚落应该是一处玉石制造加工场，是一个作坊区。作为手工作坊区，这里不仅仅制作加工玉石器，同时还可能开始了初步的金属冶炼，如在数个

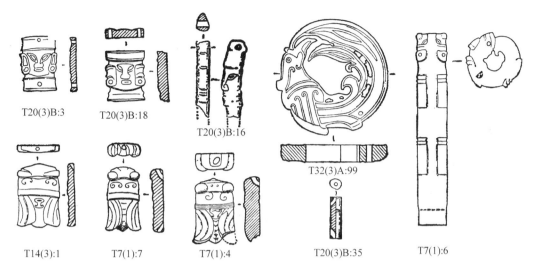

T20(3)B:3　　T20(3)B:18

T20(3)B:16

T32(3)A:99

T14(3):1　　　T7(1):7　　　　T7(1):4　　　　　T20(3)B:35　　　　T7(1):6

图一三四　罗家柏岭遗址出土玉器

探方的堆积中还发现了 5 件铜器残片和铜绿石以及锈蚀的铜渣。

　　上述迹象虽然只是一些零碎的显示，但已经透露出鼎盛阶段石家河聚落群的许多重要信息，这些信息当与古城有着重要关联。相关信息显示该时期最明显的变化是出现了各种功能性的聚落，这种功能性聚落的出现，标志着石家河聚落群社会和经济已经分化为不同的层级。

　　这种社会分层可以从如下证据中得到具体表现：

　　第一，社会成员的分化在邓家湾墓地得到非常明显地反映，不同身份的成员所处的墓区、墓坑的构造和随葬物的数量均有较大的差异。这说明社会集团内部已经按照地位或者财富相区隔。

　　第二，出现了按不同职业和功能区隔的社会团体，并出现某种贸易。制陶手工业专门化已经清楚显现，邓家湾聚落后来变为一处产品的存放场地，如果这样的判断不致有误的话，则表明手工业专门化已经有了相当的规模。这里堆放和套放了大量的陶缸，陶缸成为重要的产品，这种产品也在城外的肖家屋脊聚落出现，两地出土陶缸的形态，甚至陶缸上的刻划符号也高度一致。目前还不了解这种刻划符号的真正含义，作为一种产品，在产品的表面刻划符号而不是笼统地装饰纹饰，显然是有着重要意义的。邓家湾聚落发现了产品存放场地，但并没有发现陶窑。这些产品是就地生产还是从别处运来集中堆放？显然具有完全不同的性质。如果是就近堆放，则可能是产销结合，产品从生产到进入消费无须中间环节，交易方式相对简单。倘若邓家湾聚落本身不是窑区，那么，产品从生产到进入消费家庭，其流通和交换形式要复杂得多。此外，还有大量的陶塑品，这些陶塑品包括动物和陶偶，显然不是实用之物，但其流通范围要远远超过陶缸，远及数百公里之外的峡江、洞庭湖区以及中原地区也发现了这种陶塑动物，说明它的交易网络超越了长江中游，这显然有某种中间的流通环节存在。

第三，出现了专门制作玉石器的加工场所。罗家柏岭聚落建筑物的结构表明这并非居住的房屋，在室内及其填土中都有大量的玉石料与半成品出土，同时也有一些较为完整的玉石器。玉器的形态与肖家屋脊瓮棺所出完全相同。在钟祥六合遗址①和江陵枣林岗遗址②的石家河文化晚期瓮棺中也出土了一批玉器，种类和形态与罗家柏岭及肖家屋脊遗址所出玉器也很相似，有理由相信这些玉器的原产地是在罗家柏岭。玉器出土于瓮棺，要么是死者生前所佩戴或者使用，要么是专门作为随葬之用。专业化制玉与专业化制陶虽然承担着不同的功能，其象征的意义也不尽相同，但是它们反映聚落社会分层的本质应该是一致的。

第四，金属冶炼已经萌芽。石家河聚落群是目前长江中游最早出现金属制品的地点。邓家湾遗址石家河文化堆积中发现不少铜矿石碎块，还发现疑似铜刀的长方形铜片。罗家柏岭遗址则出土5件铜器残片，铜绿石和铜渣也在地层中出土。这些铜制品以及铜渣、铜矿石均是金属冶炼技术已经出现的证据。

这样一处规模宏大的聚落群的人口，自然是一个非常重要的议题。人口数量、人口密度、增长率、人口在文化变迁中的作用以及人口与资源、技术、环境和社会的关系，都关系到聚落研究的方方面面。在这些问题中，最重要的是人口数量统计，前文曾对城头山聚落繁荣阶段的人口进行过初步估算，那是依据了一批形态较为完整的建筑物作为参照。对于人口数量的估算，要么依据建筑的大小规模与数量，要么通过墓地的墓葬数量。但这两项均无法在石家河聚落群进行，一则由于石家河聚落群的规模太过庞大，各个聚落之间有较大的差异；另外则是考古发掘的材料过于单薄。石家河聚落群的建筑与墓葬的发现均很零碎，即使依据邓家湾和肖家屋脊的材料也无法进行人口的统计。这样一来，欲推算鼎盛阶段石家河聚落群的人口就成了一个难题。利用民族学方法，通过一个区域历代人口的变迁，并与现代区域聚落人口的比较，或许也可以成为一种讨论的模式，但是这种方法得出的结果往往有很大的误差③。石家河聚落群的调查者通过对石家河区域现代村落人口的分析，以及通过对比相关史前聚落的人口情况，提出了几组数据，这些数据将石家河城内的居民估算在 22500 - 50000 人之间④。这还不包括城外聚

① 荆州地区博物馆等：《钟祥六合遗址》，《江汉考古》1987 年第 2 期，第 1 - 31 页。
② 湖北省荆州博物馆：《枣林岗与堆金台》，科学出版社，1999 年。
③ 王建华：《关于人口考古学的几个问题》，《考古》2005 年第 9 期，第 50 - 59 页。
④ 石家河考古队：《石家河遗址群调查报告》，《南方民族考古》第五集，四川科学技术出版社，1993 年，第 281 页。

落在内,一个占据 8 平方公里范围的聚落集群的人口应该远远超过此数。

石家河聚落群既有庞大的聚落集群,也有庞大的人口数量,这些均为社会复杂化提供了基础,聚落的发掘也确实揭示了许多反映社会复杂化的信息。有许多信息是本聚落群所独有的,社会分层在这里得到充分体现。垂直分化——与贵贱、身份的高低、财富的多寡、权利的有无相联系——从邓家湾墓地已经得到反映;水平分化——与从事的职业、工种以及在经济和社会活动中扮演的角色相联系——从邓家湾产品存放区和罗家柏岭玉石加工场得到反映。

这样的复杂社会所具有的政治形态,显然应该处在早期国家的范畴之列。

(4)汉东地区石家河文化时期聚落景观

石家河文化时期汉东地区的聚落分布出现了很大的变化,呈现凝聚式分布特点。屈家岭文化时期以流域为主体呈线状分布的格局消失,取而代之的是形成了以石家河古城为中心的聚落群聚模式,这种由线到片的演化模式反映了汉东地区聚落演变的基本特点。石家河聚落群本身聚集了 30 余处同时期的聚落,在这个聚落群的附近照样有不少同时期的聚落,数量约有 20 余处①。这些聚落主要分布在石家河聚落群附近的东、西河两岸。海拔最低的冷炮台遗址的高程已经到了 27 米左右,该遗址位于石家河古城以南约 9 公里的湖积平原一处小土丘上,这是汉东地区目前发现的位置最南、海拔最低的遗址点(图一三五)。

这个时期的遗址大多位于海拔 45 米以下,分布在岗状平原南部与湖积平原北部结合地带。密聚的遗址使得石家河文化时期聚落的分布紧凑而又集中,与屈家岭文化时期相比,聚落的分布空间整体南移,并形成以石家河古城为中心的密集片区,在这个片区之外,很少有石家河文化时期的聚落点。

这种聚落分布格局的变化,反映了石家河古城作为汉东地区中心聚落的地位得到进一步强化,如果说在屈家岭文化时期汉东地区还有中心聚落(石家河)—次中心聚落(屈家岭)—一般村落构成至少三个层次的聚落等级,那么在石家河文化时期已经将这个层级缩小到了超级中心聚落—一般村落两个层次。这也说明石家河文化时期石家河古城已经处于绝对优势,本身的吸附力得到极度强化。石家河的地位已经超越汉东一隅,这种强化凝聚模式显然是在一个更大的层面上展开,进而导致石家河文化时期整个长江

---

① 天门县境内的石家河文化时期遗址并无确切的记录,查《中国文物地图集·湖北分册》,对于遗址点的文化堆积并无交代。文物普查提供了一组数据,天门县境内石家河文化堆积的遗址点有 57 处,见天门县博物馆:《天门县新石器时代遗址调查》,《江汉考古》1987 年第 4 期,第 32 – 36 页。

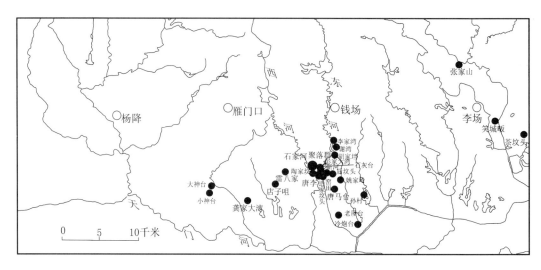

图一三五　　汉东地区石家河文化聚落分布图

中游地区的社会政治生态重新洗牌，各个区域成为以石家河为中心的社会政治共同体的一部分，国家文明雏形初现。

五　汉东地区聚落演进基本概括

新石器时代汉东地区早期聚落的情况很不清晰，尚无法形成关于这个时期聚落形态的任何概念。边畈文化时期大体可知聚落的选址主要位于河谷低丘地带，但并不清楚聚落内部的结构，尤其是建筑的处置方式。从零星的报道来看，墓地与居住区已经分开。

边畈文化之后，汉东地区受到来自峡江地区大溪文化的明显影响，聚落的分布要比边畈文化更为广泛，已遍及北部山前剥蚀台地和中部岗状平原。龙嘴、谭家岭等遗址已经临近南部的河湖平原，龙嘴遗址的附近就是湖泊。同时，大多数聚落选择河流附近作为居住之所，明显反映出长江中游水网发达地区共同的生聚特征。在这个时期，聚落是否已经存在分级，并无相关资料。

油子岭文化时期出现龙嘴古城，表明聚落之间的等级分化已经出现。

屈家岭文化时期，汉东地区聚落获得迅速发展，形成了石家河中心聚落。与此同时也形成聚落群，并可能按照不同空间规划了聚落的功能。邓家湾成为一处明显的宗教场所，大量出现的筒形器所组成的遗迹表明这里曾经多次举行过祭祀活动。居住生活区可能被安排在另外的区域，由此可以得知石家河聚落群形成了严明的分工和功能区划。种种迹象还显示，屈家岭文化时期石家河聚落群已经出现了明显的社会分化。

正是在这个基础上，石家河地区开始了规模浩大的筑城工程，建成的古城仅城圈以内的面积就达 120 万平方米。这样的工程，显然不是一夕之功，需要动用大量的人力物力，应该与社会财富的积累、社会管理水平和组织能力的提高相适应。古城的出现标志石家河地区成为汉东的中心。与此同时，其他区域的聚落也得到迅速发展，屈家岭即是明显的例子。该聚落的周围同样有数处聚落环绕，也构成石家河之外的另一处聚落群，但该聚落群无论是地位还是规模上都不及石家河，屈家岭聚落群可能在等级上仅次于石家河聚落群。这样，屈家岭文化时期汉东地区聚落在等级上可分为中心聚落——次中心聚落——一般村落，构成三级聚落结构。

但是，这个时期聚落并未严格遵循三级模式来布局，或如"中心地理位置"理论所强调的那种格局，更多的是按照地理位置和地貌特征分布的。沿天门河以北的众多南北向河流两岸，成了人们栖居的理想场所，在东河、西河、青木垱河、永隆河等河流所形成的水系支流上，均有屈家岭文化时期的聚落分布，呈现线性居住状态。虽然汉东地区存在三级聚落形式，但中心聚落与这些分散在河流两岸的聚落在地区社会联系和交往中扮演何种角色并不清楚。

屈家岭文化时期出现石家河古城这样超大型城壕聚落，必定有着经济和社会方面的深刻原因。邓家湾遗址作为专门的宗教祭祀场所，反映出的问题是多方面的，特殊筒形器似乎是专门为这种宗教活动而制作的，不管来自一般陶器作坊还是来自专门的制作场地，均有着经济与社会上的深刻背景。将邓家湾的一隅专门开辟为宗教活动场地，不论其目的是什么，宗教作为石家河聚落群一种公共的意识行为已是不争的事实。公共宗教的最大特点就是承担着某种特殊的功能，在建立公共秩序和维护公共道德上起着重要作用。那么，这些从事宗教活动的神职人员在社会群体中的角色也可能非比一般，应该具有特殊的身份。在此发现的墓葬也验证了这种身份的存在。

若从建筑遗迹中求得屈家岭文化时期聚落内部具体而微的形态结构显然是无法办到的。邓家湾聚落的屈家岭文化建筑遗迹仅有一座不算完整的房址F3，这是一座多间房，从室内、外所发现的迹象来看，F3并非供人日常生活的建筑，而是与宗教活动有关。其他一些土台与柱洞遗迹也同样服从于宗教活动，而无法作为日常人们生活起居的房子来考察。肖家屋脊遗址揭露的一批建筑都为长方形房址，从柱洞及墙基的情况来看，一般房屋都有至少两间。F1保留了较好的墙基，有前、后两室。另外发现的6座房屋建筑也大致是这样的长方形结构，也许有的房屋不止两间。但没有发现类似于套间和院落结构的建筑。这个时期的长江中游，正是连体院落与多间建筑盛行的时候，这样的建筑式样在城头山和门板湾遗址均有发现。石家河地区是否存在这样的房屋结构并不清楚，作为这样的大型聚落，区区数座建筑肯定不能反映当时的实际情况。

石家河文化时期是汉东地区聚落社会的鼎盛阶段，这个时期整个汉东地区形成了以石家河为中心的超级城壕聚落群，石家河的中心地位进一步得到巩固和强化。作为唯一的中心，石家河聚落群的结构更加趋向复杂。在以城圈为主体的古城周围密聚了数十处聚落，形成方圆近 8 平方千米规模庞大的聚落群。在这个聚落群的外围周边地区，也有不少聚落分布，这些均可以视为与石家河古城相关联的人类栖居。作为栖身之所的建筑，依然是长方形的基本式样，均为多间，但并无大型房址的出现，这样的建筑显然只适合于核心家庭组成的扩大家庭居住，从而也说明核心家庭仍然是当时社会构成的基本单位。此时的石家河古城聚落群，则有了更加明显的功能区隔。邓家湾聚落原来作为宗教祭祀场地的功能已经不复存在，转而成为产品的集散地。邓家湾还发现了铜器残片，类似的铜残片在罗家柏岭遗址石家河文化堆积中也有发现。另外，三房湾遗址的调查显示，该遗址有不下数十万件的红陶杯堆积，由于没有进行发掘，还无法了解这种堆积的性质，但这样大规模的集中堆积，显然非同一般，至少可以排除这里作为居住生活区的可能。这些情况都说明石家河古城聚落群的各个区域有着明确的功能和职业的分工。尤其是手工业专门化的强化，其结果是导致了贸易的出现，有许多迹象显示石家河地区的产品远销长江黄河流域。

石家河文化时期汉东地区聚落的分布发生了重大变化，屈家岭文化时期的线性居住状态不复存在，三级聚落模式也已消失，唯石家河地区独大。原来曾经有过多年居住的地点，比如像屈家岭这样的聚落都已经废弃，原来散居于各条河流水系的屈家岭聚落也被废弃。汉东地区形成了以东、西河中下游石家河古城为唯一密聚区的凝聚式状态，这种凝聚式结构说明社会群体不再是离散的小型社会，而是处在高度集中的统一管辖之下，社会权力由原来的分权或多权形式演变成为单一的权力集中，这种情况暗示社会控制力的加强，社会分工细化，俨然具有初级文明的基本特点。

肖家屋脊晚期遗存阶段，石家河聚落群的情况并不十分清楚，城内邓家湾、谭家岭等遗址没有发现这个时期的遗存。在古城的外围，如三房湾、贯平堰、石板冲等遗址却有这个时期的文化堆积，也有罗家柏岭这样大型的玉石器加工场，这个加工场生产的玉器或许成为肖家屋脊晚期瓮棺中的主要随葬品。这个时期，石家河地区的聚落结构已经发生了重大改变，肖家屋脊晚期遗存与石家河文化时期的结构已经大为改观，在聚落空间的布划和聚落设施安置上均有不同。墓葬方面已经没有了土坑墓，全部以瓮棺代之。虽然从屈家岭文化以来石家河地区也流行瓮棺，但这种瓮棺的葬制却是原来所不曾有过的，特别是随葬的大量玉器，无论造型风格与技术特征，都不是长江中游的传统。这些现象表明，肖家屋脊晚期遗存无论是聚落结构、墓葬性质、玉石器加工场和玉器形态、陶器组合与陶器形态等方面，均与石家河文化有较大的区别，说明原有文化传统已经发生了重大改变。

无法想象像石家河这样的超级聚落，甚至在某种程度上已经具有初级文明特征的社会，为什么会在极短的时间内突然衰落。从石家河文化向肖家屋脊晚期遗存的转变似乎是一种突变，这表明石家河聚落群乃至长江中游的史前社会进程发生了重大逆转。

第四章　综合研究

第一节　澧阳平原与汉东地区比较研究

本节将对澧阳平原与汉东地区史前文化—社会进程的相关方面加以比较，从这样的比较研究中加深认识这两个地区在文化与社会进程方面的异同，综合考察它们的史前地位、作用及其意义，进而对各自的演进模式与结果做出适当评估。

一　空间位置

澧阳平原与汉东地区有着完全不同的地理空间区位。洞庭—江汉平原虽然在整体格局上连为一体，但是，由于长江中游水系众多，加上新构造运动的影响，使得长江中游平原又被一些小的地理单元所分割。澧阳平原就是这样一个相对独立的地理单元，其西、西北均是高山阻隔，北、南是低山，澧水贯穿于平原南侧。平原的东部，呈簸箕形向东敞开，澧阳平原主要通过这里进入洞庭湖平原。其地形地貌特点决定了澧阳平原较为封闭。因而在地理区位上，澧阳平原并不是一个开放的单元，这样的地理条件对于史前文化的发生与发展具有重要影响。这种兼有高山、丘陵、平原、湖泊水泽的多样性地貌特点也必然造成动植物种群的多样性，从而为早期人类生存提供丰富可靠的食物资源。

汉东地区的地理位置和地貌环境与澧阳平原有较大差别，这里地处江汉拗陷的北缘，北与大洪山断褶带相接，自燕山运动以来，北部不断隆起，南部不断沉降，进而导致发育于北部大洪山区的众多河流呈南北流向。另外，在江汉拗陷的北缘，又伴随有局部隆起，从而形成由北部山前剥蚀低丘到中部岗状平原再到南部的河湖平原地貌。整体上来说，汉东地区交通便利：其西北部为汉水河流阶地，宽阔而且平坦，由此可以直接进入汉水中游，再往上溯，沿各支流水系，往东北则经南阳盆地可到中原腹地，往西北沿汉水上游和丹江水系，可入汉中和关中地区。汉东地区的东部，发源于大洪山北侧的涢水及其支流又通过桐柏山的山间通道与淮河水系沟通。往东南，则直接由汉水下游连接鄂东南及大别山南麓，并与长江下游相沟通。西南越汉水和长江，与峡江和洞庭湖平原连为一体。这些条件决定了汉东地区处在交通要道的位置，成为十分开放的地理单元，显然容易受到四面八方的影响。另外，汉东地区特殊的地质构造也表明了这里的地形地貌具有多样性，也当带来动植物种群的多样性。

所以，在空间位置上，澧阳平原显然位于边缘，而汉东地区虽处于江汉平原的北部边缘，但相对于整个长江中游的地理空间而言，则是中心的位置。

二　气候差异

目前还无法建立这两个区域史前气候变化序列，只能依据现代气候相关参数来做一些对比分析，对比现代气候条件也许可以为认识史前气候提供一定的参考。

澧阳平原的地理坐标大致在北纬29°36′-29°47′、东经111°28′-111°58′。气候带处于中亚热带向北亚热带过渡的季风气候区，平原地势平坦，白天易受热增温，夜间辐射降温较快，形成气温日较差和年较差大、无霜期短的平原气候。现代气温见表一六。

表一六　　　　　　　　　　澧阳平原一月、七月气温对照表　　　　　　　　单位：℃、天

一月			七月			相对湿度	历年平均气温	无霜期
日均最高	日均气温	日均最低	日均最高	日均气温	日均最低			
6.2	2.8	0.5	33.4	29.3	25.9	82%	16.5	265

在日照方面，历年平均日照数为1732.6小时。7月最多，平均为244.2小时；2月最少，平均为82小时；其他各月均在100小时以上。澧阳平原年总辐射量每平方厘米108.32千卡，光能条件优越。

降水量方面，历年平均降水1262.8毫米。月雨量6月最多，历年平均197.7毫米；1月最少，历年平均为32.9毫米。

湿度方面，历年平均湿度为82%，除1月和12月小于80%外，其余各月≥80%。

汉东地区的地理坐标在北纬30°43′-30°54′、东经112°35′-113°16′。这里属于北亚热带季风气候区。以天门为例，这里年平均气温16.2℃。7月最热，平均温度为28.4℃；1月最冷，平均温度为3.2度。平均无霜期246天。下表是1955-1985年天门城关镇各月平均气温表（表一七）。

表一七　　　　　　　　　　天门城关镇历年月均气温对照表　　　　　　　　单位：℃

月	1	2	3	4	5	6	7	8	9	10	11	12	年均
温度	3.2	5.2	10.1	16.1	21.3	25.6	28.4	27.8	22.9	17.3	11.1	5.6	16.2

日照的可照时数为 4426.8 小时，实际年平均日照时数 1966.2 小时，年平均日照率 45%。日照百分率的时间分布，以夏季最大，春季最小。一年中，8 月最大，月平均日照率 62%；3 月最小，月平均日照率 31%。

降水方面，天门 1955 - 1985 年的年平均降水量 1101.4 毫米，降水量在季节的分布上，夏季最多，平均为 474 毫米；冬季最少，平均为 98.4 毫米。年平均降雨（雪）日数为 122 天。下表为 1955 - 1985 年天门城关镇各月平均降水量（表一八）。

表一八　　　　　　　　　　天门城关镇历年月均降水量对照表　　　　　　　　单位：毫米

月	1	2	3	4	5	6	7	8	9	10	11	12	年均
降水量	28.6	44.0	81.5	125.2	152.0	169.9	152.1	110.4	79.8	79.8	52.3	25.8	1101.4

从上述相关数据可以看出，澧阳平原在温度、湿度、降水量、无霜期等方面均要略高于汉东地区，而日照时间则是汉东地区略高于澧阳平原，说明澧阳平原比较湿热而汉东地区略微干暖。

这样的气候条件对于环境和农业的影响也是存在的，尤其是农作物的生长期，无论是稻作还是粟作，对温度和光照以及降水都有很严格的要求。以目前的作物种植情况来看，澧阳平原主要的农作物是水稻、棉花、油菜；汉东地区主要是棉花、水稻、小麦。两地均适当种植蚕豆、玉米、薯类、花生、芝麻、苎麻、甘蔗、烟叶等。但汉东地区还种植大豆、大麦、荞麦、粟等，显示出某些旱作农业的特点。

三　区位优劣分析

澧阳平原处在洞庭湖平原的西北隅，属于边缘地区。汉东地区虽然并不位于江汉平原的腹地，而是平原与山丘交接处，但从整个长江中游自然地理而言，则处在中心地区。从面积和范围来看，澧阳平原相对较小，汉东地区则相对较大。

澧阳平原的区位和地理特点是相对独立，除东边直接与洞庭湖平原相连外，其他三面都为隆起的山丘，形成天然屏障，加上适宜的地貌和环境，以及澧阳平原肥沃的黏土，可为稻作农业生长与发展提供支持。这样的环境特点易形成相对安定的人居环境，进而保持文化发展的相对连续性。澧阳平原聚落自新旧石器过渡时期以来，即保持着连续、稳定的发展态势。但是，相对独立的地理单元既是优点，也是缺点。澧阳平原较为独立的地理环境具有封闭性，进而容易造成文化上的封闭性，在固守自身文化传统的同时缺少创新。另外，较为狭小和封闭的地理区位使其只能处于更大地理区域的边缘，这样的地理特征决定了澧阳平原可能在史前社会的早期阶段处于领先地位，一旦大范围的文化互动开始，文化交流活动频繁，新的政治和经济贸易网络形成以后，这里就只能处在网络的边际，再也无法成为中心。

汉东地区具有较为广阔的地理空间，它与周边区域并无明显屏障，其面对的是比洞庭湖平原大许多的江汉平原。汉东地区与中原腹地、长江下游的交通均很便捷，这样的地理区位得天独厚，可以成为各种文化交流与融合的平台，在产品交换、长程贸易、信息物流等方面具有明显的优势。处在这样的地理环境中的文化，自然具有开放性和多元性的特征，这样的文化很容易接受新的信息，不断获得新的来源，提供文化持续发展的动力。这样的开放性社会必然在文化与聚落方面有许多创新，在经济技术方面也当具有相对的优势。中国史前文化大约在仰韶—大溪—大汶口—崧泽文化阶段，长江—黄河中下游区域开始了文化的频繁接触，"黄河—长江流域文化互动圈"大致在这个时期开始形成①，汉东地区在这个互动圈中占有非常重要的位置。

地理空间是固定的，但地理空间在不同的时期具有不同的地位和作用也是显而易见的。决定一个地理空间地位的不仅仅是其自然属性，更要看其社会和人文属性。确立一个区域空间社会地位的基础是这个区域所具有的经济基础和上层建筑的水平，以及在社会互动方面所处的地位。当长江—黄河文化互动圈开始运作，发挥效用，并且频繁加剧的时候，意味着一个更大地域空间上的文化社会整合的开始，区域空间的文化格局必将发生重大变化。龙山时代，中国文明化进程不仅仅是长江和黄河的中下游的互动，而是以中原腹地为中心，包括了太行山以西、长城地带以及长江黄河流域的广大地区一起联动，形成以中原为中心的历史趋势②。在这样的背景下，汉东地区显然不再具有优势。

四 文化进程比较

澧阳平原与汉东地区考古学文化的区域发展进程存在明显差异。

发达的旧石器晚期与新旧石器过渡时期文化遗存，为澧阳平原新石器的发生奠定了基础。这里率先完成旧石器向新石器过渡，彭头山文化因此而成为整个长江中游新石器时代文化之源。当汉东地区的新石器遗存还处于萌芽状态的时候，澧阳平原早已建立了环壕聚落，并出现了早期稻作农业，在社会生产力方面取得了明显的进步。进而导致这里的文化具有领先优势，并向外扩散。由皂市下层文化到汤家岗文化，由汤家岗文化再到大溪文化，这种文化变化的过程都率先由澧阳平原完成。文化变革的领先，说明了区域力量的领先，澧阳平原最先出现史前古城也就在情理之中。

① 这个互动圈的形成大约在4000BC－3500BC前后，我们可以在长江、黄河流域的中下游观察到彼此的因素在频繁渗透。可参见任式楠：《长江黄河中下游新石器文化的交流》，《庆祝苏秉琦考古五十五年论文集》，文物出版社，1989年，第65－81页。
② 赵辉：《以中原为中心的历史趋势的形成》，《文物》2000年第1期，第41－47页。

　　在史前文化发展的时序上，澧阳平原无疑比汉东地区要早，在很长的时间段里，澧阳平原处于发展的前端。整体说来，澧阳平原有深厚的渊源，文化进程的方式连续而稳定，它几乎是通过自身的方式完成了由环壕聚落向城壕聚落的演变。其文化的演进与社会的发展基本通过内部结构的调整与改进而取得。

　　汉东地区直到大溪文化二期，文化的发展仍然缓慢。它是大溪文化的边缘，这样的边缘区域，传统的力量并不牢固，因而容易接受外来文化。正是在这样的历史背景之下，汉东地区率先完成了大溪文化的变革，在大约相当于大溪文化三期阶段，汉东地区的文化进程悄然发生变化，逐渐由大溪文化向油子岭文化过渡。

　　油子岭文化分为红陶系阶段和黑陶系阶段，黑陶系对红陶系的取代是一个渐变过程，屈家岭遗址第三次发掘的二期遗存，实际上是一处由红陶系向黑陶系过渡的典型遗存。在这里，黑陶的数量首次超过红陶，成为主要的陶系，一系列器物形态也发生重大变化，到了以屈家岭遗址三期、六合乙类遗存墓葬、油子岭二期遗存为代表的阶段，黑陶系已稳居绝对多数。

　　当汉东地区油子岭文化形成之际，澧阳平原仍然延续着大溪文化的发展脉络，所以在文化的进程中，汉东地区已经走在了前面。汉东地区的转变具有重要的意义，由此拉开了长江中游地区文化一体化进程的序幕。油子岭文化迅速扩张，到该文化的二期阶段，整个长江中游地区已为油子岭文化所覆盖。

　　导致这种变革的原因还不清楚。有迹象显示，澧阳平原大溪文化三期，文化的发展已是强弩之末，它的聚落形态，比如建筑的式样、墓地的安排、生业方式等都很模糊，整个大溪文化三期阶段，城头山古城、壕沟竟然没有任何营造活动，这意味着大溪文化的发展已经进入低潮。导致这种低潮出现的原因可能是多方面的，有学者曾经论证在这个阶段长江中游出现了大面积的高洪水位，导致文化低潮的出现①。但这种观点无法解释汉东地区为什么没有文化低潮现象。

　　实际情况是，当澧阳平原的发展进入低潮时，汉东地区发展却明显加速。尤其表现在经济技术方面，快轮制陶和陶窑装烧技术的改进很快产生了效用②。这种制陶技术进步的直接后果是制陶手工业专门化的出现。它不仅在生产领域发挥效应，而且还渗透到了意识形态领域，大致从这个时期开始，几乎所有的墓葬，均采用风格极为统一的明器随葬，将鼎、豆、壶、簋、曲腹杯等日常生活器皿用于标准化明器的生产，不仅仅是统

---

①　王红星：《长江中游地区新石器时代遗址分布规律、文化中心的转移与环境变迁的关系》，《江汉考古》1998 年第 1 期，第 53－76 页。

②　李文杰：《屈家岭遗址第三次发掘遗存的制陶工艺和年代问题》，《中国历史博物馆馆刊》1994 年第 1 期，第 16－23 页。

一习俗的形成，更反映出公共秩序和行为规范的建立，使人们有理由相信，行为习惯、道德礼仪、社会控制的一体化趋势正在形成。

这如果不是汉东地区出现强势文化的主要原因，至少也是原因之一。在这样的背景下，澧阳平原被汉东地区所影响也就是顺理成章的事了。

从屈家岭文化到石家河文化，再到肖家屋脊晚期遗存，以石家河聚落群为中心的长江中游史前历史趋势逐渐形成，澧阳平原自然成为这个进程的参与者。澧阳平原的文化在整体面貌上与汉东地区一致。这表明，澧阳平原已经成功融入长江中游文化共同体中。

五　聚落演进模式对比

澧阳平原出现定居聚落的年代很早，在旧石器时代之末或新旧石器过渡时期或许就已经有了营建露天定居点的行为。彭头山文化时期有了稳定的定居聚落，聚落的规模还相当大。彭头山文化在聚落内部的布局上已经有了一定的讲究，但并不严密。不过，聚落的边界是非常明显的，人工开挖的壕沟和壕沟内侧堆成的土墙，均说明人类已将自身生活的区域与外界作了划分，这种划分是有意识地建立某种区隔于早期游群生活方式的行为。大抵也可推测这种挖沟和筑墙不是某个人或者某个家庭的行为，一定凝聚了全聚落的共同参与，从这个意义上说，超越个人和家庭之上的公共事业和公共利益出现了。狩猎采集社会也有一定的分工，也有共同凝聚的公共利益，但那只是一种短期行为，无法积淀成共识。

彭头山文化时期的澧阳平原聚落并不多，却已分布在整个澧阳平原上，总的特点是依微观地貌环境选择居住点，保持着临水而散居的状态。在条件较好的区域，也有多个村落聚在一块的现象。

从皂市下层文化到汤家岗文化，聚落分布基本维持这样的散居状态。大溪文化以后，则发生较大变化，首先是出现了大型城池，城池比之环壕聚落，其对应的人口规模、社会控制和社会组织系统、经济技术等方面都要复杂得多。城墙和城壕组成更加严密的社会人际网络，意味着更加统一的社会行为的形成。这样的情况在城头山遗址就有反映，如聚落内部的空间区隔更加明显，单独的墓地与作坊区、居住生活区严格区分，墓葬还显示有了基本的社会分层，不同身份的人死后享受的待遇有相当大的差别。

在建筑式样上，出现了多间的长房，显然为多个核心家庭组成的家族所居住。多数建筑物拥有较大的面积，占居了较大的空间，城头山遗址曾揭露出连跨 9 个探方的特大型建筑（F104），显然是为扩大家庭这样的社会单位所居住。推测这个时期基本的社会单位是扩大家庭，生产资料和资源应该控制在这样的层次上，核心家庭可能不是真正的生产和消费单位。

大溪文化时期澧阳平原的聚落景观较前有了重大改观，突出表现为聚落带显现，出现了澹水上游以城头山为龙头呈半月弧的西部聚落带和涔水下游以三元宫为中心的东部聚落带。在聚落数量上，大溪文化已达 50 余处。同时，也出现了明显的聚落层级：城头山为具有城池系统的中心聚落，三元宫为具有环壕系统的大型聚落，然后是面积数千至数万平方米不等的普通聚落。从这个意义上说，大溪文化时期澧阳平原已经具备了三级聚落结构。

屈家岭文化时期聚落内部的建筑风格出现多套间的院落式建筑，这种建筑在城头山聚落的西部被完整地揭露出来，这样的套间院落形成各自独立又相互关联的格局，推测套间建筑对应着扩大家庭，聚集在一起的套间建筑群应该是家族的所在。这个时期聚落内部空间有明显的功能分工，墓地、居住生活区、手工作坊区都有严格的界限。在出现套间式院落的同时，多间长房式建筑同样存在于澧阳平原一般性聚落中，这说明中心聚落与普通村落在建筑形态上是存在一定差别的。这种差别还反映在墓葬制度上，城头山中心聚落的墓地虽然按照时间顺序由西至东地将死者安葬，但墓葬略显杂乱和重叠；而一般聚落如宋家台和划城岗的墓葬均排列整齐，能够看出明显的墓列和墓组，并可据此推论出下葬秩序。这反映出中心聚落的血缘已经不再严格，也说明中心聚落社会成员即使按照扩大家庭或家族聚族而居，但也无法单独设立自己的墓地，死后必须埋到整个聚落的公共墓地中。这种现象，一方面说明城内居住空间有限，另一方面也说明中心聚落维系家族血统的纽带已经松弛。

屈家岭文化时期澧阳平原东部鸡叫城聚落，是在以石家河为中心长江中游历史趋势形成之际出现的，目前洞庭—江汉地区十多座史前城壕聚落均营建于这个时期，它们的出现代表着一种新的社会体系的形成，有其深刻的历史背景。与此相关联，澧阳平原重心东移，在很短时间内，鸡叫城周围聚集了大小不一的聚落，进而形成聚落群。鸡叫城兴起之时，城头山的地位趋于黯淡，这种重心的转移与鸡叫城遗址的微观地理环境有很大的关联。在聚落数量上，屈家岭文化时期澧阳平原上的聚落多达 53 处。

石家河文化时期澧阳平原聚落数量急增，是屈家岭文化时期的三倍，超过以往的总和还多，聚落的分布与等级也发生了重大变化：一方面，以鸡叫城为中心的聚落集群的地位明显加强，其周围激增了数十处聚落，说明其社会凝聚力和控制力进一步扩大，社会集中化程度提高；另一方面，大量的小型聚落出现，说明出现了更小的社会单位，这种基本社会单位小型化趋势的出现意味着社会等级分化的加深。

澧阳平原史前聚落数量的变化可从图表二二得到反映。

汉东地区史前聚落的出现与这里文化的发生与发展直接关联。油子岭文化以前，这里的聚落并没有形成自身的特点，中原、洞庭—江汉两大文化圈相继对这里产生影响，先后出现北方系统的边畈文化和南方系统的大溪文化油子岭类型，边畈、谭家岭、油子

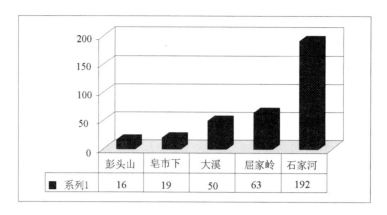

	彭头山	皂市下	大溪	屈家岭	石家河
■ 系列1	16	19	50	63	192

图表二二　澧阳平原各文化时期聚落数量统计

岭等聚落是这一时期的典型代表。这个时期聚落总的特点是聚落较少、分布稀疏、多位于临河的阶地或低岗上。

　　油子岭文化从旧文化体内裂变而生，很快显示出强大的活力，文化的突变也带来了聚落的急剧变化，龙嘴出现了面积达 8 万平方米的油子岭文化古城。龙嘴古城在油子岭文化时期或许已经成为汉东地区的中心聚落，一处面积达 8 万平方米的城池显然不是一般意义上的村落，古城的建造标志着汉东地区聚落形态进入到一个新的发展阶段。

　　油子岭文化时期，汉东地区人类活动的重心基本集中在龙嘴、石家河、油子岭、屈家岭等聚落分布的地域空间，包括南以天门河为界、北至大洪山南麓，东西约 50、南北约 30 千米的范围内。在自然地貌上，主要集中于岗状平原以及北部山前低丘河流两岸相对适宜的地点，聚落分布具线状特征。

　　随着石家河古城的出现，奠定了石家河在汉东地区乃至长江中游的中心地位。屈家岭文化时期，龙嘴古城风光不再，石家河与屈家岭聚落在规模上均超过龙嘴。屈家岭文化一期后段在石家河筑起了面积达 120 万平方米的超级城池，挖掘城壕的土堆在城外即列如山阜，足见其宏大的气势。不仅城垣高大，古城周围还出现不少聚落。与此同时，原来在山前低丘和岗状平原河流两岸分布的聚落格局不变，线状分布特点依然存在。

　　石家河文化时期以石家河古城为中心的聚落群进一步扩大，在古城的周围数十处聚落密集成群，在这个聚落群的外围也同样聚集着一批聚落，形成以石家河为中心的超级城壕聚落群。这个时期的汉东地区，原来分布在各条河流水系上的聚落已经不复存在，只有极少量的聚落偶有所见，汉东地区的所有聚落几乎全部集中到了石家河周围，形成石家河文化时期汉东地区非常独特的聚落景观。

　　汉东地区聚落的进程，实际上是围绕长江中游以石家河为中心的历史趋势的形成过程进行的，这完全不同于澧阳平原聚落进程模式。换言之，汉东地区聚落进程是全局性的，而澧阳平原聚落进程只是区域性的。

从整体上说，澧阳平原和汉东地区的聚落进程存在较大的差别，澧阳平原在一个长程的时间里，聚落社会的进程稳定而持续，这里由环壕聚落发展到城壕聚落，乃是本区域文化发展的自然结果。作为中心城壕聚落的城头山古城，脱胎于早先的环壕聚落，存在血缘纽带的明显痕迹。古城的聚落结构和社群关系，同原来环壕聚落相比，并无明显差异。在经济形态和人地关系上，主要是自给自足和以聚落为本位的生业模式。人际往来，包括聚落内部的组织关系和聚落之间的交往，或许仅在较小的范围内开展。聚落之间的同盟可能通过婚姻的形式达成。在经济往来方面，也可能仅限于聚落周边地区，虽然有远程交换的迹象——城头山大溪文化时期的玉器和绿松石可能是远程交换的物证——但表现并不突出。大溪文化时期社会分化的迹象明显，出现了财富、等级差异，也有了职业与身份差异。屈家岭—石家河文化时期，澧阳平原社会复杂化趋势有明显加强，出现了鸡叫城中心城壕聚落群。聚落一方面汇集成群，另一方面分化出更小的单位，形成明显的层级结构。中心城群聚落拥有更为广阔的空间和资源，大量的小型聚落组成低级社群单位，并可能在政治和经济上受制于中心或者大型聚落。基本社会单位的小型化是社会强制力出现的标志。这种局面的出现，表明社会复杂化程度的极大提高。在文明化初现的石家河文化时期，澧阳平原成为以石家河为中心的长江中游历史文化共同体的一部分。

汉东地区聚落的演变以及聚落结构与澧阳平原有较大差异，其文化与聚落的发展并非具有连续性和稳定性，而是断裂和爆发性的，其发展的轨迹因不断注入新的因素而常被打断或改变。在这种断裂的传统中脱颖而出的石家河古城聚落群，拥有复杂社会的明显特征。古城和聚落群的布划考虑更多的是社会分工与社会化管理、产品的流通与交换。石家河城壕聚落群出现了大型公共设施，聚落功能区划非常明显，祭祀场、产品存放场、玉石器加工场等一应俱全，与生计无关但体现上层建筑特性的遗存大量出现，再分配物证明显。社会构成不再以日常生计为要务，突出表现以社群管理、分工协调、宗教观念等上层建筑和意识形态为主体的运作模式。

由此观之，汉东地区聚落社会强化手工业专门化功能，意味着经济技术的发达是造成汉东社会分层和社会复杂化的主要原因。而澧阳平原主要维持以农业为主体的运行模式，农业和手工业的自给自足成为澧阳平原社会进程中的主体经济形态。

通过对这两个地区聚落进程的比较，可以发现，澧阳平原史前聚落社会整体表现为单一散聚型社会。从发展趋势看，社会进程表现为：社会单位由小型散居发展为大型集聚，再到集聚成多群，在大型集群的社会里渐渐形成社群内部分化，进而通过社会控制力使基本社会单位小型化，形成聚集与散居共存的聚落分布格局。这种既趋同又离散的方式形成社群之间分化与分工并不明显且血缘牢固的层级社会。澧阳平原聚落演进表

现为:

早期散点式　—　均匀分布　—　聚落带状　—　聚落集群 (离散—趋同型与分化)

服从于自然环境　适应人口增殖　因利益而成集团　　　服从于社会控制系统
　　　　　　　　充分开发土地

　　汉东地区聚落形态与社会组织结构演变的整体趋势表现为多元密聚型社会, 社群内部分化不明显, 社群之间分化明显; 社会复杂化表现为社会职能的细化与社群之间专业化分工的加强, 社群通过公共祭祀使成员关系得到加强, 并使少数成员获得权力。聚落群出现以后, 形成以聚落中心为聚集区域的凝聚型社会。因而, 聚落的趋同、凝聚导致聚落群的外围吸空化现象明显。汉东地区聚落演进表现为:

早期线状　—　分群聚合　—　超级聚落群 (凝聚—趋同)

服从于自然环境　为利益而结成集团　　社会控制集团形成

　　在澧阳平原与汉东地区聚落进程中, 地域区位、地理环境对于文化和聚落进程所起的作用不容小视。澧阳平原地域空间较小、地理位置比较封闭, 社会团体小, 且比较单一, 区域文化传统深厚, 人群构成以血缘集团为主, 价值观也比较一致, 反映的物质与精神文化的元素也比较单纯和稳定。虽有外来因素的冲击, 文化的发展仍是自身传统上的延续, 它以血缘承传为轴心, 所以基本上维持以氏族为团体、家族为纽带、扩大家庭为基础的聚落社会, 彼此之间可能结成比较松散的联盟关系, 开展公共设施的建设, 或者决定联盟的重大事件。这样的社会难以凝聚成强大的社会利益集团, 只能在来势汹汹的政治博弈中处于从属地位。汉东地区则不然, 这里区域空间大, 交通便利, 在文化体系上又处于传统的边际, 不易受传统所制约, 利于跨文化的融合, 因而这样的社会具有多元开放的特点, 文化只有在这种积极、频繁的信息交换中才能迅速发展。另外, 社会的多元性, 自然会有不同的意识形态和价值观念, 从而也需要制定规则和礼仪来规范人们的意识和行为, 因而强制力容易萌芽, 并加速社会复杂化进程, 权力即由此产生。

第二节　长江中游地区史前社会进程整体考察

　　澧阳平原与汉东地区文化与社会的演进, 是在长江中游这个地理单元中进行的, 只有以更大的视角去看待澧阳平原与汉东地区, 才能真正认识其文化与聚落的本质。长江中游除了澧阳平原与汉东地区, 还有若干其他区域。毋庸置疑, 区域的地位和作用只有通过与相邻区域比较才能得出, 区域的发展也不可能不与外界发生交流与互动。长江中游考古学文化区系的形成与发展, 一直伴随着地区内部的区域间互动以及与中游之外相关地区的互动，进而给历史进程带来重要影响。本节将从这样的角度切入，来整体考察长江中游史前文化与社会的进程。

一 区域的互动

（1）区域划分

文化的发生、发展或者扩散，总依赖一定的地域进行，所以，从这个意义上说，自然地理的区域空间仍是界定考古学文化区域的首要标准。

长江中游的地理大势具盆地特征，四周山脉环绕，中间为凹陷的盆地平原，平原尽头即为山前剥蚀丘岗和山前台地，深入山区，即为山间小盆地和河谷地带，这些地带均由河流切割的谷沟相连。

澧阳平原与汉东地区占据了长江中游相对较好的地理位置。澧阳平原东部面向洞庭湖，它与洞庭湖平原既相联系又可以视为一个相对独立的地理单元。在文化特征上，澧阳平原与洞庭湖地区属于同一个文化区域。这个区域包括环洞庭湖的湖南诸市县，湖北公安、石首等市县也可纳入，称之为"环洞庭湖区"，这个区域的核心是澧阳平原。在这个区域之外，即是湘、资、沅、澧四水进入平原之前的河谷和山间盆地。由于山水阻隔，四条水系文化面貌有别。由于田野考古工作的不均衡性，只有沅水中上游区和湘江中下游区的史前文化面貌略微清晰，澧水上游和资水中上游的情况还很模糊。故就现有状况来看，湖南地区史前文化区域大致可分为环洞庭湖区、沅水中上游区和湘江中下游区。在湖北，越过汉水，是以江陵为中心的江汉平原西南部和三峡地区，称为峡江区[①]。汉东地区以东，过涢水，是地处大别山南麓的鄂东地区。汉水中游，则是南阳盆地—丹江下游地区。这些区域在长江中游文化与聚落进程中均起过重要作用。

（2）区域的互动

发生于澧阳平原的彭头山文化是目前洞庭—江汉地区最早的新石器时代文化，彭头山文化后来扩散到峡江地区，形成城背溪文化。宜都、宜昌沿长江一线发现多处该文化的聚落[②]。城背溪文化的许多器类都源自彭头山文化。由于出现了大量圈足盘，城背溪文化的年代大致与澧阳平原皂市下层文化相当。城背溪文化与皂市下层文化均由彭头山文化演变而来，城背溪文化表现更多的是对彭头山文化的继承，而皂市下层文化表现更

---

① 孟华平：《长江中游史前文化结构》，长江文艺出版社，1997 年，第 19 页。
② 相关遗址为城背溪、枝城北、金子山、栗树窝、花庙堤、青龙山等，除青龙山在长江北岸的枝江外，其余均在长江南岸的宜都。见湖北省文物考古研究所：《宜都城背溪》，文物出版社，2001 年。

多的是对彭头山文化的发展①。

彭头山文化的扩散是多区位的，晚期已经扩展到整个洞庭湖地区。彭头山文化向皂市下层文化过渡的迹象，最先在洞庭湖中心的坟山堡遗址和湘江下游的黄家园遗址出现，后来这两个遗址均发现了最早形态的圈足盘，双耳罐的形态也发生了很大变化，这些变化标志着新文化的来临。

在皂市下层文化出现的同时，沅水中上游河谷地带出现了高庙文化②。该文化与皂市下层文化有别，它有一个独特的器物群，陶器绝大部分是褐红色与灰褐色的夹砂陶，占第三位的是细砂白陶。釜、罐、圈足盘、钵为其重要的器物类型。器物装饰有大量的篦点纹、绳纹、戳印纹。戳印纹与篦点纹交互辉映的白陶圈足盘成为一大特色。器物图案还有凤鸟、兽面，此外还有垂帘纹、带状纹、波浪纹、八角星纹。有的还在器物的圈足底部施加彩绘。高庙文化具有发达的渔猎采集经济而农业不发达，甚至还没有真正的农业③。聚落生活中宗教祭祀色彩浓厚，考古发掘出土了颇具规模的祭祀场。

高庙文化是否因彭头山文化的扩散而出现，目前还不能定论。从区域位置及其文化因素来判断，高庙文化极有可能来自洞庭湖区。首先，沅水中上游地区没有比之更早的新石器时代文化。其次，高庙文化诞生前夕，正是彭头山文化向外扩张及向皂市下层文化过渡的时期，洞庭湖区的文化很可能溯江而上进入中上游的河流谷地。另外，高庙文化的许多器物形态与皂市下层文化早期以及彭头山文化晚期器物风格相似。

与此同时，湘江中下游地区有一支大塘文化，是受到洞庭湖区皂市下层文化和沅水中上游高庙文化双重影响下的产物④。

在约6000BC–5000BC时间段里，长江中游文化分布区域已由澧阳平原扩大了许多倍，其源头都可以追溯到彭头山文化。

这样一来，在彭头山文化之后，长江中游地区并存四支考古学文化，分属四个不同的区域，它们是：环洞庭湖区的皂市下层文化，沅水中上游区的高庙文化，湘江中下游的大塘文化，峡江地区的城背溪文化。汉东地区土城下层遗存的情况还不清楚，它极有可能是受到城背溪文化影响而出现的考古学遗存，对于它的性质和年代，只有留待将来的工作方能解决。

汤家岗文化继承了皂市下层文化的诸多因素，但同时受到高庙文化的强烈影响。汤

---

① 孟华平：《长江中游史前文化结构》，长江文艺出版社，1997年，第151页。

② 贺刚：《高庙遗址的发掘与相关问题的初步研究》，《湖南省博物馆馆刊》第二期，岳麓书社，2005年，第113–124页。

③ 高庙遗址和台坎大地遗址发现有少量水稻，其性质及来源尚不清楚。

④ 郭伟民：《中心与外围：湖南新石器文化进程的区域考察》，《古代文明》第6卷，文物出版社，2007年，第34–82页。

家岗文化的敛口白陶盘,以及白陶上繁缛的印纹和篦点纹特征均来自高庙文化。汤家岗文化的印纹白陶分布的主体区域似乎集中在澧阳平原之外的安乡一带,这里的汤家岗、划城岗遗址均发现了丰富的汤家岗文化时期印纹白陶遗存。反之,澧阳平原汤家岗文化遗存中白陶不具特点,乃以陶釜和篦点纹的碗为主要器类。安乡地处澧水下游,这个位置与沅水下游相邻,与沅水中游的交通也很方便,倘若高庙文化对洞庭湖地区施加影响,这里首当其冲。

沅水中上游区,同样也受到了洞庭湖区的影响,继高庙文化之后的松溪口文化发现了汤家岗文化特征的篦点纹折腹碗,表明两地是存在互动的。

在峡江地区,城背溪文化之后是柳林溪文化,柳林溪文化主体性地继承了城背溪文化,同时也受到来自洞庭湖区文化的影响。柳林溪、孙家河等遗址,发现带剔刺纹的圜底釜、篦点纹折腹碗,这两类器形是汤家岗文化的典型器物。柳林溪文化几乎不向外传播。

这个时期汉东地区是边畈文化,前文已述,边畈文化与长江中游传统文化无涉,其源头当在中原。

环洞庭湖、峡江、汉东地区的三支文化性质有很大的差异,说明区域间虽有互动,但影响甚小。

大溪文化时期,各区域之间的互动频繁。大溪文化一、二期,澧阳平原与峡江地区的文化面貌明显趋同。关庙山大溪文化一、二期与城头山大溪文化一、二期的陶器器类、形态基本一致,意味着两地文化成功整合,以洞庭湖西北岸和峡江地区为主体的长江中游西部文化共同体初步形成。其强势地位立即显现出来,随即向周边辐射:在江汉平原,越过汉水,形成大溪文化油子岭类型,然后东进,达到大别山南麓,形成大溪文化螺蛳山类型①。在南方,沅水下游、资江下游和湘江中下游地区成为大溪文化的辐射范围②。沅水中上游地区高庙上层文化同样受到来自大溪文化的明显影响③。

在经济技术及其往来方面,某种贸易网络初步形成。大溪文化二期至三期,峡江地区、澧阳平原、汉东地区均发现了形态一致的薄胎彩陶杯和彩陶碗,这些器物制作精美,堪与蛋壳陶媲美,且形态高度一致,相信应该源自共同产地。峡江地区是长江中游石器制造中心,成为整个长江中游地区石器的原产地,两湖平原区所用石器均有可能产

---

① 魏峻:《鄂东北地区新石器时代文化初论》,《江汉考古》1999 年第 1 期,第 49 – 56 页。

② 郭伟民:《湘江流域新石器文化序列及相关问题》,《华夏考古》1999 年第 3 期,第 59 – 72 页。

③ 郭伟民:《中心与外围:湖南新石器文化进程的区域考察》,《古代文明》第 6 卷,文物出版社,2007 年,第 34 – 82 页。

自这里①。三峡地区的地貌不适宜于稻作农业和其他类似的种植经济，考古遗存中发现了大量的鱼骨，说明捕捞是一项重要的生业形态。中堡岛遗址发现大量开凿于基岩上的"灰坑"，这显然不是一般意义上的灰坑，而可能是处理鱼类产品的设施，比如腌制和储藏等。鱼类也可能成为与外界贸易的产品，用来换取稻米或者其他必需品。

玉器的交流则可能是在一个更大的贸易圈中进行。大溪文化及相关遗存出土玉器的地点，有大溪、清水滩、车轱山、桂花树、丁家岗、城头山，以及益阳玉竹苞、麻绒塘、湘潭堆子岭、武穴鼓山、麻城金罗家等遗址。玉器多以透闪石为原料，器形主要为璜、环、玦、坠等，与长江下游地区一致。杨建芳认为这些玉器由长江下游传播而来②。张弛更进一步指明，这些玉器的产地应该在长江下游的苏皖地区③。这说明玉器作为比较贵重的人工制品，当存在于一个较为长程的贸易网中，并可能只是在一些身份特殊的人群或一些固定的地域间流通。比如，城头山 M678 出土两件玉璜的墓主人，显然地位较高；而湘江中下游地区多出于墓葬，显然这里因位于两湖地区东部，受下游影响较大之故。

大溪文化三期，汉东地区率先迎来了手工业技术的突破，快轮制陶和先进的陶窑装烧技术使制陶业标准化和专业化程度凸显，手工业技术的革新带来文化和社会形态上的变革。约当大溪文化三期开始，汉东出现了油子岭文化，该文化迅速壮大并很快成为强势文化，由汉东向周边扩散。在相当于关庙山和城头山大溪文化四期阶段，油子岭文化成功完成了对峡江区和环洞庭湖区旧有文化的改造。因而，油子岭文化实现了长江中游区域间的文化整合。

学术界一般认为屈家岭文化由大溪文化发展而来，通过本书的分析，应该是最先出现于汉东地区的油子岭文化取代了大溪文化。在各个区域，这个取代过程并不同步，汉东地区最先发生，油子岭文化从大溪文化油子岭类型中脱离出来。油子岭文化出现以后，峡江区、澧阳平原仍延续着大溪文化的传统，当油子岭文化西进和南下，才在各个区域完成文化更替。

检视相关考古材料，汉东地区之外各区域的大溪文化与油子岭文化以及屈家岭文化的关系来得突兀，并不具有密切的文化联系，乃是因为外来的油子岭文化改造了本地文化，造成这些区域大溪文化突然中断。

油子岭文化的扩散路线颇值得分析，从地理位置的角度来看，最先受影响的应该是

---

①　张弛：《长江中下游地区史前聚落研究》，文物出版社，2003 年，第 125 页。

②　杨建芳：《大溪文化玉器渊源探索》，《中国古玉研究论文集·上册》，众志美术出版社（台北），2001 年，第 47－51 页。

③　张弛：《长江中下游地区史前聚落研究》，文物出版社，2003 年，第 132 页。

临近汉东的峡江地区，但实际情况却是长江之南的洞庭湖区。在车轱山①、划城岗②、城头山、王家岗③、桂花树④等遗址，大溪文化三期以后，迅速出现了黑陶系遗存，这批遗存以鼎、壶、罐、豆、曲腹杯为组合，属于典型油子岭文化。油子岭文化对峡江的影响是渐进的，峡江东部地区关庙山大溪文化四期的文化性质虽属于油子岭文化，但仍然维持以红陶系为主体，愈往峡区，红陶比重愈高，器物形态受影响程度越小。峡江西部地区相当于关庙山四期阶段仍属大溪文化的领地，随着油子岭文化的深入，大溪文化退却到了三峡深处。大溪墓地所发掘的墓葬，年代相当于关庙山四期，许多器物受到油子岭文化因素影响，但器物群整体特征未变，陶色方面也仍以红陶为主，大溪文化自身的特色基本未变，故其文化性质依然是大溪文化。只不过，原来广泛分布于两湖地区的大溪文化，已经退缩到了一个非常狭小的空间里。

油子岭文化彻底整合了长江中游的区域文化，还不清楚油子岭文化对大溪文化的取代到底是采取了何种手段，是牧歌式的推进还是暴风骤雨式的征战？相关材料可以提供一些线索，石钺的突然出现即是重要证据之一。石钺首次出现于油子岭文化遗存中，多作为兵器来使用。城头山聚落油子岭文化墓葬出土 20 余件石钺，划城岗聚落同期墓葬中也出土了 2 件石钺，随葬石钺的均是等级较高的墓葬，墓主人应该是具有某种权力的人。无独有偶，在高庙遗址的上层，M26、M27 两座并穴合葬墓中，出土了牙形石钺和玉璜，发掘者推测这是当时的部族首领夫妇合葬墓⑤。高庙上层文化的年代，其较晚阶段与城头山油子岭文化一期相当，墓葬的年代也约当此时。这些石钺的发现显然具有军事上的意义。澧阳平原的中心聚落城头山和沅水谷地的高庙同时出现石钺，显然表明存在某种强制权力，这种强权应该是军事力量的体现。另外一个例子是汉水中游的宜城顾家坡墓地，这是一处油子岭文化墓地。237 座墓中出土玉钺 2 件，出土石钺达 177 件之多，发掘者认为这是江汉平原边缘地区战争的直接证据⑥。笔者倾向于认为这些边缘地

① 湖南省岳阳地区文物工作队：《华容车轱山新石器时代遗址第一次发掘简报》，《湖南考古辑刊》第 3 辑，岳麓书社，1986 年，第 1 – 26 页。

② 湖南省博物馆：《安乡划城岗新石器时代遗址》，《考古学报》1983 年第 4 期，第 427 – 470 页。

③ 湖北省荆州地区博物馆：《湖北王家岗新石器时代遗址》，《考古学报》1984 年第 2 期，第 193 – 220 页。

④ 湖北省荆州地区博物馆：《湖北松滋县桂花树新石器时代遗址》，《考古》1976 年第 3 期，第 187 – 196 页。

⑤ 贺刚：《高庙遗址的发掘与相关问题的初步研究》，《湖南博物馆馆刊》第二期，岳麓书社，2005 年，第 113 – 124 页。

⑥ 贾汉青：《从顾家坡墓地的发掘看史前时代文化交叉地带的部落冲突》，《华夏考古》2004 年第 4 期，第 77 – 96 页。

带的居民以戍边为主，可能具有"边防军"的性质，防务和战争是其生活中最重要的部分。无论作何种解释，都说明油子岭文化时期长江中游已经出现强势力量集团。那么，从这个意义上说，油子岭文化对大溪文化的取代，是一种急进的席卷而非缓慢的牧歌式推进，军事的征战应该起了很大的作用。

油子岭文化时期，汉东地区出现了龙嘴古城，城头山第三次筑城是油子岭文化二期阶段，Ⅲ期城墙的结构完全不同于前两期城墙，所筑城池的规模也与前判然有别，暗示这次筑城的目的与前两次有重大差别。

从油子岭文化开始，长江中游地区的互动在一个文化共同体内进行，区域的互动表现为各地被油子岭文化取代，汉东地区的地位变得更加重要。从油子岭文化向屈家岭文化的过渡，各个区域大致同步，长江中游文化进程一体化局面出现。当然，各个区域的文化类型差别是避免不了的。

屈家岭—石家河文化完全可以视为一个大的时间单位，它几乎不能被分隔。在邓家湾聚落，石家河文化一期与屈家岭文化二期的器物形态差别极小；在城头山聚落，石家河文化一期的许多特征也与本聚落屈家岭文化二期很接近。

屈家岭—石家河文化时期，长江中游聚落社会进入鼎盛阶段，其中最重要的表现是城池林立。城头山古城在屈家岭文化一期早段有过最后一次筑城，鸡叫城古城的始建年代在屈家岭文化一期晚段，鸡叫城古城的出现是对城头山的取代，但并不代表城头山作为城池的功能就完全消失，它在此后的一段时期内仍然继续使用。

洞庭—江汉地区各地发现的古城，为屈家岭—石家河文化烙上了鲜明的时代印痕。

鸡鸣城位于公安县狮子口镇，城墙西北角一测量点的地理坐标为北纬29°55.645′，东经111°59.070′，海拔高程39米。该城呈不规则圆角长方形，南北长480、东西宽330－430米，面积约18万平方米。护城河保存较好，宽度在50－70米。该城的建造年代可以从几个方面作出推断：第一，北城垣中采集到1件泥质红胎黑皮陶豆的残片[1]，这种器形多见于油子岭文化。第二，城内一高台——沈家大山的堆积跨大溪（油子岭）、屈家岭、石家河几个时期，但主体堆积为屈家岭文化时期[2]。上述证据基本可以判断鸡鸣城的建造年代在屈家岭文化时期，确切地说是较晚阶段。

青河城位于公安县甘厂镇，城内靠近西垣测量点的地理坐标为北纬29°42.837′，东经112°05.345′，海拔高程33－35米。该城保留有东、南、西、北四门，护城河保留有南、北、东三面。古城呈圆角方形，东西长300、南北宽200－240米，面积约6万平方

---

① 贾汉清：《湖北公安鸡鸣城遗址的调查》，《文物》1998年第6期，第25－30页。

② 荆州市文物考古研究所等：《湖北公安、石首三座古城勘查报告》，《古代文明》第4卷，文物出版社，第397－404页。

米。城内主体堆积为屈家岭文化晚期到石家河文化阶段，推测古城的年代也属于这个时期①。

走马岭古城位于石首市东升镇，该城呈不规则形，城南外围还有一道外墙垣，该墙垣中部地理坐标为北纬29°40.334′，东经112°31.437′，海拔高程37米。外墙垣内侧是被亚腰形内墙垣所围成的古城，分南、北两部分，南部称为走马岭，面积8万平方米②；北部称为屯子山，面积大致与此相等。如此，则走马岭古城的面积应该在16万平方米左右。该城出土了屈家岭文化至石家河文化时期大量遗物，发掘者推测走马岭古城的年代为屈家岭文化早期。

阴湘城位于荆州区马山镇，遗址中心点地理坐标为北纬30°30′56.58″，东经112°01′13.97″，海拔高程41米。遗址西部和北部长期受湖水冲刷，已经不复存在，残存面积约20万平方米③。部分城墙建筑在大溪文化的壕沟之上，筑城时间为屈家岭文化早期至晚期之间④。

马家院古城位于荆门市五里镇，遗址东北角地理坐标为北纬30°40′50.09″，东经112°01′08.40″，海拔高程49米。古墙、护城河保存基本完整，平面略呈长方形，南北长640、东西宽300－400米，面积24万平方米。城内有大溪文化、屈家岭文化堆积⑤。在西南垣内侧的断面上采集到屈家岭文化时期陶片，城内北侧有一片建筑台基，暴露的堆积主要为屈家岭文化，少数属石家河文化早期，由此而推断古城的建造年代为屈家岭文化时期到石家河文化早期⑥。

门板湾古城位于应城市城北星光村，遗址中部位置地理坐标为北纬30°54′45.6″，东经113°32′21.6″，海拔高程41米。城址平面略呈长方形，南北长约550、东西宽约

① 荆州市文物考古研究所等：《湖北公安、石首三座古城勘查报告》，《古代文明》第4卷，文物出版社，第404－411页。

② 荆州市博物馆等：《湖北石首市走马岭新石器时代遗址发掘简报》，《考古》1998年第4期，第16－38页。

③ 荆州市博物馆等：《湖北荆州市阴湘城遗址东城墙发掘简报》，《考古》1997年第5期；岗村秀典、张绪球：《湖北阴湘城遗址研究（I）——1995年日中联合考古发掘报告》，《东方学报》京都（1997年3月），第467－510页。

④ 西墙垣内发现屈家岭文化早期陶片。而在东墙垣I期城墙的内坡上叠压有屈家岭文化晚期堆积。

⑤ 湖北省荆门市博物馆：《荆门马家院屈家岭文化城址调查》，《文物》1997年第7期，第49－53页。

⑥ 张绪球：《屈家岭文化古城的发现和初步研究》，《考古》1994年第7期，第629－634页。

400 米，面积约 20 万平方米。从西城墙的解剖得知，城墙的建造年代为屈家岭文化晚期①。

陶家湖古城位于应城市西杨岭乡，古城东北部被泗龙河水库打破，在水库大坝西南角的城内，测得地理坐标为北纬 30°54′55.4″，东经 113°22′36.6″，海拔高程 41 米。古城平面呈椭圆形，南北最长 1000、东西最短 850 米，面积约 67 万平方米。城内采集的遗物为屈家岭文化晚期至石家河文化早期，调查者由此推测古城的年代应当"不晚于石家河文化早、中期，有可能是屈家岭文化时期"②。

笑城古城位于天门皂市镇，中心位置地理坐标为北纬 30°50′59.2″，东经 113°18′37.7″，海拔高程 26 – 29.5 米。平面呈宽曲尺形，东西长 250 – 360、南北宽 156 – 305 米，面积约 9.8 万平方米。2005 年对其东城墙进行了解剖，城墙的始筑年代为屈家岭文化晚期至石家河文化早期③。

另外，还有位于沙洋县后岗镇城河村的城河古城，古城南城垣中段属于较低的位置，其地理坐标为北纬 30°35′06.06″，东经 112°24′35.09″，海拔高程 42 米。平面略呈不规则椭圆形，面积达 70 万平方米④。该城并没有进行过系统调查，但所出遗物为屈家岭—石家河文化时期，推测古城也属于这个时期。最近在江汉平原东北又发现两座古城⑤。

目前在长江中游已经发现 15 座史前古城（图一三六）。从古城的空间分布来看，主要集中在聚落密集、文化历史悠长的区域。这些古城的建造年代，除少数较早外，其余均在屈家岭文化晚期—石家河文化早期，说明这个时期长江中游有一次普遍的筑城行为，这种现象，必然与其特殊的社会进程阶段相对应。目前还不太清楚这是长江中游文化共同体形成以后各个区域独自的行为，还是洞庭—江汉地区的统一行为。但从各地古城的建造年代、分布格局、城池结构来看，应该是长江中游跨区域的统一行为，这种统

---

① 湖北省文物考古研究所：《湖北应城门板湾新石器时代遗址》，《1999 中国重要考古发现》，文物出版社，2001 年，第 7 – 11 页；李桃元：《应城门板湾遗址大型房屋建筑》，《江汉考古》2000 年第 1 期，第 96 转 71 页。王红星：《从门板湾城壕聚落看长江中游地区城壕聚落的起源与功用》，《考古》2003 年第 9 期，第 61 – 75 页。

② 李桃元、夏丰：《湖北应城陶家湖古城址调查》，《文物》2001 年第 4 期，第 71 – 76 页。

③ 黄文新：《2005 年度南方地区考古新发现——天门市笑城遗址》，《南方文物》2006 年第 3 期，第 46 页；湖北省文物考古研究所等：《湖北天门笑城城址发掘报告》，《考古学报》2007 年第 4 期，第 469 – 488 页。

④ 荆门市文物考古研究所：《湖北荆门市后港城河城址调查报告》，《江汉考古》2008 年第 2 期，第 27 – 34 页。

⑤ 刘辉：《江汉平原东北发现两座新石器时代城址》，《江汉考古》2009 年第 1 期，第 57 – 58 页。

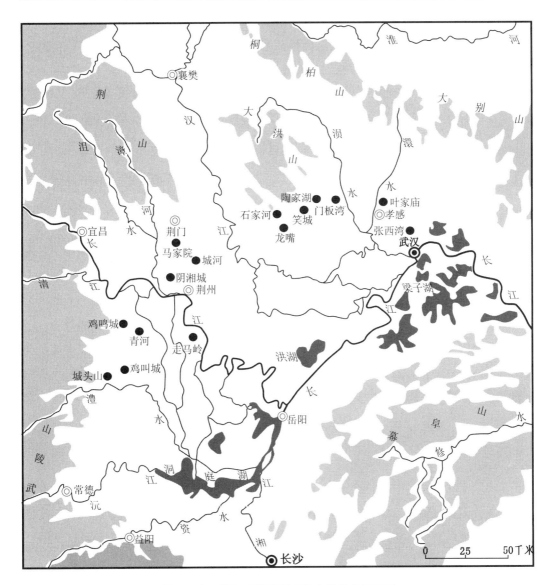

图一三六　长江中游地区史前古城分布示意图

一行为建立在何种社会组织基础之上，是一个非常值得讨论的问题。

　　从澧阳平原的情况来看，城头山Ⅲ期、Ⅳ期城墙以及鸡叫城的建造，所采取的营建方式均与大溪文化时期有很大的差异，城墙加高加宽，为原来大溪文化城墙所不能比，宽阔的护城河也是原来小规模的城壕所不能比的。大溪文化的古城平面基本为圆形，屈家岭—石家河文化时期的古城均呈有直边的圆角方形（城头山是原来基础上的扩建，走马岭受地貌限制而成为特例）。这说明长江中游这批古城是采取了某种统一的规划与设计理念的。另外，从古城的分布来看，具有大体一致的空间距离，相邻古城之间的聚落大约在 15 – 20 千米左右，虽因地貌环境的差异，这个距离有所位移，但整体符合这样的空间分布规律。从古城分布的地理位置和地貌特征看，均分布在洞庭湖—江汉凹陷盆地的边缘，位于低平的河湖平原与山前丘岗的过渡地带，海拔多在 35 – 45 米，选择这样的位置来筑城自然有许多方面的考量。已经在前文作过相关分析，此不赘述。

需要讨论的是古城所反映的社会形态的具体特征，此外，还要分析这些古城在政治上是否有关联。

这批古城以石家河的规模最大，从该古城的布局、城内遗存特征和聚落群情况分析，石家河古城无疑是长江中游特大型聚落，并且是长江中游的中心。有许多证据为这一结论提供支持：石家河聚落群存在的明显的聚落分工，有完整的专门化手工业门类，以它为中心形成了遍及长江中游和辐射周邻地区的产品贸易网络，有其他聚落所不具备的宗教祭祀系统，金属冶炼已经萌芽，等等。

上述特征，其他城壕聚落并不具备，但这些城壕聚落深受石家河的影响，比如陶器形态的高度一致，这些形态皆由石家河地区发生；屈家岭文化向石家河文化的过渡，也是石家河地区率先完成；石家河地区的产品，比如陶缸、陶塑品也为一些城壕聚落所拥有；石家河地区的玉石器也在一些区域出现。更为重要的是，各地城壕聚落城墙、护城河的形态与结构都与石家河古城高度一致，正如前述，这是在统一的规划理念下设计的。

据此，有理由相信长江中游的系列古城与石家河之间存在政治—经济上的紧密联系。

这种紧密联系是与某种社会形态相对应的，可以认为，这些城壕聚落，已经处在一个严密的社会控制体系之中，这个社会的政治、经济和文化中心即是石家河地区，这样的社会控制体系将长江中游按照一定的地理空间进行行政上的划分，并形成地区中心—区域次中心—聚落所构成的区域系统与等级—规模空间关系。澧阳平原已经形成三级聚落等级结构，具体表现为以鸡叫城—三元宫—一般聚落为代表的三个级次。在长江中游的聚落社会里，澧阳平原是整体社会控制下的一个区域，这个区域之上另外还有一个更大的级次，即石家河中心区。

澧阳平原的情况，同样也适合长江中游其他区域。如此一来，屈家岭—石家河文化时期长江中游聚落社会结构可以划分出四个层级，这样的层级是与早期国家形态相对应的①。

---

① 中村慎一：《石家河遗迹をめぐる诸问题》，《日本中国考古学会会报》第 7 号，1997 年，第 42 页。

上述情况暗示屈家岭—石家河文化时期的长江中游已经存在统一的社会共同体，这种社会共同体或许只是一种由各个区域族群所达成的社会控制体系，但是，这样的社会控制体系已经存在趋同的观念和社会行为，拥有同样的经济技术和意识形态。总之，这个时期的社会形态与大溪文化及其以前有很大的差异，显然是一次重大的社会变革，标志着真正具有强力政治的复杂社会——早期国家雏形的出现①。

石家河文化以后，长江中游陆续出现了大量中原文化因素，这个时期的考古学文化在各个区域的分布较为零散，有关文化以及聚落之间互动的考察还无法展开。与屈家岭—石家河文化聚落鼎盛阶段形成鲜明对比，长江中游文化很快走向衰弱，作为维系整个中游地区社会控制体系已经不复存在，原来高度严密的运作机制在中原势力的冲击下被分解成一些零散的小团体，残存于各个急剧萎缩的地域空间里，并逐渐趋于没落。

二　长江中游地区与域外的互动

长江中游史前社会进程中，免不了要与外界发生关系。其结果是将自身的因素传播出去，同时也受到外来文化的影响。

时值目前，长江中游年代最早的新石器时代文化是玉蟾岩遗存，这支文化遗存当与"南岭中心带"文化传统有联系②。在新旧石器过渡时期，这个地带有一系列重要的文化现象，最早的陶器和最早具有人工干扰痕迹的水稻都在此发现。目前还不清楚澧阳平原彭头山文化或者更早的华垱遗存与它有何种关联。在地理空间上，南岭是长江水系与珠江水系的分水岭，一系列河流切割南岭诸山，形成山间盆地和沟通长江、珠江水系的山间走廊。南岭以南是珠江三角洲和整个中南半岛，南岭以北是洞庭—江汉平原和鄱阳湖平原。南岭南北区域属于广义上的华南，在旧石器时代是南方砾石石器工业的分布区域，据此有理由相信在旧石器晚期或更早阶段，南岭南北就已经存在文化交流，或许澧阳平原与南岭地带在过渡时期存在着某种联系。

彭头山文化晚期向皂市下层文化的过渡，主要以圈足盘的出现为标志。圈足器不是彭头山文化的传统，但却是长江下游的传统，浙江上山遗存前段出现了圈足盘，上山遗

---

① 显然，这个社会形态出现的背后，与社会生产力的提高和生产关系的变化有重大关系，比如人口的增多、经济技术的提高尤其是灌溉农业得到极大发展等等。如果不是这些因素，是不会产生这种结果的。马克思指出：无论哪一种社会形态，在它所能容纳的全部生产力发挥出来以前，是绝不会灭亡的；而新的更高的生产关系，在它的物质存在条件在旧社会的胎胞里成熟以前，是绝不会出现的。见《马克思恩格斯选集》第 2 卷，第 32 - 33 页。

② 郭伟民：《南岭中心带史前文化现象考察》，《考古与文物》2008 年第 5 期，第 13 - 17 页。

存的上限超过8000BC①，有学者认为彭头山文化的圈足器可能受到长江下游的影响②，当不排除这种可能。

皂市下层文化对长江下游跨湖桥文化产生过重要影响。跨湖桥文化的釜、钵、圈足盘、曲颈罐、双耳罐等器物的形态，与皂市下层文化确有许多类似。有学者认为，跨湖桥文化中具有的皂市下层文化特征，已经不能用文化交流或文化传播来解释，应视为皂市下层文化的一支向长江下游和浙江沿海地带迁徙的结果。确切地说，跨湖桥文化是皂市下层文化所形成的移民文化③。

高庙文化也向外扩张，其最具影响力的扩张是越过南岭，直趋珠江三角洲地区。贺刚仔细考察了高庙文化南下的过程，指出：甑皮岩第五期受到高庙文化的强烈影响；平乐县纱帽山所出陶器与高庙中晚期遗存一致；咸头岭遗址下层遗存与高庙文化具有直接的亲缘关系，是"高庙文化发展演变而来的区域性亚文化"④。咸头岭下层遗存是咸头岭文化的直接来源⑤，高庙文化的南下，对珠江三角洲史前的文化进程起了重要作用，开启了长江中游与岭南地区文化交流的先河。

汤家岗文化时期，长江中游对岭南的影响依然强烈，有许多论者均提到了岭南地区受汤家岗文化影响而出现的印纹白陶和相关因素⑥。汤家岗文化的印纹白陶不仅仅影响岭南，还向其他地区传播。汉水中游龙岗寺遗址发现有8块白陶片，器表所饰压印纹的风格与汤家岗文化如出一辙⑦。鄂东大别山南麓塞墩遗址的地层和部分墓葬中也出土少量白陶和白衣夹砂红陶，器表装饰篦点纹，可辨器形有圈足盘、双耳罐、圈足碗、大口

---

① 浙江省文物考古研究所等：《浙江省上山遗址发掘简报》，《考古》2007年第9期，第7-18页。

② 蒋乐平：《错综复杂的东南新石器时代早期文化——也谈浙江新发现的几处较早期新石器时代遗址》，《中国文物报》2006年4月28日第4版。

③ 焦天龙：《论跨湖桥文化的来源》，《浙江省文物考古研究所学刊》第八辑，科学出版社，2006年，372-379页。

④ 贺刚、陈利文：《高庙文化及其对外传播与影响》，《南方文物》2007年第2期，第51-92页。

⑤ 李松生：《试论咸头岭文化》，《深圳考古发现与研究》，文物出版社，1994年，第187-191页。

⑥ 邓聪、区家发：《环珠江口史前考古刍议》，《环珠江口史前文物图录》，香港中文大学出版社，1991年，第XI—XXⅢ页；区家发：《浅谈长江中下游诸原始文化向广东地区的传播与消亡》，《岭南古越族文化论文集》，香港市政局出版，1993年，第24-33页。邓聪、黄韵璋：《大湾文化试论》，《南中国及临近地区古文化研究》，《庆祝郑德坤教授从事学术活动六十周年论文集》，香港中文大学出版社，1994年，第395-409页。

⑦ 陕西省考古研究所：《龙岗寺》，文物出版社，1990年，第24-25页。

尊等①。大别山南麓过长江，是赣鄱水系，新余拾年山遗址下层也发现了类似的陶片②。同样风格的白陶也出现在长江下游的繁昌缪墩③、桐乡罗家角④、溧阳神墩遗址⑤。另外，淮河流域的怀远双古堆遗址也发现过白陶盘⑥（图一三七）。

汤家岗文化不少因素来自于高庙文化，也有部分因素继承了皂市下层文化，其中兽面獠牙和八角星纹成为重要的文化特征被汤家岗文化所继承和发展，这种兽面獠牙和八角星纹还在长江、黄河流域的多个地点被发现。如大汶口文化陶豆和陶盆上就有类似于汤家岗文化的八角星纹，年代较晚的良渚文化也发现不少类似的兽面纹（图一三八）。

上述地点几乎包括了黄河以南广阔的地理空间，这些地点出土的白陶与汤家岗文化白陶无论陶质、陶色还是纹饰方面都极为类似。这批白陶的源头几乎可以肯定是湖南地区，但以何种方式传播而来，则需要讨论。观察这些白陶，发现印纹和篦点纹的装饰以及白衣的风格几乎与湖南出土的完全相同，但部分器形有差异，暗示可能不止一种传播方式。不管方式有何不同，汤家岗文化因素传播到这些地域却是不争的事实。而类似的八角星纹和兽面纹的传播不仅有较大的地理空间，还延续了相当长时间，对后世产生了深远影响。

与汤家岗文化大致同时的峡江地区和汉东地区文化，却受到了来自外界的影响。峡江地区柳林溪文化的深腹平底钵明显是老官台文化李家村类型的因素⑦。汉东地区边畈文化则完全是中原文化南下的产物。柳林溪文化同时还受到汤家岗文化的影响，正如前述，峡江地区在柳林溪文化时期主要是外来文化的受体，自身基本不向外扩散。

大溪文化时期长江中游与外界的交流出现了双向互动，具有仰韶文化风格的彩陶反复出现于大溪文化遗存中，关庙山、油子岭、划城岗、城头山等遗址均发现了仰韶式彩陶。此时，南阳盆地—丹江下游地区成为仰韶文化的分布区域，长江中游越靠近这个区域，受仰韶文化的影响越大。通过汉水中游，仰韶文化因素南下路线有两支，一支沿大

① 任式楠：《南中国及邻近地区古文化研究》，香港中文大学出版社，1994 年，第 299 – 304 页。塞墩遗址所出白陶的年代早于薛家岗文化，但是否早到 6000 年以前，尚不清楚。

② 笔者参观江西省文物考古研究所库房发现有极少数的器物口沿和鼎足饰压印纹，风格与洞庭湖汤家岗文化类似。拾年山遗址的资料发表于 1991 年，见江西省文物考古研究所等：《江西新余市拾年山遗址》，《考古学报》1991 年第 3 期，第 285 – 323 页。但这几件标本没有介绍。

③ 徐繁：《繁昌县缪墩遗址调查简报》，《文物研究》第七辑，黄山书社，1991 年，第 281 – 284 页。

④ 罗家角考古队：《桐乡罗家角遗址发掘报告》，《浙江省文物考古所学刊》，文物出版社，1981 年，第 1 – 42 页。

⑤ 南京博物院发掘资料。

⑥ 2006 年 11 月参加江淮地区文明化进程学术讨论会参观安徽省文物考古研究所库房所见。

⑦ 湖北省文物考古研究所：《秭归柳林溪》，科学出版社，2003 年，第 109 – 110 页。

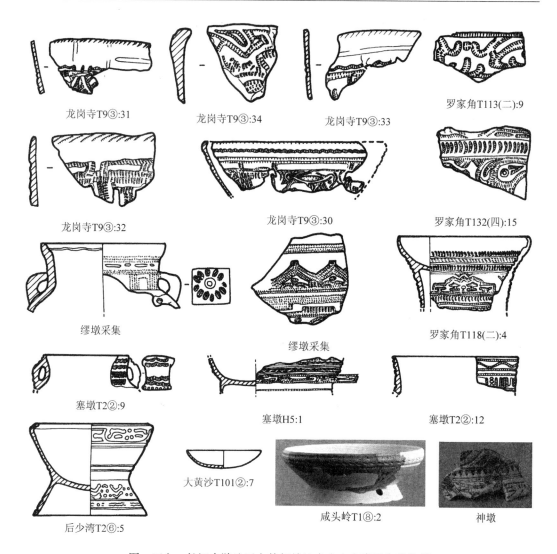

龙岗寺T9③:31　　　龙岗寺T9③:34　　　龙岗寺T9③:33　　　罗家角T113(二):9

龙岗寺T9③:32　　　　　　龙岗寺T9③:30　　　　　　罗家角T132(四):15

缪墩采集　　　　　　缪墩采集　　　　　　罗家角T118(二):4

塞墩T2②:9　　　　　塞墩H5:1　　　　　塞墩T2②:12

大黄沙T101②:7　　　咸头岭T1⑧:2　　　神墩

后少湾T2⑥:5

图一三七　长江中游地区之外相关地点出土白陶及印纹陶器

洪山南侧直下江汉平原，再经江汉平原进入洞庭湖地区；另一支沿大洪山北麓经涢水流域进入鄂东，在螺蛳山等地留下明显痕迹。有学者将这种仰韶文化系统的彩陶冠名为"西阴纹"彩陶，认为这是文化传播的结果，确切地说，是"庙底沟文化南传"的结果，其传播方式可能是通过介质传播或者递进传播①（图一三九）。

　　大约相当于大溪文化一、二期，一种流传于长江中游、黄河中游和淮河上游的新的

---

①　王仁湘：《庙底沟文化在江南的踪影——由湖南澧县城头山遗址出土"西阴纹"彩陶说开去》，《中国文物报》2007 年 10 月 26 日第 7 版。

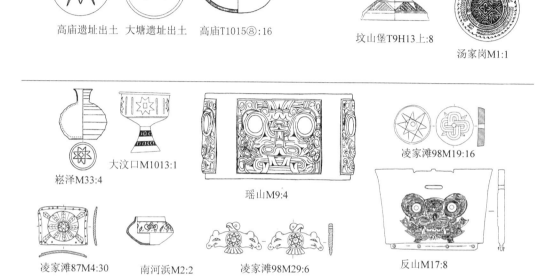

高庙遗址出土　大塘遗址出土　高庙T1015⑧:16　坟山堡T9H13上:8

汤家岗M1:1

崧泽M33:4　大汶口M1013:1　瑶山M9:4　凌家滩98M19:16

凌家滩87M4:30　南河浜M2:2　凌家滩98M29:6　反山M17:8

图一三八　相关地点出土兽面纹与八角星纹陶器

器物造型出现，即城头山报告中所谓 B 型陶鼎（图一四〇）。这类陶鼎以矮锥足外撇、敛口、鼓腹或微折腹为主要特征，是澧阳平原新出现的器形，来源不明。淮河上游亳州后铁营遗址也出土过类似的器形①。这种鼎还见于长江下游的三星村遗址②。它们几乎同时出现在这样一个相当广的地域，表明这个空间存在类似的文化互动。

油子岭文化期间，长江中游地区明显受到长江下游的影响，这种影响主要来自于薛家岗文化。鄂东地区的遗址中，出现有较多的薛家岗文化因素，薛家岗文化已经分布到武穴一带。在鼓山墓地中，薛家岗文化因素占据主导地位而油子岭文化因素居其次。再往西，到黄冈地区，是油子岭文化的分布范围。黄冈螺蛳山遗址是长江中游文化传统范围区，这里经历了大溪文化—油子岭文化—屈家岭文化多个时期的连续堆积，出土一批典型油子岭文化墓葬，但这批墓葬里也出土了一些薛家岗文化的遗物。1985 年发掘的螺蛳山墓葬中，鸭嘴形鼎（M3∶5）、扁折腹壶（M9∶1、M2∶3）、朱绘连弧纹多孔石刀

① 安徽省文物考古研究所发掘资料。
② 江苏省联合考古队：《江苏金坛三星村新石器时代遗址》，《文物》2004 年第 2 期，第 4－26页。

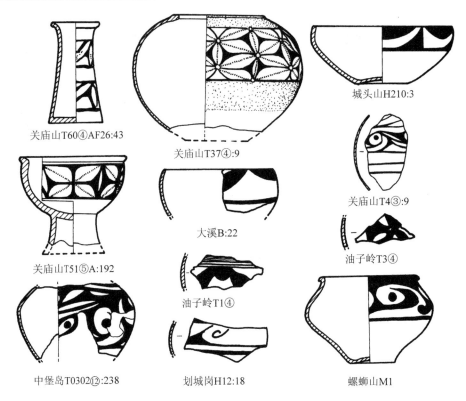

关庙山T60④AF26:43

关庙山T37④:9

城头山H210:3

关庙山T51⑤A:192

大溪B:22

关庙山T4③:9

油子岭T3④

中堡岛T0302⑫:238

油子岭T1④

划城岗H12:18

螺蛳山M1

图一三九　长江中游地区所见仰韶文化因素陶器

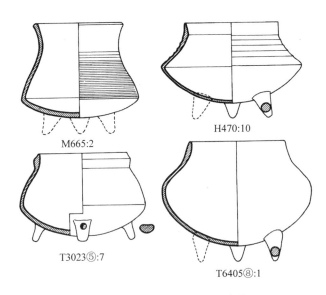

M665:2

H470:10

T3023⑤:7

T6405⑧:1

图一四〇　城头山遗址 B 型陶鼎

（M2：13）均明显是薛家岗文化的因素①。薛家岗文化甚至还传播到长江中游腹地：车
轱山遗址中出土了类似薛家岗文化的多孔石刀；城头山遗址曾出土一批高柄豆（H 型
豆），豆柄靠近豆盘处有一鼓凸的算珠形箍，与薛家岗文化的陶豆形态一致，这种陶豆
在洞庭湖地区的分布还相当广泛，资水下游、湘江中下游均有发现；汉东地区出土了带
把、錾的陶器，也是受到了长江下游地区的影响。薛家岗文化的陶器组合以鼎、豆、壶
为主，与油子岭文化陶器组合基本一致。

　　石钺最能反映长江下游地区对油子岭文化的影响。划城岗遗址曾出土朱绘石钺
（M63：26），这种朱绘石钺在薛家岗遗址中多有发现，薛家岗遗址 M44、M47、M58 等
墓葬都出土了类似的石钺，M58 出土的 1 件九孔石刀上也有朱绘的花果形图案，这些图
案与划城岗石钺上的图案也颇为类似，相信划城岗所出石钺受到了薛家岗文化的影响
（图一四一）。石钺并不是长江中游的传统，油子岭文化以前长江中游不出石钺，油子

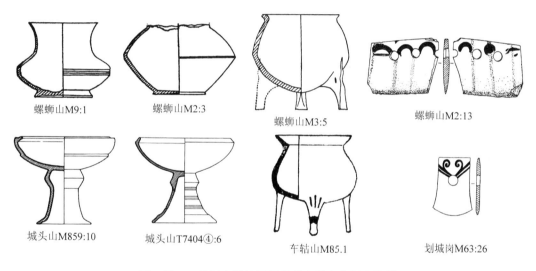

螺蛳山M9:1　　　　　螺蛳山M2:3　　　　　　螺蛳山M3:5　　　　　　螺蛳山M2:13

城头山M859:10　　　城头山T7404④:6　　　　车轱山M85.1　　　　　划城岗M63:26

图一四一　长江中游地区所见薛家岗文化因素陶器

岭文化时期却突然出现石钺，显然是外来影响所致，并且可以肯定来自长江下游。从形
态和制作工艺而言，石钺即是穿了孔的石斧。长江下游从河姆渡文化、马家浜文化开始
即出现穿孔石斧②。这种穿孔石斧与石钺并不存在明显的形态差异，穿孔石斧的器身后

---

① 湖北省黄冈地区博物馆：《湖北螺蛳山遗址墓葬》，《考古学报》1987 年第 3 期，第 339 – 358
　 页。

② 河姆渡遗址第二期出土 1 件穿孔石斧，见浙江省文物考古研究所：《河姆渡》，文物出版社，
　 2003 年，第 257 页。属于马家浜文化早期的罗家角遗址第三层也发现 1 件穿孔石斧，见罗家
　 角考古队：《桐乡罗家角遗址发掘报告》，《浙江省文物考古所学刊》，文物出版社，1981 年，
　 第 1 – 42 页。

来趋向扁薄，在三星村遗存中大量出现①。后来，更成为崧泽文化、凌家滩文化、北阴阳营文化、薛家岗文化的主要石器种类，形态也演变成石钺。油子岭文化的许多遗址都发现了这种石钺，它既是用于作战的武器，也可能成为象征权力和宗教的礼器。

由此看来，油子岭文化确实受到长江下游文化的重要影响。有的学者甚至认为大溪文化的解体乃是长江下游等东方势力的进入所导致②。

继油子岭文化而来的屈家岭文化是长江中游聚落社会鼎盛时期的产物，该文化具有扩张性，其锋尖直指中原。中原地区此时属于仰韶文化晚期和庙底沟二期文化阶段，正处在文化的转型期，受到来自东方大汶口文化与南方屈家岭文化的双重影响。曾经是仰韶文化长期盘踞的南阳盆地—丹江下游地区成为屈家岭文化的势力范围。屈家岭文化进而由此北上，与长江中游临近的沙河、汝河、颍河流域受到的影响最大。汝州大张遗址第二层出土过类似屈家岭文化的斜腹杯、敞口盆形鼎等③；北刘庄遗址第二期出土的盆形鼎、斜腹杯、三角捉手器盖、双腹碗具有典型的屈家岭文化风格④；中山寨遗址第四、五期也受到屈家岭文化因素的影响，该遗址也出土了类似的盆形鼎和双腹器⑤。颍河中上游地区一些遗址也发现不少屈家岭文化因素：禹州谷水河遗址"三期文化遗存"所出盆形鼎与屈家岭文化风格一致⑥，该遗址还采集了若干典型屈家岭文化器物⑦；巩义里沟遗址出土了典型双腹豆⑧。屈家岭文化甚至越过了黄河，影响到晋南地区。黄河北岸垣曲古城东关遗址庙底沟二期文化遗存中发现了不少屈家岭文化因素，如折腹豆、斜腹杯、高圈足杯等⑨（图一四二）。

屈家岭文化的扩张，不仅在中原地区留下了明显迹象，地处黄河下游地区的大汶口文化遗存中，也发现了屈家岭文化因素（图一四三）。大汶口遗址出土的双腹豆和斜腹

---

① 三星村遗址所发现的考古学遗存的年代早于北阴阳营遗址，相当于马家浜文化中晚期至崧泽文化早期，距今 6500 - 5500 年。

② 何介钧：《长江中游新石器时代文化》，湖北教育出版社，2004 年，第 340 - 344 页。

③ 河南省文化局文物工作队：《河南临汝大张新石器时代遗址发掘简报》，《考古》1960 年第 6 期，第 1 - 4 页。

④ 河南省文物研究所：《河南临汝北刘庄遗址发掘报告》，《华夏考古》1990 年第 2 期，第 11 - 42 页。

⑤ 中国社会科学院考古研究所河南一队：《河南汝州中山寨遗址》，《考古学报》1991 年第 1 期，第 57 - 88 页。

⑥ 河南省博物馆：《河南禹县谷水河遗址发掘简报》，《考古》1979 年第 4 期，第 300 - 307 页。

⑦ 中国社会科学院考古研究所洛阳工作队：《1975 年豫西考古调查》，《考古》1978 年第 1 期，第 23 - 34 页。

⑧ 郑州市文物考古研究所等：《河南巩义市里沟遗址 1994 年度发掘简报》，《华夏考古》2001 年第 4 期，第 3 - 24、83 页。

⑨ 中国历史博物馆考古部等：《垣曲古城东关》，科学出版社，2001 年，第 213、263 页。

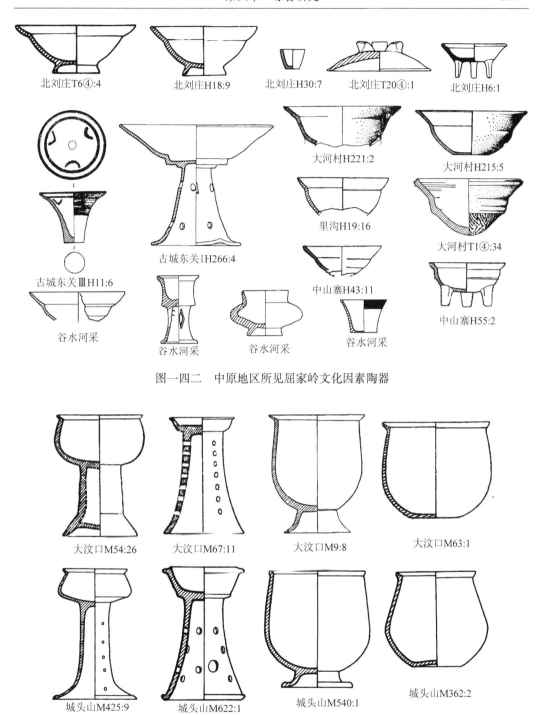

北刘庄T6④:4   北刘庄H18:9   北刘庄H30:7   北刘庄T20④:1   北刘庄H6:1

大河村H221:2   大河村H215:5

古城东关ⅠH266:4   里沟H19:16   大河村T1④:34

古城东关ⅢH11:6

谷水河采   谷水河采   谷水河采   中山寨H43:11

谷水河采   中山寨H55:2

图一四二　中原地区所见屈家岭文化因素陶器

大汶口M54:26   大汶口M67:11   大汶口M9:8   大汶口M63:1

城头山M425:9   城头山M622:1   城头山M540:1   城头山M362:2

图一四三　屈家岭文化与大汶口文化共有器物形态

杯，明显是屈家岭文化的器物。屈家岭文化与大汶口文化的影响是双向的，两者之间有若干共同因素，比如镂孔圈足豆、高圈足浅腹豆、敛口罐的形态非常接近。另外，在丹江上游的紫荆遗址，也发现了明显属于屈家岭文化风格的器物。

　　石家河文化早期，长江中游同样处在聚落鼎盛阶段，石家河文化早期因素在一些区域也有明显反映。如济源长泉①、新安寨子坪②、西沃③等遗址出土了喇叭口红陶杯，西沃还出土了石家河文化常见的折腹圈足杯，石家河文化的陶塑动物也见于中原的一些遗址（图一四四）。但是，相对于屈家岭文化，这些因素已经变得较为零碎，尤其到了石家河文化晚期和肖家屋脊晚期遗存阶段，长江中游地区已经处在文化的衰弱期，中原文化的强势地位则充分显现出来，肖家屋脊晚期遗存受到中原文化的强烈辐射，从根本上动摇了长江中游史前文化基础。

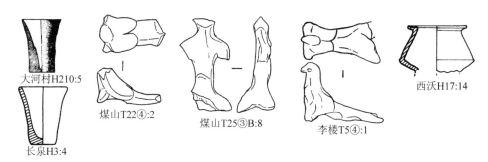

大河村H210:5

长泉H3:4

煤山T22④:2

煤山T25③B:8

李楼T5④:1

西沃H17:14

图一四四　　中原地区所见石家河文化早期因素陶器

三　长江中游地区新石器时代末期文化嬗变分析

　　为了正确认识中原地区文化辐射力对长江中游史前社会进程的影响，现进一步对这个问题展开讨论。

（1）长江中游相关遗存考察

　　肖家屋脊晚期遗存是石家河聚落群新石器时期年代最晚阶段遗存。汉东地区史前文化发展到这个阶段以后，显然没有按照原有轨迹继续发展，而是走向消亡。在整个汉东地区还没有这个遗存后续发展的任何线索，相当于二里头文化阶段的遗存在整个长江中

①　河南省文物局：《黄河小浪底水库考古报告》（一），中州古籍出版社，1999年，第72页。
②　河南省文物局：《黄河小浪底水库考古报告》（一），中州古籍出版社，1999年，第357页。
③　河南省文物局：《黄河小浪底水库考古报告》（一），中州古籍出版社，1999年，第406页。

游都很少见，即使有，也并非传统风格的继承①。这说明长江中游史前文化发展的脉络完全中断。由于以肖家屋脊晚期遗存为代表的"肖家屋脊文化"或者"后石家河文化"的相关材料还太少，还无法建立详细分期，故无法对该文化发展过程的具体环节进行细密梳理。

为此，有必要对该遗存的相关时空背景展开进一步分析，才能对文化变迁作出解释。

汉东地区与肖家屋脊晚期遗存在年代和文化属性上较为一致的遗存，目前仅见于钟祥六合遗址。六合遗址发现 25 座瓮棺，瓮棺中出土的玉器形态与种类均类似于肖家屋脊晚期遗存瓮棺所出玉器。瓮、豆、盆、盘、杯等陶器的形态也与肖家屋脊晚期遗存一致②。

汉水以西的峡江地区，江陵枣林岗遗址发现 46 座瓮棺，瓮棺中出土了一批玉器，还出土不少玉器残片和坯料、玉碎块等③。这些玉器残件、坯料和碎块几乎在每座瓮棺中都有出土，暗示瓮棺的主人可能是一批特殊职业的人群。枣林岗遗址出去的琥、人首、蝉、鹰等玉器造型，与肖家屋脊瓮棺所出玉器形态一致。

峡江地区宜昌白庙遗址位于西陵峡长江右岸，该遗址经过多次发掘④，史前时期遗存丰富，但发表的资料不成系统，且地层关系相互抵牾。孟华平将其分为四期⑤，少部分遗存的年代相当于肖家屋脊遗址石家河文化早期，多数与肖家屋脊晚期遗存相当，或许还有一部分要晚于肖家屋脊晚期遗存。由于资料没有全面发表，还无法建立这个遗址的陶器序列。白庙遗址出土陶器与肖家屋脊晚期陶器既存在相似又有区别，比如成腹圈足盘、广肩罐、盆形擂钵等形态基本相似，而扁腹罐、钵、器盖等的整体形态相似但局部有差异。白庙遗址的大侈口罐不见于肖家屋脊晚期遗存，肖家屋脊晚期遗存的典型器物细长柄豆也少见于白庙遗址。从这些特征来看，白庙所出陶器与肖家屋脊晚期遗存还是有一定的区别（图一四五）。

宜都沿长江一线，位于峡区之外的长江右岸山前阶地上，确切地说应该是清江与长

① 杨权喜：《江汉夏代文化探讨》，《中国文物报》1998 年 7 月 29 日。

② 荆州地区博物馆等：《钟祥六合遗址》，《江汉考古》1987 年第 2 期，第 1 – 31 页。

③ 湖北省荆州博物馆：《枣林岗与堆金台》，科学出版社，1999 年。

④ 湖北宜昌地区博物馆等：《湖北宜昌白庙遗址试掘简报》，《考古》1983 年第 5 期，第 415 – 419 页；湖北省宜昌地区博物馆：《白庙子遗址第二次试掘简报》，《中原文物》1988 年第 2 期，第 6 – 8 页；湖北省文物考古研究所：《1985 – 1986 年宜昌白庙遗址发掘报告》，《江汉考古》1996 年第 3 期，第 1 – 12 页；三峡考古队：《湖北宜昌白庙遗址 1993 年发掘简报》，《江汉考古》1994 年第 1 期，第 22 – 34 页。

⑤ 孟华平：《白庙早期遗存及相关问题》，《江汉考古》1994 年第 1 期，第 92 – 100 页。

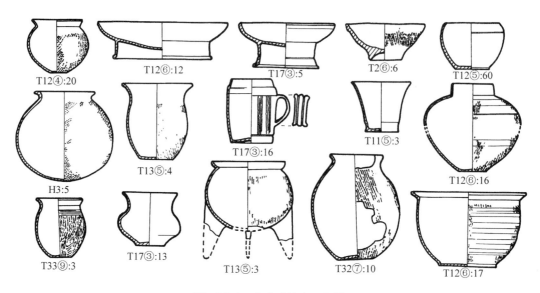

T12④:20　　T12⑥:12　　T17③:5　　T2⑥:6　　T12⑤:60

T13⑤:4　　T17③:16　　T11⑤:3　　T12⑥:16

H3:5

T33⑨:3　　T17③:13　　T13⑤:3　　T32⑦:10　　T12⑥:17

图一四五　白庙遗址出土陶器

江的冲积平原上，分布有茶店子、王家渡、石板巷子等遗址①。这些遗址集中分布在长度不超过 10 千米的清江与长江交汇区的长江右岸，其中以石板巷子发掘的遗存最为丰富。石板巷子出土的遗物整体特征与肖家屋脊晚期遗存一致，器物有鼎、釜、罐、钵、碟、盆、擂钵、甑、盘、碗、杯、盉、豆、器盖、器座、纺轮、陶塑动物等。釜形鼎、广肩罐的数量似乎要比白庙遗址为多，盆形擂钵、坦底圈足盘、细长高柄豆、甑等器物均具有肖家屋脊晚期遗存的明显特征（图一四六）。另外，当阳季家湖遗址也包含有这个时期遗存，其文化特征与肖家屋脊晚期遗存一致②。

　　上述地区在略早时期，均为石家河文化所占据，这些遗存应该是受到肖家屋脊晚期遗存影响而出现的新特点，换言之，肖家屋脊晚期遗存并非受到上述地区文化的影响而出现。

　　前文已经对肖家屋脊遗址进行了详细分析，分析的结果是，"石家河文化早期、晚期"有诸多明显不同的特征，难以整合到一个考古学文化体系之中。晚期遗存出现了许多新的因素，这些因素既然在本聚落、本地区都找不到源头。那么，就应该到更大的时空背景中去寻找。

---

① 湖北省文物考古研究所：《宜都城背溪》，文物出版社，2001 年。

② 湖北省博物馆：《湖北当阳季家湖新石器时代遗址》，《文物资料丛刊》（10），第 1 – 15 页。

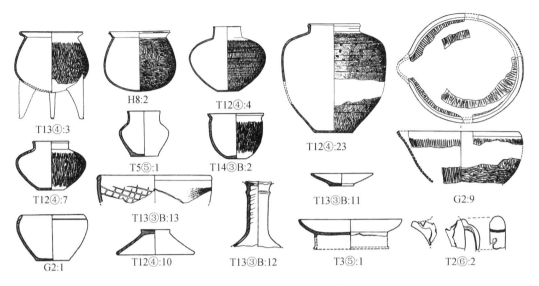

T13④:3　H8:2　T12④:4　T12④:23

T12④:7　T5⑤:1　T14③B:2　T13③B:11　G2:9

G2:1　T13③B:13　T12④:10　T13③B:12　T3⑤:1　T2⑥:2

图一四六　石板巷子遗址出土陶器

　　有关学者对此进行过探讨，并且明确指出，肖家屋脊晚期遗存的源头在中原地区①。但是，若要讨论中原文化与江汉地区文化的关系，就必须着眼于特定的时间和特定的地点。

　　从地理位置来看，江汉平原与中原的交通，主要经过南阳盆地—丹江下游的丹江流域和唐白河流域，丹江、老灌河、唐河、白河的上游与伊洛河流域以及淮河水系的沙汝河流域诸水的上游通过伏牛山脉的山间通道连为一体。南阳盆地诸河流汇入汉水以后，形成汉水两岸的河流宽谷地带，便于与江汉地区交通，这条交通线自边畈文化即已存在。大洪山是横亘于江汉平原与南阳盆地之间的一条斜向山脉，大洪山的北侧是随枣走廊，南侧即是汉水通道。随枣走廊发育的涢水，经枣阳到随州、安陆、云梦而入江汉平原，这是另外一条交通线。这两条通道在历史上都非常重要，中原文化向南传播，它们是必经之地。

　　南阳盆地及其周边地区相当于石家河—中原龙山文化阶段的遗存有乱石滩②、青龙

　　① 比较有代表性的有何驽：《试论肖家屋脊文化》，《三代考古》（二），科学出版社，2006年，第98－144页；韩建业、杨新改：《王湾三期文化研究》，《考古学报》1997年第1期，第1－21页。
　　② 中国社会科学院考古研究所长江队：《湖北均县乱石滩遗址发掘报告》，《考古》1986年第7期，第586－596页。

泉与大寺①、下王岗②、八里岗③等遗址。

以乱石滩"上文化层"出土遗物为代表的"乱石滩文化"出土有带流盆（盆形擂钵？）、豆、器盖、罐、碗、盘、鼎、篷形器、器座。这批遗物中，罐的形态较多，有广肩罐、敛口罐、侈口罐、双耳罐。器物群中与肖家屋脊晚期遗存器物相似或相同的类型有广肩罐、坦底圈足盘、红陶杯、盆形擂钵。双耳罐是关中地区客省庄文化晚期的典型因素（图一四七）。

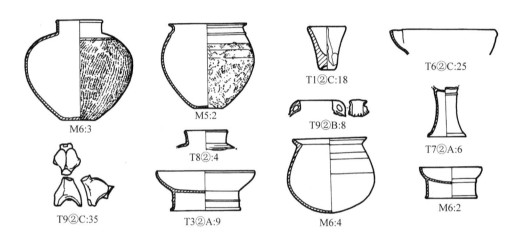

图一四七　乱石滩遗址出土陶器

青龙泉遗址石家河文化遗存被命名为"青龙泉三期文化"，该文化的陶器群为钵、碗、杯、罐、盆、鼎、斝、鬶、甑、瓮、豆、盘、碟、尊、缸、擂钵、器盖、器座等。这些器物中的钵、碗、斜腹杯、盆形鼎、中口罐、高领罐、长颈罐、甑、擂钵、豆、碟、敞口缸、器座、鬶、器盖等，形态与肖家屋脊石家河文化早期遗存几乎完全一致。但也有部分器形存在差异：两者均有斝，但形态迥异；石家河文化早期的壶形器、高圈足杯大量流行，青龙泉三期却很少见。但这些并不是主导因素。从器物群和器物形态上，"青龙泉三期文化"与石家河文化早期遗存性质相同，其存在的某些差异可以将其作为石家河文化的一个区域类型来处理（图一四八）。

大寺遗址"龙山文化"陶器有碗、盆、罐、鼎、豆、盘、盂、杯、瓮、器盖、器

① 中国社会科学院考古研究所：《青龙泉与大寺》，科学出版社，1991 年。

② 河南省文物研究所等：《淅川下王岗》，文物出版社，1989 年。

③ 北京大学考古学系等：《河南邓州八里岗遗址的调查与试掘》，《华夏考古》1994 年第 2 期，第 1－5 页；北京大学考古学系等：《河南邓州八里岗遗址 1992 年的发掘与收获》，《考古》1997 年第 12 期，第 1－7 页。

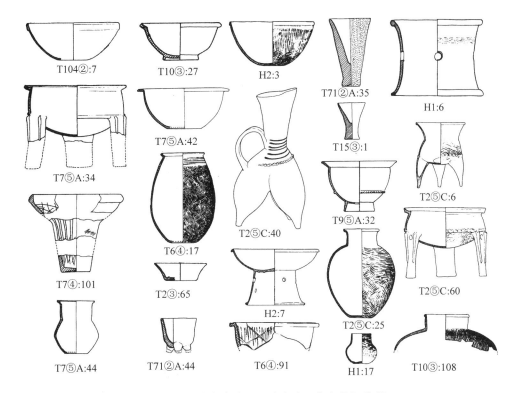

图一四八　青龙泉遗址"青龙泉三期文化"陶器

座等。这些器物与肖家屋脊晚期遗存陶器相似，如坦底圈足盘、带流盉、广肩罐、深腹瓮、器座、覆碗形器盖均可以在肖家屋脊晚期遗存中找到相似器形，觚形杯应该是东方因素，该遗址同样也出土了双耳罐。这些都是乱石滩遗址"上文化层"所具有的基本特征，显示大寺遗址"龙山文化"遗存与"乱石滩文化"的文化性质一致，时代也应该一致，应该是晚于"青龙泉三期文化"的另一种文化遗存。该文化遗存与肖家屋脊晚期遗存处在同一时间维度，文化面貌也极为相似。在石家河聚落群外围遗存中，其与肖家屋脊晚期遗存的相似程度似乎介于石板巷子与白庙之间（图一四九）。

下王岗遗址原报告中"屈家岭文化二期"器物群具有石家河文化早期的特征。H5出土的中口罐、宽扁足刻划纹的罐形鼎、圈足杯、平口鬶以及 H9 出土的漏斗形擂钵显然是石家河文化早期的典型器物，这些器物绝不可能存在于屈家岭文化。"龙山文化陶器"包括各种形态的罐以及釜形鼎、盆形鼎、高柄豆、单耳杯、壶、瓮、盉。器物群和器物形态与乱石滩上层及大寺龙山文化遗存一致（图一五〇）。

八里岗遗址进行过多次发掘，资料尚未系统发表。八里岗遗址三期的性质属于石家河文化。1992 年的发掘发表了 4 件"八里岗四期文化"陶器，这似乎是一个新的文化

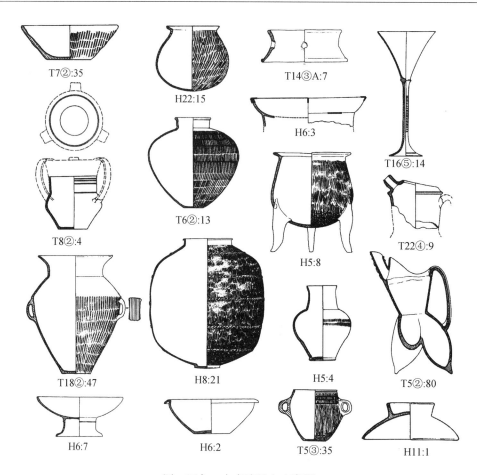

T7②:35

H22:15

T14③A:7

H6:3

T16⑤:14

T8②:4

T6②:13

H5:8

T22④:9

T18②:47

H8:21

H5:4

T5②:80

H6:7

H6:2

T5③:35

H11:1

图一四九　大寺遗址出土陶器

命名，但发掘者并未明指①。樊力在一篇文章中发表了另外 5 件陶器②。陶器器形有盆形擂钵、高柄豆、圜底釜、平底盆、高领罐等。其形态与中原腹地龙山文化晚期风格相似，是"受到以王湾三期文化晚期遗存为代表的中原地区龙山时代晚期遗存较大影响"的遗存。当然，其与以乱石滩上层为代表的乱石滩文化也存在许多共同的特点，比如高柄豆、盆形擂钵、广肩罐、平底钵等器物的风格较为一致（图一五一）。

本书关注南阳盆地—丹江下游地区，主要在于它的地理位置。作为地理通道，这里是数个文化中心区的交界地带，在这些文化区中，以长江中游和中原腹地最为强势，但

① 北京大学考古学系等：《河南邓州市八里岗遗址 1992 年的发掘与收获》，《考古》1997 年第 12 期，第 1－7 页。

② 樊力：《豫西南地区新石器文化的发展系列及其与临近地区的关系》，《考古学报》2000 年第 2 期，第 147－181 页。

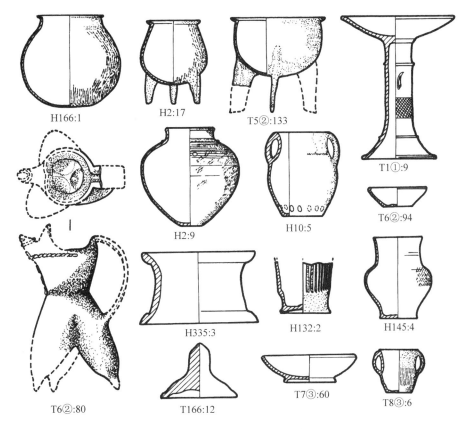

图一五〇 下王岗遗址出土陶器

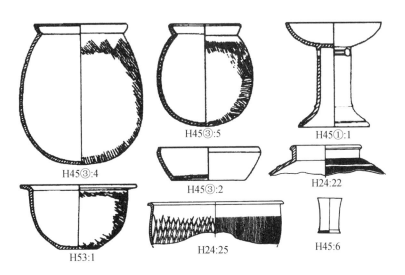

图一五一 八里岗遗址四期遗存陶器

西北关中地区和东方黄淮平原文化也曾对这里施加过影响。交界地带的文化具有多重性和反复性①，南阳盆地—丹江下游地区史前文化的发展进程也印证了这一点。这里最早阶段的文化属中原裴李岗文化系统，尔后即成为仰韶文化区，受到中原和关中的双重影响，后来则成为南方屈家岭文化和石家河文化的分布区②。从上述分析来看，"青龙泉三期文化"是与石家河文化同一文化性质的考古学遗存，年代也与肖家屋脊遗址石家河文化早期相当。与肖家屋脊晚期遗存年代相当的是乱石滩"上文化层"、大寺"龙山文化遗存"、下王岗"龙山文化"遗存、八里岗"四期文化"遗存。在这些遗存中，前三处属于同一文化性质的遗存，并且与肖家屋脊晚期遗存有许多相似的因素。八里岗四期遗存的资料发表较少，所发表的器物还不足以全面反映该遗存的基本特征，但从相关器物形态来看，与乱石滩上层一类遗存也有共同的因素，而这些因素似乎也同样见于肖家屋脊晚期遗存。

这就出现了一个需要讨论的问题：处在中原腹地与长江中游之间的南阳盆地—丹江下游地区确实存在一支类似于肖家屋脊晚期遗存的考古学文化，这支考古学文化与肖家屋脊晚期遗存有相当多的共同因素，那么，它与肖家屋脊晚期遗存到底是什么关系？谁影响了谁？

汉东地区肖家屋脊晚期遗存与石家河文化存在一定的联系，前文已经仔细对比了两者在文化因素方面的异同。肖家屋脊晚期遗存在继承和发展石家河文化的同时，出现了许多新的因素。不过，所谓继承下来的石家河文化那些因素，是否就是石家河文化所创造，也还有待分析。石家河文化的筒形擂钵、盆形擂钵、宽扁足鼎、鬶、盉等均在本地没有源头，并不是屈家岭文化的因素，肖家屋脊晚期遗存将这些因素全部继承下来，暗示这些所谓石家河文化因素可能也是外来。另外，肖家屋脊晚期新出现的因素如广肩罐、高领深腹瓮、坦底圈足盘、斜腹甑、凸底罐、高柄豆等，完全非汉东本土所固有，显然为外来因素。这些现象表明，大致从石家河文化开始，汉东地区的史前文化传统正发生着明显的变化，外来因素相继出现，到了肖家屋脊晚期遗存阶段，随着更多新因素的涌入，深刻地影响了文化的进程。

这些因素源头的指向，是龙山时代的中原。

（2）中原腹地龙山时代相关遗存考察与中原文化南渐

中原腹地，即是以嵩山为中心的河南省中西部，是国家文明最早发生地，这个地区

① 郭伟民：《关于考古学文化传统中心、交界地带和新区域的思考》，《南方文物》1992 年第 3 期，第 106 – 110 页。

② 樊力：《豫西南地区新石器文化的发展序列及其与邻近地区的关系》，《考古学报》2000 年第 2 期，147 – 181 页。

的史前文化进程特别是 4000BC－1500BC 的文化演进与社会复杂化过程实际上就是中国早期国家文明的诞生历程。

中原腹地在 2400BC 前后相继进入龙山时代。

以嵩山为中心的中原腹地被河流和山川分隔成数个地理小单元，即郑州地区，洛阳盆地，洛河中游地区，伊河流域，颍河中上游地区，沙、汝河流域，涧河流域，济源盆地①。其中伊河流域和沙、汝河流域地理位置接近南阳盆地和江汉地区。

伊河流域经过正式发掘的有白元②、马迴营③遗址，这两处遗址均在伊河下游的伊川县，距丹江流域老灌河上游实有一定的距离。这两处遗址均没有发现龙山早期的遗存。白元遗址第一期遗存为数个灰坑所出陶器。T2 第 5 层和打破第 5 层的 H23 提供了较多陶器（图一五二）。其中漏斗形擂钵、高柄豆、斜腹甑以及 T3 第 3 层出土的坦底圈足盘、T9 第 4 层出土的广肩罐的形态都与汉东地区肖家屋脊晚期遗存同类器物形态接近。这些陶器的年代属于"龙山晚期前段二组"④。属于龙山晚期前段一组的马迴营

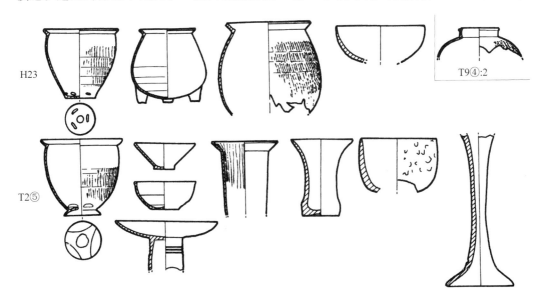

图一五二　白元遗址一期遗存陶器

①　张海：《公元前 4000 年至 1500 年中原腹地文化演进与社会复杂化》，北京大学博士研究生学位论文，2007 年，第 15－25 页。
②　洛阳地区文物处：《伊川白元遗址发掘简报》，《中原文物》1982 年第 3 期，第 7－14 页。
③　洛阳地区文物保护管理处：《河南伊川马迴营遗址试掘简报》，《考古》1983 年第 11 期，第 1039－1041 页。
④　张海：《公元前 4000 年至前 1500 年中原腹地的文化演进与社会复杂化》，北京大学博士研究生学位论文，2007 年，第 75 页。

遗址 T1 第 2 层出土了陶塑动物。看来，伊河流域在龙山晚期与汉东地区存在文化交流是不争的事实。问题是在这种交流中，谁占居主导地位，处于文化的强势。从伊河流域的情况来看，漏斗形擂钵、高柄豆、坦底圈足盘、广肩罐等龙山晚期前段二组的器形在本地同样找不到源头，暗示这些可能是外来因素。

沙、汝河流域经过正式发掘的有汝州煤山①、李楼②、北刘庄③，郾城郝家台④，襄城台王⑤等遗址。煤山遗址第一次试掘仅开两条探沟，且大多数陶器均为采集，失去分期意义。第二次发掘有明确的堆积关系，报告将龙山时代遗存分为两期，一期器物主要有鼎、斝、罐、甗、瓮、擂钵、钵、圈足盘、豆、盒、壶、瓠、杯、鬶、碗、器盖等。鼎既有鸭嘴形足也有乳状小足，均为罐形或釜形鼎；斝为大口、束颈、浅腹、圜底，下附三袋状足；罐有大口深腹罐和广肩罐（高领瓮）；擂钵形态则漏斗形和盆形皆有。另外还有浅腹圈足盘、单耳杯、平底钵。该期还出土了陶鸟和陶偶等陶塑品。陶偶的形态显然是人抱鱼的造型，这种造型是邓家湾遗址石家河文化二期的典型特征。二期器物群的整体特征与一期差别并不大，鼎同样流行乳状小足，一期的鸭嘴形足消失，出现侧装宽扁足；广肩罐、盆形擂钵、鬶、平底盆等继续存在；豆为浅腹坦底，但并非细高柄。该期还出土了大口深腹罐的一种新的形态（报告作瓿），该期也出土了陶塑动物（图一五三）。

煤山一、二期陶器的特征虽然比较明显，但具体的单个器物的形态演变却并不清晰，像广肩罐、浅腹圈足盘、擂钵、乳足鼎、豆等重要器形的演变轨迹都不清楚，这意味着要么没有揭露出有堆积序列的地层，要么堆积本身的时间间隔就很短。如果将细高柄豆的出现视为晚出因素的话，则煤山一、二期的陶器在年代上要较伊河流域白元遗址略早。

将煤山遗址所出土的陶器与南阳盆地—丹江下游地区相关遗存比较，也没有确凿的把握在时间上分出先后，煤山一期所具有的因素在大寺、乱石滩和下王岗等遗址同样具

① 洛阳博物馆：《河南临汝煤山遗址调查与试掘》，《考古》1975 年第 5 期，第 285－294 页；中国社会科学院考古研究所河南二队：《河南临汝煤山遗址发掘报告》，《考古学报》1982 年第 4 期，第 427－475 页；河南省文物研究所：《临汝煤山遗址 1987－1988 年发掘报告》，《华夏考古》1991 年第 3 期，第 4－23 页。

② 中国社会科学院考古研究所河南一队：《河南汝州李楼遗址的发掘》，《考古学报》1994 年第 1 期，第 63－97 页。

③ 河南省文物研究所：《河南临汝北刘庄遗址发掘报告》，《华夏考古》1990 年第 2 期，第 11－42 页。

④ 河南省文物研究所等：《郾城郝家台遗址的发掘》，《华夏考古》1992 年第 3 期，第 62－91 页。

⑤ 河南省文物研究所：《襄城县台王遗址试掘简报》，《中原文物》1988 年第 1 期，第 7－13 页。

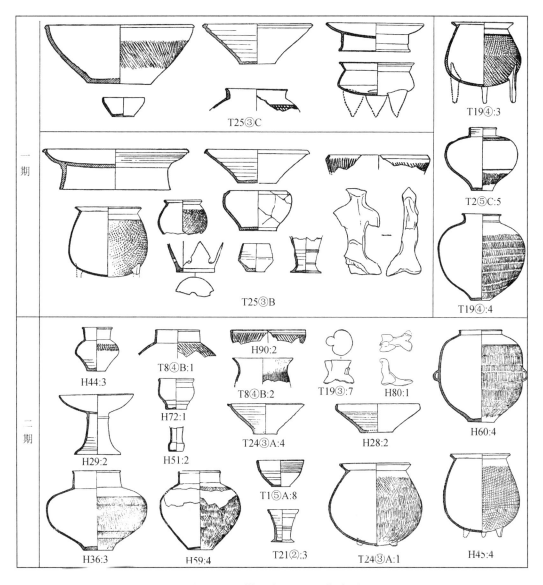

图一五三　煤山遗址一、二期陶器

有，这些因素包括浅腹圈足盘、广肩罐、平底盆、鬶、单耳杯等。这些因素在南阳盆地—丹江下游地区没有更早的线索，煤山遗址及其沙、汝河流域同样也没有更早的线索①。那么，这些共同的因素既然存在于上述两个地区，就必须找到其真正的源头，这

---

① 在煤山遗址以北 300 米处是北刘庄遗址，该遗址一期、二期均为仰韶文化遗存，第二期受到屈家岭文化晚期因素的影响。第三期属于与煤山二期文化性质相同的遗存。第二期、三期之间存在较大缺环。

样才能讨论文化因素的传播路线问题。

不妨把范围再扩大一些，将视线聚焦到中原腹地。

在沙、汝河流域通往嵩山地区中原腹地之间，是颍河流域中上游。

颍河中上游地区经过正式发掘的龙山文化遗址有登封王城岗①、北沟②、程窑③、禹州瓦店④、吴湾⑤等。其中以瓦店、王城岗遗址的材料最为丰富。

瓦店遗址龙山文化早期遗存很少，晚期遗存较为丰富，1997 年发掘的数个探方文化堆积较厚。瓦店遗址Ⅳ区龙山晚期遗存分为三期。通过对这三期陶器的排序，可以看出相关陶器的演变情况，如矮足鼎（乳状足鼎）由一期略高到三期仅残留乳状形态，豆由粗矮柄发展到细高柄。瓦店遗址龙山晚期遗存一、二期某些器物形态接近煤山一期：瓦店二期的Ⅱ式斝与煤山一期斝的形态一致，两者均出土形态一致的高领瓮（广肩罐），瓦店一期与煤山一期均出土形态相同的擂钵、平底钵、平底盆、单耳杯。瓦店三期与煤山二期有较多的共同特征：如豆柄变高，矮足萎缩成乳状足，高领瓮最大腹径上移而成为名副其实的广肩，两者都出土了陶鸟一类的陶塑品。从这些特点来看，瓦店遗址龙山文化晚期遗存大致不会超出煤山一、二期的范围（图一五四）。

瓦店遗址虽然提供了龙山文化晚期遗存某些陶器的演变线索，但这些特征仅仅局限在单一陶器形态上，并且这些形态在本地并无早期线索。与煤山一、二期遗存一样，都在本地没有找到相应的源头。王城岗遗址虽然也提供了比较详细的陶器形态分期，也有一批不同于瓦店遗址的器物，但整体风格一致，器物群的形态也基本在瓦店的年代范围。

上述对于沙、汝河流域和颍水中上游地区龙山文化晚期遗存的考察，虽然并没有解决存在于中原腹地、南阳盆地—丹江下游、汉东地区若干共同因素的真正源头问题，但是却在中原腹地找到了这类遗存的密集分布区和自成序列的诸多遗址。煤山遗址这类遗存分两期，瓦店分为三期，王城岗则可以分为六期。这说明，无论是文化堆积的厚度、密度还是人类活动的频繁程度，王城岗遗址都是最为丰富的。这也说明愈接近中原腹

①　河南省文物研究所等：《登封王城岗与阳城》，文物出版社，1992 年；北京大学考古文博学院等：《河南登封王城岗遗址 2002、2004 年发掘简报》，《考古》2006 年第 9 期，第 3 – 15 页。

②　河南省文物研究所：《登封告成北沟遗址发掘简报》，《中原文物》1984 年第 4 期，第 9 – 12 页。

③　赵会军、曾晓敏：《河南登封程窑遗址试掘简报》，《中原文物》1982 年第 2 期，第 9 – 13 页。

④　河南省文物研究所：《禹州瓦店》，世界图书出版公司，2004 年。

⑤　河南省文物研究所等：《禹县吴湾遗址试掘简报》，《中原文物》1988 年第 4 期，第 5 – 10 页。

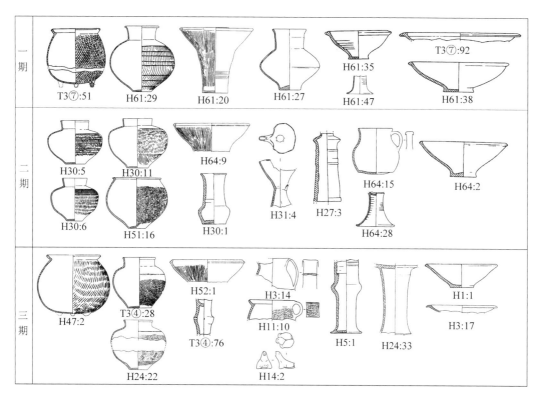

图一五四　瓦店遗址Ⅳ区陶器排序

地，这类遗存愈丰富。中原腹地以嵩山为中心，煤山—瓦店—王城岗实际上是由外围到中心的过程，如果将这一过程逆推，则由腹地中心的王城岗至于瓦店、煤山，就是中心辐射外围的过程。若将这个辐射圈的范围稍加扩大，就进入了南阳盆地—丹江下游地区，若将其范围再扩大，显然就到了长江中游的汉东地区。所以，从常理来讲，这些地区的某些主要相同的因素，应该是中原腹地向汉东辐射，而不是相反。

中原地区这类龙山文化晚期遗存统称为"王湾三期文化"①。王湾三期文化在中原腹地因所处地理位置的不同而可以分为若干区域类型②。这些不同的类型虽有若干器物形态的差别，但共同因素却是主要的。这个时期是中原腹地社会复杂化进程加剧的动荡时期，具体表现为城池林立、战乱频仍、等级分化明显、集团内部以及集团之间矛盾剧

---

① 韩建业、杨新改：《王湾三期文化研究》，《考古学报》1997年第1期，第1－21页。

② 相关划分见河南省文物考古研究所：《河南考古四十年》，河南人民出版社，1994年，第123－147页；赵春青：《中原龙山文化王湾类型再分析》，《洛阳考古四十年》，科学出版社，1996年，第19－115页；韩建业、杨新改：《王湾三期文化研究》，《考古学报》1997年第1期，第1－21页；董琦：《虞夏时期的中原》，科学出版社，2000年，第18－28页。

烈，混一中原的趋势趋向明朗。①

在中原腹地，王湾三期文化之前是"龙山文化早期遗存"，其在中原腹地存留的时间很短，大致在2400BC－2300BC左右，前后不过百来年。从遗存的性质来看，它是本地仰韶文化晚期受到庙底沟二期文化强烈冲击而出现的考古学文化遗存，故带有浓厚的庙底沟二期文化的特征。如斝、敛口盆形鼎、夹砂深腹罐、敞口平底盆都是庙底沟二期文化所固有而成为早期遗存的基本器物类型。庙底沟二期文化不止对早期遗存施加影响，更重要的是庙底沟二期文化的许多因素经过龙山文化早期遗存短暂的过渡之后，成为王湾三期文化的重要特征。

王湾三期文化的一些重要特征，如矮足或乳足鼎、高领瓮等，还可以在"龙山文化早期遗存"以及比之更早的遗存中找到若干线索。比如广肩罐或高领瓮，在郑州大河村遗址有明显演变规律。大河村遗址分为六期②，一至四期为仰韶文化遗存。第四期为仰韶文化末期，并向龙山文化早期过渡，该期发现了屈家岭文化的某些因素。一至四期均出土了高领广肩罐。第五期出土了厚胎灰陶杯，已属龙山文化早期遗存，该期同样出土了广肩罐。第六期则为王湾三期文化阶段，出现了腹部双耳广肩罐、坦底圈足盘（图一五五）。中原地区仰韶文化末期—龙山文化早期遗存还有若干线索，显示在陶器上直接与王湾三期有重要关联，类似的遗址有里沟③、北刘庄④、冢子坪、西沃⑤、站马屯⑥等（图一五六）。这些遗存显示了一些主要陶器的形态演变，这些陶器包括斝、矮足鼎、宽扁足釜形鼎、深腹瓮、平底钵、筒形擂钵、盆形擂钵、广肩罐、单耳杯等。这说明，王湾三期典型器物均源于龙山文化早期或本地更早时期的遗存，就目前所知，广肩罐可以看出是在中原腹地发生的，至于浅腹圈足盘、高柄豆是否完全为本地独立发生，尚存疑问。因为本地龙山文化早期遗存罕见这两类器物。仰韶文化末期—龙山文化

---

① 张海：《公元前4000年至前1500年中原腹地的文化演进与社会复杂化》，北京大学博士研究生学位论文，2007年，第263－277页。

② 郑州市博物馆：《郑州大河村遗址》，《考古学报》1979年第3期，第301－304页。1983、1987年的发掘所见基本与此一致，见郑州市文物工作队等：《郑州大河村遗址1983、1987年发掘报告》，《考古学报》1996年第1期，第111－141页。

③ 郑州市文物工作队等：《河南巩义市里沟遗址发掘简报》，《考古》1995年第6期，第526－540页；《河南巩义市里沟遗址1994年度发掘简报》，《华夏考古》2001年第4期，第3－24、83页。

④ 河南省文物研究所：《河南临汝北刘庄遗址发掘报告》，《华夏考古》1990年第2期，第11－42页。

⑤ 河南省文物管理局等：《黄河小浪底水库考古报告》（一），中州古籍出版社，1999年，第337－419页。

⑥ 河南省文物研究所：《郑州市站马屯遗址发掘报告》，《华夏考古》1987年第2期，第3－46页。

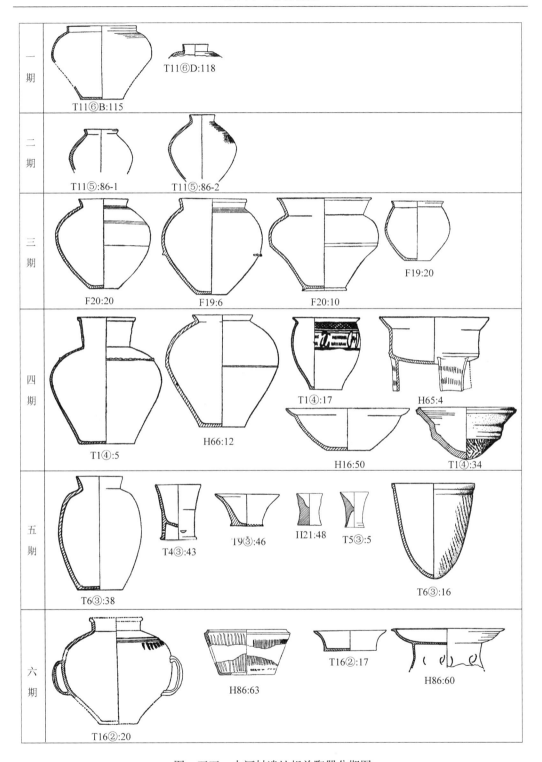

図一五五　大河村遗址相关陶器分期图

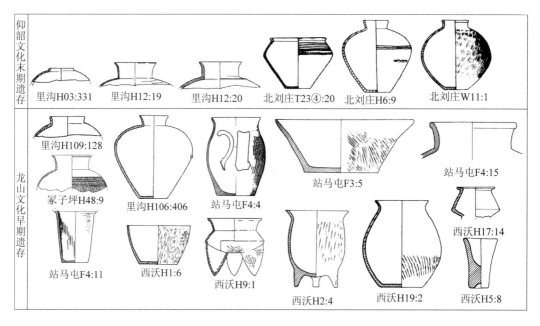

图一五六　中原地区仰韶文化末期—龙山文化早期相关遗存陶器

早期阶段，中原腹地受到西方庙底沟二期文化、南方屈家岭—石家河文化、东方大汶口文化的影响，南方是圈足盘的发源地，东方则是豆的发源地。有理由认为，圈足盘、豆是在文化互动时传播到中原腹地并被成功改造，从而成为王湾三期文化的重要特征，然后再向外辐射。

　　上述对中原腹地仰韶文化末期—王湾三期文化相关遗存的考察，主要目的是希望找到这一地区某些文化因素演变的过程，以及文化形态之间的关联性，并以此作为王湾三期文化植根于中原腹地并向南方辐射、进而从根本上改变了长江中游史前文化进程的证据。这是一个颇为艰难的历程，到现在也不能说问题就完全得到了解决，因为根据现有的材料，还无法将这些零散的线索有效地加以整合。但是，这样的努力并非是无意义的劳动，通过对上述相关遗存的分析，基本可以在如下问题上达成初步结论：第一，中原腹地龙山文化早期遗存的年代相当于庙底沟二期文化晚期，且这类遗存本身就是受到庙底沟二期文化强烈影响下的产物。第二，中原腹地龙山文化早期遗存直接发展成为王湾三期文化，所以从某种程度上说，王湾三期文化也是庙底沟二期文化影响的产物。第三，中原腹地王湾三期文化在继承本地龙山文化早期遗存的基础上迅速发展壮大，成为中原地区的强势文化，并向外辐射。在长江中游，石家河文化早期以后，受中原文化南下的影响，文化进程出现了急剧变化，肖家屋脊晚期遗存是受到王湾三期文化强烈辐射下的一支地区性考古学文化。

行文至此，可以大致复原出一条王湾三期文化南下的线路图：该文化向南扩张主要是以颍河中上游，沙、汝河为基地，通过伏牛山南缘和桐柏山北缘的方城、南召的河流宽谷和平岗地带进入南阳盆地，然后沿唐、白河南下进入汉水中游宽谷地带，再顺汉水而下进入江汉平原，在南阳盆地留下了"乱石滩文化"和"八里岗四期遗存"，汉东石家河文化的中心区域受到王湾三期文化的影响，出现了肖家屋脊晚期遗存。

王湾三期文化对长江中游文化的作用，使本地固有文化传承被打断。石家河文化以后，这里处于相对离析的状态，原来高度统一的文化共同体分解为若干支区域性遗存，再也没有相对集中的中心聚落和连续发展的文化堆积，也无后来的文化承续。显然，绵延数千年的长江中游史前文化由此走向没落。

四　经济技术的进步

长江中游地区社会的进程与经济技术的进步紧密关联。经济技术的进步来自于生产实践，人们利用自然和改造自然的方式，包括聚落的形态与结构、工具的制造、产品的生产与流通，这些均是考察经济技术的重要内容。

人类社会的发展可从两方面考察：人与自然的关系——决定生存模式的形成与发展；人与人的关系——决定社会形态的形成与发展。生存作为人类的基本需求，则制约着其他相关因素。新石器时代的经济与生业有多种模式，但在长江中游地区，原始农业的出现与新石器的发生具有密不可分的关系。

A. 植物的利用与稻作农业经济的发展

植物是人类生活中极为重要的资源，植物的驯化是获得可靠食物支持的基础，并由此导致了农业的出现。彭头山遗址出土了大量水稻，说明水稻已经成为当时人们生活中非常重要的食物来源。八十垱遗址中出土的水稻性状已经是经过人工驯育的古稻。所谓"古稻"的命题说明水稻从野生到栽培，必须经过一个较长时间的演化过程。顾海滨通过对八十垱、城头山、鸡叫城等遗址中彭头山文化、大溪文化、屈家岭文化时期不同堆积单位所提取的水稻及与现代野生稻分析发现，彭头山文化时期的水稻仍然处在一个籼、粳不分，种属模糊的阶段，但这批水稻的遗传特点与野生稻有明显区别，暗示早期水稻还处在从野生习性向栽培水稻过渡的阶段[①]。大溪文化时期水稻则较为明显地出现了籼、粳的分化，说明已经基本具备了栽培稻的特征。屈家岭文化时期则已经属于栽培的粳稻，与现代粳稻没有本质区别。这说明从野生到栽培稻需要经过一个较长的时间阶段，不可能一蹴而就。这也表明，野生稻、栽培稻、粳稻、籼稻在某个发展时期可能具有模糊的特性（图表二三、二四）。

---

① 顾海滨、赵志军：《湖南考古遗址炭化水稻的特征》，待刊。

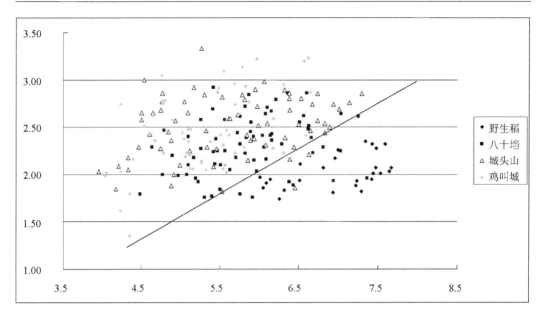

图表二三　澧阳平原史前水稻与现代野生稻粒形特征分布

（根据顾海滨，2008 年）

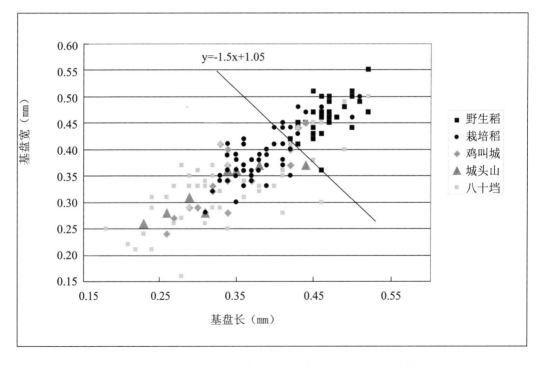

图表二四　澧阳平原史前水稻与现代野生稻基盘特征分布

（根据顾海滨，2008 年，图12）

水稻的这种演化，自然是长期稻作农业经济所造成。在水稻演化的过程中，稻作经济技术也在进化。比如农业工具的制造和使用，耕作方式的改进等等。

长江中游史前农业工具的出土并不多，八十垱、城头山等遗址的发掘显示，由木材制成的耒、耜可能是基本的农耕器具。农业经济技术的进步也能在稻田和灌溉系统等方面得到反映。澧阳平原的聚落位于临水的低岗地带，聚落周围多有自然河道，这些河道又多与人工开凿的壕沟连通，这是开展稻作农业的前提。城头山遗址汤家岗文化水稻田出现了田埂、蓄水坑和灌溉所用的水沟，反映了稻作农业的进步。鸡叫城聚落群则具备了更为先进的农业技术，这里出现了由护城河、平行水渠、河道、稻田耕作片区所组成的复杂农田水利灌溉系统。

水稻的驯化与栽培利用是人类利用植物的一个重要例证。早期聚落社会，人们或许不仅仅单纯利用水稻一种植物，还具有广谱经济的特点。八十垱遗址的植物食物除了水稻，还包括梅、桃、葡萄属、芡实、菱果、中华猕猴桃、君迁子、悬钩子属、野大豆、紫苏、栝楼、薄荷、苋等。当然，这些植物在人们的食物结构中并不能与水稻相比，只能作为某种补充。

人类的生产和生活不能离开植物，就其功用来说，建筑与植物也紧密关联。彭头山文化时期的建筑类型已经多样化，修建房子必然使用木材，从选材、砍伐、加工、搭建房屋，需要一整套技术与方法。木材从原材料到成为一件人工制品，同样也要经过多道工序。彭头山文化在树木质地认识、木材加工方面都具备了系统的知识，这种知识显然是人类长期与自然界接触的结果。八十垱遗址出土了大量的木器和木制品，如耒形器、铲形器、手形器、钻、锥、杵等，这些木制品的用途目前还不太清楚，但已经被广泛用于人们的生产和生活却是事实。

城头山大溪文化城壕中发现了大量的木材和木制品。这些材料显示，大溪文化时期对于木材的认识以及在加工使用方面有了长足的进步。城头山壕沟出土的植物遗存中，有许多乔木和灌木，包括红豆杉、小果冬青、合欢、乌冈栎、八角枫、通脱木、石栎、黄连木、楝树、蓝果树、黄荆、栗、枫香树等。这些植物的茎干均可以用来作为建筑材料和制作木器用品。鸡叫城早期壕沟中出土大量的木桩和木板构件，木板表面平整光滑，看不出斧锛痕迹，更表明加工技术的显著进步。

植物还可以作为编织物，为人们生产和生活所用。八十垱遗址出土的编织物有芦席、芦笆、麻绳、藤索等。其中芦席的编织方法以及编织的精细程度均可与现在当地村民的同类物品相媲美，反映出发达的编织技艺。这种编织物在大溪文化时期的城头山城壕中也大量出现，二期城壕的南城壕护坡就使用了芦席，这种芦席由木桩固定，成为保护坡岸的重要设施。城头山大溪文化城壕还出土了原始布，虽然未对其原料检测，但显然是利用植物纤维织成，在出土的植物中发现了茎皮纤维很发育的黄连木和葎草，即使现在也可以用来制作粗布，可以推测当时一定利用了这些或者类似的植物来制作布料。

B. 动物的饲养与利用

动物与植物一样，也有一个明显的驯化过程，不过，长江中游地区最先驯化了哪种动物，目前还无明确证据。八十垱遗址出土的动物骨骼有牛、猪、鸡等，其中以牛（Bubalus）为主，尚不清楚这种牛是否已经被驯养。丁家岗遗址汤家岗文化堆积中还发现了大象骨骼。城头山南城壕出土的动物骨骼很多，经鉴定的种属有黑鼠、狗、貉、鼬獾、獾、大灵猫、象、鹿、水牛、黄牛、猪以及龟、蛙和多种鱼类等。其中，猪颌骨的观察和测量的结果为家猪，至少说明大溪文化时期家猪已经被成功饲养①。邓家湾遗址出土了大量石家河文化时期陶塑动物，计有狗、猪、羊、兔、猫、猴、象、獏、狐、鸡、鸟、龟、鳖、鱼等，应该是当时石家河地区动物种群的基本反映。

动物不仅可以提供肉食来源，其骨骼还可以制作器具。长江中游许多遗址中也发现了骨器。史前人类还多有利用动物皮毛制作衣服的习惯。总之，动物的肉可以食用，动物的骨、皮、毛都可以为人类所用。工具、武器、装饰物、衣服等均可由动物的某些部分做成。

C. 资源的获取、贸易、互惠与再分配

新旧石器过渡时期澧阳平原即发现了大量的细小打制石器和燧石器，这些石器的原料多为砾石，砾石存在于河滩。涔水上游河谷地带王家场一带曾经发现大量的细小燧石器，据此推测这里曾是一个石器制造场。长江沿岸的红花套遗址是峡江地区最大的石器制造场，峡区内的诸多遗址也发现了大量的石制品和半成品。有学者认为峡江地区曾是长江流域石器制造中心之一。

长江中游地区最早出现玉器的年代是大溪文化时期，城头山遗址大溪文化二期M678随葬了两件玉璜，大致与此同时的湘潭堆子岭遗址中也发现了玉璜，洞庭湖南岸的益阳玉竹苞、麻绒塘等遗址也出土了玉璜，这些玉器可能来自外地，所以玉器的原料自然也不会是在长江中游。屈家岭文化时期很少发现玉器。肖家屋脊晚期遗存阶段发现了大量的玉器，同时也发现了专门的玉器制造场，但是没有发现玉器的原料产地。石家河附近并没有玉矿，罗家柏岭遗址玉器制造场玉器原料可能来自较远的地区，这说明石家河聚落群有较强的获取资源的能力。城头山遗址大溪文化发现了绿松石制成的坠饰，邓家湾遗址发现了石家河文化时期的孔雀石，这些原料的产地显然不在本地。

邓家湾和罗家柏岭遗址均发现了铜器残片和铜渣，虽然无法检测它们是属于何种性质的原材料，但是铜器的出现也意味着人们已经能够获取金属资源。

另一种重要资源是盐。长江中游地区史前文化传统持续而稳定，并在屈家岭—石家

---

① 高庙遗址下层出土的猪骨经鉴定为家猪，是长江中游地区最早的家猪标本。

河文化时期获得空前发展，必然有着庞大的人口。人的生理特征需要摄取一定的盐分，像石家河这样的聚落社会一定有获取盐资源的途径。澧阳平原史前时期也有密集的人口规模，必定也有对于食盐的需求。澧阳平原地区具有丰富的盐岩和芒硝地层，平原北部丘陵地带至今还有卤水溢出，这里的盐井镇目前是湖南最大的食盐矿——湘澧盐矿的所在地。当然，史前是否已为人类所利用，目前不得而知。不过，这个信息至少表明，澧阳平原周边存在盐资源。峡江地区西部的三峡地区曾是重要的盐产地，史前时期已经懂得制盐，峡江及汉东地区用盐或许可以从这里获得。

产品交换与贸易是考察史前社会经济形态的重要方面。食物、工具、生活用品、特殊用品等，肯定在某种层次上有过交换。非原材料产地出现了由该种材料制作的器具，一般认为是发生了交换；技术风格与本地传统完全不一样的物品的出现，也可以认定发生了贸易。技术风格的分析，可以了解区域间贸易的起源，但是很难在程度和性质上定义这种交换的过程是否为人群流动、物品交换、无规则的贸易或者强烈的商业行为。贸易既可能在地区内部各个区域间进行，也可能跨地区发生。推测大溪文化的玉器来源于长江下游，当然，目前还无法确定到底来自长江下游的哪个具体地点。峡江地区是石器制作中心，相信其制作的石器会与汉东地区和澧阳平原发生贸易。石钺在油子岭文化时期流行一时，且风格形态一致，推测长江中游的石钺应该有集中的产地，通过贸易流传到各个区域。

印纹白陶出现于长江中、下游和岭南地区，可以推断其曾经参与了这些地区的交流。流行于石家河文化的陶塑动物和陶偶，在长江中游和中原地区许多地点出现，则明确告诉人们这种物品最初在石家河地区的邓家湾一带出现后，再通过某种形式向外流传。中原地区与石家河地区发生交流的人工制品还有斜腹杯和厚胎红陶杯。石家河文化时期出现了明显的产品流通，邓家湾产品存放场地的出现，表明陶缸及陶塑品已经具有贸易品特征。

互惠是一种双向的交往，大溪文化时期和屈家岭文化时期长江、黄河有过这种双向交往。仰韶文化的彩陶出现于长江中游，屈家岭文化的双腹器见于黄河中游。同时，某些特殊形态的鼎、鬶、带把钵也见于黄河流域、长江中游与江淮地区。这种情况不存在谁影响谁，而应是一种双向的交流。

再分配主要指一些特殊阶层控制了经济，通过某个机构获得物品，再由这个机构对这些物品进行再分配。目前还难以观察出长江中游再分配的形式和内容，比如肖家屋脊晚期遗存所出现的玉器是否先由某个机构获取，再进行分配，抑或已经出现了区域间的贸易和商业行为。问题是贸易、互惠、再分配在很大程度上具有相似性，无法准确加以区分和界定。也无法准确判断像绿松石、玉璜、石钺等是以何种方式最终为个人所拥有。当然，在社群内部和社群之间，由于专业分工的出现，也必然导致再分配的出现。

D. 制作工艺的进步与公共劳动的提高

并不是所有的人工制品都能被很好地保存下来，几乎大多数以植物和动物为原材料的人工制品都已经腐烂。能够在考古中发现的主要是陶器和石器，陶器和石器在史前人类生活中到底占有何种地位，它们在经济活动中充当什么角色则需要认真探讨。

新石器时代是否仍然以石器为主？石器的地位是否随着时代的发展而有所改变？这些都还是需要讨论的问题。从考古资料来看，长江中游地区各个区域间石器出土数量差异悬殊，暗示石器在经济活动中的角色不一。从时间的维度上看，新旧石器过渡时期的石制品主要是以砾石石器工业为主要特点，这种砾石石器整体细小，并与大量的细小燧石器共存。这个时期磨制石器的情况并不清楚，在澧阳平原西部的山间河谷盆地方石坪遗址发现了磨制石器，它与打制石器共存，从出土的地层来看似乎处在过渡时期。彭头山文化时期同样是磨制石器与打制石器共存。打制石器继承了澧阳平原旧石器时代晚期以来的传统风格，流行细小石片石器和燧石器，且加工技术也极为一致。磨制石器则主要有石斧、石锛、石凿等，磨制石器技术或许在彭头山文化之前有一个日渐成熟过程。

皂市下层文化、汤家岗文化和大溪文化的石器制作技术并没有明显的进步，石斧、石锛等依然是主要的器物类型，并且保持着形态上的前后一致性。与此同时，打制石器依然存在于这些文化中。无论是打制石器还是磨制石器，遗址中的发现并不多，说明它们并不占有经济活动中的主要地位，正因为如此，石器制作的技术没有明显改进。相反，峡江地区是重要的石器产地，这里从城背溪文化开始即有大量的石器存在，数量特别庞大。从城背溪文化到柳林溪文化、大溪文化，石器均占有重要地位。红花套遗址曾是重要的石器加工场，这里发现了大量的石料和石器半成品，说明石料也是一种重要的产品。不过，峡江地区石器的加工技术并不先进。比如大溪文化时期的中堡岛遗址出土的石器多显粗糙，打制和琢击加工痕迹很明显，多数仅在刃部进行磨光。平原地区的精致石器或许是从峡江地区获得半成品后再到本地进行二次加工的。

长江中游的钻孔技术有很早的渊源，彭头山文化时期即在石管上钻孔，大溪文化时期的玉璜钻孔技术也很先进，虽然其产地不在长江中游，但应当对中游的相关技术产生一定的影响，出现于油子岭文化时期的石钺钻孔技术乃是长江下游的发明，石家河文化时期出现了三棱立体的石镞，也是长江下游的传统。

与石器制作并行而生的是玉器的制作，肖家屋脊晚期遗存阶段，更显示出在切割、镂刻、抛光方面的成熟技术，这种技术体现了一种专业化手工技术的出现，意味着专业的分工已经成为社会分层的重要内容。

陶器制作是长江中游史前文化的重要技术门类，除直接体现技术进步外，还反映了其他重要的社会内容。彭头山文化的陶器显然不是长江中游最初的陶器形态，在它的前面一定还有一个发生和发展过程。彭头山文化陶器整体特点是比较原始，无论是造型还是制作技术，都处在一种起步阶段。其制作方法采用泥片贴塑法。陶器的器类比较简单，形态变化缓慢，这显然与当时社会变化的节奏相一致。从陶色斑驳不一的情况来看，彭头山文化陶器的装烧显然是在露天进行，表明还未出现陶窑。皂市下层文化出现了更多的夹炭陶，说明对于陶坯制作采用了一些新的技术，陶器的种类也有了增加，陶器种类的增加意味着人们生活方式的进步和趋于复杂。汤家岗文化时期陶器制作达到一个相当高度，印纹白陶不仅仅反映了制陶技术的进步，还为陶器本身赋予了新的社会内容：陶器或许不再仅仅是生活的器皿，同时也开始充当起某种新的角色，在意识形态上发挥作用。在制作技术上，基本采取了泥条盘筑，手制成形的方法。还没有发现汤家岗文化时期的陶窑，但是从陶色不再斑驳，器表颜色浑然一体的特点来看，此一时期应该已经有了封闭陶窑。

　　大溪文化的陶器制作较之汤家岗文化又有了很大提高，虽然仍以手制为主，但出现了轮修技术，说明制陶的轮盘开始出现，这对固定陶器的形状并开展批量生产起了重要作用。大溪文化发现了不少陶窑，这些陶窑具备了后世陶窑的所有特征，火膛、窑室、烟道等一应俱全。还出现了渗碳工艺，运用这种工艺烧制出外红内黑或者口沿黑器身红的陶器。

　　油子岭文化是制陶技术上的一个重大发展阶段。在制作上，出现了快轮制陶，不仅加速了制陶的过程，使坯体变薄，陶器更加细腻美观，更重要的是为陶器进一步走向规模化、产品化奠定了基础。在装烧方面，则普遍使用还原和渗碳技术，故黑陶成为这个时期的主宰。油子岭文化出现的先进制陶技术不仅仅对于陶器制作专业化的出现起着重要作用，也反映了长江中游社会行为和认知一体化的出现。其墓葬在随葬品的形态与组合上的高度一致即是明证。这暗示在史前社会复杂化进程中，陶器不仅仅是日常生活用品，还具有凝聚思想、规范行为、划分阶层、建立秩序等方面的作用。油子岭文化出现的标准化专业化的制陶经济技术传统悉为屈家岭文化所继承。到了石家河文化，制陶专业化更加明显，邓家湾遗址还出现了统一生产，集中存放的迹象。邓家湾和肖家屋脊出土的陶缸上有刻划符号，这种刻划符号显然是一种标志，具有特殊意义[①]。在陶器的装烧上已经能够熟练利用还原和氧化技术来烧造出红陶、灰陶和黑陶。从石家河聚落群出土的大量红陶杯、陶缸以及陶塑品来看，石家河文化制陶业的专门化地位已经相当牢固。汉东地区手工业技术的发达是造成其社会分化的主要原因。

　　制作技术不仅局限于上述活动中，在骨器加工、装饰品的制作、编织技术的成长等方面均有反映，只不过这些无法构成连贯的序列，只零星地散见于少数遗存中。

---

　　① 　这种形态的陶缸也普遍出现于长江中游石家河文化遗存，但其他地点没有发现刻符陶缸，或许这种带有刻划符号的陶缸仅仅在石家河聚落群一带流行。

公共劳动也是一项衡量经济技术的重要指标，城壕、水利工程，土台、庙宇等大型的公共设施建设，都会事先精密计算其自身的问题，包括潜在的经济基础、人口的数量、功能的规划、建设所需要的物资、技术人员的使用等等，这都是非常重要的工程技术。

五　长江中游地区史前社会进程中的环境因素

长江中游地区史前聚落的演进，地理环境是一个不可或缺的因素。所谓地理环境其实是一个复杂而又笼统的概念。其涵盖的范围很广，地质构造决定着地形和地貌，古气候在塑造地貌的过程中起着重要作用，这些要素又统一在相对固定的地理空间中。传统考古学在环境方面并没有提供多少有用的材料，考古遗址的环境采样和环境分析近年来才受重视。

澧阳平原新石器文化的发生，与这个区域的气候变化有非常密切的关系。末次盛冰期后段至全新世初，气候回升迅速，适宜人类居住，因而留下了相对丰富的遗存。

一般认为，末次冰期最盛期海平面比现在低 150 米左右①。这样的海面自然会对地貌产生重大影响，包括澧阳平原在内的洞庭湖平原与江汉平原均为河网切割的台原景观，即使是盛冰期结束后的相当长时间内，这样的景观也没有明显的改变，澧阳平原包括华垱遗址在内的一系列遗存就存在于这样的景观里，这应该是彭头山文化产生的环境背景。

彭头山文化延续了大约 2200 年，彭头山与八十垱遗址的环境信息显示这是一个温暖湿润的时期，气温略低于现在。彭头山文化聚落的空间分布应该与当时的平原河网地貌有关。说明自然环境对于聚落的选择有决定性的影响。彭头山文化期间的气候波动可能导致了某些聚落的兴衰。八十垱聚落可能随着河床水位的抬升而不断受到影响，该聚落的一系列工程行为或许与此有关，八十垱聚落最终的衰落也可能与某个气候事件有联系，6200BC–5800BC 的气候波动可能给彭头山文化的进程带来重大影响，甚至导致了文化的变迁。彭头山文化晚期，其文化扩张到了洞庭湖周边地区和长江沿岸，这种扩张的背后是否有环境的作用，尚不能妄断。从澧阳平原皂市下层文化的发生背景来看，几乎所有彭头山文化的聚落并没有延续下去，新继的皂市下层文化都是在另外的地点建立起新的聚落，暗示原来聚落的微观环境发生了重大变化。

皂市下层文化的分布区域有了扩大，这是文化发展的必然趋势，这种趋势或许是人口增殖的结果，与环境并无多少关联。相当于这个时期的遗址在江汉平原发现很少，暗示这个时期的江汉平原并不是一个适宜生聚的地区。

---

①　赵希涛：《中国海面变化》，山东科学技术出版社，1996 年，第 41–42 页。

在澧阳平原，从皂市下层文化开始，聚落进入稳定发展阶段。不少聚落遗址的时间跨度都很大，从皂市下层文化开始，跨越若干个文化阶段。这说明在一个相当长的时间阶段内，环境的变化不大。

城头山聚落的出现与周边良好的土地和水资源是分不开的，城头山聚落鼎盛时期的大溪文化阶段，是全新世大暖期最适宜期，雨水充沛。而鸡叫城地区尚不适宜人类定居，鸡叫城及其周边地区大溪文化遗存很少。通过钻孔资料，发现这个时期这里尚处在一个水泽环境。大溪文化晚期的3500BC，气候转向凉爽，鸡叫城及其周边地区遂成为开阔的陆地平原，这为鸡叫城聚落群的出现奠定了基础。油子岭文化时期这里即得到开垦，成为一处重要的环壕聚落，稍后的鸡叫城城池和庞大的聚落群即在此基础上发展起来。

长江中游地区自大溪文化到石家河文化，局部地貌环境的变迁对于文化变迁的作用不可小视。大致在大溪文化之前一阶段，有迅速沉积出现，当与河流水位升高、淤积加速有关。这种淤积还使得江汉平原出现大面积可供人类开垦和居住的肥沃土地，从而为这个地区的文化加速发展提供动力。汉东地区在大溪文化时期陆续出现了定居聚落，屈家岭文化时期聚落迅速得到发展，在屈家岭文化晚期筑造起石家河古城，并使石家河地区成为当时的地区中心，与这里良好的地貌环境是分不开的。当然，空间区位也是地理环境的一项重要指标，正如前述，汉东地区优越的地理位置也是导致其发展后来居上的因素之一。

肯定环境对于人类生聚有重要影响是一个方面，另一个方面是人类对于环境的改变。众所周知，人类的生产和各种活动会对环境产生影响。澧阳平原一些重要的遗址，有长达数千年的时间跨度，长期的人类活动对遗址本身及其周边产生了重大影响，早期的环壕聚落和墙垣的修建，即是对于微观地貌的重大改变，导致如八十垱一类的聚落与周边的自然水系和地貌因人类活动而产生变化。修筑了高大城池的城头山、鸡叫城则成为人类长期经营的据点，每一个时期的环壕推进和护城河的修建都是对聚落及其周边环境的重大改变，同时，长期的人类活动不仅使聚落周围水系、植被、土壤等发生重大改变，也导致聚落内部的地面不断抬升，甚至形成人为的"丘岗"[①]，原来的河道水系也因之发生改道，地貌也因此发生变化。自然景观与人文景观一同塑造着澧阳平原的史前环境。

长江中游聚落的衰落是否与环境有关，这是一个暂时无法讨论的问题。目前还没有确凿证据证明石家河文化晚期发生过重大环境事件。肖家屋脊晚期遗存聚落的变迁可能更多是社会的原因而非自然原因。

---

① 城头山、鸡叫城、邹家山等聚落原生地表与周边的高差并不大，有了2-8米不等的文化堆积以后，方成为平原上名符其实的"山、岗"。

六　意识形态与宗教观念的发展

长江中游涉及史前意识形态方面的遗存较多。有的以单一遗物出现，有的则是以单体遗迹形式而存在。实际上，大量物质遗存的出现总与人类的意识活动有关，问题是如何区别某一种遗存所反映的意识形态具有宗教的特质而另一种不是。在这个方面，公共意识的形成至关重要，比如风俗、礼仪，还有行为习惯等。价值体系、是非观念、道德准则也是公共意识。禁忌、巫术、图腾崇拜和祇神祭祀也属于公共意识，但更具有宗教意义。在无法加以准确甄别的情况下，只能笼统地考察这些意识活动的考古学物化遗存。

彭头山文化时期的墓葬与居住区杂处，有相应的墓坑，也有相应的随葬品，说明对于死者的处理已经有了一套固定的程式。皂市下层文化出现了集中的墓地，并与居住生活区分开。皂市下层文化还流行二次迁葬。与皂市下层文化年代大致相当的高庙文化宗教气息浓厚，陶器上装饰凤鸟、兽面和獠牙、八角星纹、太阳纹等。一件陶罐上还装饰着梯形神阙图案，两阙之间还悬挂着大型獠牙兽面。揭露出来的宗教祭祀的场所，可以为复原这种梯形神阙提供证据①。高庙文化的宗教遗存表明，这时仍然处在群巫时代的多神崇拜阶段，以"万物有灵"为主要特征，神职人员还没有从大众人群中脱离出来，公共宗教尚未出现，这是早期宗教的基本形式。在峡江地区东门头遗址，年代大致为城背溪文化时期的遗存发现过带有人形图案的一件石块，人头上有太阳纹，身体赤裸而阳具突出②。虽然还无法了解其蕴涵的宗教含义，但显然属于宗教用品。

汤家岗文化明显受到高庙文化的影响，它的印纹白陶将印纹图案艺术发展到极致，并产生影响深远的文化辐射力。汤家岗遗址的墓地有了明显的区位分隔，不同区位的墓葬可能埋葬着不同的人群。随葬印纹白陶盘的墓葬可能属于神职人员，暗示巫师集团的出现。汤家岗遗址出土的白陶，纹饰精美繁缛，多半不是实用器，作为宗教用品的可能性极大。在峡江地区，柳林溪文化的陶支座的顶部、部分圈足碗的圈足和陶罐口沿上，都有大量的刻划符号，这种符号所包含的意思还不能了解，但许多符号多次反复出现，显然具有某种意义。这种符号也许与汤家岗文化白陶上的纹饰具有同样的意义，很可能是一种宗教符号。

汤家岗文化白陶所代表的意识形态的某些成分，延续到了大溪文化时期，在划城岗等遗址的大溪文化堆积中，发现不少具有汤家岗文化风格的白陶。但是，大溪文化的意

---

① 贺刚：《高庙遗址的发掘与相关问题的初步研究》，《湖南博物馆馆刊》第二期，岳麓书社，2005 年，第 113 – 124 页。

② 孟华平：《东门头遗址考古获丰硕成果》，《中国文物报》1999 年 4 月 7 日第 1 版。

识形态发生了重要变化，在城头山聚落，大溪文化一期祭坛反映出该文化所具有的宗教意识，祭坛显然与聚落相对应。城头山大溪文化祭坛和祭祀坑已经具有祭祀天地的功能，说明已由泛灵的多神崇拜发展到了崇拜对象的固定化，由人人为巫的早期宗教进入到宗教仪式的公共化和程序化，公共意识也由此而得以加强。崇拜对象的固定化，对规范人们的意识形态很重要。此外，由人人为巫演化而来的专职巫师，是"绝天地通"的产物，只有神职人员才能与天地沟通。"通天地的手段与政治权力有直接的关系"①，说明社会分层已经出现。

油子岭文化的墓葬用一套标准的明器作为随葬品，这种明器具有固定的形态、固定的组合，显然是特意为死者所制造，以供阴间使用。将生者和死者所用物品截然区隔，这是一个重要的分界点。同时，这种固定形态与组合明器的出现，也反映了一种基本的丧葬礼仪，有人将其称为"礼制"的开始②。这种统一的丧葬礼仪在整个长江中游的各个区域高度一致，说明长江中游的一体化进程首先是从意识形态上开始的。公共秩序的形成，统一的行为规范的确立，是区域走向一体化的前提，唯其如此，方能建立起统一的社会控制体系。一个意识形态四分五裂的社会，公共的行为准则和道德标准是无法建立起来的。

屈家岭—石家河文化时期的意识形态和宗教观念，可以从石家河聚落群中得到相关信息。屈家岭文化大量的彩陶纺轮，有相当一部分可能并非实用，而应该具有宗教的意义。有人就指出这些纺轮可能是古人祭祀天神的法器③。邓家湾遗址出土的筒形器遗迹显然是一种宗教遗迹，关于这种宗教遗迹的作用和意义有许多种不同的解读。这批筒形器遗迹成组成批地出现在邓家湾遗址而不见于其他聚落，意味着它的存在是与整个聚落群相匹配的。石家河聚落群是当时整个长江中游的中心，筒形器在中心地区出土，意义尤其重大。虽然无法正确解释它所蕴含的宗教意义，但它本身的存在就说明一种凌驾于区域社会之上的宗教系统已经形成，也同样反映了长江中游统一意识形态的形成。

石家河文化的陶塑品，包括动物和陶偶，均非实用器，其功能值得讨论。有人认为是交感巫术的用品④，也有人认为是类似于云南纳西族祭风仪式的宗教专用品⑤，张绪

①　张光直：《考古学专题六讲》，文物出版社，1986年，第11页。

②　高炜：《龙山时代的礼制》，《庆祝苏秉琦先生考古五十周年论文集》，文物出版社，1989年，第235－244页。

③　蔡运章：《屈家岭文化的天体崇拜——兼谈纺轮向玉璧的演变》，《中原文物》1996年第2期，第47－49页。

④　周光林：《浅议石家河文化雕塑人像》，《江汉考古》1996年第1期，第55－59页。

⑤　宋豫秦：《石家河文化红陶杯与陶塑品之功用》，《江汉考古》1995年第2期，第47－48页。

球也认为这些陶塑品与宗教有关①。看来，多数学者都不否认其宗教的意义，至于具体为何种功用，则见智见仁，多有差异。陶塑品广泛分布于长江中游的多处遗址，中原腹地也时有所见。目前还不清楚它作为一种产品向外输出的同时，是否也输出了这种陶塑品所承载的意识形态和宗教观念。值得一提的是，肖家屋脊晚期遗存所出土的玉人头像和玉佩饰等，应该也具有宗教的功用。

毫无疑问，石家河文化时期的宗教意识已经是一种公共的行为，这种行为甚至在某种程度上附着到了特定的物品之上，使得这些物品本身也成为一种贸易品。因之而生的生产、贸易与交流，则又成为经济活动的一部分。宗教产品在石家河文化时期的贸易与交流说明统一宗教意识在一个很大的地域空间已经形成，在一个更大范围里统一人们的思想起了重要作用，同时也暗示，石家河文化时期已经形成了以石家河地区为中心的长江中游社会—经济—思想共同体。

七　社会分层与社会复杂化进程

所谓复杂化是指一个过程，在这个过程中，生活在一个紧密联系的多个遗址社群人们之间不同的经济、政治和信仰上相互依赖。而这个所谓"相互依赖"的核心是功能上的"隔离"（segregation，亦即差异和专门化）与"集中"（centralization，亦即社会中各种子系统和最高控制中心之间的关联程度）。它也涉及各种不同社群之间基于不同范畴比如种族、社会等级、性别、职业等等之间的交互作用②。

稻作农业发生的边缘效应与人口增长有关③，或许也是长江中游新石器发生的原因之一。彭头山文化晚期的文化扩散显然与人口增长有关。皂市下层文化的分布范围比彭头山文化扩大了许多，在一个比前文化大得多的空间里，自然拥有了更加充足的资源，并相应促进聚落的发展。皂市下层文化时期，澧阳平原土地与人口的关系应该还处在一个能够协调的范围内，资源与消耗的矛盾并不突出，相关遗存的信息也并没有反映出社会矛盾的紧张和社会分化的迹象。到了汤家岗文化时期，情况发生了很大的变化，汤家岗墓地出现了明显的层级分化，墓地的布局和随葬品的数量有了明显的差异，有人认为

① 张绪球：《长江中游新石器时代文化概论》，湖北科学技术出版社，1992年，第293页。

② Mitchell S. Rothman. Studying the Development of Complex Society: Mesopotamia in the Late Fifth and Fourth Millennia BC. *Journal of Archaeological Research*, Vol. 12, No. 1, March 2004, pp. 75 – 119.

③ Charles Higham. *The Transition To Rice cultivation in Southeast Asia. Last Hunters First Farmers Perspectives on the Prehistoric Transition to Agriculture*. School of American Research Press, 1996, pp. 127 – 155. 严文明也针对长江中游农业起源问题提出了"边缘起源论"，见严文明：《稻作起源研究的新进展》，《考古》1997年第9期，第71 – 76页。

这是史前私有制的萌芽①。这种迹象在丁家岗遗址的汤家岗文化堆积中也有发现。

诚然，还不清楚这种复杂化的明确指向，从文化阶段来看，汤家岗文化白陶工艺发展到巅峰，白陶多出土于墓葬或者特殊的遗迹中，表明白陶有着宗教的功用，也暗示专门的宗教人员已经出现。进而导致协调不同身份和职业、职能的社会运作机制复杂化，即是说，分工产生分化②。

大溪文化前期，长江中游文化趋同性得到加强，其背后当有某种力量的驱使。澧阳平原继续成为长江中游的重心，故而在大溪文化一期出现了构筑城池的行为。虽然还不能完全了解构筑城池的目的，但这种行为所产生的结果却是意义深远。

大溪文化时期社会复杂化迹象还在其他方面体现出来：城头山城东覆盖在祭坛之上的大溪文化墓葬清楚地显示出社会等级和地位，从墓葬的规模、随葬品的多寡以及随葬品的种类和精美程度来分析，这批墓葬具有明显的高低贵贱之分，显然不是一个平等社会所具有的现象。在人工制品方面，一些非本地的器物可能通过某种远距离的交易而来，表明贸易网络在一定范围内已经形成，也反映了一个更趋复杂的社会—经济系统的形成。

大溪文化后期，汉东地区崛起，油子岭文化迅速发展，快轮制陶、磨光技术和薄胎细泥黑陶的烧制表明该文化具有相对先进的技术水平，也表明制陶手工业专门化已经成熟。油子岭文化很快向外扩散，统一了洞庭—江汉平原的广大区域，文化具有极强的同一性，说明社会控制力得到加强。油子岭文化的社会结构也可以从相关材料中得到反映：各地墓葬中出现以石钺作为随葬品，表明社会强制力的存在；划城岗、屈家岭等遗址墓地揭示出以家族为基本单位的社会组织的严密等级；而在中心聚落，比如城头山，公共墓地则打破了家族的区隔。表明在中心聚落，血缘的纽带已经出现明显松弛，暗示出现了大于家族的控制体系，社会的管理阶层基本形成。

屈家岭—石家河文化时期社会的复杂化进程更加明显，在聚落内部，空间的布局和规划明显存在。聚落之间的空间布局呈现群聚化和集群化，形成名副其实的城壕聚落群团。一般而言，在相当于现代县域面积的范围内，会有二三座古城，古城周边的外围地区还有聚集的村落，这种聚落集群的出现，表明至少形成了以城壕聚落群为单位的较大规模的社会控制集团。相关材料显示，各个聚落群之间的规模显然是存在差异的，石家河聚落群是整个长江中游地区执牛耳者，它的内部结构、等级规模和出土的各种遗物遗迹都可以证明这一点。相比之下，即使如鸡鸣城、门板湾、走马岭这样的城壕聚落，其

① 裴安平：《澧阳平原史前聚落形态的特点与演变》，《考古》2004年第11期，第63—75页。
② 也有观点认为社会分化先于社会分工，因不同社会阶层对物质的需求不一，方才促成了社会分工的出现。

规模都远在石家河之下，而且也没有出现类似于石家河的相关遗迹。这说明聚落群之间的规模—等级是存在的。正如前述，可能已经存在四个层级的聚落结构。聚落等级的分化，势必导致社会成员之间的等级分化，社会分层和社会复杂化程度由此而加剧。

屈家岭—石家河文化时期，制陶专业化的地位更加突出，邓家湾出现了产品存放场地、相关产品上可能还有产品标号。专业化必然带来产品交换，不平衡交换产生权力与分化，这样，既出现职业、功能上的水平分层，也带来权力、地位上的垂直分层。

屈家岭—石家河文化时期，应对城壕聚落集群形态，在政治层级上应该出现了凌驾于普通社会成员之上的权贵阶层，这种权贵阶层也当具备了相当权力，比如决定社群的重大事项、战争与战略、扩大生产、经济交流、在公共宗教仪式中充当重要角色等等。

总之，屈家岭—石家河文化时期的长江中游，社会复杂化程度已经很高，并且形成了长江中游经济—社会共同体。这个时期的社会形态，很多论者都提到了"酋邦"这个概念，目前没有必要对此进行更多的分析，"酋邦"、"邦国"、"城邦"、"早期国家"等概念无非是对处于文明国家与部落社会之间的政治实体的模糊概括。对一个城池林立、聚落密集成群、具有相当复杂程度的社会，若要从政治上对其加以理论定位，更需要扎实的基础研究。至于使用何种称呼，倒在其次。

第五章 结 语

一 本研究所取得的成果

本书以长江中游新石器时代两个重要区域——澧阳平原与汉东地区为研究对象，详细梳理了澧阳平原和汉东地区文化与聚落进程。从区域的视角来研究史前社会，首先要对本区域的考古学材料有全面了解和深入细致的微观分析；另外，还要把握区域的整体背景，从宏观的角度考察更大范围内的相关材料。

建立在年代学基础上的考古学文化并不仅仅是为搭建一个时间框架的问题，探讨文化的变迁和揭示文化变迁背后人的活动是考古学的使命。所以，本书的研究着重围绕文化变迁和聚落演进两个方面，经纬相济，并行不悖。

如前所述，考古学的研究对象不是考古学文化而是整个社会。所以，单纯以一组器物或多种器物形态的共存作为考古学文化的划定并以此作为考古学研究的使命显然无法回答长江中游史前文明化进程这样的问题。若将器物形态学研究的功能无限扩大，显然是错误的。我们须将长江中游史前社会发展放到一个长程的时间段中，从环境与生态的适应、社会关系与组织的发展、经济技术的进步以及意识形态的变迁等多维的视角中，去分析一个区域的历史过程，才能真正诠释考古学文化背后的人的活动和人类行为。

澧阳平原的新石器时代的人类进程，有深厚的历史缘由，从时间序列来看，旧石器时代以来，这里即是人类活动频繁的地区，特别是旧石器时代晚期文化发展迅速，人类从早先居住的山洞来到平原，即使在末次冰期最盛阶段，这里的环境仍然可以为人类提供栖身之所。随着冰后期的到来，大地回暖，澧阳平原成为理想的栖息地，过渡时期在这个区域发现了大量的人类遗存，发育良好的黑褐色土证明那是一个升温湿润的适宜环境。露天遗址几乎遍及澧阳平原，说明平原地区已经成为理想的居所。虽然还没有更多的证据表明人类从 K - 选择资源向 r - 选择资源的转变的理论同样适用于澧阳平原①，也没有更多的材料来重建采集狩猎经济向农业经济的转变过程，但石器形态的变化已经暗示人类的食物结构正在发生着重大的变化。这种变化当然不是在一夕之间完成的，相关的生业方式甚至部分地延续到了彭头山文化时期。本课题对这个时期的诸多方面进行

① 即新石器发生前夜的"广谱革命"。

了考察，囿于材料的原因，虽然最后并没有能够重建这一转变过程，但指明了在澧阳平原开展这一重大课题研究的重要性和可能性。相信本课题的研究是一个起点，随着工作的进一步开展，一定会取得突破。

稻作农业经济的发展会产生什么样的社会与文化？这是一个需要认真探讨的问题，长江中游地区聚落的演进以及社会复杂化进程不能回避这个问题。一方面，最先出现的环壕聚落与这个区域的自然生态环境以及稻作农业经济有关。在水网交织的平原景观中，农业聚落开挖壕沟，既有排水去涝之利，又有引水灌溉之功。大规模地营建环壕聚落，持续的农业经济发展，导致管理系统的出现，这种管理的出现不可避免地导致社会成员分化，从而为社会分层提供条件，加剧社会的复杂化进程。另一方面，稻作农业的稳定发展势必造成财富的积累和人口增殖，这是衡量社会复杂程度的两项重要指标，这些指标在各种考古学材料里都能找到蛛丝马迹。本次研究从八十垱、城头山、鸡叫城、石家河等一系列材料中证实了这种现象。此外，汉东地区在稻作农业的基础上，制陶手工业技术和贸易的发达，加速了社会专门化的出现和复杂化程度的提高。

本书着重比较了澧阳平原和汉东地区聚落演进的差异性，提出地理空间和生态环境对于社会与文化发展的重要影响。认为：澧阳平原是以血缘族群为主体的社会组织系统，因独特的地理空间所局限，小团体、重血缘、人员成分单一、文化传统深厚、价值观一致，这些因素决定了它的经济、社会属性。其所表现的物质文化与精神文化元素比较单纯和稳定，虽有外来因素的冲击，文化的发展仍是传统脉络的延续。共同的道德规范植根于族系之中，聚落基本上维持以血系氏族为团体的散居或者群聚状态，彼此之间可能构成比较松散的联盟关系。稳定持续的发展势必造成聚落和人口的增长，不可避免地导致成员分化，社会分层由此而出现。特别是在聚落群规模和人口达到相当的数量，以及由稻作农业而衍生的管理系统出现之后，社会复杂化成为必然的结果。但是，空间狭小的地域很难跳出自身的框架，去整合更大范围的社会与文化，故澧阳平原最后只能成为以汉东为中心的长江中游历史文化区的一部分。汉东地区存在于一个较大的空间区域，较澧阳平原而言，面积宽广，地理位置和交通更加便捷，有利于文化间的交流，具有成为地区中心的有利条件。它还处于传统的边际，不易受传统所制约，使其文化与社会具有多元性的特点。多元的意识形态和价值观参与社会—经济的进程，使得管理者需要制定相应的规则来规范人们的意识和行为，进而便于强制社会的萌芽。汉东地区发达的手工业和由此而衍生的产品贸易系统也为这种强权政治的产生起了推波助澜的作用。

长江中游的社会进程可以用"中心—外围（边缘）"模式来概括[①]。以长江中游自

---

① George F. Lan, Core – periphery relations in the Recuay hinterlands: economic interaction at Chinchawas, peru. *Antiquity* 79（2005），pp. 78 – 99.

然地理区划而言，澧阳平原显然是在边缘而江汉平原则为中心。但是，文化的中心与地理中心并不一定契合。稻作农业的发生可能是在地理边缘区域，文化因素的萌芽也可能在边缘区域。因而，从文化与社会的发展过程来看，处于地理边缘的澧阳平原在早期阶段处于领先地位，理所当然地成为长江中游的文化中心；大溪文化以后，这个中心转移到了汉东地区，汉东进而成为自然地理和人文地理的二重中心。这说明，当文化互动圈形成以后，文化的一体化进程显然会在一个更大的地理空间中展开，处于这个地理空间中心区域的重要性必然显现出来，进而成为政治、经济、文化发展的重心。在形成以石家河为中心的长江中游新石器历史文化趋势的进程中，汉东地区的地位日显重要。这样的模式或许还可以用来解释中国早期文明化进程问题，在以中原为中心的历史文化趋势形成过程中，曾经辉煌的周边地区一度变得黯淡，而中原异军突起，率先迎来了有史记载的中国第一王朝。长江中游最终没有演进为国家文明，地理空间是一个重要的因素。在中国文明化的进程中，中原是中心，长江中游是边缘或者外围。

中国史前社会文明化的进程，或者说由史前部落社会向早期国家演进的过程中，史前城壕聚落群具有极为独特的人类社会进程中的自身价值，它显然是一个介于部落与国家间的重要阶段①。长江中游地区史前城壕聚落群在屈家岭—石家河文化时期达到高度发展，形成极为复杂的社会—经济关联体，这样的关联体在促进社会进化方面无疑具有积极作用。但是，高度集中的社会系统也容易被击破，当外来势力侵入时，很容易导致整个系统迅速瓦解。长江中游地区史前社会的消亡，或许与其发达的社会—经济关联度高也是有很大的关系的。

从这个意义上说，对于社会发展进程的分析，正如布罗代尔所言，应该从不同的层面去把握。个人存在的价值往往通过一系列历史事件得以体现；这些历史事件又通过朝代的更替和考古学文化的变迁得以体现；在上述变革的背后，还有更深层的原因，这种原因义与社会—文化以及环境—经济的许多因素相互关联，形成复杂的推动社会变革的动力。澧阳平原与汉东地区的地位与作用，乃至长江中游的地位与作用，或许都应该从一种更加长程的背景中去考察。

与传统考古作业不同，本课题的研究尝试了新的方法。从世界范围来看，传统考古学

---

①　似乎无法用一个贴切的概念将这个时期的社会作一个明确的定位。伦福儒 2005 年 5 月在北京大学作题为《从部落到国家间的社会构成——酋邦与国家的起源》演讲时，将其定义为"有中心"的社会，即指明这种社会形态是有中心的，并认为这种"有中心社会"可能存在两种不一样的社会形态或模式。一种为"群体本位"的"有中心社会"，而另外一个则是"个人本位"的"有中心社会"。在"群体本位"社会里，可以看到有大的中心聚落、大型建筑但很少看到表现个人等级身份的象征物。另外一个是"个人本位"的社会，可以看到有丰富或者独特的随葬品来表现个人等级地位。

研究的方法主要是类型学和地层学，研究的目标是器物的演变与比较、文化的分类、文化的起源、文化与文化间的关系，以及文化与其年代关系等等。这类研究的主要基础是对器物资料的掌握和细致的分析，从器物的分类引起文化的分类，以及绝对年代和相对年代学的建立；器物排队是建立相对年代学的一个主要方式。传统考古学分析问题和解释问题的能力有很大的局限，人们都希望有一个新的考古学方向，即怎样把我们的目标从对器物的研究转变到对人的研究，就是把出土的遗迹和遗物所给予我们的生活环境、生活情况、生活制度等来做复原和推测，从而进一步研究了解社会进化的一般法则。

正如开篇所言，聚落考古则提供了这样的一种研究模式，本研究结合考古学文化、聚落空间、人地关系等方面，重点探讨了聚落形态的演变，进而去了解社会形态与结构，本课题得出的结论，就是这种努力的结果。

二　存在的问题

正如前文曾经谈到的问题，传统考古学所积累的材料只能提供相对模糊的证据，精确而详细的考古学信息的提取必须具备当代考古学新理念。在以器物为本位的传统作业里，大量的珍贵信息已经流失，以这样的材料来讨论一个区域的社会进程自然存在很大的困难。这些资料还存在比重失衡问题。从时间和文化序列来说，澧阳平原彭头山文化、皂市下层文化、大溪文化、屈家岭文化的材料较多，而汤家岗文化、石家河文化的材料较少。汉东地区大溪文化以前的材料极少，油子岭文化的材料也不全面，最为丰富的是屈家岭—石家河文化时期。材料的多寡决定了讨论问题的深度，认识也易于出现偏差。相关信息的缺失，比如环境、生业、经济技术方面的相关信息，在当初田野发掘中被忽略，这对于开展聚落社会的全方位研究来说，无疑是无法弥补的缺憾。

由于这些问题的存在，本书的研究还无法达至一定的深度，不能形成系统的方法论，除了文化谱系研究较为细致外，许多聚落个案分析只能流于浅表。

在本研究的作业中，笔者深感聚落分析与社会研究之间还需要更加合理的理论与方法支持。同时，还要时刻面对这样一个老生常谈的问题：考古学证据在多大程度上能够重建古代社会，以及这种由考古学家所重建的社会在多大程度上反映了真实的历史。

或许考古学研究这种"虽不能达到历史的真实，却可接近真实的历史"[1] 的状况注定要永远成为考古学家聊以自慰的精神寄托。

---

① 张忠培：《20 世纪后半期中国新石器时代考古学的历程》，《中国考古学跨世纪的回顾与前瞻》，科学出版社，2000 年，第 27－41 页。

参考文献

一　中文书目

炊格尔：《时间与传统》，三联书店，1991 年。

董琦：《虞夏时期的中原》，科学出版社，2000 年。

国家文物局：《中国文物地图集·湖北分册》，西安地图出版社，2002 年。

国家文物局三峡考古队：《朝天嘴与中堡岛》，文物出版社，2001 年。

国务院三峡建设委员会办公室、国家文物局：《秭归柳林溪》，科学出版社，2003 年。

何介钧：《长江中游新石器时代文化》，湖北教育出版社，2004 年。

河南省文物管理局等：《黄河小浪底水库考古报告》（一），中州古籍出版社，1999 年。

河南省文物考古研究所：《河南考古四十年》，河南人民出版社，1994 年。

河南省文物研究所等：《淅川下王岗》，文物出版社，1989 年。

河南省文物研究所等：《登封王城岗与阳城》，文物出版社，1992 年。

河南省文物研究所：《禹州瓦店》，世界图书出版公司，2004 年。

湖北省荆州博物馆：《枣林岗与堆金台》，科学出版社，1999 年。

湖北省文物考古研究所：《宜都城背溪》，文物出版社，2001 年。

湖南省文物考古研究所：《彭头山与八十垱》，科学出版社，2006 年。

湖南省文物考古研究所：《澧县城头山》，文物出版社，2007 年。

湖南省志编纂委员会：《湖南省志·地理志》（下），湖南人民出版社，1987 年。

科林·伦福儒、保罗·巴恩：《考古学理论方法与实践》，文物出版社，2004 年。

李文杰：《中国古代制陶工艺研究》，科学出版社，1996 年。

陆大道：《区位论及区域研究方法》，科学出版社，1988 年。

迈克尔·曼：《社会权力的来源》，上海人民出版社，2002 年。

孟华平：《长江中游史前文化结构》，长江文艺出版社，1997 年。

裴安平、熊建华：《长江流域的稻作文化》，湖北教育出版社，2004 年。

陕西省考古研究所：《龙岗寺》，文物出版社，1990 年。

石家河考古队：《肖家屋脊》，文物出版社，1999 年。

石家河考古队：《邓家湾》，文物出版社，2003 年。

汪宁生：《文化人类学调查》，文物出版社，2002 年。

武汉大学历史系考古教研室：《西花园与庙台子》，武汉大学出版社，1993 年。

严文明：《仰韶文化研究》，文物出版社，1989 年。

张弛：《长江中下游地区史前聚落研究》，文物出版社，2003 年。

张光直：《考古学专题六讲》，文物出版社，1986 年。

张海：《公元前 4000 年至 1500 年中原腹地文化演进与社会复杂化》，北京大学博士研究生学位论文，
　　2007 年。

张绪球：《长江中游新石器时代文化概论》，湖北科学技术出版社，1992 年。

中国科学院考古研究所：《京山屈家岭》，科学出版社，1965 年。

中国历史博物馆考古部等：《垣曲古城东关》，科学出版社，2001 年。

中国社会科学院考古研究所：《中国考古学中碳十四年代数据集 1965 - 1981》，文物出版社，1983 年。

中国社会科学院考古研究所：《青龙泉与大寺》，科学出版社，1991 年。

二　报告与论文

安田喜宪：《东亚稻作半月弧与西亚麦作半月弧》，《稻作陶器和都市的起源》，文物出版社，2000 年，
　　第 17 - 29 页。

北京大学考古系碳十四实验室：《碳十四年代测定报告（六）》，《文物》1984 年第 4 期，第 96 页。

北京大学考古系碳十四实验室：《碳十四年代测定报告（九）》，《文物》1994 年第 4 期，第 94 页。

北京大学考古系碳十四实验室：《碳十四年代测定报告（一〇）》，《文物》1996 年第 6 期，第 92 页。

北京大学考古学系等：《邓州八里岗史前遗址的调查与试掘》，《华夏考古》1994 年第 2 期，第 1 -
　　5 页。

北京大学考古学系等：《河南邓州市八里岗遗址 1992 年的发掘与收获》，《考古》1997 年第 12 期，第
　　1 - 7 页。

北京大学考古文博学院等：《河南登封王城岗遗址 2002、2004 年发掘简报》，《考古》2006 年第 9 期，
　　第 3 - 15 页。

蔡述明等：《全新世江汉湖群的环境演变与未来发展趋势》，《武汉大学学报（哲学社会科学版）》
　　1998 年第 6 期，第 96 - 100 页。

长办考古队河南分队：《淅川下集新石器时代遗址发掘报告》，《中原文物》1989 年第 1 期，第
　　1 - 8 页。

长办文物考古队直属工作队：《一九五八至一九六一年湖北郧县和均县发掘简报》，《考古》1961 年第
　　10 期，第 519 - 530 页。

长江流域规划办公室考古队河南分队：《河南淅川黄楝树遗址发掘报告》，《华夏考古》1990 年第 3
　　期，第 1 - 69 页。

陈树祥等：《应城门板湾遗址发掘获重大成果》，《中国文物报》1999 年 4 月 4 日。

陈铁梅等：《彭头山等遗址陶片和我国最早水稻遗存的加速器质谱^{14}C 测年》，《文物》1994 年第 3 期，
　　第 93 页。

成濑敏郎：《澧阳平原的黄土与地形》，《澧县城头山——中日合作澧阳平原环境考古与有关综合研

究》，文物出版社，2007 年，第 32 – 39 页。

储友信：《湖南发现旧石器时代末高台建筑》，《中国文物报》1997 年 4 月 6 日。

储友信：《旧石器时代旷野居址初探》，《江汉考古》1998 年第 1 期，第 48 – 52 页。

邓聪、区家发：《环珠江口史前考古刍议》，《环珠江口史前文物图录》，香港中文大学出版社，1991 年，第 XI – XXIII 页。

邓聪、黄韵璋：《大湾文化试论》，《南中国及临近地区古文化研究》，《庆祝郑德坤教授从事学术活动六十周年论文集》，香港中文大学出版社，1994 年，第 395 – 409 页。

樊力：《豫西南地区新石器文化的发展序列及其与邻近地区的关系》，《考古学报》2000 年第 2 期，第 147 – 181 页。

封剑平：《湖南澧县十里岗旧石器时代晚期地点》，《中石器文化及有关问题研讨会论文集》，广东人民出版社，1999 年，第 284 – 292 页。

高中晓：《大溪文化陶器纹饰浅析》，《湖南考古辑刊》第 3 集，岳麓书社，1986 年，第 184 – 199 页。

高桥学、河角龙典：《长江中游澧阳平原的微地形环境与土地开发》，《澧县城头山——中日合作澧阳平原环境考古与有关综合研究》，文物出版社，2007 年，第 18 – 31 页。

高炜：《龙山时代的礼制》，《庆祝苏秉琦先生考古五十周年论文集》，文物出版社，1989 年，第 235 – 244 页。

宫本长二郎：《城头山遗迹建筑遗构之复原考察》，《澧县城头山——中日合作澧阳平原环境考古与有关综合研究》，文物出版社，2007 年，第 164 – 172 页。

顾海滨：《湖南澧县彭头山遗址孢粉分析与古环境探讨》，《文物》1990 年第 8 期，第 32 页。

顾海滨：《城头山遗址水稻的综合研究》，《澧县城头山——中日合作澧阳平原环境考古及有关综合研究》，文物出版社，2007 年，第 151 – 163 页。

顾海滨、佐藤洋一郎：《城头山遗址炭化稻米的遗传学研究》，《澧县城头山——中日合作澧阳平原环境考古及有关综合研究》，文物出版社，2007 年，第 148 – 150 页。

国家文物局三峡考古队：《湖北秭归朝天嘴遗址发掘简报》，《文物》1989 年第 2 期，第 41 – 51 页。

郭凡：《略谈大溪文化陶纹的图案设计与艺术技法》，《江汉考古》1990 年第 3 期，第 50 – 56 页。

郭胜斌、罗仁林：《附山园—黄家园遗址的考古发现与初步认识》，《长江中游史前文化暨第二届亚洲文明学术讨论会论文集》，岳麓书社，1996 年，第 167 – 176 页。

郭伟民：《关于考古学文化传统中心、交界地带和新区域的思考》，《南方文物》1992 年第 3 期，第 106 – 110 页。

郭伟民：《湘江流域新石器文化序列及相关问题》，《华夏考古》1999 年第 3 期，第 59 – 72 页。

郭伟民等：《澧县城头山考古发现史前城墙与壕沟》，《中国文物报》2002 年 2 月 22 日。

郭伟民：《中心与外围：湖南新石器文化进程的区域考察》，《古代文明》第 6 卷，文物出版社，2007 年，第 34 – 82 页。

岗村秀典、张绪球：《湖北阴湘城遗址研究（I）——1995 年日中联合考古发掘报告》，《东方学报》京都（1997 年 3 月），第 459 – 510 页。

韩建业、杨新改：《王湾三期文化研究》，《考古学报》1997 年第 1 期，第 1 – 21 页。

贺刚：《靖州县竽篷坡新石器时代至商代遗址》，《中国考古学年鉴·1991》，文物出版社，1992 年，第 253 页。

贺刚：《高庙遗址的发掘与相关问题的初步研究》，《湖南省博物馆馆刊》第二期，岳麓书社，2005 年，第 113 - 124 页。

贺刚：《湖南洪江高庙遗址考古发掘获重大发现》，《中国文物报》2006 年 1 月 6 日。

贺刚、陈利文：《高庙文化及其对外传播与影响》，《南方文物》2007 年第 2 期，第51 - 92 页。

河南省博物馆：《河南禹县谷水河遗址发掘简报》，《考古》1979 年第 4 期，第 300 - 307 页。

河南省文化局文物工作队：《河南南召二郎岗新石器时代遗址的发掘》，《文物》1959 年第 7 期，第 55 - 59 页。

河南省文化局文物工作队：《河南唐河茅草寺新石器时代遗址》，《考古》1965 年第 1 期，第 1 - 3 页。

河南省文化局文物工作队：《河南镇平赵湾新石器时代遗址的发掘》，《考古》1962 年第 1 期，第 23 - 27 页。

河南省文化局文物工作队：《河南唐河寨茨岗新石器时代遗址》，《考古》1963 年第 12 期，第641 - 645 页。

河南省文物研究所：《登封告成北沟遗址发掘简报》，《中原文物》1984 年第 4 期，第9 - 12 页。

河南省文物研究所：《郑州市站马屯遗址发掘报告》，《华夏考古》1987 年第 2 期，第3 - 46 页。

河南省文物研究所：《襄城县台王遗址试掘简报》，《中原文物》1988 年第 1 期，第 7 - 13 页。

河南省文物研究所等：《禹县吴湾遗址试掘简报》，《中原文物》1988 年第 4 期，第 5 - 10 页。

河南省文物研究所：《河南临汝北刘庄遗址发掘报告》，《华夏考古》1990 年第 2 期，第 11 - 42 页。

河南省文物研究所：《临汝煤山遗址 1987 - 1988 年发掘报告》，《华夏考古》1991 年第 3 期，第4 - 23 页。

河南省文物研究所等：《郾城郝家台遗址的发掘》，《华夏考古》1992 年第 3 期，第62 - 91 页。

何弩：《试论肖家屋脊文化》，《三代考古》（二），科学出版社，2006 年，第 98 - 114 页。

何强：《长沙县腰塘新石器时代遗址》，《中国考古学年鉴·1989》，文物出版社，1990 年，第 206 - 207 页。

湖北省博物馆：《湖北当阳季家湖新石器时代遗址》，《文物资料丛刊》（10），1987 年，第 1 - 15 页。

湖北省博物馆、武汉大学历史系考古专业：《当阳冯山、杨木岗遗址试掘》，《江汉考古》1983 年第 1 期，第 43 - 49 页。

湖北省博物馆江陵考古工作站：《一九八一年湖北省秭归县柳林溪遗址的发掘》，《考古与文物》1986 年第 6 期，第 1 - 15 页。

湖北省博物馆江陵考古工作站：《宜昌伍相庙新石器时代遗址发掘简报》，《江汉考古》1988 年第 1 期，第 9 - 14 页。

湖北省黄冈地区博物馆：《湖北黄冈螺蛳山遗址墓葬》，《考古学报》1987 年第 3 期，第 339 - 358 页。

湖北省荆州地区博物馆：《湖北松滋县桂花树新石器时代遗址》，《考古》1976 年第 3 期，第187 - 196 页。

湖北省荆州地区博物馆：《湖北王家岗新石器时代遗址》，《考古学报》1984 年第 2 期，第 193 -

220 页。

湖北省荆州地区博物馆:《湖北京山油子岭新石器时代遗址的试掘》,《考古》1994 年第 10 期,第
　　865－876 页。

湖北省荆门市博物馆:《荆门马家院屈家岭文化城址调查》,《文物》1997 年第 7 期,第 49－53 页。

湖北省文物考古研究所:《1982 年秭归县柳林溪遗址发掘的新石器早期遗存》,《江汉考古》1994 年
　　第 1 期,第 1－12 页。

湖北省文物考古研究所:《1985－1986 年宜昌白庙遗址发掘简报》,《江汉考古》1996 年第 3 期,第
　　1－12 页。

湖北省文物考古研究所:《1985－1986 年宜昌白庙遗址发掘报告》,《三峡考古之发现》,湖北科学技
　　术出版社,1998 年,第 1－12 页。

湖北省文物考古研究所:《1985－1986 年三峡坝区三斗坪遗址的发掘》,《江汉考古》1999 年第 2 期,
　　第 1－29 页。

湖北省文物考古研究所:《湖北应城门板湾新石器时代遗址》,《1999 中国重要考古发现》,文物出版
　　社,2001 年,第 7－11 页。

湖北省文物考古研究所等:《湖北石家河罗家柏岭新石器时代遗址》,《考古学报》1994 年第 2 期,第
　　191－229 页。

湖北省文物考古研究所等:《屈家岭遗址周围又新发现一批屈家岭文化遗址》,《江汉考古》1998 年第
　　2 期,第 21－25 页。

湖北省文物考古研究所等:《湖北天门市石家河三处新石器时代遗址发掘》,《考古学集刊》第 10 辑,
　　第 48－88 页。

湖北省文物考古研究所等:《湖北天门笑城城址发掘报告》,《考古学报》2007 年第 4 期,第469－
　　488 页。

湖北宜昌地区博物馆等:《湖北宜昌白庙遗址试掘简报》,《考古》1983 年第 5 期,第 415－419 页。

湖北省宜昌地区博物馆:《白庙子遗址第二次试掘简报》,《中原文物》1988 年第 2 期,第 6－8 页。

湖北省宜昌地区博物馆、四川大学历史系:《宜昌中堡岛新石器时代遗址》,《考古学报》1987 年第 1
　　期,第 45－99 页。

湖南省博物馆:《梦溪三元宫遗址》,《考古学报》1979 年第 4 期,第 461－488 页。

湖南省博物馆:《澧县东田丁家岗新石器时代遗址》,《湖南考古辑刊》第 1 集,岳麓书社,1982 年,
　　第2－18 页。

湖南省博物馆:《湖南安乡县汤家岗新石器时代遗址》,《考古》1982 年第 4 期,第341－354 页。

湖南省博物馆:《安乡划城岗新石器时代遗址》,《考古学报》1983 年第 4 期,第 427－470 页。

湖南省博物馆:《湘乡岱子坪新石器时代遗址》,《湖南考古辑刊》第 2 集,岳麓书社,1984 年,第
　　1－19 页。

湖南省博物馆:《湖南石门皂市下层新石器遗存》,《考古》1986 年第 1 期,第 1－11 页。

湖南省文物考古研究所等:《湖南省澧县新石器时代早期遗址调查报告》,《考古》1989 年第 10 期,
　　第 865－875 页。

湖南省文物考古研究所等：《湖南临澧太山庙遗址发掘》，《考古》1989 年第 10 期，第 876－884 页。

湖南省文物考古研究所等：《华容县刘卜台新石器时代遗址发掘简报》，《湖南考古辑刊》第 5 集，岳麓书社，1990 年，第 13－28 页。

湖南省文物考古研究所等：《湖南澧县彭头山新石器时代早期遗址发掘简报》，《文物》1990 年第 8 期，第 17－29 页。

湖南省文物考古研究所：《湖南石门皂市商代遗存》，《考古学报》1992 年第 2 期，第 185－218 页。

湖南省文物考古研究所等：《怀化高坎垅新石器时代遗址》，《考古学报》1992 年第 3 期，第 301－328 页。

湖南省文物考古研究所：《湖南临澧县胡家屋场新石器时代遗址》，《考古学报》1993 年第 2 期，第 171－206 页。

湖南省文物考古研究所等：《澧县城头山屈家岭文化城址调查与试掘》，《文物》1993 年第 12 期，第 19－30 页。

湖南省文物考古研究所等：《石门县燕儿洞遗址试掘》，《湖南考古辑刊》第 6 集，岳麓书社，1994 年，第 1－7 页。

湖南省文物考古研究所：《株洲县磨山新石器时代遗址试掘报告》，《湖南考古辑刊》第 6 集，岳麓书社，1994 年，第 44－63 页。

湖南省文物考古研究所：《湖南澧县梦溪八十垱新石器时代早期遗址发掘简报》，《文物》1996 年第 12 期，第 26－39 页。

湖南省文物考古研究所：《澧县城头山古城址 1997－1998 年度发掘简报》，《文物》1996 年第 6 期，第 4－17 页。

湖南省文物考古研究所：《湖南澧县宋家台新石器时代遗址》，《湖南考古辑刊》第 7 集，岳麓书社，1999 年，第 51－106 页。

湖南省文物考古研究所：《湖南黔阳高庙遗址发掘简报》，《文物》2000 年第 4 期，第 4－23 页。

湖南省文物考古研究所：《湖南辰溪县松溪口贝丘遗址发掘简报》，《文物》2001 年第 6 期，第 4－16 页。

湖南省文物考古研究所：《湖南辰溪县征溪口贝丘遗址发掘简报》，《文物》2001 年第 6 期，第 17－27 页。

湖南省文物考古研究所：《澧县鸡叫城古城址试掘简报》，《文物》2002 年第 5 期，第 58－68 页。

湖南省文物考古研究所：《湖南安乡划城岗遗址第二次发掘报告》，《考古学报》2005 年第 1 期，第 55－108 页。

湖南省文物普查办公室、湖南省博物馆：《湖南临澧县早期新石器文化遗存调查报告》，《考古》1986 年第 5 期，第 385－393 页。

湖南省岳阳地区文物工作队：《华容车轱山新石器时代遗址第一次发掘简报》，《湖南考古辑刊》第 3 集，岳麓书社，1986 年，第 1－26 页。

黄纲正：《长沙县大塘新石器时代遗址》，《中国考古学年鉴·1986》，文物出版社，1988 年，第 171 页。

黄锂：《湖北武汉地区发现的红陶系史前文化遗存》，《考古》1996 年第 12 期，第 25 – 31 页。

黄陂县文化馆：《黄陂境内的新石器时代文化遗存》，《江汉考古》1987 年第 2 期，第 37 – 54 页。

黄文新：《湖北天门笑城城址发现新石器至明代文化遗存》，《中国文物报》2006 年 9 月 8 日。

纪南城文物考古发掘队：《江陵毛家山发掘记》，《考古》1977 年第 3 期，第 158 – 165 页。

蒋乐平：《错综复杂的东南新石器时代早期文化——也谈浙江新发现的几处较早期新石器时代遗址》，《中国文物报》2006 年 4 月 28 日第 4 版。

江苏省联合考古队：《江苏金坛三星村新石器时代遗址》，《文物》2004 年第 2 期，第 4 – 26 页。

贾汉青：《从顾家坡墓地的发掘看史前时代文化交叉地带的部落冲突》，《华夏考古》2004 年第 4 期，第 77 – 96 页。

焦天龙：《论跨湖桥文化的来源》，《浙江省文物考古研究所学刊》第八辑，科学出版社，2006 年，第 372 – 379 页。

荆州地区博物馆：《湖北监利县柳关和福田新石器时代遗址试掘简报》，《江汉考古》1984 年第 2 期，第 1 – 6 页。

荆州地区博物馆、钟祥县博物馆：《钟祥六合遗址》，《江汉考古》1987 年第 2 期，第 1 – 31 页。

荆州地区博物馆：《湖北江陵荆南寺遗址第一、二次发掘简报》，《考古》1989 年第 8 期，第 679 – 692 页。

荆州博物馆等：《湖北荆州市阴湘城遗址东城墙发掘简报》，《考古》1997 年第 5 期，第 1 – 24 页。

荆州市博物馆等：《湖北石首市走马岭新石器时代遗址发掘简报》，《考古》1998 年第 4 期，第 16 – 38 页。

荆州博物馆：《湖北公安鸡鸣城遗址的调查》，《文物》1998 年第 6 期，第 25 – 29 页。

荆州市博物馆等：《湖北石首市走马岭新石器时代遗址发掘简报》，《考古》1998 年第 4 期，第 16 – 38 页。

荆州市文物考古研究所等：《湖北公安、石首三座古城勘查报告》，《古代文明》第 4 卷，文物出版社，第 397 – 411 页。

雷德·费林：《遗址内空间形态及其在聚落—生存系统分析中的作用》，《当代国外考古学理论与方法》，三秦出版社，1991 年，第 344 – 362 页。

李松生：《试论咸头岭文化》，《深圳考古发现与研究》，文物出版社，1994 年，第 187 – 191 页。

李桃元、夏丰：《湖北应城陶家湖古城址调查》，《文物》2001 年第 4 期，第 71 – 76 页。

李文杰：《大溪文化的类型和分期》，《考古学报》1986 年第 2 期，第 131 – 151 页。

李文杰：《试谈快轮所制陶器的识别——从大溪文化晚期轮制陶器谈起》，《文物》1988 年第 10 期，第 92 – 94 页。

李文杰：《屈家岭遗址第三次发掘遗存的制陶工艺和年代问题》，《中国历史博物馆馆刊》1994 年第 1 期，第 16 – 23 页。

李文杰：《城背溪文化的制陶工艺》，《中国古代制陶工艺研究》，科学出版社，1996 年，第 119 – 125 页。

李文杰、黄素英：《大溪文化的制陶工艺》，《中国原始文化论集·纪念尹达八十诞辰》，文物出版社，

1989 年，第 400 - 427 页。又见《中国古代制陶工艺研究》，科学出版社，1996 年，第 126 - 149 页。

澧县地方志编纂办公室：《澧县志》，社会科学文献出版社，1993 年，第 45 - 100 页。

李仰松：《云南省西盟佤族制陶概况》，《考古通讯》1958 年第 2 期，第 36 页。

林邦存：《快轮制陶技术的发明与江汉地区文明的曙光——屈家岭遗址第三次发掘再认识之三》，《中国文物报》1994 年 5 月 22 日。

林向：《大溪文化与巫山大溪遗址》，《中国考古学会第二次年会论文集》，文物出版社，1982 年，第 124 - 132 页 。

卢德佩：《谈中堡岛大溪文化遗址石器的特点及工艺》，《湖北省考古学会论文集》（一），《武汉大学学报》，1987 年，第 21 - 25 页。

罗家角考古队：《桐乡罗家角遗址发掘报告》，《浙江省文物考古所学刊》，文物出版社，1981 年，第 1 - 42 页。

洛阳博物馆：《河南临汝煤山遗址调查与试掘》，《考古》1975 年第 5 期，第 285 - 294 页。

洛阳地区文物保护管理处：《河南伊川马迴营遗址试掘简报》，《考古》1983 年第 11 期，第 1039 - 1041 页。

洛阳地区文物处：《伊川白元遗址发掘简报》，《中原文物》1982 年第 3 期，第 7 - 14 页。

孟华平：《白庙早期遗存及相关问题》，《江汉考古》1994 年第 1 期，92 - 100 页。

孟华平：《东门头遗址考古获丰硕成果》，《中国文物报》1999 年 4 月 7 日第 1 版。

牟永抗：《试论长江流域史前时期的白色陶器》，《长江中游史前文化暨第二届亚洲文明学术讨论会论文集》，岳麓书社，1996 年，第 273 - 279 页。

南阳地区文物队、方城县文化局：《河南方城县大张庄新石器时代遗址》，《考古》1983 年第 5 期，第 398 - 403 页。

潘茂辉：《益阳新石器时代遗址考古发现与初步研究》，《考古耕耘录》，岳麓书社，1999 年，第 171 - 197 页。

裴安平：《湘北洞庭湖地区新石器文化序列的再研究》，《中国考古学的跨世纪反思》，商务印书馆（香港），1999 年，第 113 - 154 页。

裴安平：《湘西北澧阳平原新旧石器过渡时期遗存与相关问题》，《文物》2000 年第 4 期，第 24 - 34 页。

裴安平：《澧阳平原史前聚落形态的特点与演变》，《考古》2004 年第 11 期，第 63 - 75 页。

裴安平：《建立自然与文化堆积序列复原古代环境填补文化空白的时间与方法》，《农业、文化、社会——史前考古文集》，科学出版社，2006 年，第 20 - 26 页。

屈家岭考古发掘队：《屈家岭遗址第三次发掘》，《考古学报》1992 年第 1 期，第 63 - 95 页。

任式楠、陈超：《黄梅县塞墩新石器时代遗址》，《中国考古学年鉴》1987 年第 195 - 196 页、1988 年第 197 页、1989 年第 196 - 197 页，文物出版社，1988 - 1990 年。

任式楠：《论华南史前印纹白陶遗存》，《南中国及邻近地区古文化研究》，香港中文大学出版社，1994 年，第 299 - 304 页。

三峡考古队：《湖北宜昌白庙遗址 1993 年发掘简报》，《江汉考古》1994 年第 1 期，第 22 – 34 页。

四川长江流域文物保护委员会文物考古队：《四川巫山大溪新石器时代遗址发掘记略》，《文物》1961
年第 11 期，第 15 – 21 页。

四川省博物馆：《巫山大溪遗址第三次发掘》，《考古学报》1981 年第 4 期，第 461 – 490 页。

石河考古队：《湖北省石河遗址群 1987 年发掘简报》，《文物》1990 年第 8 期，第 1 – 16 页。

石家河考古队：《石家河遗址群调查报告》，《南方民族考古》第五集，四川科学技术出版社，1993
年，第 213 – 294 页。

石兴邦：《有关马家窑文化的一些问题》，《考古》1962 年第 6 期，第 318 – 328 页。

施雅风等：《中国全新世大暖期气候与环境的基本特征》，《中国全新世大暖期气候与环境》，海洋出
版社，1992 年，第 1 – 18 页。

守田益宗等：《从城头山遗址沉积物的孢粉分析看农耕环境》，《澧县城头山——中日合作澧阳平原环
境考古与有关综合研究》，文物出版社，2007 年，第 67 – 83 页。

宋豫秦：《石家河文化红陶杯与陶塑品之功用》，《江汉考古》1995 年第 2 期，第 47 – 48 页。

唐领余、沈才明：《江苏北部全新世高温期植被与气候》，《中国全新世大暖期气候与环境》，海洋出
版社，1992 年，第 80 – 93 页。

唐领余、于革：《长江中下游地区 1 万年来植被与气候变化序列》，《长江流域洪涝灾害与科技对策》，
科技出版社，1999 年，第 248 – 252 页。

谈国鸣：《涂家台遗址发掘获丰硕成果》，《中国文物报》1999 年 8 月 4 日。

天门县博物馆：《天门县龙嘴遗址调查》，《江汉考古》1984 年第 2 期，第 20 – 22 页。

天门县博物馆：《天门县新石器时代遗址调查》，《江汉考古》1987 年第 4 期，第 32 – 36 页。

外山秀一：《从地形分析和植硅石分析看城头山遗址的环境及稻作》，《澧县城头山——中日合作澧阳
平原环境考古与有关综合研究》，文物出版社，2007 年，第 44 – 66 页。

威廉·A·朗艾克：《菲律宾吕宋岛北部卡林阿地区陶器的使用寿命》，《考古学的历史·理论·实
践》，中州古籍出版社，1996 年，第 333 – 341 页。

王红星：《长江中游新石器时代遗址分布规律、文化中心的转移与环境变迁的关系》，《江汉考古》
1998 年第 1 期，第 53 – 76 页。

王红星：《从门板湾城壕聚落看长江中游地区城壕聚落的起源与功用》，《考古》2003 年第 9 期，第
61 – 75 页。

王仁湘：《庙底沟文化在江南的踪影——由湖南澧县城头山遗址出土"西阴纹"彩陶说开去》，《中国
文物报》2007 年 10 月 26 日第 7 版。

王幼平：《环境因素与华南旧石器文化传统的形成》，《长江中游史前文化暨第二届亚洲文明学术讨论
会论文集》，岳麓书社，1996 年，第 55 – 62 页。

武汉大学等：《湖北宜城曹家楼新石器时代遗址》，《考古学报》1988 年第 1 期，第 51 – 73 页。

武汉大学历史系考古教研室等：《湖北麻城栗山岗新石器时代遗址》，《考古学报》1990 年第 4 期，第
439 – 473 页。

吴顺东：《湖南辰溪大洑潭电站淹没区考古取得重要收获》，《中国文物报》2006 年 9 月 1 日第 2 版。

夏鼐：《长江流域考古问题》，《考古》1960 年第 2 期，第 1－3 页。

徐繁：《繁昌县繆墩遗址调查简报》，《文物研究》第七辑，黄山书社，1991 年，第281－284 页。

严文明：《略论中国文明的起源》，《文物》1992 年第 1 期，第 41 页。

严文明：《聚落考古与史前社会研究》，《文物》1997 年第 6 期，第 21 页。

严文明：《稻作起源研究的新进展》，《考古》1997 年第 9 期，第 71－76 页。

严文明：《长江流域在中国文明起源中的地位和作用》，《农业发生与文明起源》，科学出版社，2000
　　年，第 90－98 页。

严文明：《邓家湾考古的收获（代序）》，《邓家湾》，文物出版社，2003 年，第 1－6 页。

杨建芳：《大溪文化玉器渊源探索》，《中国古玉研究论文集·上册》，众志美术出版社（台北），2001
　　年，第 47－51 页。

杨权喜：《江汉夏代文化探讨》，《中国文物报》1998 年 7 月 29 日。

杨仁怀：《中国东部近 20000 年以来的气候波动与海面升降运动》，《海洋与湖泊》1984 年第 15 卷第 1
　　期，第 1－14 页。

姚檀德等：《祁连山敦德冰心记录的全新世气候变化》，《中国全新世大暖期气候与环境》，海洋出版
　　社，1992 年，第 206－211 页。

宜昌地区博物馆：《宜昌杨家湾新石器时代遗址》，《江汉考古》1984 年第 4 期，第27－37 页。

宜都市考古发掘队：《湖北宜都石板巷子新石器时代遗址》，《考古》1985 年第 11 期，第 961－
　　976 页。

尹检顺：《汤家岗文化初论》，《南方文物》2007 年第 2 期，第 61－69 页。

益阳地区博物馆盛定国：《益阳县石湖、新兴古遗址的调查试掘》，《湖南考古辑刊》第 3 集，岳麓书
　　社，1986 年，第 19－26 页。

袁家荣：《略谈湖南旧石器文化的几个问题》，《中国考古学会第七次年会论文集》，文物出版社，
　　1989 年，第 1－12 页。

袁家荣：《湖南旧石器文化的区域类型及其地位》，《长江中游史前文化暨第二届亚洲文明学术讨论会
　　论文集》，岳麓书社，1996 年，第 20－47 页。

袁家荣：《华南旧石器文化向新石器文化过渡时期的界定》，《中石器文化有关问题研讨会论文集》，
　　广东人民出版社，1999 年，第 87－90 页。

袁家荣：《湖南旧石器考古回顾》，《跋涉续集》，文物出版社，2006 年，第 27－38 页。

袁家荣：《城头山遗址出土动物残骸鉴定》，《澧县城头山——中日合作澧阳平原环境考古及有关综合
　　研究》，文物出版社，2007 年，第 121－122 页。

袁家荣：《洞庭湖西部平原旧石器文化向新石器文化过渡的研究》，《考古学研究》（七），科学出版
　　社，2008 年，第 325 页。

袁靖：《城头山遗址出土猪骨鉴定》，《澧县城头山——中日合作澧阳平原环境考古及有关综合研究》，
　　文物出版社，2007 年，第 123－124 页。

岳阳市文物工作队：《钱粮湖坟山堡新石器时代遗址试掘报告》，《湖南考古辑刊》第 6 集，岳麓书
　　社，1994 年，第 17－33 页。

张成明：《2005 年度南方地区考古新发现·天门市龙嘴遗址》，《南方文物》2006 年第 3 期，第 46 页。

张弛：《简论南中国地区的新石器时代早期文化》，《中国考古学跨世纪的回顾与前瞻》，科学出版社，2000 年，第 190 - 198 页。

张春龙：《洞庭湖地区新石器考古新收获》，《中国文物报》1992 年 6 月 14 日。

张光直：《考古学中的聚落形态》，《华夏考古》2002 年第 1 期，第 64 页。

张文绪、裴安平：《澧县梦溪八十垱出土稻谷的研究》，《文物》1997 年第 1 期，第 36 - 41 页。

张文绪、裴安平：《炭化米复原及其古稻特征的研究》，《作物学报》2000 年第 5 期，第 579 - 586 页。

张文绪、裴安平：《澧县八十垱遗址古栽培稻的粒形多样性研究》，《作物学报》2002 年第 1 期，第 90 - 93 页。

张修桂：《洞庭湖演变的历史过程》，《历史地理》创刊号，上海人民出版社，1981 年，第 99 - 116。

张绪球：《汉江东部地区新石器时代文化初论》，《考古与文物》1987 年第 4 期，第 56 - 65 页。

张绪球：《江汉地区以黑陶为主的原始文化遗存》，《湖北省考古学会论文选集》（一），《武汉大学学报》，1987 年，第 26 - 34 页。

张绪球：《屈家岭文化古城的发现和初步研究》，《考古》1994 年第 7 期，第 629 - 634 页。

张忠培：《20 世纪后半期中国新石器时代考古学的历程》，《中国考古学跨世纪的回顾与前瞻》，科学出版社，2000 年，第 24 - 41 页。

赵春青：《中原龙山文化王湾类型再分析》，《洛阳考古四十年》，科学出版社，1996 年，第 95 - 115 页。

赵笃乐、裴安平、张文绪：《湖南澧县八十垱遗址古栽培稻的再研究》，《中国水稻科学》第 14 卷 3 期，2000 年，第 139 - 143 页。

赵辉：《长江中游地区新石器时代墓地研究》，《考古学研究》（四），科学出版社，2000 年，第 23 - 54 页。

赵辉：《以中原为中心的历史趋势的形成》，《文物》2000 年第 1 期，第 41 - 47 页。

赵会军、曾晓敏：《河南登封程窑遗址试掘简报》，《中原文物》1982 年第 2 期，第 9 - 13 页。

浙江省文物考古研究所等：《浙江上山遗址发掘简报》，《考古》2007 年第 9 期，第 7 - 18 页。

郑州市博物馆：《郑州大河村遗址》，《考古学报》1979 年第 3 期，第 301 - 304 页。

郑州市博物馆：《郑州大河村遗址 1983、1987 年发掘报告》，《考古学报》1996 年第 1 期，第 111 - 141 页。

郑州市文物工作队等：《河南巩义市里沟遗址发掘简报》，《考古》1995 年第 6 期，第 526 - 540 页。

郑州市文物工作队等：《河南巩义市里沟遗址 1994 年度发掘简报》，《华夏考古》2001 年第 4 期，第 3 - 24、83 页。

中村俊夫：《用最新的加速器质量分析装置精确测量碳十四年代》，《澧县城头山——中日合作澧阳平原环境考古与有关综合研究》，文物出版社，2007 年，第 181 - 186 页。

中村慎一：《石家河遗迹をめぐる诸问题》，《日本中国考古学会会报》第 7 号，1997 年，第 42 页。

中国社会科学院考古所长江工作队：《湖北均县朱家台遗址》，《考古学报》1989 年第 1 期，第 25 - 56 页。

中国社会科学院考古研究所长江工作队：《湖北均县乱石滩遗址发掘报告》，《考古》1986 年第 7 期，第 586 - 596 页。

中国社会科学院考古研究所湖北工作队：《湖北枝江关庙山新石器时代遗址发掘简报》，《考古》1981 年第 4 期，第 289 - 297 页。

中国社会科学院考古研究所湖北工作队：《湖北枝江关庙山遗址第二次发掘》，《考古》1983 年第 1 期，第 17 - 29 页。

中国社会科学院考古研究所湖北工作队：《湖北黄梅陆墩新石器时代墓葬》，《考古》1991 年第 6 期，第 481 - 495 页。

中国社会科学院考古研究所河南二队：《河南临汝煤山遗址发掘报告》，《考古学报》1982 年第 4 期，第 427 - 476 页。

中国社会科学院考古研究所河南一队：《河南汝州李楼遗址的发掘》，《考古学报》1994 年第 1 期，第 63 - 97 页。

中国社会科学院考古研究所洛阳工作队：《1975 年豫西考古调查》，《考古》1978 年第 1 期，第 23 - 34 页。

朱乃诚：《论肖家屋脊玉盘龙的年代及有关问题》，《文物》2008 年第 7 期，第 55 - 60 页。

周凤琴：《从红花套遗址的发掘探讨该取新构造运动特征及古地理环境》，《葛洲坝工程文物考古成果汇编》，武汉大学出版社，1990 年，第 388 - 394 页。

周凤琴：《云梦泽与荆江三角洲的历史变迁》，《湖泊科学》1994 年第 6 期，第 22 - 31 页。

周光林：《浅议石家河文化雕塑人像》，《江汉考古》，1996 年第 1 期，第 55 - 59 页。

三　英文文献

Binford . Lewis R. , Mortuary practices: their study and their potential, In Approaches to the Social Dimensions of Mortuary Practices, ed, J. A. Brown. *Memoirs of the Society for American Archaeology*. vol. 25. (1971), pp. 6 - 29.

Charles Higham. *The Transition To Rice cultivation in Southeast Asia. Last Hunters First Farmers Perspectives on the Prehistoric Transition to Agriculture.* School of American Research Press, 1996.

Creighton Gable, *Analysis of Prehistoric Economic Patterns.* Holt, Rinehart and Winston, Inc. (1967), 36 - 38.

Denton, G. H. and W. Karlen, Holocene climatic variations——their pattern and possible cause, *Quarernary Research* (3), (1973), pp. 155 - 205.

George F. Lan, Core - periphery relations in the Recuay hinterlands: economic interaction at Chinchawas, peru. *Antiquity*79, (2005), pp. 78 - 99.

Kintigh and Ammerman. Heuristic Approaches to Spatial Analysis in Archaeology, *American Antiquity* 47, (1982), pp. 31 - 63.

Mitchell S. Rothman. Studying the Development of Complex Society: Mesopotamia in the Late Fifth and Fourth Millennia BC. *Journal of Archaeological Research*, Vol. 12, No. 1, March, 2004.

Tainter, Joseph A. Mortuary practices and the study of prehistoric syetems. *In Advance in Archaeological Meth-od and theory*, Vol, I , ed. M. Schiffer, New york: Academic Press, (1978), pp. 105 – 141.

Wilson. P. J. *The Domestication of the Human Species.* New Haven, Connecticut: Yale University Press, 1988.

后　记

本书是由我的博士论文略作修改而成。

论文的完成，凝聚了导师赵辉教授的心血。赵老师在论文开题、材料的收集和组织等方面，给予了许多具体的指导。2007 年仲夏，导师冒暑来湘，深入工地、田野和库房，了解论文资料的准备情况。论文初稿完成后，赵老师对相关章节进行了逐字逐句修改，并就论文结构、写作思路提出了详细意见。无疑，赵老师的学术思想和严谨学风将会长期影响我的治学人生。

感谢湖南省文物考古研究所袁家荣先生，当初是他鼓励我报考北京大学。学习期间，无论是工作还是业务上，都给了我很大的关心和帮助。我能够顺利完成学业，与袁先生的坚定支持是分不开的。

在北京大学求学期间，严文明先生的课程使我受益良多，严先生深入浅出讲了许多大问题，使我豁然开朗。夏正楷、王幼平、李水城、刘绪、孙华、张弛、徐大进、雷兴山等老师的课程也使我收获了许多宝贵的知识。

在学校期间，同门师友经常一起交流，从张海、燕生东、张昌平、宝文博、袁艳玲、马建、魏兴涛、曲彤丽、盛起新等同学那儿，学到了知识，也增长了见识。

在资料收集过程中，湖南省文物考古研究所同仁顾海滨、吴顺东、尹检顺、贺刚、张春龙提供了田野发掘资料和他们最新的研究成果。田野工作期间，湖南省澧县文物处封剑平、临澧县文管所黎春林等先生多有帮助。考察湖北期间，承蒙湖北省文物考古研究所孟华平、刘辉，荆州文物考古研究所贾汉青等先生友情支持。

洞庭—江汉平原史前遗址的环境考古，是在北京大学环境学院莫多闻教授具体指导下进行的，莫先生传授的另一种田野工作方法和思路，将无疑成为一笔知识财富。

论文写作期间，北京大学考古文博学院刘绪、吴小红、李水城、张弛、樊力、秦岭等老师曾经给予指导，中国社会科学院考古研究所陈星灿、许宏两位先生对论文提出了宝贵的修改意见。在此深表谢忱。

责任编辑黄曲女士严谨细致的工作为本书减少了许多错误，特此致谢。

最后，要感谢我的夫人蔡芳多年来一如既往的支持和鼓励。我在学业和工作上的成绩，全赖她的支持和默默无私的奉献。所谓相濡以沫、风雨同舟，经过这些岁月，才更加懂得珍惜。